I0814984

Norbert Számvéber
avec la participation de **Georges Bernage**
pour l'iconographie

LES PANZERS DE LA HITLERJUGEND EN NORMANDIE

HEIMDAL

Ouvrage réalisé et écrit par Norbert Számvéber

Traduit par Christian Muguet, avec la participation de Georges Bernage et Anna Raphaele

Illustrations : toute l'iconographie a été rassemblée et légendée par Georges Bernage, avec la participation de Mark C. Yerger, Charles Trang et Pierre Tiquet.

Conception et maquette : Georges Bernage

Prépresse et mise en pages : Christel Lebret et Harald Mourreau

Editions Heimdal
BP 61350 - 14406 BAYEUX Cedex
Tél. : 02.31.51.68.68 - Fax : 02.31.51.68.60 - E-mail : Editions.Heimdal@wanadoo.fr
site internet : www.editions-heimdal.fr

ISBN 978-2-84048-418-9

Introduction

De très nombreux ouvrages ont été publiés ces dernières années sur la bataille de Normandie en 1944. Ils abordent l'événement sous toutes les coutures : équipement, armement, tactiques, pratiques de commandement et décisions opérationnelles dans les deux camps (1). Dès lors, pourquoi cette nouvelle publication sur les troupes allemandes en Normandie ?

La majeure partie de la documentation des différents niveaux de commandement opérationnels et stratégiques allemands qui a survécu au conflit est accessible aux historiens. Toutefois, les documents d'époque des troupes allemandes engagées en Normandie sont aujourd'hui souvent inaccessibles dans les archives militaires. De tels documents étaient pour l'essentiel établis à partir des journaux de guerre officiels des différentes unités, complétés par des pièces jointes et des annexes (rapports, compte-rendus, télégrammes, cartes, etc.). Ils furent en général délibérément ou accidentellement détruits dans l'enfer de la poche de Falaise en août 1944 ou au cours de la retraite chaotique de l'armée allemande. D'où l'intérêt d'avoir pu mettre la main, dans les archives militaires tchèques à Prague, sur la documentation complète de la *12.SS-Panzer-Division «Hitlerjugend»*, c'est-à-dire la principale unité allemande engagée dans les combats autour de Caen et de Falaise.

Je voudrais remercier ici à la fois le colonel Josef Žikes, directeur du *Vojenský Ústředni Archiv* à Prague, et le Dr Július Balasź, directeur du *Vojenský Historický Archiv*, pour leur aide. Sans eux, la réalisation du présent ouvrage n'aurait pas été possible.

La plupart de ces documents d'époque, extrêmement nombreux, n'avaient jamais été publiés. On peut donc formuler ici l'espoir que les historiens militaires rendront accessibles en anglais, et maintenant en français, ces documents originaux dans leur quasi-intégralité. Ces documents ont été rédigés en 1944 par le *SS-Panzer-Regiment 12* et la *SS-Panzerjäger-Abteilung 12*. La première de ces deux unités était équipée de chars *Panther* et de *Panzer IV*, et servait souvent de fer de lance de la division.

Le journal de guerre et ses pièces jointes des deux unités sont restitués par ordre chronologique. Le style original des journaux de guerre, souvent très laconique, est donné en l'état. Nous avons aussi ajouté des notes de bas de page pour contextualiser et interpréter le texte (et les fautes de frappe du texte original ont été éliminées sans commentaires). La numérotation des annexes en chiffres arabes renvoie aux annexes originales des journaux de guerre qui sont, dans la mesure du possible, reproduites dans le texte principal ; les annexes référencées en chiffres romains renvoient aux annexes à la fin de l'ouvrage. Eu égard à la fréquente répétition des grades SS, le préfixe *SS*, par exemple SS-*Unterscharführer*, a été supprimé pour économiser de la place. Toutefois, ce préfixe est présent sur tous les textes originaux.

La nomenclature chiffrée de la *Waffen-SS* s'en tenait généralement au système en vigueur dans l'armée utilisée avant la guerre dans la *SS-Verfügungstruppe*. Les chiffres romains désignent un peloton (*Zug*), un bataillon (*Bataillon* ou *Abteilung*), et un corps (*Korps*). Les chiffres arabes désignent une compagnie (*Kompanie*), une batterie (*Batterie*), et une division (*Division*). Ainsi, le *I./3/SS-Panzer-Grenadier-Regiment 26* désignent le Ier peloton de la 3e compagnie du IIIe bataillon du 26e régiment SS de *Panzer-Grenadiere*. La *3./III./SS-Panzer-Grenadier-Regiment 26* désigne la 3e compagnie du IIIe bataillon du 26e régiment de *Panzer-Grenadiere*. Le plus souvent un chiffre seul désigne l'échelon subordonné, comme par exemple la *3./SS-Panzer-Artillerie-Regiment 12* désigne la 3e batterie du régiment d'artillerie, ou *la 4./SS-Panzer-Regiment 12* désigne la 4e compagnie du 12e régiment de chars.

La *12.SS-Panzer-Division* n'avait pas que des chars ; elle disposait aussi de *Jagdpanzer IV* au sein de la *SS-Panzerjäger-Abteilung 12*. La deuxième partie du livre évoque l'histoire de cette unité en Normandie basée sur le journal de guerre et d'autres documents de l'*Abteilung*.

Le présent ouvrage constitue ainsi un document unique tiré des sources originales du *SS-Panzer-Regiment 12* et de la *SS-Panzerjäger-Abteilung 12*, complétées par les commentaires explicatifs et les recherches personnelles de son auteur. Il comporte en outre une partie consacrée à l'histoire des combats en Normandie mise en parallèle avec l'histoire de la *12.SS-Panzer-Division* (2). Les lecteurs trouveront en outre des tableaux en annexe réalisés partiellement à partir des documents d'époque ou reconstitués par l'auteur à partir des données originales.

L'éditeur et moi-même souhaitons remercier M. Mark Yerger pour sa contribution à ce livre. Il a participé à la relecture de l'ouvrage et y a ajouté de nombreuses informations concernant la *12.SS-Panzer-Division* en général et à ses officiers en particulier. Il a généreusement mis à notre disposition des photos et des documents qui ont considérablement enrichi la présente publication. Nous voudrions également remercier M. Charles Trang qui nous a fait parvenir certaines des photos.

J'espère avec ce travail avoir ainsi contribué à enrichir la connaissance des combats qui se sont déroulés en Normandie en 1944, en particulier des batailles de chars qui ont fait rage sur la ligne de front.

Pour réaliser cet ouvrage j'ai dû mettre la patience de ma famille à rude épreuve. Elle a dû non seulement s'accommoder de mon absence pendant son écriture mais en outre supporter ma présence lorsque, pour travailler, j'ai ressenti le besoin pour m'immerger dans la culture germanique et d'écouter la musique du groupe de métal Kreator. Enfin, mon adorable épouse a fait preuve d'une infinie patience en relisant le manuscrit et je voudrais lui exprimer ici toute ma reconnaissance.

Norbert Szàmvéber

(1) L'une des sommes les plus complètes sur la bataille vue du côté allemand est l'ouvrage de Niklas Zetterling, *Normandy 1944 : German Military Organization, Combat Power and Organisational Effectiveness*, Winnipeg : J.J Fedorowicz, 2000.

(2) *Cf.* Hubert Meyer, *Kriegsgeschichte der 12. SS-Panzerdivision «Hitlerjugend»*, Band I, Osnabrück, Biblioverlag, 1999.

Sommaire

Glossaire

Abteilung : bataillon (mais aussi détachement ou groupe en fonction du contexte)
Abteilungskommandeur : chef de bataillon (mais aussi détachement ou groupe en fonction du contexte)
Abteilungsarzt : médecin de détachement ou de groupe
Armeekorps : corps d'armée
Artillerie : artillerie
Arzt : médecin
Aufklärung : reconnaissance
Aufklärungsabteilung : groupe de reconnaissance
Aufklärungszug : peloton de reconnaissance
Aufstellungsstab : état-major de constitution (d'une unité)
Ausbildung : instruction
Ausbildungs und Ersatz : instruction et remplacement
Battalion : bataillon
Bataillonsarzt : médecin de bataillon
Batterie : batterie
Befehlshaber : commandant en chef
Chefarzt : médecin-chef
d.R. (der Reverse) : de la réserve (officier réserviste)
Divisionsarzt (IVb) : médecin divisionnaire
Divisionsbegleitkompanie : compagnie d'escorte de division
Divisionsstab : état-major divisionnaire
Einheit : unité, terme générique pouvant renvoyer à une unité spécifique souvent provisoire, comme par exemple "l'unité Krause"
Einsatzstab : état-major opérationnel
Ersatz : réserve
Feldbrückekolonne : colonne de pontonnement de campagne
Feldlazarett : hôpital de campagne
Flak : défense antiaérienne
Generalstabsoffizier : officier d'état-major général
Gruppe : escouade/peloton ou division ou groupe d'armées (en fonction du contexte)
Gruppenführer : grade de la *Waffen-SS* équivalent à général de division
Halbzugführer : chef de demi-section
Hauptmann beim Stabe : capitaine auprès de l'état-major
Heeresgruppe : groupe d'armées
Hilfsarzt : médecin auxiliaire
Ia : premier officier d'état-major
Ib : officier d'intendance
Ic : officier de renseignement
IIa : capitaine/adjudant major
IVa : officier administratif
IVb : médecin
V : ingénieur
Infanterie : infanterie
Inspekteur : inspecteur
Instandsetzungsabteilung : bataillon de maintenance
Kampfgruppe : groupe tactique (unité provisoire constituée d'un rassemblement d'unités)

Kommandeur : commandant
Kompanie : compagnie
Kompanie-Chef : commandant de compagnie (permanent)
Kompanieführer : chef de compagnie (plutôt provisoire, mais de plus en plus souvent permanent)
Korps : corps
Kraderkundungszug : section de reconnaissance à moto
Kradmelderzug : section d'agents de liaison à moto
Kradschützenzug : peloton fusiliers motocyclistes
Krankenkraftwagenkolonne : colonne d'ambulances
Lehrgruppe : groupe instructeur
leichte : légère
Major beim Stabe : commandant auprès de l'état-major
MLR : principale ligne de résistance
Nachschubdienst : service logistique, train
Nachschubtruppen : troupes du train
Nachrichten : transmissions
Nachrichtenoffizier : officier des transmissions
Nachrichtenzug : groupe de transmissions
Nachrichtenabteilung : groupe (bataillon) de transmission
Nationalpolitische Erziehungsanstalt NPEA : institut national d'éducation politique
O1 : officier d'ordonnance affecté *(Ia)*
O2 : officier d'ordonnance affecté *(Ib)*
Offizier : officier
Ordnungspolizei : police de maintien de l'ordre (en uniforme)
Ordonnanz Offizier : officier d'ordonnance
O.U. : lieu de cantonnement
Panzer : char, blindé
Panzergrenadier : infanterie mécanisée (sur véhicule blindé)
Panzergrenadierschule : école d'infanterie mécanise
Panzerjäger : chasseur de chars
Panzerjägerzug : peloton de chasseurs de chars
Panzerjäger-Abteilung : pionniers/hommes du génie
Panzerkorps : corps blindé
Pionier : Génie
Pionier-Bataillon : bataillon du génie
Regimentsarzt : médecin du régiment
Regimentskommandeur : commandant de régiment
Sanitätskompanie : compagnie sanitaire
Sanitätsabteilung : hôpital militaire
Scheinwerfer : projecteurs
Schirrmeister : conducteur des équipages
Stab : état-major
Stabsbatterie : batterie d'état-major
Stabschef : chef d'état-major
Stabskompanie : sous-officier d'état-major
Stabsscharführer : adjudant-major
Sturmgeschütz : canon d'assaut
TFK : officier technique pour les armes
TFW : officier technique pour les véhicules
Truppenübungsplatz : terrain de manœuvres
Unterführeranwärter Lehrgang : cours pour sous-officier aspirant
Versorgungskompanie : compagnie de ravitaillement
Verwaltungsführer : officier-chef administratif
Verwaltungsoffizier : officier administratif
Werfer : lance-roquettes
Werkmeister : chef d'atelier
Werksttattskompanie : compagnie atelier
Werkstattszug : peloton atelier
Wirtschafts-Abteilung : bataillon d'intendance
Zahnarzt : dentiste
Zug : peloton/section
Zugführer : chef de peloton
II.Zugführer : second chef de peloton
2./SS-Panzer-Grenadier-Regiment 25 : 2e compagnie du 25e régiment d'infanterie mécanisée SS
III./SS-Panzer-Grenadier-Regiment 25 : IIIe bataillon du 25e régiment d'infanterie mécanisée SS
1./Artillerie Regiment : 1ère compagnie du régiment d'artillerie
3./Artillerie Regiment : 3e batterie du régiment d'artillerie
2./Panzerjäger Abteilung : 2e compagnie du groupe de chasseurs de chars

Panther de la 3e compagnie du *SS-Pz.Rgt.12*. (Coll. Pierre Tiquet.)

Première partie
L'histoire des combats du *SS-Panzer-Regiment 12* en Normandie

1 Organisation et entraînement du *SS-Panzer-Regiment 12* (29 juin 1943-6 juin 1944)

Les pourparlers concernant la création d'une division SS constituée de jeunes membres de la *Hitlerjugend* sont amorcés en février 1943 entre les représentants de la *Waffen-SS* et l'organisation de jeunesse du parti national-socialiste. Sur leur recommandation du 24 juin 1943, Adolf Hitler ordonne la création d'un centre d'entraînement à Beverloo en Belgique, au nord de Bruxelles.

Les officiers et sous-officiers de la nouvelle unité sont pris sur les effectifs de leur division d'origine : la *1.SS-Panzergrenadier-Division «Leibstandarte SS Adolf Hitler»* (1). Les hommes de troupe sont essentiellement de jeunes hommes nés au début de l'année 1926 et ayant déjà reçu une formation paramilitaire.

Le *SS-Panzer-Regiment 12* était à l'entraînement depuis le 29 juin 1943 dans le centre d'entraînement de Mailly-le-Camp au nord-est de Paris. Environ 200 soldats sont transférés du *SS-Panzer-Regiment 1* de la division d'origine au nouveau régiment. A la fin de 1943, la *I./SS-Panzer-Regiment 12* est encore loin d'être opérationnelle. Voici la chronologie de l'organisation, de l'entraînement et de l'équipement de l'unité en 1944 (2) :

1er janvier 1944. Le *SS-Panzer-Regiment 12*, alors stationné dans le camp d'entraînement de Mailly-le-Camp en France, reçoit de l'*Oberbefehlshaber «West»* (commandement suprême à l'Ouest), l'ordre de rejoindre le camp d'entraînement situé près de Beverloo en Belgique afin d'y rejoindre les autres unités de la division qui s'y entraînent.

4 janvier 1944. Attribution des numéros tactiques d'identification (sur la tourelle). La numérotation tactique adoptée pour le *SS-Panzer-Regiment 12* est différente de celle utilisée par les unités blindées de l'armée et de la *Waffen-SS*.

Le numéro de tourelle 055 est attribué au char du *Regimentskommandeur*, le numéro de tourelle 054 à celui du *Regimentsadjutant*, et le 053 à celui du *Regiments-Ordonnanz-Offizier*. Les numéros de 055 à 060 sont attribués aux chars du *Panzer-Aufklärungszug* du régiment (équipé de *Panzer IV*). Le commandant de la *I./SS-Panzer-Regiment 12* reçoit le numéro 155, le numéro 154 est attribué à l'*Abteilungsadjutant* et le numéro 153 au *Nachrichtenoffizier*. Les cinq chars Panther du *Panzer-Aufklärungszug de la I./SS-Panzer-Regiment 12* reçoivent les numéros de 156 à 160. Le commandant de la *II./Panzer-Regiment 12* reçoit le numéro de tourelle 555, le numéro 554 est attribué à son *Adjutant* et le numéro 553 au *Nachrichtenoffzier*. Les numéros de tourelle de 556 à 560 sont attribués aux *Panzer IV* du *Panzer-Aufklärungszug* de la *II./SS-Panzer-Regiment 12* (3).

Les nombres, d'une hauteur de 35 cm et d'une largeur de 22 cm, doivent comporter une bordure de 1 cm, être peints en noir à l'arrière des chars et sur les côtés de la tourelle, elle-même revêtue de couleurs de camouflage. Un espace de 4 cm doit être laissé entre chaque numéro (4).

7 janvier 1944. Arrivée d'un nouveau char Panther au sein de la *I./SS-Panzer-Regiment 12*.

10 janvier 1944. Chargement ferroviaire des chars à Mailly-le-Camp.

16 janvier 1944. Le *SS-Panzer-Regiment 12* arrive dans le camp d'entraînement près de Beverloo.

29 janvier 1944. Le regroupement de la *I./SS-Panzer-Regiment 12* est effectué en janvier comme prévu, mais le manque de carburant et de munition entravent son activité. Un sous-officier et trois hommes de troupe ont été tués ce mois-ci.

31 janvier 1944. L'entraînement de la *I./SS-PR.12* prévu selon les ordres pour ce mois de janvier, prend du retard à cause du manque de carburant et de munitions. Un sous-officier et trois hommes du rang sont tués durant ce mois.

6 février 1944. Le *Generaloberst* Heinz Guderian, inspecteur général des *Panzertruppen*, inspecte l'entraînement de la *3./SS-Panzer-Regiment 12* sur le thème « attaque en mouvement sous attaque aérienne ». Au cours de la première semaine de février, seize chars *Panther* sont arrivés au sein de la *I./SS-Panzer-Regiment 12*.

(1) Le nom de la division était habituellement abrégée avec les initiales *«LAH»* ou *«LSSAH»*. Pendant la guerre, comme brigade puis comme division, sa dénomination était *Leibstandarte*, l'appellation la plus longue a plutôt correspondu à la période comme unité de la *SS-Verfügungstruppe* et auparavant comme unité garde du corps.

(2) A moins que cela ne soit précisé autrement, ces informations sont tirées du rapport d'activité du *SS-Panzer-Regiment 12 (Tätigkeitsbericht des SS-Panzer-Regiments 12)* du 1er janvier au 4 juin 1944 (Archives militaires de Prague).

(3) *Cf.* annexe III : la numérotation des chars de la *Kompanie* se présente de la manière suivante : le numéro de leur compagnie + 05 (par exemple 105 pour le chef de la 1re *Kompanie* et 505 pour le chef de la *5. Kompanie*), le char de réserve (qui servait en même temps de char du *Kompanie-Chef* suppléant) reçoit son numéro en fonction de son numéro de *Kompanie* + 04 (par exemple 104 pour la *1. Kompanie* et 504 pour la *5. Kompanie*). Au sein du peloton le premier char (du *Zugführer*) reçoit le numéro composé du numéro de la *Kompanie*, celui de la section et +5 (par exemple le *Zugführer* du *I.(Zug)/1 Kompanie* reçoit le numéro de tourelle 115). Aux autres chars de la section sont attribués les numéros 6, 7, 8 et 9 en prenant en compte le numéro de leur *Kompanie* et de leur *Zug*, par exemple les cinq chars de la *I./1 Kompanie* reçoivent les numéros 115, 116, 117, 118 et 119. Le dernier char de la *III./8 Kompanie* reçoit le numéro 839. *Cf.* annexe II/4 au rapport d'activité du *SS-Panzer-Regiment 12*.

(4) *Cf.* Annexe III : si l'on s'en tient aux photos originales, dont certaines sont présentées dans l'ouvrage, les numéros sont peints en noir avec une bordure blanche sur les *Panzer IV* et en rouge avec une bordure blanche sur les *Panther*. La taille et le système de numérotation demeurent les mêmes que ceux décrits plus haut.

(suite page 29)

1. Le premier commandant de la *12.SS-Panzer-Division « Hitlerjugend »*, Fritz Witt, ici en qualité de *SS-Obersturmbannführer*, sur une photo signée. (*cf.* chapitre 2 note 5). (Mark C. Yerger.)

2. Un portrait iconique du *SS-Obersturmbannführer* Max Wünsche, commandant du *SS-Panzer-Regiment 12* lors des combats en Normandie. Ici avec le grade de *Sturmbannführer*. (National Archives)

3. Max Wünsche. (Coll. P.Tiquet.)

4. Le *SS-Sturmbannführer* Max Wünsche, *Kommandeur* du *SS-Panzer-Regiment 12,* photo dédicacée. (Coll. P. Tiquet.)

1 et **2.** Ces photos ont été prises au Camp de Mailly à l'été 1943. Nous voyons un *Panzer IV* (qui n'a pas encore de *Schürzen*) servant à l'entraînement des jeunes tankistes du *SS-Panzer-Regiment 12.* A côté du *Panzer IV*, sur la photo du haut, le *Kommandeur* du Ier bataillon, le *SS-Sturmbannführer* Jürgensen dirige le tir. Sur la photo du bas à droite, on reconnaît les tankistes Buntrock, Vogel et Hartmann. (Photos extraites de l'album d'Alois Morawetz.)

3. C'est au camp de Mailly, en Champagne, que le *Panzer-Regiment* de la Division *HJ* sera formé et instruit, de l'automne 1943 jusqu'à l'hiver de 1943-1944. On remarquera ici, sur cette photo aérienne, le nombre important des casernes. (Coll. Am.2.Pz.Kp.)

4. La 2e compagnie du *SS-Panzer-Regiment 12* défile en chantant dans le camp de Maily à l'été 1943. (Photo extraite de l'album d'Alfred Liermann.)

5. Le *SS-Panzer-Regiment 12* est transporté par voie ferroviaire de Mailly-le-Camp vers Hasselt en Belgique le 11 janvier 1944. Derrière un wagon de marchandises, on aperçoit deux véhicules puis un Panther et un *Panzer IV*. (Coll. Manfred Stephan-G. Bernage.)

6. Une longue file d'attente du convoi. Les panzers sont montés sur des wagons plats, le **10 janvier 1944**. Le train est prêt à partir pour la Belgique. (Coll. Manfred Stephan - G. Bernage.)

4

5

6

1 et **2.** Un *Panzer IV* du *SS-Panzer-Regiment 12* fait un exercice en descendant une pente à 45°, démontrant ainsi ses capacités, sur le terrain de manœuvre de Beverloo en Belgique. Il est ici, sorti d'usine, sans *Schürzen* et sans marquages. (Coll. P. Tiquet.)

3. Le *Sturmmann* Gerhard Siegel à la tourelle de son *Panzer IV*, encore sans *Schürzen*, de la *1.Kompanie* du régiment. (Coll. P. Tiquet.)

1

4 et **5.** Mars 1944. Un exercice de la *Gepanzerte Gruppe* de la division *HJ* a lieu en présence du GFM Gerd von Rundstedt sur le terrain de manœuvres de Beverloo en Belgique, en présence du *SS-Obergruppenführer* Sepp Dietrich, qui commande le *I.SS-Panzerkorps*. Parmi les unités et véhicules présentes, il y a les *Panzer IV* de la *5.Kompanie* bien alignés. Les équipages sont aussi alignés devant leurs engins. Nous remarquons ici plus particulièrement le ***535***, le char de commandant de la IIIe section. Les numéros sont encore peints à l'état de silhouettes. Sur une photo, nous voyons aussi le ***545***. Les compagnies de panzers comportent encore 21 chars et quatre sections. Au printemps, peu avant le débarquement, les compagnies seront réduites à dix-sept chars et trois sections. On notera le camouflage trois tons. (Coll. Heimdal.)

4

5

Le temps est beau et le *SS-Pz.Rgt. 12* vient de toucher ses tout premiers chars *Panther* tout neufs sortant de l'usine. (Coll. P.Tiquet.)

Un *Panther* du *SS-Pz.Rgt. 12,* malheureusement pas situé, mais de toute évidence au Camp de Mailly. (Coll. P.Tiquet.)

Ci-dessus : réception de char *Panther* sortant de l'usine, donc entièrement neuf pour le Régiment de panzers de la « *HJ* » dont on aperçoit à droite H. Pock, de l'*J-Staffel*, qui en prend livraison. (Coll. P.Tiquet.)

Ci-contre : deux membres de la *Werkstatt* (atelier) du *SS-Pz.Rgt. 12*, ici en Belgique, le *Rottenführer* Zeukner et le *Sturmmann* Womin. (Coll. P.Tiquet.)

Ci-dessous : le *SS-Sturmmann* Helmuth Pock de l'atelier (*J- Staffel* de la *I. Abt.* du *SS-Pz.Rgt. 12*). (Coll. P.Tiquet.)

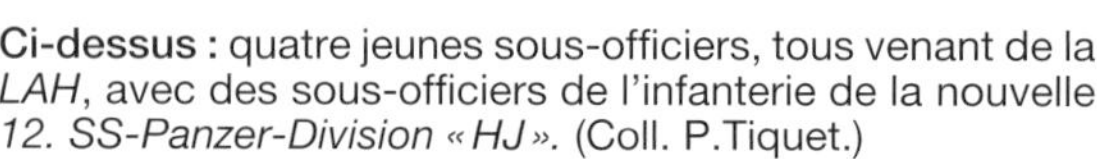

Ci-dessus : quatre jeunes sous-officiers, tous venant de la *LAH*, avec des sous-officiers de l'infanterie de la nouvelle *12. SS-Panzer-Division « HJ »*. (Coll. P.Tiquet.)

Ci-contre : deux *Uscha*, venant de la *LAH*, comme l'indique leur bande de bras, ont été versés au *SS-Pz.Rgt.12 « HJ »* en formation, ici en Belgique. (Coll. P.Tiquet.)

Ci-dessous : cinq jeunes nouvelles recrues du *SS-Pz.Rgt. 12.*

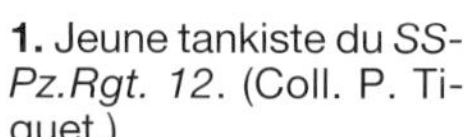

1. Jeune tankiste du *SS-Pz.Rgt. 12*. (Coll. P. Tiquet.)

2. Autre jeune tankiste du *SS-Pz.Rgt. 12*. (Coll. P.Tiquet.)

3. Deux tankistes en tenue petits pois et calots noirs de tankistes. On remarquera, les deux grandes runes sur l'entrée, confectionnée en bois par les jeunes *HJ*. (Coll. P.Tiquet.)

4. Mai-juin 1944 en Flandres belges, G. Marquardt dans la tenue camouflée et avec son calot noir de tankiste. (Coll. P.Tiquet.)

1

2

3

4

La section de reconnaissance du *SS-Panzer-Regiment 12*

Le régiment de panzers dispose d'une section de reconnaissance montée sur motos puis sur des *Schwimmwagen*. Cette section dépend de la compagnie de commandement du régiment. Nous voyons ici quelques aspects de cette petite unité.

1. L'école de conduite des motocyclistes à Mailly-le-Camp en octobre 1943.

2. Les *Schwimmwagen* sont enfin arrivés. Photo prise à Hasselt en Belgique en février 1944. Au premier plan à gauche : Kaiser et Rickes. L'*Uscha.* Harry Wontorra avec quelques uns de ses hommes (de gauche à droite en bas) : Heinz Krohn, Günter Kleist, H. Wontorra, Kurt Schoppe, ?. (Photos coll. H. Wontorra.)

3. Le *SS-Unterscharführer* Harry Wontorra qui commande la section de reconnaissance du *SS-Panzer-Regiment 12.*

4. Schmieder et Kaiser dans un *Schwimmwagen* à Acquigny près de Louviers en Normandie, en mai 1944.

5. De jeunes soldats de la section de reconnaissance du *Panzer-Regiment*. Au milieu au 2e rang, le chef de section, l'*Uscha.* Harry Wontorra.

(Photos coll. H. Wontorra/Heimdal.)

Exercice interarmes effectué le **6 février 1944**. L'inspecteur des troupes blindées, le *Generaloberst* Heinz Guderian, y assiste. Un général du *Heer* non identifié se fait expliquer la situation par le *SS-Sturmbannführer* Bernhard Krause, alors commandant du *I./26*. (NA.)

Un *PzKpfw.V « Panther »* de la *I./SS-Pz.Rgt.12* dépasse un *Flak-Pz.38(t)* posté au bord de la route. (NA.)

Un *Panther* amorce un virage serré à l'entrée d'un carrefour. Il dispose encore de ses jupes de protection latérale (*« Schürzen »*). Celles-ci ont tendance à tomber dans les conditions de combat. Le panneau indicateur est malheureusement illisible. (NA.)

Le général Heinz Guderian salue les officiers de la division. A ses côtés se tient le *SS-Sturmbannführer* Hubert Meyer (*Div.-Ia*). (NA.)

Sepp Dietrich vient également assister à l'exercice en tant que commandant du *I.SS-Pz.Korps.* La division *« Hitlerjugend »* lui est alors subordonnée. Il tend la main au *SS-Sturmbannführer* Hans Scappini (*Kdr. II./25*) qui fait le salut allemand. Au second plan, on reconnaît le *SS-Sturmbannführer* Bernhard Krause. (NA.)

Sepp Dietrich et Heinz Guderian échangent une poignée de mains ferme. Les deux hommes se connaissent bien depuis la fameuse affaire du mont Watten, en mai 1940. Guderian a également rendu visite à la *Leibstandarte* à Charkow au mois de mai 1943. Le *SS-Sturmbannführer* Bernhard Krause observe la scène avec attention. (NA.)

Accompagné d'un *Oberstleutnant* de son état-major, Guderian se tient au bas du char de commandement de Max Wünsche. (NA.)

Portraits de Max Wünsche à la tourelle de son *Panther.* Il porte une veste taillée dans de la toile italienne camouflée du type *M29.* (NA.)

Le photographe (*SS-KB* Damher) s'est reculé pour prendre ces deux clichés du *Panther* de Max Wünsche. A son bord se trouvent également le général Geyr von Schweppenburg et le *SS-Obersturmbannführer* Wilhelm Mohnke dont la casquette est ornée d'un bandeau blanc, ce qui signifie qu'il a été désigné comme juge arbitre de l'exercice. (NA.)

Vue en contre-plongée du *Panther.* Geyr von Schweppenburg se trouve sur la gauche tandis que l'officier en tenue noire des *Panzertruppen* pourrait être le *SS-Hauptsturmführer* Georg Isecke (*Adjutant SS-Pz.Rgt.12*). (NA.)

Cette vue permet d'appréhender les nombreuses antennes portées par un *Befehlspanther.* (NA.)

Un *Panther* déboule dans un champ à pleine vitesse. Malgré le contre jour, le panzer est impressionnant par l'impression de puissance qu'il dégage. Il est vrai qu'il peut mouvoir sa masse de 45 tonnes à 46 km/h. (NA.)

Le ***215*** à l'arrêt. Il s'agit du cinquième char de la première section de la deuxième compagnie. (NA.)

Le ***324*** roule pleins gaz sur une route des Flandres. On remarquera que, selon les clichés, les bouches des canons sont protégées ou non par des capuchons. (NA.)

Retour sur le ***215***. Celui-ci s'apprête à ouvrir le feu. La peinture de camouflage a été appliquée avec soin. Le char est couleur sable avec des tâches brun roux et vertes. (NA.)

Impressionnante vue en contre plongée d'un *Panther* roulant au pas sur une route (les patins des chenilles sont assez peu flous). Celui-ci retourne à ses quartiers car il remis un capuchon à l'extrémité de son canon. (NA.)

La *3/SS-Pz.Rgt.12*

1. Photo du Panther du chef de la *3./SS-Pz.Rgt. 12*, avec Manfred Stephan sur la tourelle. Le contour blanc de ce ***304*** n'a pas encore été rempli de noir. (Coll. M. Stephan/ Heimdal.)

2. Le *Panther* ***315*** dont les chiffres sont encore peints en blanc. (Coll. P. Tiquet.)

3. Autre vue de ce ***315*** dont les chiffres viennent d'être peints en noir, lors d'un entraînement. (Coll. P. Tiquet.)

4. Le char ***325*** en Belgique dont les chiffres sont encore en contours blancs. (Coll. P. Tiquet.)

5. Ce même char, lors d'un exercice. (Coll. P. Tiquet.)

6. Et enfin, avec ses chiffres remplis de noir, lors d'un exercice de tir à Beverloo pendant l'hiver 1943-1944. Ce char était celui du chef de la IIe section, l'*Ustuf.* Alban. A droite, le commandant de compagnie, l'*Ostuf.* von Ribbentrop. **En bas :** l'*Ustuf.* Jungbluth. Ce char sera détruit devant Norrey le 9 juin 1944. (Coll. H.M./G.B.)

1. Un *Rottenführer*. (Coll. P.Tiquet.)

2. Portrait du *Sturmmann* **Hans Schmeisser** à 18 ans en uniforme noir. Photo datée de 1944. (Coll. P.Tiquet.)

3. L'*Uscha.* **Karl August Trepper** du *SS-Pz.Rgt. 12 HJ.* (Coll. P.Tiquet.)

4. Photo studio du *Panzerschütze* **Albert Ruch**. (Coll. P.Tiquet.)

5. Photo du *Sturmmann* **Hans Fenn**, pointeur du *618* de l'*Oscha*. Esser (Coll. P. Tiquet.)

Ci-dessous : le *Sturmmann* **Rickes**, agent de liaison de la section de reconnaissance (voir page 18) du régiment. Hiver 1943-1944. Remarquer l'emblème de la division. (Coll. G.B.)

1

2

3

4

5

15 février 1944. Exercice de commandement de la *I./SS-Panzer-Regiment 12* sur le thème « attaque d'une *Panzer Abteilung* avec des objectifs limités ». Le *Flak-Zug* régimentaire (un officier, cinq sous-officiers et 64 hommes), sous le commandement du *Zugführer*, l'*Untersturmführer* Walter Schaffert est envoyé à Schwetzingen pour y recevoir une formation auprès de la *Panzer-Ausbildungs-Ersatz-und-Abteilung 204*.

17 février. Création de la *Panzer-Pionier-Kompanie* régimentaire à partir de la *Ausbildungskompanie* du *SS-Panzer-Pionier-Bataillon 12* (*Kompanie-Chef: Oberleutnant* Müller) (5) près de Zonhoven.

29 février. Exercice de commandement pour le *Zugführer* et le *Kompanie-Chef* au *Stab* de la *12. SS-Panzer-Division* à Turnhout. Thème : « un groupe blindé affronte un groupe blindé ».

Au cours de ce mois, quatre hommes de troupe ont été tués, et un sous-officier a été exécuté suite à une condamnation à mort prononcée par la cour martiale.

3 mars. Participation du *SS-Panzer-Regiment 12* à un exercice avec les véhicules blindés de transport de troupe du *III./SS-Panzer-Grenadier-Regiment 26* et les canons automoteurs Wespe et Hummel de la *I./SS-Panzer-Artillerie-Regiment 12*. Thèmes : « attaque d'une *Kampfgruppe* blindée contre des objectifs limités » et « coopération d'unités subordonnées et armement ».

12 mars. Exercice du *SS-Panzer-Regiment 12* avec ses effectifs complets. Thème : « *Kampfgruppe* contre *Kampfgruppe* ».

14-17 mars 1944. Exercice de commandement et de transmission à l'intérieur du *I.SS-Panzerkorps* à Dieppe. Les participants sont *la I./SS-Panzer-Regiment 12* : *Abteilungsadjutant*, *Ordonnanz-Offizier*, *Nachrichtenoffizier*, deux reporters motorisés, une station de radio. Thème : « exercices de transmission d'ordres et de communications, entraînement des officiers ».

(5) Compte tenu du manque d'officiers expérimentés, une cinquantaine d'officiers de l'armée, dont la plupart sont passés par les jeunesses hitlériennes, sont affectés à la *12.SS-Panzer-Division « Hitlerjugend »*, sans toutefois porter l'uniforme SS même s'ils appartiennent pleinement à la division SS. *Cf.* Hubert Meyer, *Kriegsgeschichte der 12. SS-Panzerdivision « Hitlerjugend »*, Band I, Osnabrück : Biblio Verlag, 4e édition, p. 19.

La *6.Kompanie* à l'entraînement en Flandre, près d'Ostende

1. Le ***604***, le *Panzer IV* du *Kompanietruppführer* de la compagnie, s'est engagé sur le pont à bascule franchissant le canal, comme le rappelle le nom du café devant lequel il est passé : Café *De Kalsude Brug*. Il est suivi par la file des panzers de la compagnie. L'inscription sur le pignon du café est une publicité pour une pépinière se trouvant *Han-*

18 mars 1944. Le *General der Panzertruppe* Heinrich Eberbach, Inspecteur des *Panzertruppen des Ersatzheeres* (6) rend visite à la *I/.SS-Panzer-Regiment 12* et à la *2. Kompanie* lors d'un entraînement dans les domaines suivants :

- théorie du tir sur tables traçantes ;
- cours de tactique : « le char à l'attaque » ;
- exercice au gaz à l'échelon du peloton ;
- entraînement à la visée sur un village cible ;
- cours sur le canon du char, les munitions, l'équipement électrique et le dispositif de visée.

19 mars. Le General Eberbach commence par observer l'entraînement de la *I/.SS-Panzer-Regiment 12* effectuant les missions suivantes :

- missions du chef de char, procédure de routine en cas de contact visuel avec un blindé ennemi ;
- exercice de commandement (décisions) au niveau du peloton, procédure de routine en cas de contact visuel avec l'artillerie antichar ennemie et/ou si un char roule sur une mine ;
- disposition du *Zug* (section de chars) pour un repli, procédure de routine en cas de panne d'un char ou de son armement.

Exercices de la *3./SS-Panzer-Regiment 12* :

- attaque à tirs réels de la *Panzer-Kompanie*, y compris tir de barrage et concentration du tir ;

(6) Les troupes blindées de réserve.

(suite page 43)

2

3

delstraat (rue du commerce) d'une localité dont le nom est en partie effacé.

2. Ici s'engage le ***615***, char du chef de la Ire section, que nous reverrons plusieurs fois dans les pages suivantes.

3. Il est bientôt suivi par le ***635*** avec le chef de section, l'*Oscha.* Terdenge, que nous reverrons aussi.

(Photos BA.)

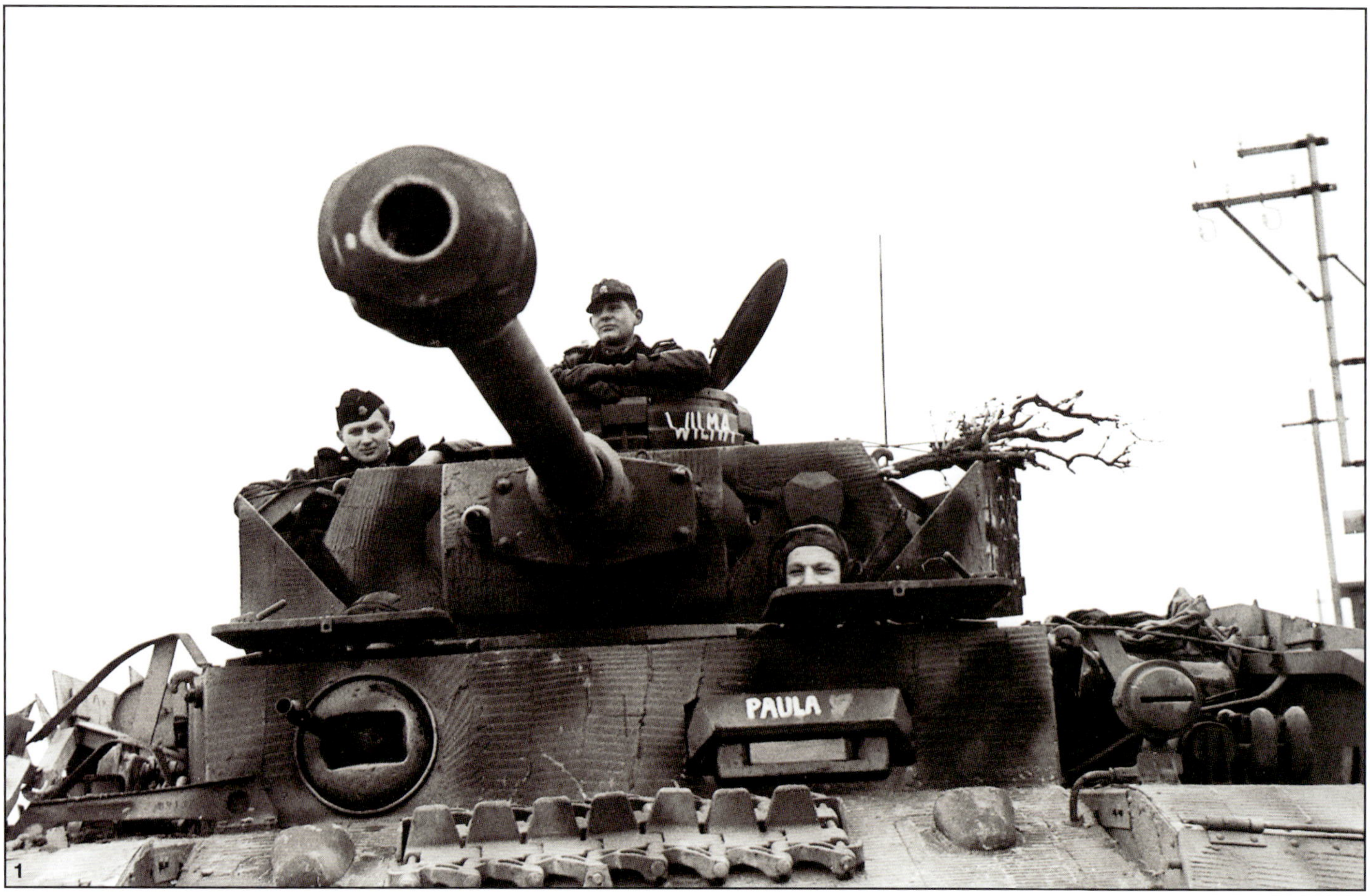

1

La *6./SS-Pz.Rgt.12*

1 et **2.** Le ***615*** a ainsi fière allure avec la longue volée de son canon de 7,5 cm L/47. Le pilote et le chef de char ont inscrit sur le PIV le nom de leurs petites amies : *Wilma* et *Paula*. On peut lire *Steffi* sur le tourelleau du ***618***, sur une autre photo. (BA et Thierry Vallet.)

TVallet
© Thierry Vallet / 2012

2

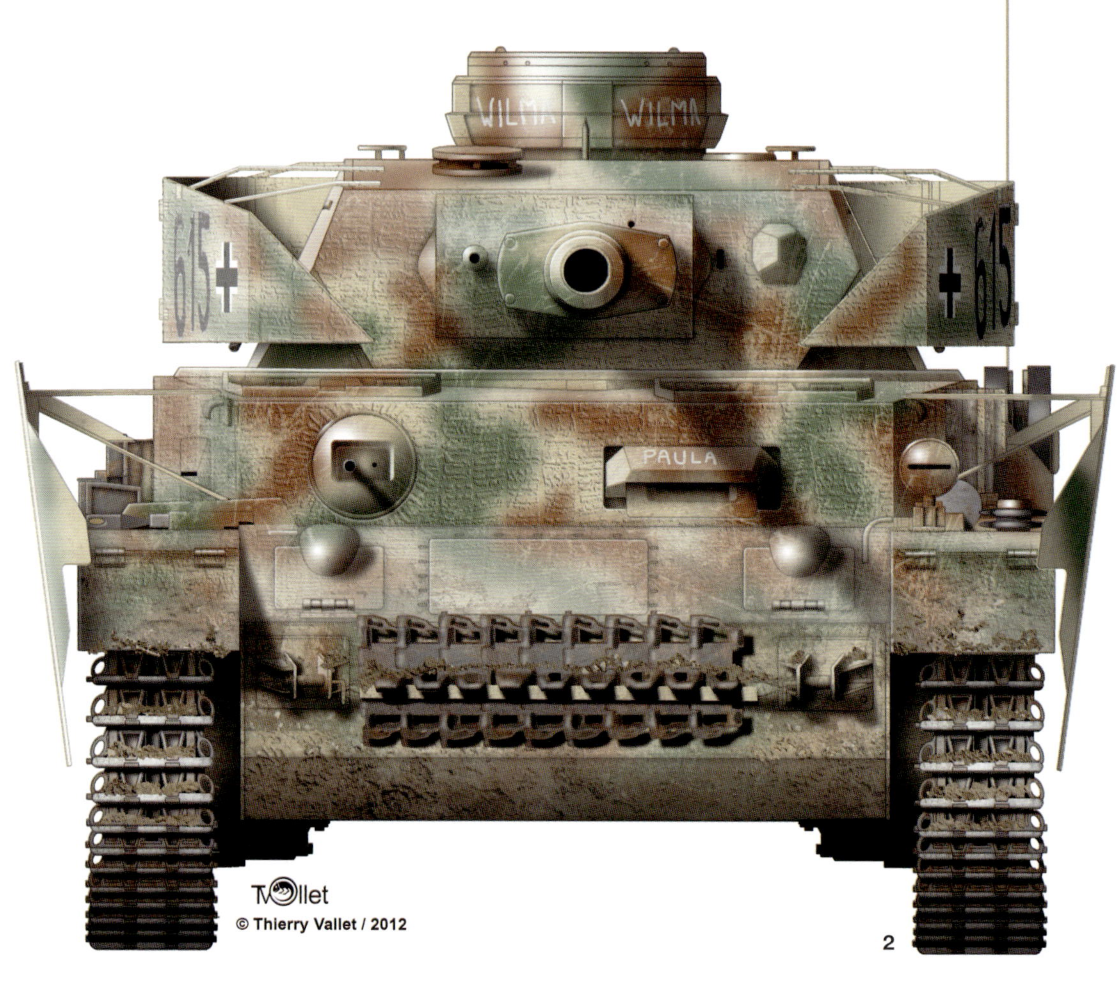

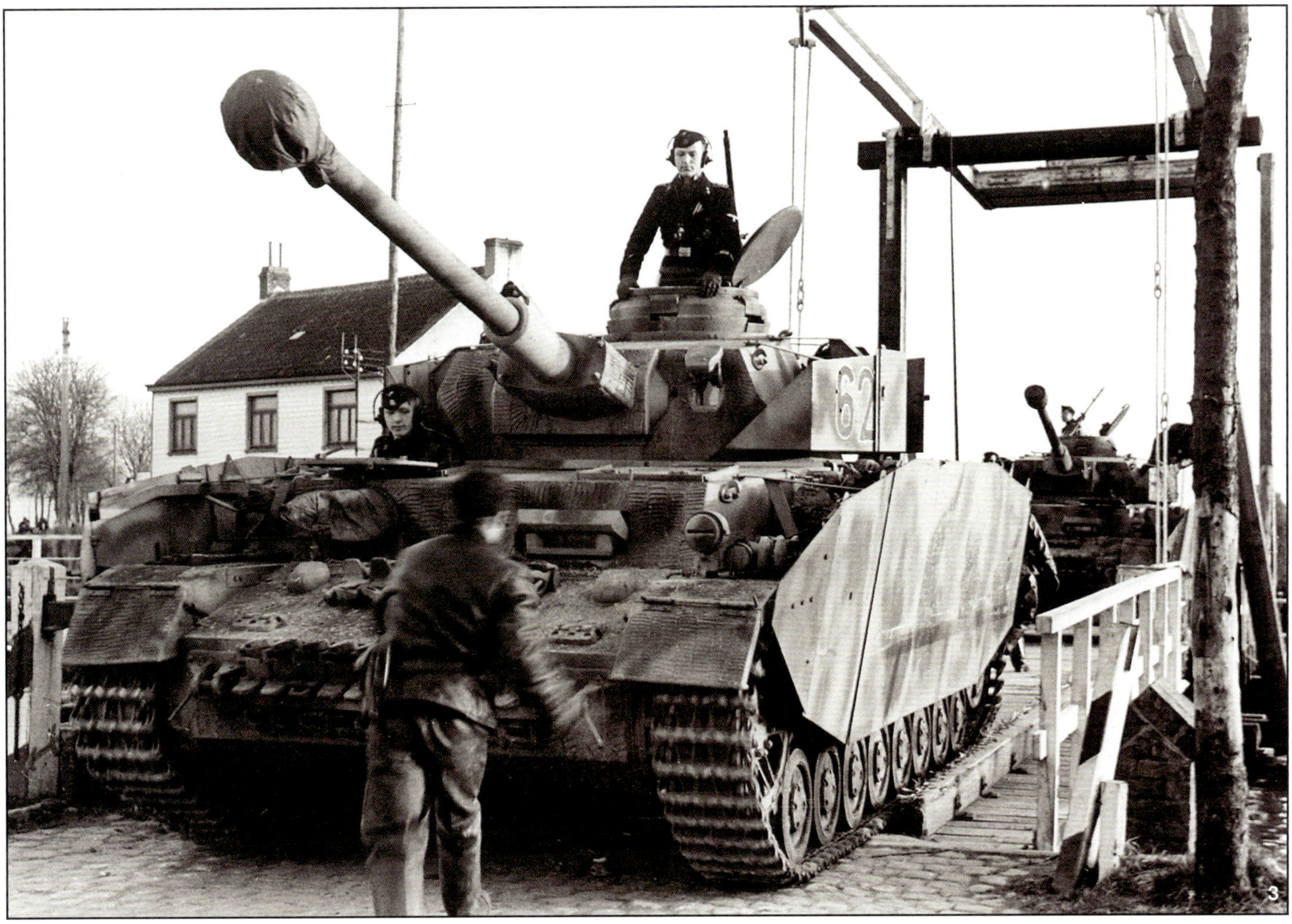

La *6./SS-Panzer-Regiment 12* à l'entraînement dans le secteur d'Ostende (Belgique) pendant l'hiver de 1943-1944.

3. Le ***625*** passe un pont lors d'une manœuvre près d'Ostende. Un tankiste en tenue de cuir dirige le panzer lors de ce franchissement difficile. (BA.)

4. Profil du ***635***. (Thierry Vallet.)

WILMA
615

Le ***615*** progresse sur les routes de Flandre. Des officiers des éléments du *Heer*, qui sont en manœuvre, apparaissent sur la photo page ci-contre en bas. Les bandeaux blancs autour de leurs casquettes indiquent qu'ils sont des juges de tir. **Ci-dessus :** nous voyons l'un des *Panzer IV* qui avance face à des fantassins du *Heer*. (BA 297-1725-4.)

Nous voyons sur cette page deux panzers de la 1re section : le ***616***, en haut, est à l'arrêt et laisse passer une colonne de fantassins du *Heer*. Le ***618*** (en bas) avance en grondant sur la route pavée.

Deux soldats du *Heer* servent d'infanterie d'accompagnement. Ils sont grimpés sur le ***605***, le char du chef de la 6e compagnie, l'*Ostuf.* Ruckdeschel qui apparaît à la tourelle.

Des fantassins du *Heer* croisent la colonne de *Panzer IV* de la 6e compagnie : le ***615***, le char du chef de la 1re section, et, plus loin, le ***646***, un char de la IVe section. Avant la bataille de Normandie, la IVe sections de chars sera supprimée.

Halte dans une localité flamande **(ci-dessus)**. La petite amie du chef du ***615*** s'appelle *Wilma*, celle du pilote de ce panzer s'appelle *Paula*. Le **615** a déjà été vu plusieurs fois. C'est le char du chef de la 1re section.

Ci-contre : l'un des chefs de chars le *SS-Unterscharführer* Radtke. Il vient de la *LAH* dont il porte encore la bande bras. Tous les anciens de cette division sont fiers de la porter. Il porte aussi, sur ses pattes d'épaule d'*Uscha*., le passant avec le sigle *LAH* brodé, d'un modèle antérieur à 1940. L'aigle de manteau est tissé en fil d'aluminium. Le blouson croisé est fermé au col car il fait froid. Il est coiffé d'une casquette de toile camouflé portant des insignes métalliques sur le devant.

Ci-dessus et ci-contre : nous apercevons le chef de la IIIe section de la 6e compagnie à la tourelle de son ***635***. Il s'agit de l'*Oscha.* Terdenge dont nous avons déjà vu le char. La tenue de cuir noir peut sembler peu adaptée à l'étroitesse des panzers, en outre elle tient très chaud. Mais c'est une excellente protection contre le feu. L'*Oscha.* Terdenge a son étui de P08 sur la hanche gauche.

Gros plan sur le radio du ***635***. Il s'agit d'un certain Erich Moro. Le radio a également la responsabilité du maniement de la mitrailleuse de caisse. (Collection Heimdal.)

Petit concert improvisé donné par les hommes de l'équipe atelier (*Instandsetzungsstaffel*) de la *6.Kp./SS-Pz.Rgt.12*. Le guitariste est le chef de l'unité, le *SS-Uscha.* Köhnen, un ancien de la *Luftwaffe.* Le conducteur du *SdKfz.10* est le *SS-Sturmmann* Knöpfle. Le soldat en manteau regardant le photographe porte quant à lui la bande de bras de la *Leibstandarte.* (Collection Heimdal.)

Page précédente en bas et ci-dessous : les membres d'équipage du ***618*** prennent leur repas à bord même de leur panzer. Ils se trouvent dans une localité située entre Ostende et Torhout, donc à l'ouest de Bruges. le nom de la petite amie du chef de char, *Steffi*, a été peint sur le tourelleau, une pratique qui semble avoir été assez courante au sein de l'unité. (Collection Heimdal.)

Le *SS-Ustuf.* Herbert Walther, officier d'ordonnance de Karl-Heinz Prinz, auprès de l'état-major de la *II./SS-Panzer-Regiment 12*, est une figure particulièrement marquante de la *II./12*, avec son mauvais caractère et son franc-parler. Nous le voyons ici peint en 1942. (Coll. G. Bernage.)

Un side-car du *SS-Panzer-Regiment 12* en Belgique pendant la période de formation. De droite à gauche : Zeukner, Kreisel et Womin. (Coll. P. Tiquet.)

La section de reconnaissance du *SS-Panzer-Regiment 12*, portant la combinaison camouflée, en état d'alerte avant le débarquement. (Coll. H. Wontorra/Heimdal.)

- coopération entre un *Panzer-Zug* et un *Pionier-Zug* (attaque à tirs réels).

Exercice du *Flak-Zug* de la *I/.SS-Panzer-Regiment 12* :

- déploiement du *Flak-Zug* contre des objectifs terrestres et aériens.

22 mars 1944. Le *SS-Oberstgruppenführer und Panzer Generaloberst der Waffen-SS* Sepp Dietrich, commandant du *I.SS-Panzer-Korps*, rend visite au *SS-Panzer-Regiment 12*.

23-30 mars 1944. La *3./SS-Panzer-Regiment 12* remporte la compétition de construction d'une fortification de terrain organisée par le régiment.

30 mars 1944. La *Panzer-Pionier-Kompanie* régimentaire est dissoute et ses effectifs sont recomposés pour constituer deux *Panzer-Pionier-Züge* pour les *Stabskompanien* de chaque *Panzer-Abteilung*.

Au cours du mois de mars, un officier et trois hommes de troupe sont morts.

1er avril 1944. Début du transfert du *SS-Panzer-Regiment 12* dans la région d'Evreux-Le-Neubourg-Bernay, en Normandie.

2 avril 1944. Le régiment reçoit ses 12 Flak Panzer 38(t) automoteurs équipés de canons automatiques de 20 mm.

12-19 avril 1944. Les missions liées au transfert sont achevées et l'entraînement reprend.

Poste de combat de la *I./SS-Panzer-Regiment 12* au Neubourg.

20 avril 1944. La *I./SS-Panzer-Regiment 12* dispose ce jour-là de 26 chars Panther, dont 23 sont opérationnels (7). Célébration de l'anniversaire du Führer par toutes les unités de la *I./SS-Panzer-Regiment 12*. L'*Obersturmführer* Max Wünsche, commandant du régiment, en tant que membre de la délégation du *I./SS-Panzer-Korps*, va offrir le cadeau du *I./SS-Panzer-Korps*, à savoir deux millions six cent mille *Reichsmark* (8).

27-29 avril 1944. Exercice du régiment à Louviers. La *I./SS-Panzer-Regiment* 12 y participe avec la *Panzergruppe « Blau »* du *SS-Obersturmführer* Max Wünsche. Thème : « combat d'un groupe blindé contre groupe blindé ». L'exercice est observé par le *Generaloberst* Heinz Guderian, le *General der Panzertruppe* Leo Geyr von Schweppenburg, commandant de la *Panzergruppe « West »*, et le *SS-Obergruppenführer und Panzer-Generaloberst der Waffen-SS* Josef Dietrich.

30 avril 1944. Le régiment possède alors six chars légers *Panzer II*, un *Panzer IV* à canon court (L/24), trois *Panzer IV* à canon long (L/43), 90 *Panzer IV* à canon long (L/48), 26 *Panther*, trois canons antiaériens à affût quadruple de 20 mm, 18 canons mitrailleurs antiaériens de 20 mm, 326 mitrailleuses, 249 pistolets-mitrailleurs, 1650 fusils, 1496 pistolets et 919 baïonnettes (9).

Les autres véhicules de l'unité sont : 50 motos, 52 Volkswagen tout-terrain, 63 voitures, 11 camionnettes, deux camions légers, 111 camions lourds, 7 *Sd.Kfz*, 9 remorqueuses de 18 tonnes, un peloton dédié aux réparations (quatre camions lourds Büssing), une unité consacrée à la maintenance (deux camions Opel), deux ambulances et un camion Breda 40 italien capturé (rebaptisé SPA *Radschlepper*).

8 mai 1944. Des sept chars légers *Panzer II* maintenant présents dans l'*Aufklärungszug* du *Regiment*, deux sont affectés dans chaque *Panzer-Abteilung*, un au *Flak-Zug* régimentaire, et deux dans le peloton de réparations.

10 mai 1944. Le *Flak-Zug de la II./SS-Panzer-Regiment 12* abat un P-47 *Thunderbolt* des forces alliées à 16h12 alors qu'il attaquait le pont franchissant la Seine près d'Elbeuf.

13 mai 1944. Le *Flak-Zug* régimentaire abat un chasseur-bombardier P-47 *Thunderbolt* à 11h30 sur le pont de chemin de fer près de Le Manoir.

21 mai. Arrivée de huit chars *Panther* destinés à la *I./SS-Panzer-Regiment 12*.

22 mai 1944. Un bombardier américain B-26 *Marauder* s'écrase à proximité des quartiers de la *II./SS-Panzer-Regiment 12*. Deux membres de l'équipage qui ont sauté en parachute sont faits prisonniers.

23 mai 1944. Arrivée de huit chars *Panther* supplémentaires pour la *I./SS-Panzer-Regiment 12*.

25 mai 1944. Le *Flak-Zug* régimentaire abat un autre P-47 *Thunderbolt* qui effectue à 11h46 une attaque à basse altitude à proximité du pont de chemin de fer près de Le Manoir.

Approximativement au même moment, à 10h47 à Elbeuf, dans le secteur du pont franchissant la Seine, le *Flak-Zug* de la *II./SS-Panzer-Regiment 12* abat deux P-47 *Thunderbolt*.

26 mai 1944. Le pont franchissant la Seine à Elbeuf est détruit par deux chasseurs bombardiers alliés.

27 mai 1944. Quarante bombardiers ennemis attaquent le pont de chemin de fer près de Le Manoir protégé par le *Flak-Zug* régimentaire équipé des armes antiaériennes alliées *Panzer* 38 (t) et qui permettait aux chars lourds de franchir le fleuve. Le *Flak-Zug* n'a subi aucune perte.

29 mai 1944. Le pont de chemin de fer dans le secteur d'Orival, qui permettait aux chars Panther lourds de franchir la Seine, est détruit lors d'un raid aérien allié. Il était protégé par le *Flak-Zug* de la *I./SS-Panzer-Regiment 12*.

30 mai 1944. Le *Flak-Zug* de la *I./SS-Panzer-Regiment 12* abat en l'espace de trois minutes (entre 16h50 et 16h53) trois chasseurs-bombardiers alliés P-47 *Thunderbolt* attaquant le pont sur la Seine près d'Elbeuf. Mais le pont est quand même détruit par une nouvelle attaque aérienne le même jour.

31 mai 1944. Arrivée de deux convois ferroviaires venus livrer au total 14 chars (7 + 7) Panther à la *I./SS-Panzer-Regiment 12*. Exercice de commandement radio pour l'*Abteilung* sur le thème « attaques contre des forces d'invasion ennemies ». Leçon : le contrôle des chars à l'aide de messages en morse n'est possible que lorsque l'attaque est déclenchée ; entraînement supplémentaire nécessaire car il faut garder un plus strict contrôle pendant l'émission des messages.

(7) Kamen Nevenkin, *Fire Brigades-The Panzer-Divisions 1943-1945*, Winnipeg : J.J. Federowicz, 2008, p. 905 (cité ensuite sous la référence Nevenkin).

(8) Par comparaison, cette somme correspond au prix de fabrication de huit chars lourds *Tigre* B.

(9) *Cf.* annexe V.

3 juin. L'*Obersturmführer* Rudolf von Ribbentrop, *Kompanie Chef* de la *3./SS-Panzer-Regiment 12* (10) est blessé lors d'un raid de chasseurs-bombardiers.

4 juin. Exercice avec les chars et tir au canon entre 7h00 et 11h00 pour les officiers et les sous-officiers du *Regimentsstab*, entraînement au *Panzerfaust* à Louviers.

L'ordre de bataille théorique du *I./SS-Panzer-Regiment 12* au sein du *Regiment* de la *12.SS-Panzer-Division* se présente donc ainsi le 1er juin, soit cinq jours avant le Débarquement des forces alliées en Normandie.

* *Kompanienstab,*

* *Stabskompanie,*

- *Nachrichtenzug* (trois chars *Panther* de commandement),
- *Aufklärungszug* (cinq chars *Panther* et deux transports de troupe blindés), peloton de reconnaissance du terrain et *Panzer-Pionierzug* (*Kettenkrad, Schwimmwagen* et trois deux transports de troupe blindés),
- *Flak-Zug* (trois canons antiaériens automoteurs à quadruple affût de 20 mm) ;
- Quatre *Panzer-Kompanien* (17 chars *Panther* chacune)
- Unité du *Kompanie-Chef* (deux chars *Panther*),
- Trois *Panzer-Züge* (chacun équipé de cinq chars *Panther*) ;

* *Instandssetzungs-Kompanie* (réparation)

* *Versorgungs-Kompanie* (ravitaillement)

La *II./SS-Panzer-Regiment 12* est organisé selon un ordre de bataille similaire, en dehors du fait que les chars sont des *Panzer IV* et non des *Panther*, et ne dispose que d'un simple peloton et non d'une compagnie de réparation. La *Soll-Stärke* (dotation théorique) du *SS-Panzer-Regiment 12* est de cinq chars *Panzer IV* et de trois chars Panther de commandement pour le *Regimentsstab*, 73 *Panther*, trois chars *Panther* de commandement et des véhicules de dépannage blindés *Bergepanther* pour la *I./SS-Panzer-Regiment 12* (11), 93 *Panzer* IV et 3 chars de commandement *Panzer IV* pour la *II./SS-Panzer-Regiment 12*. D'après la *Soll-Stärke*, le régiment aurait dû avoir 2301 soldats, quatre *Panzer III*, 101 *Panzer IV*, et 81 *Panther*. Or c'était loin d'être le cas dans la réalité. En dehors des quatre *Panzer III*, seulement deux sont présents le 1er juin 1944 (tous deux opérationnels), ainsi qu'au moins un *Panzer II*.

En tout, 66 chars *Panther* sont alloués au *SS-Panzer-Regiment 12* jusqu'au 1er juin 1944 (12). Mais si l'on s'en tient aux données ci-dessus, seuls 56 d'entre eux avaient été livrés à la troupe au moment du départ au front. Dix autres *Panther* étaient toujours en train d'être acheminés par train. Parmi les chars déjà arrivés 48 *Panther* étaient opérationnels le 1er juin 1944. Deux sont réparés dans les deux premières semaines, et la réparation de six autres prendra beaucoup plus de temps. Seuls deux des trois chars *Panther* de commandement du *Regimentsstab* sont opérationnels (13). Sur la base de ces données, 46 des 53 chars *Panther* livrés à la *I./SS-Panzer-Regiment 12* sont opérationnels au début de juin 1944. Les trois chars *Panther* de commandement sont toujours manquants dans les effectifs de la *Stabskompanie* ainsi que cinq chars de l'*Aufklärungszug*.

Le *Flakzug* de la *I./SS-Panzer-Regiment 12* est une sorte de « mystère ». D'après l'historique exceptionnellement détaillé de la division (14), l'*Abteilung* ne disposait d'aucune unité de ce type à la date du 1er juin – contrairement aux trois affûts quadruples antiaériens évoqués dans l'annexe de l'ordre de bataille que l'on trouve dans le rapport établi ce jour-là. En même temps, les documents d'époque de la *I./SS-Panzer-Regiment 12* révèlent que l'unité avait déjà été créée en mars 1944. Cette unité participa à la bataille de Normandie.

Le *Flakzug* de la *I./SS-Panzer-Regiment 12* était également différent de celui décrit dans l'ordre de bataille théorique. Au lieu des six canons de 20 mm décrits dans le rapport du 1er juin 1944, il y avait en fait trois batteries quadruples de 20 mm montées sur des châssis de *Panzer IV* (15). Il y avait aussi un *Flakzug* dans la *Stabskompanie* du *SS-Panzer-Regiment 12* avec douze *Flak-Panzer* 38(t) automoteurs (16). Si l'on compare ces données, on peut supposer que le *Flak-Zug* du *I./SS-Panzer-Regiment 12* avait reçu entre trois et six canons antiaériens de *Flakpanzer* 38(t).

Le 1er juin 1944, les *Kompanien 1* et *2* du *SS-Panzer-Regiment 12* disposent de 17 *Panther* chacune, la *3./SS-Panzer-Regiment 12* a dix *Panther*, la *4. Kompanie* de l'*Abteilung* n'a en revanche aucun char opérationnel (17). La *I./SS-Panzer-Regiment 12* reçoit moins de véhicules que ce qui est prévu à l'origine et la *Kompanie* de réparation n'a pas encore reçu sa dotation en *Bergepanther* (18). Le 1er juin 1944, 91 des 98 *Panzer IV* du *SS-Panzer-Regiment 12* sont opérationnels. Les officiers du *SS-Panzer-Regiment 12* sont au 6 juin 1944 les suivants :

Stab, SS-Panzer-Regiment 12

Regimentskommandeur : SS-Obersturmbannführer Max Wünsche

Adjutant : SS-Hauptsturmführer Georg Isecke

Ordonnanz Offizier :
SS-Untersturmführer Rudolf Nerlich

Nachrichtenoffizier :
SS-Hauptsturmführer Helmut Schlauß

Regimentsarzt :
SS-Hauptsturmführer Dr. Rudolf Stiawa

(10) L'aîné des cinq fils de Joachim von Ribbentrop, ministre des affaires étrangères du Reich. *Cf.* annexe II.

(11) *Cf.* document *SS-FHA Amt II Org.Abt. Ib Tgb. Nr II/2534/44 geh*, pièce jointe non numérotée du rapport d'activité du régiment.

(12) Nevenkin p. 905.

(13) *Cf.* rapport mensuel de la *12.SS-Panzer-Division,* daté du 1er juin 1944 *in* Meyer p.757-760.

(14) Meyer p.14.

(15) Qui serviront de prototypes pour la production en masse du système de DCA baptisé *Wirbelwind*.

(16) Des canons automatiques antiaériens montés sur un châssis de *Panzer* 38(t).

(17) Meyer p.757.

(18) Meyer p.760.

I./SS-Panzer-Regiment 12 (Panther)

Abteilungskommandeur :
SS-Sturmbannführer Arnold Jiirgensen

Adjutant : SS-Untersturmführer
Heinz Hubertus Schröder

Ordonnanz Offizier :
SS-Untersturmführer Hans Hogrefe

Nachrichtenoffizier :
SS-Untersturmführer Rolf Jauch

Abteilungsarzt :
SS-Obersturmführer Dr. Wilhelm Daniel

Chef de la *1.Kompanie :*
SS-Hauptsturmführer Kurt-Anton Berlin

Chef de la *2.Kompanie :*
SS-Obersturmführer Helmut Gaede

Chef de la *3.Kompanie :*
SS-Obersturmführer Rudolf von Ribbentrop

Chef de la *4.Kompanie :*
SS-Haupsturmfiihrer Hans Pfeiffer

Werkstattskompanie :
SS-Untersturmführer Robert Maier

II./-Panzer-Regiment 12 (Panzer IV)

Abteilungskommandeur :
SS-Sturmbannführer Karl-Heinz Prinz

Adjutant :
SS-Obersturmführer Friedrich Hartmann

Ordonnanz Offizier :
SS-Untersturmführer Herbert Walther

Nachrichtenoffizier :
SS-Untersturmführer Hermann Komadina

Abteilungsarzt :
SS-Hauptsturmführer Dr. Oskar Jordan

Chef de la *5.Kompanie :*
SS-Obersturmführer Helmut Bando

Chef de la *6.Kompanie :*
SS-Hauptsturmführer Ludwig Ruckdeschel

Chef de la *7. Kompanie :*
SS-Hauptsturmführer Heinrich Bräcker

Chef de la *8.Kompanie*:
SS-Obersturmführer Hans Siegel

Chef de la *9. Kompanie* (19) :
Hauptsturmführer Wolf Buettner

Peloton de réparation :
SS-Obersturmführer Dieter Müller

Ordre de bataille de la *12.SS-Panzer-Division* en dehors du *SS-Panzer-Regiment 12*

Divisionsstab avec groupe de surveillance de l'armement, *Divisionsbegleitkompanie* et quatre *Feldgendarmerie-Züge* ;

SS-Panzer-Grenadier-Regiment 25

I-III SS-Panzer-Grenadier-Bataillone :
1-4., 5-8., 9-12. Kompanien (20)

13.SS-Kompanie
(canon lourd tracté d'infanterie)

14.SS-Kompanie (canon antiaérien)

15.SS-Kompanie (motocycliste)

16.SS-Kompanie (génie blindé)

SS-Panzer-Grenadier-Regiment 26

I-III SS-Panzer-Grenadier-Bataillone : 1-4., 5-8., 9-12.Kompanie (21), la *III./SS-Panzer-Grenadier-Regiment 26* était équipée de transports de troupes blindés

13. SS-Kompanie
(canon d'infanterie lourd tracté)

14. SS-Kompanie (canon antiaérien tracté)

15. SS-Kompanie (motocycliste)

16. SS-Kompanie (Génie blindé)

SS-Panzer-Artillerie-Regiment 12

I./SS-Panzer-Artillerie-Abteilung autopropulsée *(1-2. Batterien* de canons automoteurs Wespe de 105 mm, *3. Batterie* de canons automoteurs de 15 mm Hummel)

II./-Panzer-Artillerie-Abteilung (trois *Batterien* avec des obusiers légers de campagne tractés de 105 mm)

III./SS-Panzer-Artillerie-Abteilung (trois *Batterien* d'obusiers lourds de campagne de 150 mm tractés et une Batterie avec des canons de 105 mm)

IV(Werfer)./SS-Panzer-Artillerie-Abteilung (quatre *Batterien* avec des lance-roquettes de 150 mm)

SS-Panzer-Aufklärungs-Abteilung 12

Stabskompanie avec des véhicules blindés

1. (de blindés à roues), *2.* (de blindés semi-chenillés) *Kompanie*, *3.* (de blindés de transport de troupes) *Kompanie*, *5.* (armes lourdes blindées) *Kom*panie, 1 *Versorgungskompanie*

SS-Panzerjäger-Abteilung 12

I. (Jagdpanzer), 2. (Jagdpanzer),
3. (canon antichar tracté) *Kompanien*

SS-Panzer-Pionier-Bataillon 12

1-3.Kompanie (*1.Kompanie* de transports de troupes blindés), *«B» Feldbrückekolonne, leichte Pionierkolonne*

SS-Panzer-Nachrichten-Abteilung 12

1. (téléphone), *2.* (radio) *Kompanie*

SS-Panzer-Flak-Abteilung 12

1-3. (8.8cm), *4.* (3 .7cm),
5. Scheinwerfer Batterien

SS-Panzer-Feldersatz-Bataillon 12

12.SS-Panzer-Division Nachschub-Truppen

SS-Panzer-Instandsetzungs-Abteilung 12

SS-Wirtschafts-Abteilung 12

SS-Sanitätsabteilung 12

Les unités de la division – en dehors de la *IV. (Werfer) Abteilung* du *SS-Panzer-Artillerie-Regiment 12* et de la *SS-Panzerjäger-Abteilung 12* toujours en phase de constitution – sont officiellement qualifiées le 1er juin 1944 pour effectuer n'importe quelle mission offensive sur la ligne de front ouest.

(19) Cinq *Kompanien* au lieu de quatre composent la *II./SS-Panzer-Regiment 12*. Moins de chars sont attribués aux 5-8. *Kompanien* que les 18 prévus initialement, et les chars restants permettent de constituer l'effectif de la *9. Kompanie*. Les *Kompanien* moins bien dotées étaient censées être mieux contrôlables au combat.

(20) Les *4., 8.* et *12. Kompanien* sont des *schwere Kompanien* (armes lourdes).

(21) Les *4., 8.* et *12. Kompanien* sont des *schwere Kompanien* (armes lourdes).

1. Max Wünsche en visite dans sa région de Saxe où il est reçu avec les honneurs par des *BDM*. (Coll. P.Tiquet.)

2. Autre vue de cette visite, en arrière plan sa famille. Ici, il n'est que *Sturmbannführer.* (Coll. P.Tiquet.)

Ci-dessous : le *SS-Sturmbannführer* Karl-Heinz Prinz, qui commande le IIe bataillon du régiment de chars, lors d'un exercice sur une route normande. (Coll. Herbert Walther/G.B.)

Ci-contre : les principaux chefs d'unité de la division en Normandie, au QG de la division à Broglie. De droite à gauche : le *SS-Stubaf.* Gerd Bremer, qui commande le groupe de reconnaissance *(SS-Pz.AA.12)*, le *SS-Standartenführer* Kurt Meyer, qui commande le *SS-Pz.Gren. Rgt. 25*, et le *SS-Ostubaf.* Wilhelm Mohnke, qui commande le *SS-Pz.Gren.Rgt. 26*. Enfin, en arrière gauche, le *SS-Ostubaf.* Wünsche. Trois d'entre eux sont titulaires du *Ritterkreuz*, Mohnke l'obtiendra dans quelques mois. (G.B.)

Ci-dessus : le *SS-Brigadeführer* Fitz Witt qui commande la Division *Hitlerjugend*, à droite, et le *SS-Obergruppenführer* Sepp Dietrich, qui commande le *II./SS-Panzerkorps* auquel la division est rattachée. (Coll. H. Walther/G.B.)

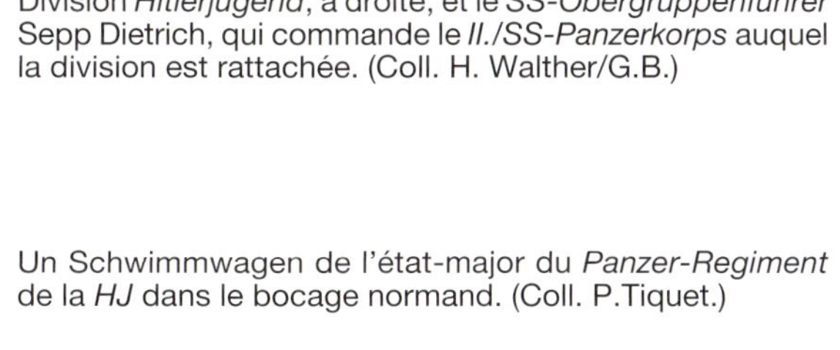

Un Schwimmwagen de l'état-major du *Panzer-Regiment* de la *HJ* dans le bocage normand. (Coll. P.Tiquet.)

Printemps 1944, exercices dans l'Eure, en Normandie

1 et **2.** Le *SS-Hauptsturmführer* Wilhelm Beck sur la caisse d'un *Panther* de la *2.Kompanie* qu'il commande encore à cette époque, avant qu'il ne soit détaché auprès de la *Panzergruppe West*. Sur la seconde photo, on distingue bien le chef de char avec ses écouteurs.

3. Un *Panzer IV* dans la campagne normande.

4. Le *SS-Obersturmführer* Rolf Jauch émerge de la tourelle d'un char *Panther*. Il sera l'officier de transmissions (le *Nachrichtenoffizier*) du Ier Bataillon. Le numéro de char qui précède le sien, le ***338***, démontre que cette photo – et les autres de cette double page – ont été prises avant la fin du mois de mai, avant la restructuration des compagnies à trois sections et 17 panzers.

(Photos KB Wilfried Woscidlo/Coll. G. Bernage.)

2

4

1

Vor dem Normandie-Fronteinsatz
im Mai 1944 (18 Jahre alt)
12. SS-Panzerdivision HJ.
Pz.-Regiment/I Abteilung-1 Kompanie
Panzerfunker

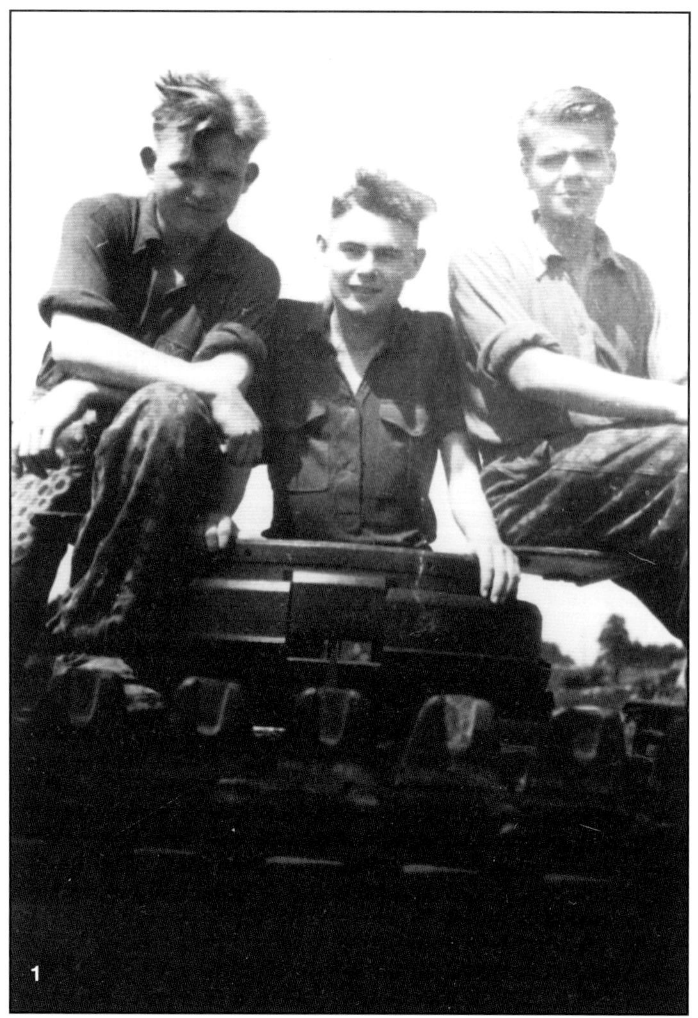

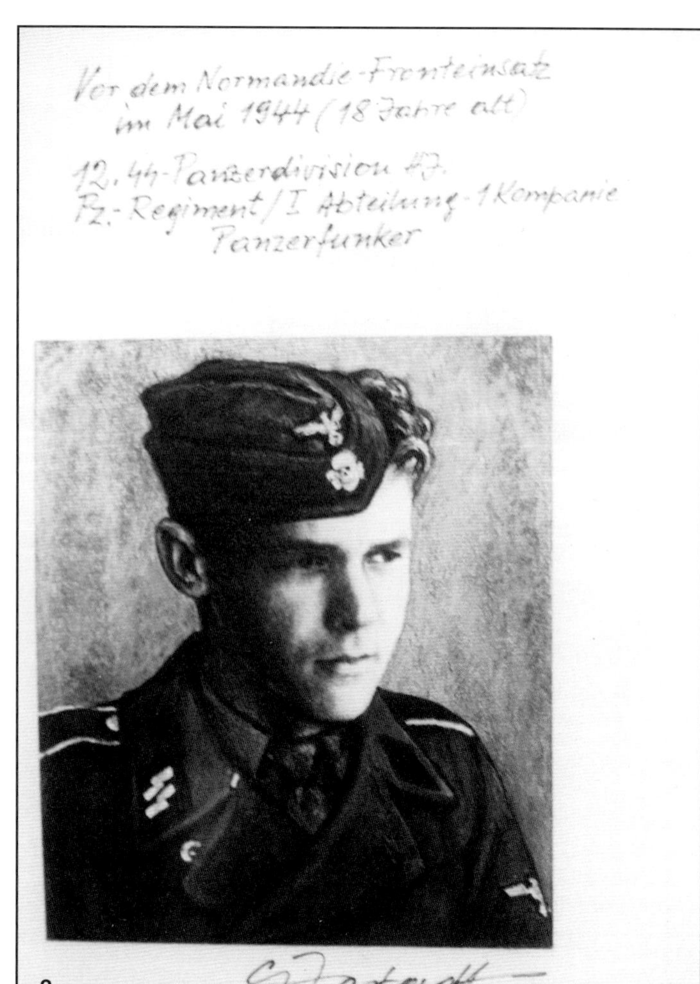

2

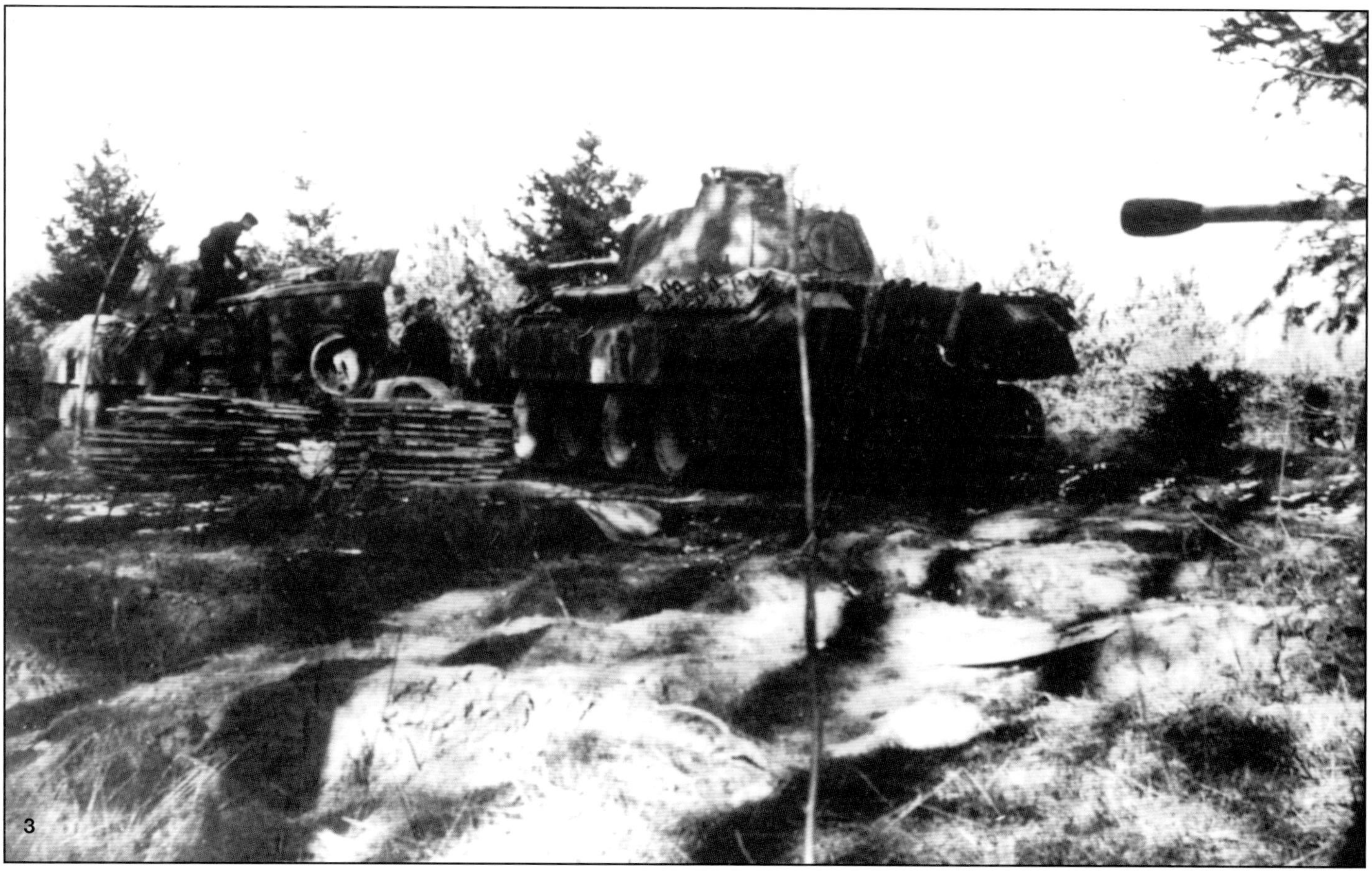

3

5

2.Kompanie

4

1. Le *SS-Sturmmann* Gerhard Siegel de la *1.Kompanie* du *SS-Pz.Rgt.12* à la tourelle de son *Panzer IV*. (Coll. P. Tiquet.)

2. Le *Funker* (radio) Jostedt de la *1.Kompanie* du *SS-Pz.Rgt.12*. Photo dédicacée prise avant la bataille de Normandie, alors qu'il n'a que 18 ans. (Coll. P. Tiquet.)

3. Préparation de chars *Panther* de la *2.Kompanie* avant leur embarquement sur un convoi ferroviaire. (Am. 2.Pz.Kp./Heimdal.)

4. Les chars *Panther* de la *2.Kompanie* sont chargés sur les wagons lors de leur transfert pour la Normandie en avril 1944. (Arm.2.Pz.Kp./Coll.Heimdal.)

6

7

5. Le *SS-Hauptsturmführer* Helmut Gaede prend le commandement de la *2.Kompanie* après que le *SS-Hstuf.* Wilhelm Beck ait été muté comme officier de liaison auprès du *I.SS-Panzerkorps*. (Am. 2.Pz. Kp./Heimdal.)

6. Le *Panther* ***246*** de la *2.Kompanie* lors de l'instruction au camp de Mailly pendant l'hiver 1943-1944. (Arm.2.Pz. Kp./Heimdal.)

7. Repas pris sur le terrain au début de l'année 1944. Ces hommes de la *2.Kompanie* portent des vestes de camouflage « petits pois » qui arrivent alors en dotation. De gauche à droite : le *St. Obj.* Bogensperger qui sera réaffecté à la *3. Kompanie* et tué le 7 août 1944, le *Standartenoberjunker* Diennemann, Hans Helmle et Richard Heinz. (Coll. Heimdal.)

8. Deux tankistes de la *2.Kompanie* devant leur char *Panther*. De gauche à droite : Fred Lehmann et l'*Uscha.* Rudi Knoche, chef de char, qui sera tué. (Am. 2.Pz.Kp./Heimdal.)

9. Jochen Dedow, Werner Ehrsam et Theo Stahl (qui sera tué) de la *2.Kompanie*, sur leur char *Panther*. (Am. 2.Pz. Kp./Heimdal.)

10. Le *Sturmmann* Erich Siebe de la *2./SS-Pz. Rgt.12*. (Coll. P. Tiquet.)

11. Le *Panzerschütze* (tankiste) Richard Georg de la *2.Kompanie.* (Coll. G.B.)

12. Tankistes de la *2.Kompanie*. De gauche à droite : le *Sturmmann* Hans-Ulrich Dietrich (pointeur), le *Strmm.* Horst Bootz, le *Strmm.* Erich Hicker, le tankiste Erich Siebe, le *Rttf.* Hans Helmle. (Coll. Hans Helmle/Heimdal.)

13. Le *SS-Unterscharführer* Hans Helmle, chef de char dans la *2.Kompanie*. (Coll. G.B.)

10

11

12

13

1

La *3./SS-Panzer-Regiment 12*

1. Cette compagnie est commandée par le *SS-Ostuf.* R. von Ribbentrop (1), entouré des *SS-Oscha.* Wilhelm Post (2) (adjudant de compagnie), *SS-Oberjunker* Bogensperger (3), *SS-Oberjunker* Alban (4), *SS-Ustuf.* Stagge (5), *SS-Ustuf.* Jungbluth (6), *SS-Uscha.* Krahl (7), *SS-Uscha.* Hermani (8), *SS-Uscha.* Freier (9). Photo pirse à Harcourt pour la Pentecôte de 1944. (Coll. G. Bernage via K.3.Kp.)

2 et **3.** Les chars de la 3e compagnie sont peints en couleur sable avec un camouflage appliqué au pistolet avec de la peinture verte et rougeâtre, comme il est d'usage dans le régiment. Ici le ***304*** pendant l'entraînement en Flandre en mars 1944. Il s'agit du char du commandant de compagnie, le *SS-Ostuf.* von Ribbentrop. On remarquera les chiffres peints à la main. D'après le témoignage des vétérans, ils étaient rouges avec un liseré blanc (ici le rouge n'est pas encore en place). A gauche, avec un bonnet de police, Fritz Freiberg, le pointeur du char, originaire de Prusse Orientale. (Coll. G.Bernage via M. Stephan.)

2

5

3

4. Le ***304***. (Profil de Thierry Vallet.)

5. Le *SS-Ostuf.* von Ribbentrop, âgé de 23 ans, fils du Ministère des Affaires Etrangères du Reich. Ce dernier avait exigé que son fils ne bénéficie d'aucune faveur. La seule dont il bénéficiait, c'était le port de lunettes (qu'il ne porte pas ici) ; il souffrait d'une mauvaise vue mais se montrait très courageux, ayant commencé comme simple soldat. Devenu officier, il s'illustrera à la bataille de Koursk en détruisant quatorze T-34 et recevra la croix de chevalier le 15 juillet 1943. (Coll. W.Theffo.)

6. Rudolf von Ribbentrop en 1990, sa vue s'était encore dégradée. Mais en 2015, âgé de 94 ans, il communique encore des informations historiques. (Coll. G.B.)

6

La 3e compagnie à Harcourt, le 20 avril 1944... ou le jour de la Pentecôte.

I.Zug

1. La Ire section de l'*Ustuf.* Jungbluth à Harcourt. On reconnaît près de lui, au centre, l'*Uscha.* Freier et, tout au fond à droite, Günther Gotha. (Kam. 3.Kp.)

2. La section Alban le 20 avril 1944 à Harcourt, elle est alors la IIe section. **1.** Trapnik. **2.** *Uscha.* Krahl *(Kommandant)*. **3.** *Oscha.* Alban (*Kommandant* et chef de section). **4.** Werner Uhr. **5.** *Uscha* Eismann *(Kommandant)*. **6.** Gerd Krieger (pointeur). **7.** Gemässner. (*3.Kp.*/coll. GB.)

II.Zug 2

III.Zug

3

IV.Zug

4

3. La section Bogensperger. (IIIe section) **1.** Hansen. **2.** Sokoliss (pourvoyeur). **3.** *Uscha.* März *(Kommandant)*. **4.** *Oscha.* Bogensperger (*Kommandant* et chef de section). **5.** Schiemann (pilote). **6.** Porochnowitz (pourvoyeur). **7.** Fischer (pointeur). **8.** Niebisch (pilote). **9.** Pastor. La composition des sections sera ultérieurement modifiée. (Photo Kam. 3.Pz.Kp./Coll. G.B.)

4. La IVe section de l'*Ustuf.* Stagge (ici portant une casquette), le 20 avril 1944 à Harcourt. Cette section sera dissoute et ses effectifs répartis au sein de la compagnie. Au 2e rang, à gauche, on reconnaît Geukler, souriant, véritable boute-en-train, qui sera blessé devant Norrey le 9 juin 1944.

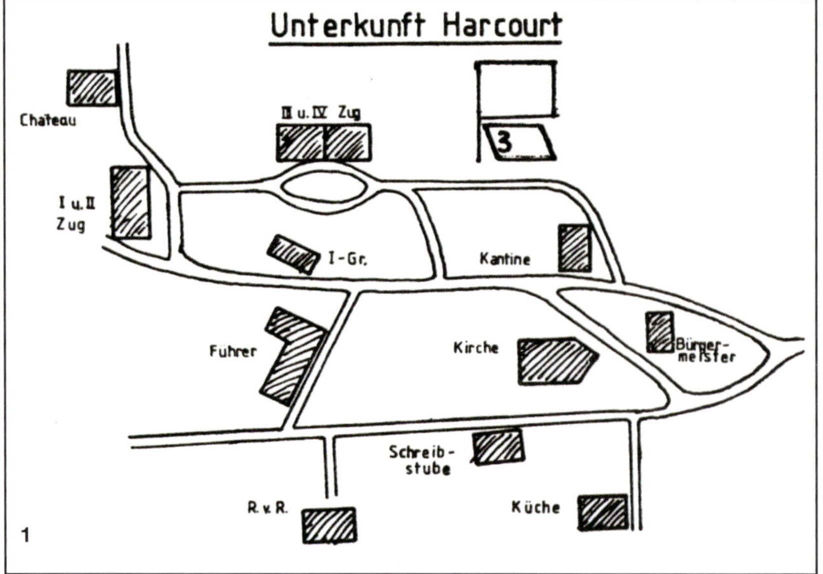

1

La *3./12* R. v. Ribbentrop à Harcourt

1. Plan des cantonnements de la *3./12* à Harcourt, d'après les vétérans de la *3.Kompanie*. On reconnaît l'emplacement du château, de l'église *(Kirche)*, les cantonnements des 1re et 2e sections *(I.u.II.Zug)*, des 3e et 4e sections *(III. u. IV.Zug)*, des officiers *(Führer)*, du groupe de maintenance *(I-Gr.)*, de Rudolf von Ribbentrop *(R.v.R.)*, le bureau de compagnie *(Schreibstube)*, la cuisine *(Küche)*, la cantine et la mairie *(Bürgermeister)*.

2. Les halles d'Harcourt abritaient, déjà, la mairie en 1944 – voir *Bürgermeister* sur le plan. A l'époque, le maire, le général Chrétienne, avait fait placarder un avis à la population lui signalant que la commune avait l'honneur de recevoir le fils du Ministre des Affaires Etrangères du Reich. (E.G./Heimdal.)

3. Dans le parc du château d'Harcourt, un petit bâtiment à pans de bois, probablement celui que nous avons aperçu sur la photo de bas de page. (EG/Heimdal.)

2

3

Nous voyons ici l'adjudant de compagnie, le *Spiess* (identifiable à ses deux bandes portées au bas des manches), le *SS-Oberscharführer* Wilhelm Post, redouté pour sa sévérité. Il procède ici à une inspection de chaussures. On reconnaît en arrière-plan, près de W. Post, Werner Uhr, qui sera blessé, capturé par les Canadiens et amputé d'une jambe à l'issue du combat du 9 juin 1944 devant Norrey. On aperçoit dans le fond un bâtiment en pan de bois typique. (Coll. 3.Kp.)

Le *Panther* ***326*** tel que nous le voyons ci-dessous. Le contour blanc des chiffres de tourelle n'a pas encore été rempli de couleur noire. (© Th. Vallet/Heimdal.)

4. Le château d'Harcourt remonte au XIIIe siècle, avec ses puissantes tours. De nombreuses activités de la compagnie se tenaient dans son parc, à l'abri des grands arbres. Les véhicules étaient camouflés dans le parc, les chauffeurs étaient logés dans le château, le rugby était pratiqué sur l'esplanade. (Coll. 3.Kp.)

5. Le château actuellement, sous le même angle. (EG/Heimdal.)

6. Instruction sur les chars Panther dans le parc du château, ici le ***326***. L'*I-Gruppe* (groupe de maintenance) est au travail. Lors des combats de Norrey, ce *326* sera commandé par l'*Uscha.* Eismann, le 9 juin 1944, qui sera tué. Gerd Krieger sera son pointeur... (Coll. 3.Kp.)

Gerd Krieger

Les sous-officiers de la compagnie devant l'Hôtel du Commerce (transformé ici en *SS-Kantine*) à Harcourt en mai 1944. **1.** *Uscha.* Hermani *(Kommandant)* ; **2.** *Uscha.* März *(Kommandant)* ; **3.** *Oscha*. Post (adjudant de compagnie) ; **4.** *Uscha.* Eismann *(Kommandant)* ; **5.** *I. Gruppenführer* Hetzel ; **6.** *Uscha.* Krahl *(Kommandant)* ; **7.** *Waffenmeister* Fischer ; **8.** *Uscha.* Gose (infirmier) ; **9.** *Uscha*. Freier *(Kommandant)*. (Coll. Kam. 3.Pz.Kp./G.B.)

Ce restaurant (alors l'Hôtel du Commerce), dans le centre du bourg d'Harcourt avait été transformé en *SS-Kantine* (voir sur le plan). On aperçoit en arrière-plan quelques maisons à pans de bois typiques. (EG/Heimdal.)

Un groupe de la *3./12*, sous le commandement de l'*Uscha.* Hanisch (à gauche) est venu monter la garde au PC de la division *« Hitlerjugend »*. Ici le « présentez armes » alors que le drapeau est hissé. (Coll. 3.Kp.)

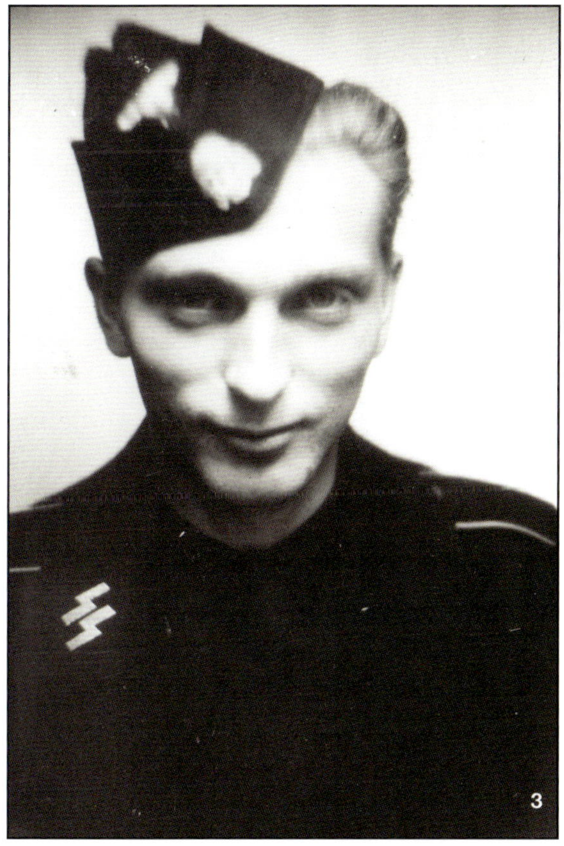

3. *Schütze* Willy Schwarz, spécialiste radio de la *3.Kompanie*, photo prise à Verdun en novembre 1943. (Coll. P. Tiquet.)

1. Cette photo prise en Belgique avant le « séjour normand », nous montre, de droite à gauche, le *Spiess* (adjudant de compagnie) Wilhelm Post, qui a amené ici les repas pris dans la lande, l'*Oberjunker* Bogensperger et l'*Uscha.* Krahl ; ces deux derniers, chefs de char, seront tués en Normandie, Krahl devant Norrey le 9 juin et Bogensperger près de Grimbosq le 8 août 1944. (Kam. 3.Kp.)

2. L'*Ostuf.* Rudolf von Ribbentrop porte ici ses lunettes, le « *Chef* » est particulièrement respecté par ses hommes. (Coll. P. Tiquet.)

Quartier libre à Harcourt, devant le cantonnement de la IVe section *(4.Zug)*, avec de la musique. De gauche à droite : Gundlach (avec l'accordéon), Veidt, Gemassner, Alois Morawetz et Jüchter. *(Kam. 3.Kp.)*

1. Quartier libre à Harcourt. Assis au premier plan et de gauche à droite : Schmidt, Steiner, Battenfeld, Kohl et Rawe. Debout, de gauche à droite : Struck, Aberle. *(Kam. 3.Kp.)*

2. Le bâtiment abritant alors la IIIe section (à gauche) et la IVe section (à droite). Derrière les arbres on distingue le bâtiment abritant alors les cantonnements des Ire et IIe sections – voir plan. (Coll. 3.Kp.)

3. Instruction à Harcourt, dans le parc du château. Ici, devant le *Panther* ***327***, de la IIe section. On aperçoit en arrière-plan le bâtiment abritant les Ire et IIe sections, depuis le parc du château. *(Kam 3.Kp.)*

4. Quartier libre à Harcourt, de gauche à droite : Bruno Schulz et Alois Morawetz. (Kam. 3.Kp.)

5. A Harcourt, repos en fin de journée : ici l'*Uscha.* Hermani. (Kam. 3.Kp.)

I./SS-Panzer-Regiment 12

1. Le bataillon du Génie de la *Division « HJ »* a lancé un pont sur la Seine avec un *Brückengerät* I. Un char *Panther* de 45 tonnes est en train de traverser le fleuve sur ce pont. Photo prise en mai 1944. (Photo KB W.Woscidlo/Coll. H. Meyer/G. Bernage.)

2. Le *SS-Hauptsturmführer* Wilhelm Beck dirige les classes des aspirants officiers de la Division. Il distribue ici les prix aux vainqueurs des épreuves sportives militaires à Evreux le 20 avril 1944. Il commande aussi la *2./SS-Pz.Rgt.12* avant d'être muté comme officier de liaison auprès de la *Panzergruppe West*. (Coll. Heimdal/G.B.)

II./SS-Panzer-Regiment 12

3. Le *SS-Sturmbannführer* Karl-Heinz Prinz qui commande le IIe bataillon du *SS-Pz.Rgt.12*. Cette photo a été prise lors du dernier exercice de la division, entre le 25 et le 30 mai 1944. (Photo de Manfred Stephan/Coll.G. Bernage.)

4. Le *SS-Oberscharführer* Georg Fahrbach, adjudant de compagnie de la compagnie atelier du *SS-Pz.Rgt.12*, unité essentielle pour le maintien en ligne des panzers. (Coll. H. Meyer/G. Bernage.)

5.Kompanie

5. Un sous-officier du *SS-Pz.Rgt.12*, l'*Uscha.* Otto Knof, chef de char à la *5.Kompanie* puis à la *9.Kompanie*. (Coll. H. Meyer/G.B.)

6. Photo dédicacée de Wilhelm Kretzschmar sur son *Panzer IV* de la *5.Kompanie*. (Coll. P. Tiquet.)

3

4

5

6

Ci-dessus à gauche : le *SS-Sturmmann* Manfred Stephan (à droite) est SDG (infirmier) auprès de l'état-major du IIe bataillon du *SS-Panzer-Regiment 12.* Il est ici en tenue noire des panzers avec un ami d'enfance, le grenadier Fritz Bode d'Ilberstedt près de Bernburg/Saale. Après cette photo, ce dernier sera coupé de son unité dès le lendemain et sera porté disparu, probablement tué par un obus. Après la guerre, les parents de Fritz Bode recevront un tirage de cette photo : leur fils la veille de sa mort pendant les premiers jours de «l'Invasion»

Ci-dessus à droite : Manfred Stephan, cette fois en tenue camouflée, avec un de ses camarades de la section de reconnaisance.

(Photos M. Stephan/Coll. G. Bernage.)

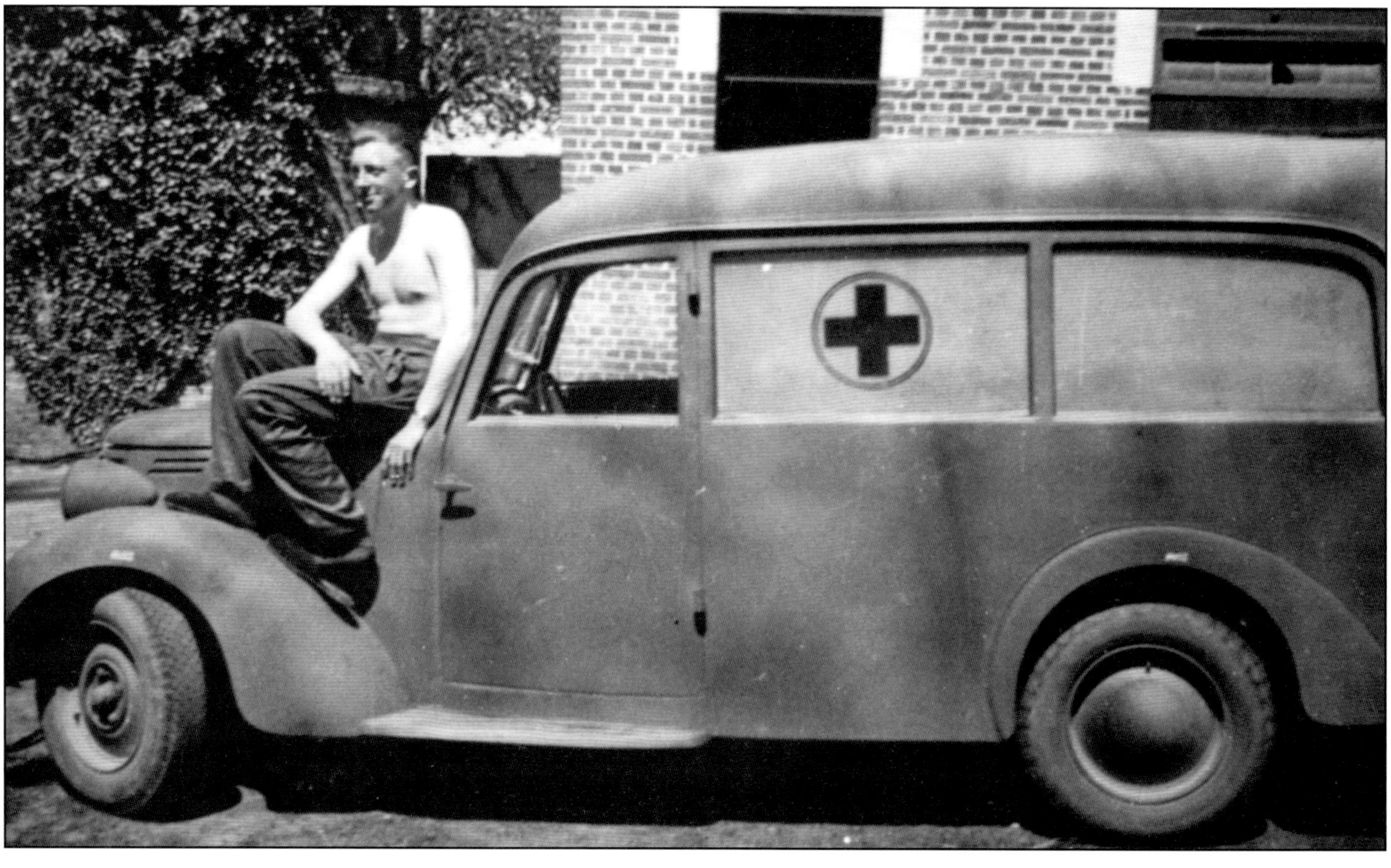

Intéressante photo d'un *Melder* (agent de liaison) du *SS-Panzer-Regiment 12*. Nous voyons ici Klaus Ewald dans sa tenue camouflée et portant des lunettes de motocycliste. C'est l'exemple de ces très jeunes soldats que les Alliés vont affronter. (Coll. P. Tiquet.)

Photo page ci-contre, en bas : le *SS-Sturmmann* Manfred Stephan est SDG (infirmier) auprès de l'état-major du IIe bataillon du *SS-Panzer-Regiment 12.* Il est assis sur son ambulance. (Photo M. Stephan/Coll. G. Bernage.)

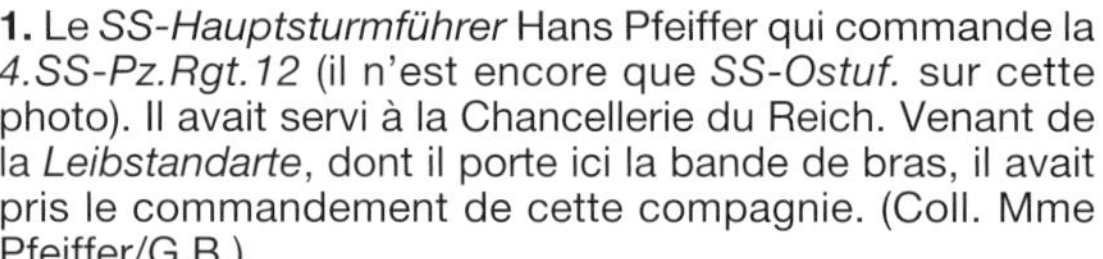

1. Le *SS-Hauptsturmführer* Hans Pfeiffer qui commande la *4.SS-Pz.Rgt.12* (il n'est encore que *SS-Ostuf.* sur cette photo). Il avait servi à la Chancellerie du Reich. Venant de la *Leibstandarte*, dont il porte ici la bande de bras, il avait pris le commandement de cette compagnie. (Coll. Mme Pfeiffer/G.B.)

2. Le *Sturmmann* Raimond Fromm de la *4.Kompanie* du *SS-Pz.Rgt.12*. Sa bande de bras est ici très visible sur cette photo prise après la Bataille de Normandie. (Coll. P. Tiquet.)

3. Des tankistes de la *4./12*. On remarquera le panachage des tenues : blouson de drap noir mais surtout le treillis vert roseau. Eberhard Wenzl, à gauche sur la photo, a noté son nom et celui de ses camarades. G. Malhke et l'avant-dernier, puis Probst, le « corbeau » *(Rabe)*. Photo de la collection E. Wenzl remise à G. Bernage. (Coll. G.B.)

4. L'*Uscha.* Heinz Berner qui commande l'atelier *(I. Gruppe)* de la 6e compagnie. (Coll. P. Tiquet.)

5. Photo prise à Ostende au début de 1944, et montrant Heinz Berner (*I.Gruppe* de la *6.Kompanie* avec deux de ses camarades de la *Werkstatts-Kompanie*, compagnie atelier du *SS-Pz.Rgt.12*). (Coll. P. Tiquet.)

6. Trois cadres de la *8.Panzer-Kompanie* avant la Bataille de Normandie. De gauche à droite : l'*Oscha.* Rudolph Polzin qui est adjudant de compagnie (on aperçoit le carnet réglementaire coincé dans sa veste) ; l'*Ustuf.* Jeran, chef de la IIIe section ; le *Hscha.* Drebent qui sera tué le 7 juin 1944. (Coll. Herbert Höfler/Heimdal.)

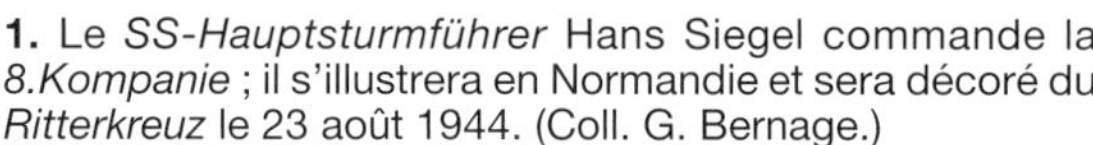

1. Le *SS-Hauptsturmführer* Hans Siegel commande la *8.Kompanie* ; il s'illustrera en Normandie et sera décoré du *Ritterkreuz* le 23 août 1944. (Coll. G. Bernage.)

2. Le *SS-Obersturmführer* Herbert Höfler, qui commande la Ire section de la *8./SS-Pz.Rgt.12*. Il prendra le commandement de la compagnie, à la suite de la blessure de Hans Siegel, vers la fin de la Bataille de Normandie. (Coll. P. Tiquet.)

3. Photo dédicacée du *SS-Oberscharführer* Richard Rudolf, *Zugführer* de la *9.SS-Pz.Rgt. 12*. Son *Ritterkreuz* lui sera décerné le 18 novembre 1944, pour son action à Carpiquet où il détruit 6 chars *Sherman* le 4 juillet. (Coll. P. Tiquet.)

4. Le ***948***, un *Panzer IV* de la 9e compagnie s'est mis à l'abri sous un pommier. On reconnaît l'insigne de la division à l'avant de la caisse. (Coll. H.S./G.B.)

4

Profil du ***948***. (© Thierry Vallet/Heimdal.)

1

3

Normandie, entraînement et montée vers le front

1. Un *Panzer IV* protégé de l'observation alliée par les feuillages des arbres bordant la route. On aperçoit l'emblème de la division sur l'aile de la camionnette. (BA.)

2. Et un autre *Panzer IV* du bataillon dans le secteur de Bernay lors de la montée vers le front. (BA.)

3. Un *Panzer IV* attend l'ordre de partir vers le « Front de l'Invasion ». (Photo de l'album de Willy Kretzschmar.)

4. Le *Panzer IV* ***536***, de la section commandée par l'*Ustuf.* Willi Kändler est ici exposé en plaine. (Coll. W.K.)

La première bataille de Caen 6-10 juin 1944

2

Un *Panther* du *SS-Panzer-Regiment 12* en Normandie. On notera le nom de la petite amie *(Ingrid)* du *Funker* (radio) au-dessus de son *Kino-Block*. (Coll. P. Tiquet.)

Photo page ci-contre : ce cliché en couleur a été réalisé par le correspondant de guerre *(Kriegsberichter)* Paschnike. Ici, au château de Broglie, PC de la division, Fritz Witt reçoit un cadeau le 27 mai 1944, à l'occasion de son anniversaire, une maquette en métal d'un véhicule blindé du groupe de reconnaissance de la division. Ces blindés légers seront l'élément de pointe du *Panzer-Regiment* dans quelques jours. On aperçoit derrière lui le *SS-Sturmbannführer* Hein Springer, officier-adjoint. (Coll. Peter Witt/Heimdal.)

6 juin 1944

I./SS-Panzer-Regiment 12 **(1)** ***(Le Neubourg)***

Alarme niveau II de la *Luftwaffe* à 02h35. A 02h50, Alarme niveau I pour les *Kompanien* de l'*Abteilung* restées sur place. Le commandant (2), qui s'est rendu à Saint-André avec les nouveaux chars pour l'entraînement avec le *SS-Panzer-Regiment 25*, est informé par l'*Adjutant* (3). Le code d'alarme «*Blücher*» est transmis à 06h15 par le régiment. Départ du Neubourg fixé pour 13h00 par ordre du régiment. Les *Kompanien* sont rassemblées au point de départ. Les *Kompanien* qui restent sur place sont confiées au *Hauptsturmführer* Waldemar Schütz, comme *Kompanieführer*.

Marche des *Kompanien* via Epreville-La Rivère-Thibouville-Fontaine la S. jusqu'à Boissy où le *Stab* et la *Stabskompanie* s'installent à partir de 15h00. Position des autres *Kompanien*: *1. Kompanie* à Berthouville, *2. Kompanie* à Borsan, *3. Kompanie* au Theil-Nolent, *4. Kompanie* à Sainte-Claire, *Versorgungskompanie* à Le Mitaterie, *Werkstattskompanie* sur la route Evreux-Lisieux, dans le manoir en face de Boissy. Les véhicules immobilisés restent dans le secteur de leurs précédents quartiers avec le gros de la *Werkstattskompanie*. Les *Kompanien* se rassemblent dans le secteur où sont stationnés les véhicules de combat blindés, au sud du Neubourg. La colonne de ravitaillement reste au Neubourg jusqu'à nouvel ordre.

Un camion accidenté de la *3. Kompanie* est comptabilisé comme perdu. A 18h10 raid de chasseurs-bombardiers britanniques près de Boissy. Aucune perte ni blessé.

L'*Abteilung* se remet en marche vers Gacé via Thiberville-Orbec-Monnai pour rejoindre le gros des effectifs de l'*Abteilung*.

II./SS-Panzer-Regiment 12 **(4)** ***(Vimoutiers)***

03h30 : Mise en alerte des forces de la *II./SS-Panzer-Regiment 12* qui rejoint le *SS-Panzergrenadier-Regiment 25* pour participer à un exercice pendant huit jours. Sont envoyés les éléments suivants :

Etat-major de commandement ;

7., 8. et *9. Kompanien* avec dix *Panzer IV* pour les deux premières et dix Panzer pour la troisième ;

5. et *6. Kompanien* avec 14 *Panzer IV* chacune ;

Werkstattskompanie (moins 1 *Zug*) avec le *Schlepper Zug ;*

Stabskompanie avec les six camions logistiques et trois de munitions.

04h15 : L'*Abteilung* est prête au départ.

05h30 : notification par téléphone en provenance du *SS-Panzer-Regiment 12*. Conformément à l'ordre donné par le régiment, les éléments de l'*Abteilung* mentionnés ci-dessus doivent rester avec le *SS-Panzer-Regiment 25* et doivent coopérer avec lui. Les éléments qui demeurent stationnés dans leurs quartiers doivent y demeurer jusqu'à nouvel ordre.

10h15 : ordre du *Standartenführer* Meyer (5) pour le commandant de la *II./SS-Panzer-Regiment 12*. Les éléments de la *II./SS-Panzer-Regiment 12* positionnés dans les quartiers du *SS-Panzer-Regiment 25* sont subordonnés au *SS-Panzergrenadier-Regiment 25* et rejoignent les bataillons où ces derniers se trouvent positionnés dans l'ordre suivant :

7. et *8. Kompanien* avec le *I. Bataillon* ;

9. Kompanie avec le *II. Bataillon* ;

5. et *6. Kompanien* avec le *III. Bataillon*.

Le *I. Bataillon* ira de Vimoutiers à Saint-Pierre-des-Ifs via Livarot et Le Mesnil-Eudes. Le poste de commandement, les *7.* et *8. Kompanien* rejoignent la colonne du *I. Bataillon* selon l'ordre de marche suivant :

8. Kompanie en tête ;

Poste de commandement avec le peloton de reconnaissance;

7. Kompanie ;

Les éléments restants de la *Stabskompanie* et le train (6).

12h30 : départ de Vimoutiers. Ordre de colonne comme indiqué ci-dessus. Aucun événement particulier au sein de la *II. Abteilung*.

16h00 : Nouveau poste de commandement entre Saint-Pierre-des-Ifs et la route Lisieux-Saint-Pierre-sur-Dive.

Aucun engagement avec l'ennemi. Activité de l'ennemi : bruit d'avions de chasse et de combats venant du nord. Aucune perte de véhicule.

Météo: temps nuageux et pluvieux avec des éclaircies.

En route, les chauffeurs et l'escorte se sont avérés bien entraînés. Toutefois, le manque d'expérience au combat est manifeste. Au lieu de conserver les 100 m de distance d'intervalle comme prévu, cette distance se réduit à l'arrivée d'appareils ennemis. L'entraînement des chauffeurs des véhicules en panne du *SS-Panzer-Regiment 25* doit être intensifié. Un homme devrait être placé à côté du véhicule en panne pour le signaler à la colonne en approche, sinon il y a un risque de provoquer un ralentissement de la progression des unités arrivant derrière.

(1) Sauf exception (indiquée), ces données sont tirées du *Kriegstagebuch (KTB) n°1* de la *I./SS-Panzer-Regiment 12* portant la période du 6 juin au 29 août 1944. *Cf.* Vojensky Historicky Archiv, Praha. (Archives Historiques Militaires, Prague).

(2) Le *SS-Sturmbannführer* Arnold Jürgensen, commandant de la *I./SS-Panzer-Regiment 12*. *Cf.* annexe II.

(3) *Untersturmführer* Heinz Hubertus Schröder, *Abteilungsadjutant* de la *I./SS-Panzer-Regiment 12*.

(4) Sauf exception (indiquée), ces données sont tirées du *Kriegstagebuch (KTB) n°1* de la *II./SS-Panzer-Regiment 12* portant la période du 6 juin au 30 août 1944 (Archives Historiques Militaires, Prague).

(5) Le *SS-Standartenführer* Kurt Meyer commande le *SS-Panzer-Grenadier-Regiment 25* jusqu'au 14 juin 1944. Le commandement de la division lui est confié après que le *Brigadeführer* et *Generalmajor der Waffen-SS* Fritz Witt a été tué ce jour-là lors d'un bombardement naval allié du poste de commandement de la division. Membre de la *Leibstandarte* dès 1933, Witt obtient la Croix de chevalier à la tête de la *I./Deutschland* le 4 septembre 1940. Décoré de la Croix allemande en or comme *SS-Obersturmbannführer* au sein de la *Leibstandarte* le 8 février 1942, il est promu *SS-Standartenführer* le 30 janvier 1943.Witt obtient ensuite les feuilles de chênes le 1er mars 1943 alors qu'il commande le *SS-Panzer-Grenadier-Regiment 1* de la *Leibstandarte.* Premier commandant de la division «Hitlerjugend», il est promu *SS-Oberführer* le 1er juillet 1943 et *Brigadeführer und Generalmajor der Waffen-SS* le 20 avril 1944.

(6) Le train désigne ici les services de ravitaillement (comme dans l'armée française).

Alors que les premiers éléments de la *Hitlerjugend* arrivent déjà dans le secteur de Caen, d'autres sont encore en chemin, ici dans le Pays d'Auge. (KB Woscidlo/Coll. HW-G.B.)

7 juin 1944

II./SS-Panzer-Regiment 12 (en mouvement)

A 00h30, le premier soldat de la *1. Kompanie* est tué lors d'une attaque aérienne à basse altitude. L'essentiel de l'*Abteilung* était en mouvement sur la route Saint-André-Damville-Breteuil-La Ferté-Frênel, et a rejoint les autres *Kompanien* à 06h00.

Mouvement de tout l'*Abteilung* via Trun-Falaise-Ussy-Thury-Harcourt, puis sur la rive ouest de l'Orne en direction d'Amayé. A partir de Maizet, les *Kompanien* prennent position le long de la route. Un camion d'essence est détruit lors d'une attaque aérienne de chasseurs-bombardiers. Un camion de la *Versorgungskompanie,* chargé d'obus perforants, est détruit lors d'une attaque aérienne à basse altitude. Le camion logistique de la *Werkstattskompanie* est détruit lors d'une attaque aérienne à basse altitude. Un véhicule antiaérien (7) et un véhicule de maintenance sont détruits ; deux camions sont endommagés après un raid contre la colonne de la *Stabskompanie*.

Pertes de la journée : six camions perdus lors d'un engagement avec l'ennemi, huit camions endommagés. Instructions à destination des *Kompanie Chefs* à 23h00.

II./SS-Panzer-Regiment 12 :

Situation générale : l'ennemi est parvenu à envahir la ligne côtière entre Le Havre et Cherbourg dans les premières heures du 6 juin 1944. On rapporte que d'importantes troupes aéroportées ont débarqué au nord-ouest de Caen (8).

Mission de la *12.SS-Panzer-Division « Hitlerjugend »* : quitter ses quartiers, attaquer l'ennemi à Caen, le détruire et le rejeter à la mer.

De gauche à droite : le *SS-Standartenführer* Kurt Meyer (commandant du *SS-Panzer-Grenadier-Regiment 25*), le *SS-Brigadeführer* Fritz Witt (commandant de la *12. SS-Panzer-Division*) et le *SS-Obersturmbannführer* Max Wünsche, (commandant du *SS-Panzer-Regiment 12*), abbaye d'Ardenne, poste de commandement de la division, début juin 1944. Photo KB Woscidlo. (Coll. H. Meyer/G. Bernage.)

(7) Probablement un *Flak-Panzer* 38(t) automoteur du *Flak-Zug* de l'*Abteilung*.

(8) Les routes de l'est et du sud-est menant aux têtes de pont alliées occupées le 6 juin traversent cette ville en Normandie. Comme le gros des réserves blindées était stationné au nord de la Seine le jour du Débarquement, elles devaient traverser Caen de manière à pouvoir contre-attaquer. D'après les plans alliés, la ville devait être occupée le lendemain du Débarquement (Jour J + 1).

(suite texte page 82)

1. Cette photo est prise par le correspondant de guerre Woscidlo depuis la galerie qui court à la base du pignon occidental de l'église abbatiale de l'Abbaye d'Ardenne. Les trois observateurs sont installés dans la tourelle située au sud-ouest de l'église. Ils regardent vers la RN 13 et Carpiquet. Ces tourelles constituent de remarquables postes d'observation sur la plaine alentour. C'est de là que Panzermeyer mettra au point l'attaque du 7 juin. (Coll. H. Walther/ G.B.)

2. Cette photo du *SS-KB* Hähle, publiée dans *Die Wehrmacht* du 21 juin 1944, montre des soldats de la *Hitlerjugend* observant les mouvements des troupes canadiennes depuis la galerie du pignon occidental de l'église abbatiale. (Coll. B. Jasniak.)

3. L'*Ustuf.* Herbert Walther met les panzers en place avant l'attaque. (Coll. G.B.)

4. La préparation de l'attaque du 7 juin dans la cour de l'abbaye d'Ardenne. De gauche à droite : le *SS-Stubaf.* Karl-Heinz Prinz qui commande le IIe bataillon du *SS-Pz.Rgt. 12*, le *SS-Stubaf.* Karl Bartling qui commande le IIIe groupe (équipé d'obusiers de 15 cm) du régiment d'artillerie *(SS-Pz.Art.Rgt. 12).* K.H. Prinz porte une veste de cuir, K. Bartling une veste taillée dans de la toile de camouflage italienne et, suprême coquetterie, son porte-cartes est recouvert de toile identique. (Photo KB Woscidlo/Coll. G.B.)

Ci-contre : Ordre de bataille de l'avant-garde de la 9e brigade.

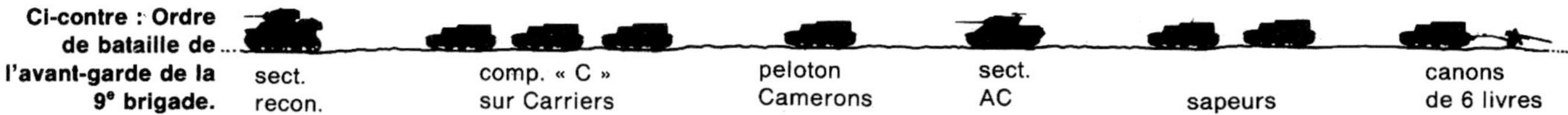

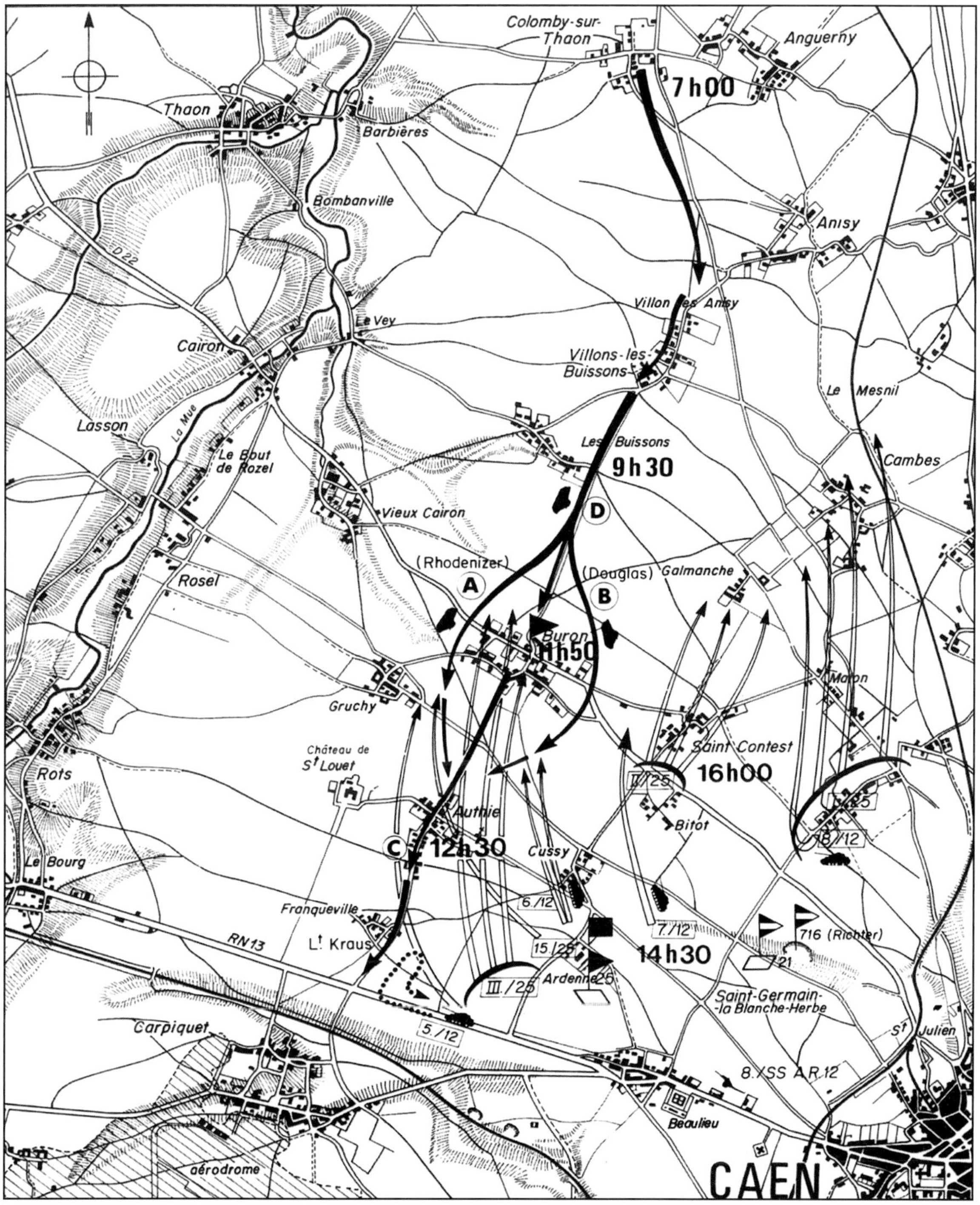

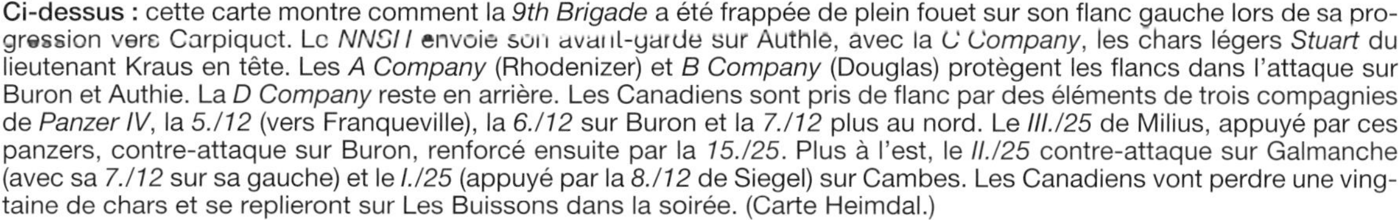

Ci-dessus : cette carte montre comment la *9th Brigade* a été frappée de plein fouet sur son flanc gauche lors de sa progression vers Carpiquet. Le *NNSH* envoie son avant-garde sur Authie, avec la *C Company*, les chars légers *Stuart* du lieutenant Kraus en tête. Les *A Company* (Rhodenizer) et *B Company* (Douglas) protègent les flancs dans l'attaque sur Buron et Authie. La *D Company* reste en arrière. Les Canadiens sont pris de flanc par des éléments de trois compagnies de *Panzer IV*, la *5./12* (vers Franqueville), la *6./12* sur Buron et la *7./12* plus au nord. Le *III./25* de Milius, appuyé par ces panzers, contre-attaque sur Buron, renforcé ensuite par la *15./25*. Plus à l'est, le *II./25* contre-attaque sur Galmanche (avec sa *7./12* sur sa gauche) et le *I./25* (appuyé par la *8./12* de Siegel) sur Cambes. Les Canadiens vont perdre une vingtaine de chars et se replieront sur Les Buissons dans la soirée. (Carte Heimdal.)

Ci-contre : le *SS-Ustuf.* Porsch, chef de section, au sein de la *5./12,* va reconnaître la route Franqueville-Authie avec quatre *Panzer IV*. Il aura la surprise de rencontrer des Sherman du *A Squadron* du *Sherbrooke* entre ces deux localités. (Coll. G.B.)

Ci-dessous : diagramme montrant la progression de la 9e Brigade canadienne. (Heimdal.)

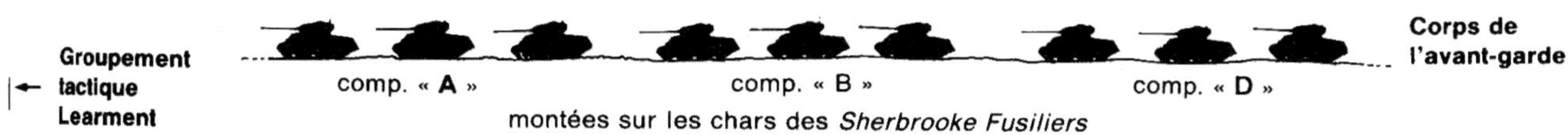

7 juin 1944.

Les chars alliés brûlent devant l'Abbaye d'Ardenne.

Ci-dessus : un char Sherman brûle près d'Authie, au nord-ouest de Caen. (KB Woscidlo, Coll. G.B.)

Ci-dessous : un char léger *Stuart* utilisé par les Canadiens comme engin de reconnaissance, sous les ordres du lieutenant Kraus, a été détruit devant Franqueville. (Coll. H. Wontorra.)

En haut à droite : des artilleurs tirent une remorque à munitions en passant à côté d'un char *Sherman* qui a brûlé, rare photo en couleurs. (KB Woscidlo, coll. G.B.)

Ci-contre à gauche : un grenadier, armé d'une *Panzerfaust*, examine un *Sherman* détruit après avoir reçu plusieurs impacts. (KB Woscidlo, coll. H. Meyer.)

Ci-dessous : entre Authie et Buron, un char *Sherman* a été détruit le 7 juin par l'équipage du ***536***, sous le commandement du *SS-Uscha.* Willi Kretzschmar. (Photo W. Kretzschmar, coll. G.B.)

Une autre photo en couleurs du KB Woscidlo montrant un char *Sherman* détruit du *Sherbrooke*. (KB Woscidlo/G.B.)

Cette photo extraite de l'album de Manfred Stephan SDG à l'état-major du *SS-Pz.Rgt. 12* montre l'un des chars *Sherman* détruits dans le secteur d'Authie et examinés par un membre de la division. (Coll. M. Stephan/G.B.)

Pour ce faire, le *SS-Panzergrenadier-Regiment 25,* conjointement avec les unités de la *II./SS-Panzer-Regiment 12,* se prépare au nord de la route Caen-Saint-Germain-Bretteville.

La *II./SS-Panzer-Regiment 12* occupe la position offensive selon l'ordre de bataille suivant : la *8. Kompanie* sur sa droite, les *5.* et *6. Kompanien* sur le flanc, et les *9.* et *7. Kompanien* derrière elles comme réserves. Ordre pour la *II. Abteilung* : attaquer et détruire l'ennemi. Lancement d'une attaque sur l'ordre de l'*Abteilungskommandeur*. Unité de ravitaillement à Etterville sur la route Venoix-Evrecy. La *Werkstattskompanie* reste à Meulles sur la route Orbec-Vimoutiers jusqu'à nouvel ordre.

13h30 : la *II. Abteilung* occupe la position offensive qui lui est attribuée.

14h00 : apparition de chars ennemis à Franqueville et Authie. Les *5.* et *6. Kompanien* engagent immédiatement l'ennemi et détruisent un certain nombre de chars Sherman ennemis (9). L'ennemi bat en retraite. Munitions utilisées : 300 obus explosifs, 235 obus performants, 800 balles de mitrailleuses.

17h30 : la *II. Abteilung* se met en mouvement vers l'ennemi qui progresse vers Caen à partir du nord-ouest. L'*Abteilung* traverse les positions des *SS-Panzergrenadier-Bataillone* qui se trouvent sous le feu ennemi, et attaque les chars et les canons antichars ennemis. **Résultats :**

La *5. Kompanie* a détruit neuf *Sherman* à Franqueville et Authie.

Cette photo, prise par des civils après la bataille, montre un *Panzer IV* de la *6./12*, le **628**, détruit entre l'abbaye d'Ardenne et Authie, l'un des quatre perdus par cette compagnie qui a détruit 14 Sherman, 3 transports de troupe blindés et 4 canons antichars. On notera les marquages. Le panzer a brûlé. (Coll. part.)

La *6. Kompanie* a détruit 14 *Sherman*, trois transports de troupe blindés et quatre canons antichars à Authie.

La *7. Kompanie* a détruit cinq *Sherman* à Buron.

La *8. Kompanie* a détruit un *Sherman* à La Folie (10).

Les *5.* et *6. Kompanien* ont fait 450 prisonniers de guerre (11) au total, ramenés à l'arrière par des soldats du *SS-Panzer-Grenadiere-Battaillone*. Nos propres pertes ce jour-là s'établissent comme suit :

Trois *Panzer IV* de la *5. Kompanie*

Quatre *Panzer IV* de la *6. Kompanie*

Quatre *Panzer IV* de la *7. Kompanie*

Un *Panzer IV* de la *8. Kompanie*

Le *Flak-Zug* de la *II. Abteilung* a accompagné l'offensive et abattu cinq chasseur-bombadiers.

Avec ce succès, la *II. Abteilung* est donc parvenue à stopper l'attaque américaine (12) sur Caen, à prendre le contrôle des villes au nord-ouest de Caen et à repousser la contre-offensive.

Météo : temps chaud et sec.

Munitions utilisées : 944 obus explosifs, 721 obus perforants, 1 500 obus de 20 mm antiaériens.

Les *Panzergrenadiere* ne devraient pas rester sur leurs positions, et devraient suivre l'attaque des chars. Sinon leur force offensive sera inutilisée.

	Officiers	sous-officiers	simples soldats
Tués	-	1	12
Grièvement blessés	1	1	5
Légèrement blessés	2	-	13
Total	3	2	30

8 juin 1944

I./SS-Panzer-Regiment 12 (Maizet) :

A 02h00 ordre est donné de se mettre en position d'attaque. Mais cet ordre n'a pu être exécuté faute d'approvisionnement en essence. Les colonnes démarrent à 09h30 vers les positions d'attaque qui leur sont assignées au nord de Caen ; La *1. Kompanie* est en tête. Arrivée à 16h00.

Vers 20h00 les *1., 3.* et *4. Kompanien* partent vers Bretteville (l'Orgueilleuse). La *3. Kompanie* (13) s'occupe de couvrir Gruchy (14) avec le soutien d'une unité d'infanterie. Tirs d'artillerie lourde, pas

(9) Ces *Sherman* sont probablement des chars du 27e régiment blindé *(The Sherbrooke Fusiliers)*.

(10) Le 27e régiment blindé (doté d'un effectif de bataillon), de la 2e brigade blindée canadienne, perdit 60 soldats (dont 26 tués) et 28 chars (21 détruits, 7 endommagés). *Cf.* Michael Reynolds, *Steel Inferno. I SS-Panzer Corps in Normandy*, 1999, p. 90, cité ensuite sous la référence Reynolds.

(11) Principalement issus des 7e, 8e et 9e brigades d'infanterie canadiennes. D'après les données collectées par les Alliés après la guerre, on peut confirmer que les *SS-Panzergrenadiere* qui les amenèrent en captivité exécutèrent au moins 41 d'entre eux le 7 juin 1944. *Cf.* Reynolds p. 115.

(12) En fait il ne s'agit pas de troupes américaines mais de troupes britanniques et canadiennes qui se battaient dans le secteur de Caen.

(13) Initialement la *3./SS-Panzer-Regiment 12* était commandé par le *SS-Hauptsturmuführer* Rudolf von Ribbentrop mais il fut blessé le 3 juin lors d'un raid de chasseurs-bombardiers (*cf.* annexe II). La *Kompanie* fut ensuite commandée par le *Hauptmann* Lüdemann.

(14) Dans la plupart des missions consistant à sécuriser une position, les chars allemands combattent les forces ennemies en attaquant les premières lignes de défense à partir de positions reconnues préalablement (notamment avec des chars ayant pris position dans des fosses d'où ne dépasse que leur tourelle, mais permettant toujours de se replier). Après quelques tirs, ils changent de position pour éviter une contre-attaque ennemie. Un *Panzerzug* pouvait contrôler au moins 200 m de ligne de front (avec 50 m de distance entre les véhicules). Une *Panzer-Kompanie* pouvait contrôler 1000-1500 m de ligne de front sur 500 m de profondeur. Pour plus de détails, *cf.* Wolfgang Schneider : *Panzertaktik. German Small Unit Armour Tactics*, Winnipeg, J.J. Fedorowicz, 2000, p.91.

Alors que deux compagnies de chars *Panther* vont attaquer, les *Panzer IV* engagés et endommagés la veille à l'ouest de l'Abbaye d'Ardenne sont réparés par l'*I-Trupp* (atelier de compagnie) alors situé près du carrefour des routes Caen-Bayeux et Caen-Villers-Bocage (au sud de Tilly). Ici, le *SS-Uscha.* Willi Kretzschmar (chef de char, de dos) répare les dégâts subis sur son ***536*** lors de l'attaque sur Buron. (Coll. W. Kretzschmar/ Heimdal.)

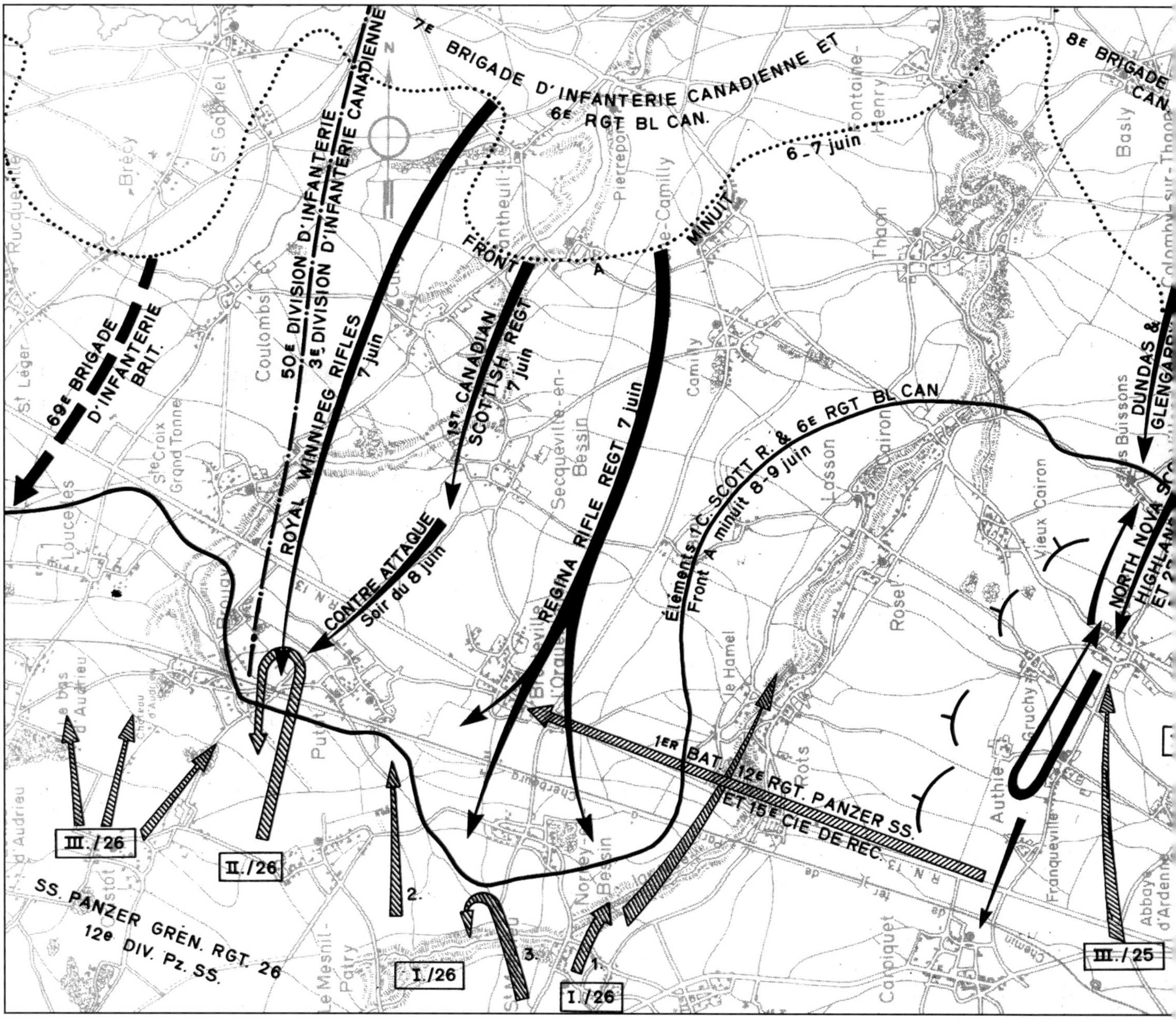

de pertes. Mouvement de véhicules de combat blindés repéré à 7000 m.

Mission de la *4.Kompanie* : combattre les blindés ennemis dans le secteur Le Bourg-Rots et l'artillerie ennemie retranchée à Bretteville.

La *Kompanie* poursuit l'ennemi. Tirs de mitrailleuse d'environ 100-200 m à 1 km à l'ouest de Rots. Riposte au tir entraînant la destruction de six petits véhicules blindés américains (15). La plupart des fantassins qui s'y trouvaient sont tués. Les Panther continuent leur progression vers Bretteville (l'Orgueilleuse). A 150 m du village, tir nourri de canons antichars ; quatre canons antichars britanniques (16) sont neutralisés, et une ou deux chenillettes sont détruites. Tirs nourris de canons antichars, de chars et de mitrailleuses. Les chars ripostent et stoppent le feu ennemi. Le char ***427*** est endommagé par un tir de canon antichar (touché au niveau du mantelet du canon) et incendié.

(15) *Karetten* dans le texte allemand. Il s'agit en l'occurrence non pas de véhicules américains mais probablement de chenillettes britanniques Bren Gun.

Le *SS-Hauptsturmführer* Pfeiffer qui commande la *4./12.* (Coll. G.B.)

Ci-dessous : le *SS-Rottenführer* Helmut Lange, demi-frère de Hans Pfeiffer. Il servait aussi dans la *4./12.* (Coll. Mme Pfeiffer.)

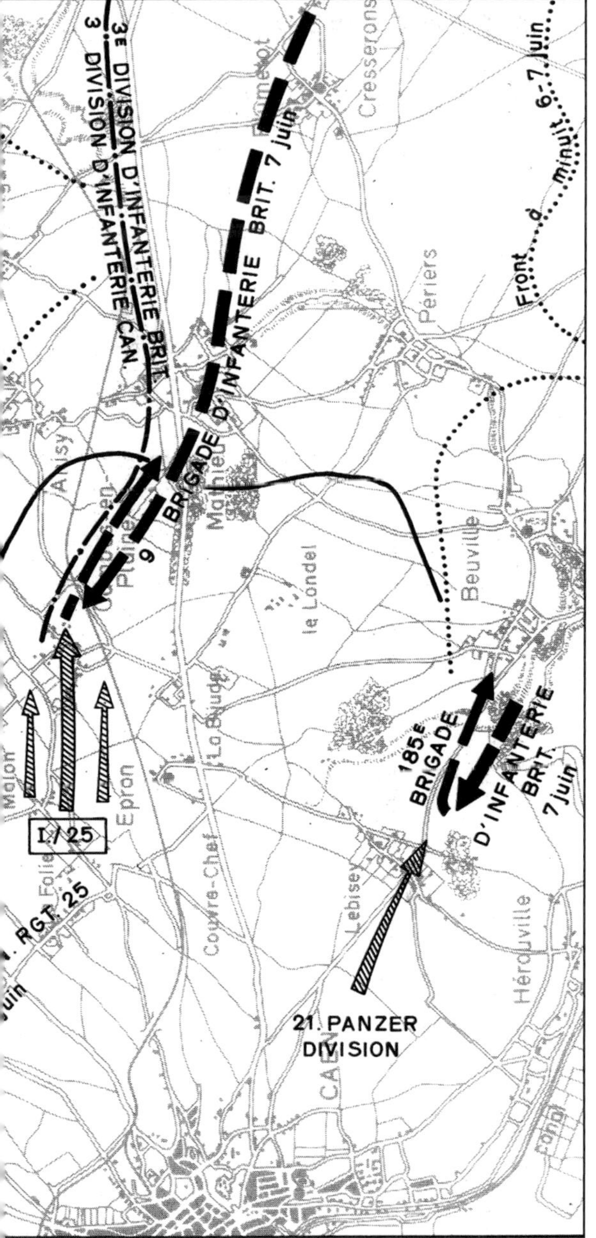

Ci-dessus : le char ***415,*** de l'*Ustuf.* Hillig. (Photo M. Stephan/Coll. G.B.)

Ci-dessus à droite : l'*Ustuf.* Hillig, chef de la Ire section de cette compagnie. (Coll. Mme Pfeiffer.)

Ci-contre : la carte nous montre la situation le 8 juin après le combat du 7 à l'ouest de l'Abbaye d'Ardenne. Nous voyons la direction de l'attaque prévue par la *Kampfgruppe Wünsche* sur le saillant de Bretteville. (BP/Heimdal.)

Un *Panther* de la *1.Kompanie* lors d'un exercice ou en attaque en Normandie. (Coll. P. Tiquet.)

Réorganisation de la *Kompanie*. Char ***418*** en tête de colonne endommagé par un tir direct de canon antichar et détruit. Le char de tête brûle et explose empêchant le peloton de tête de reprendre son avance car la route est bloquée. Contournement du village par la gauche. Tir nourri de canons antichars et de chars venant de la partie sud du village. Le village est incendié par les tirs. Après avoir fait taire le tir ennemi, la *Kompanie* attaque et atteint la sortie nord-ouest de Bretteville. Conformément aux ordres, ils avancent jusqu'au prochain village. Après cela, aucune activité ennemie détectée, dès lors la *Kompanie* reçoit l'ordre de décrocher. Sur le chemin du retour, tir de mitrailleuses, de pistolets et de fusils venant de Bretteville en feu, puis nouveaux tirs de canons antichars. Un canon antichar touche le char ***425***, perforant la tourelle. L'infanterie ennemie tente d'approcher les chars sous le couvert du brouillard. La *Kompanie* est retirée en toute hâte et se replie au sud et à l'ouest de Le Bourg-Rots pour préparer ses missions.

Cette photo est un fantastique document. Elle a été retrouvée après la guerre à Rots avec les affaires du *SS-Hstuf.* Pfeiffer. Elle montre Bretteville vu depuis Rots, une photo de repérage qu'il a alors faite. Nous voyons ici la partie du village située au sud de la RN 13. (Coll. Musée Mémorial de Bayeux.)

Ci-contre : sous le même angle actuellement, avec un peu plus de recul, ce qui permet de voir la route et le terrain correspondant au plan de la page 88. (Photo G.B.)

(16) Ce jour-là il n'y avait pas de troupes britanniques dans le secteur de Rots, il s'agit donc d'éléments du régiment canadien d'infanterie et de canons antichars du 2e régiment royal d'artillerie canadien.

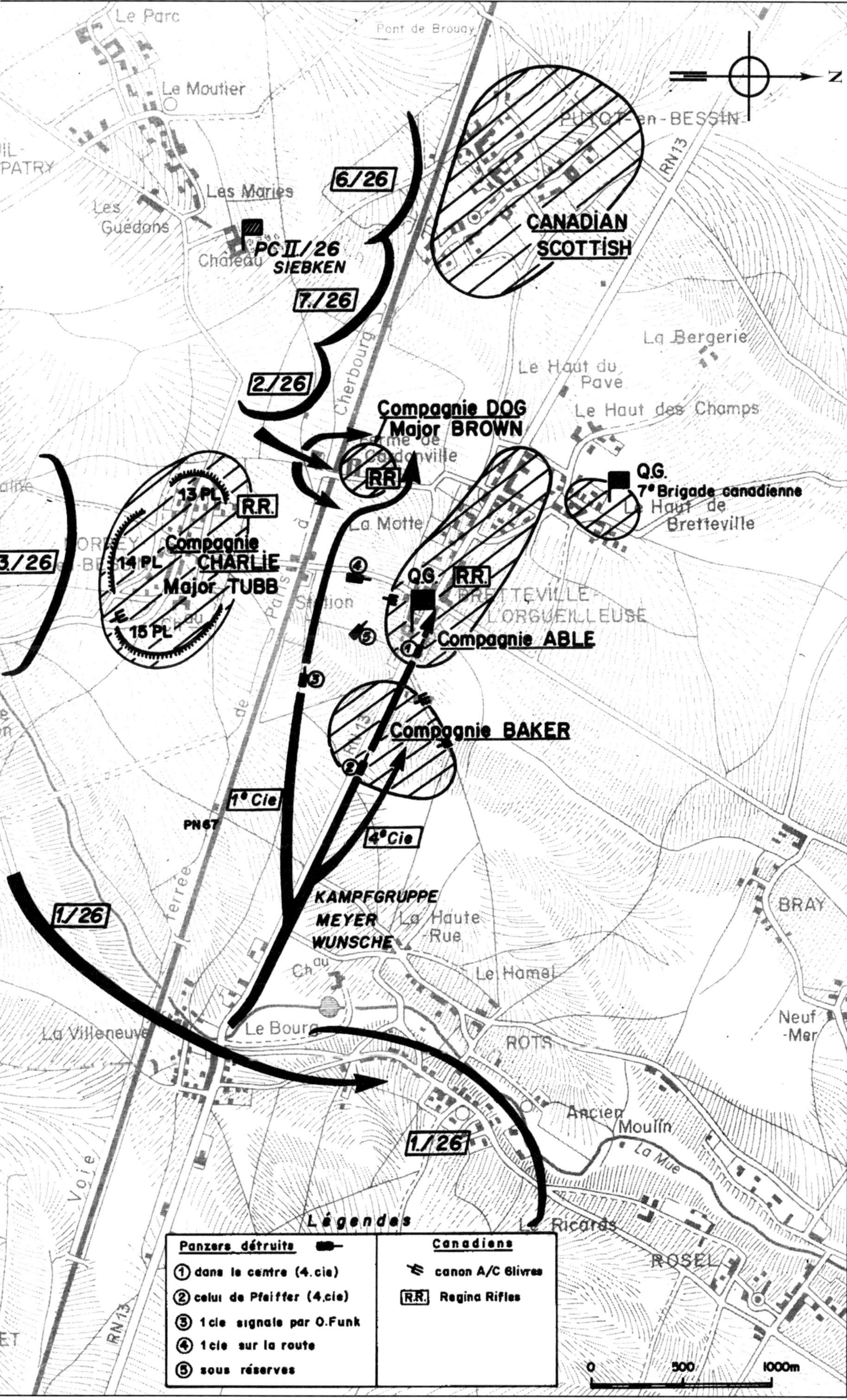

Carte de l'attaque menée par le *KG Meyer-Wünsche* pendant la nuit du 8 au 9 juin 1944. La *1./26* arrive du sud et se place en défensive sur Rots. La 1re compagnie de chars *Panther* (Berlin) attaque sur la gauche et la 4e compagnie (Pfeiffer) sur la droite. En face, la *B Company* (ou compagnie *Baker*) est disposée en avant de Bretteville avec deux pièces antichars au nord-est de la localité. Le QG du lieutenant-colonel Matheson est installé près de l'église. La localité est défendue par la *A Company*. Les chars *Panther* détruits sont indiqués. Certains panzers ont atteint l'usine à lin de Cardonville. Plus à l'ouest, le *Canadian Scottish* a repris Putot et a quitté le secteur de la ferme de la Bergerie.

(Carte B. Paich/Heimdal.)

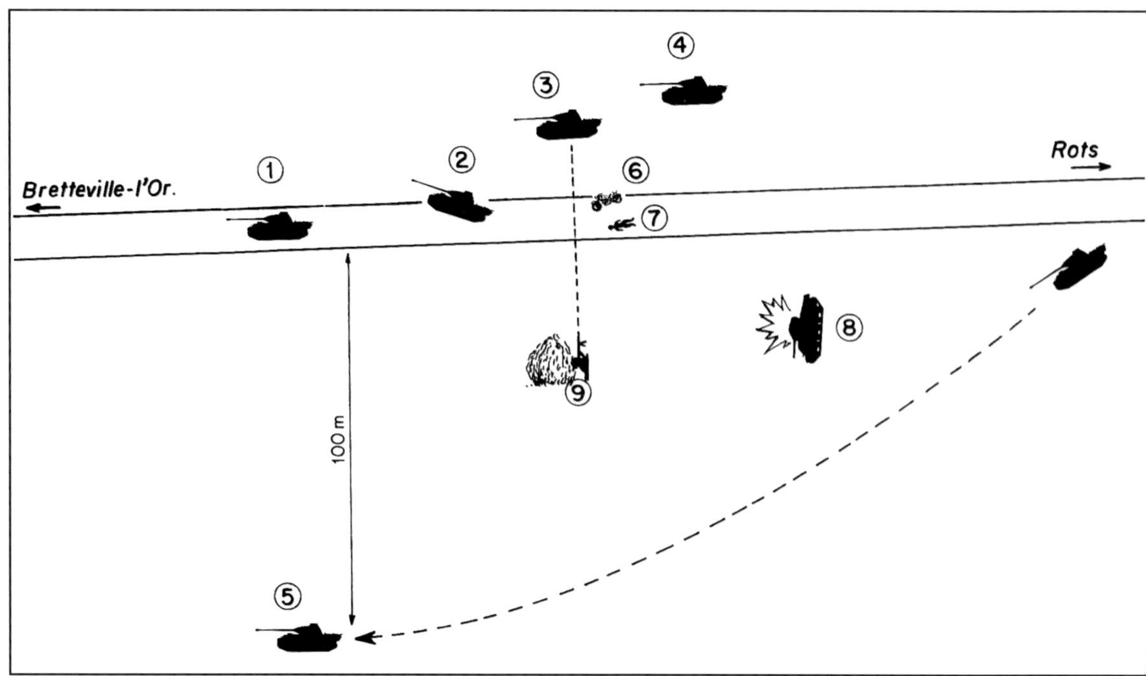

A la nuit tombante, la *1.Kompanie* interrompt son attaque vers 21h00. La *Kompanie* se rassemble sur la route Caen-Bayeux et repart à l'attaque ensuite. Le char ***116*** est complètement perdu suite à un tir de canon antichar, la tourelle du char ***115*** est endommagée par un tir de canon antichar. Défendre la route conjointement avec l'infanterie mécanisée.

(Lendemain) matin 07h00, rejoignons de nouvelles positions de défense à l'ouest de Rots.

Annexe n°3 au Journal de guerre

12.SS-Panzer-Division « Hitlerjugend »

4.Kompanie/SS-Panzer-Regiment 12

Attaque sur Rots-Le Bourg-Bretteville (l'Orgueilleuse) le 06.08.1944 (17)

Situation :

L'*Abteilung* se prépare à attaquer au nord de la route Caen-Saint-Germain dans la direction de Saint-Aubin-sur-Mer. L'ennemi a la supériorité aérienne. Le lancement d'une attaque ennemie avec des chars dans la direction de l'aérodrome de Caen, sur notre flanc sud, signifie que la direction de l'attaque prévue est empêchée et réorientée vers l'ouest pour atteindre le flanc gauche ennemi.

Mission :

La *4.Kompanie* attaque les villages de Le Bourg (de Rots) et Bretteville à droite de la route Caen-Bayeux, et contrôler les collines au nord et nord-ouest de Bretteville.

Déroulement de la bataille :

La *Kompanie* est préparée à exécuter l'ordre d'attaque avec le *II.Zug* sur la gauche, le *I.Zug* sur la droite, entre eux le chef de l'unité du *Kompanie-Chef*, et derrière le *III.Zug*. Les Grenadiers montent sur les *Panther*. La *Kompanie* atteint Le Bourg dans une avance rapide, sans contact avec l'ennemi. La *Kompanie* forme une colonne avec le *Hauptsturmführer* Hans Pfeifer en tête, puis le *II.Zug* et les *I.* et *III.Züge*. Après avoir atteint la sortie ouest de Le Bourg, contact rapproché avec l'infanterie ennemie. Tirs de riposte avec les mitrailleuses et les *Panzergrenadiere*. Questionnés, les habitants nous indiquent que l'ennemi s'est retiré en direction de Bretteville. Message radio à la *Kompanie* : « *La* Kompanie *doit les suivre à toute vitesse* ». Entre Le Bourg et Bretteville, feu nourri de canons antichars et de mitrailleuses tirés par six chenillettes. Les grenadiers ont subi de lourdes pertes et descendent des *Panther*. La *Kompanie* avance sans attendre jusqu'à l'entrée de Bretteville où ils tombent à nouveau sur des tirs nourris de canons antichars et de mitrailleuses venant des alentours de Bretteville. Le *Panther* ***404*** découvre un char lourd ennemi à l'entrée du village, ouvre le feu et détruit un *Sherman*. Ordre de la *Kompanie* par radio : « *Le* II.Zug *à gauche sur la route, le* I.Zug *à droite de la route doivent établir une ligne de feu et engager les chars et les canons antichars ennemis* ». Dans l'intervalle le char ***427*** de l'*Unterscharführer* Hartmann est mis hors de combat après un coup au but sur la tourelle. Le commandant, le canonnier et le chargeur

1. Plan du combat de la soirée du 8 juin 1944 dans la plaine entre Rots et Bretteville : **1.** Le premier *Panther* se dirige sur Bretteville où il sera détruit au PIAT par Joe Lapointe. **2.** Le *Panther* du *SS-Hstuf.* Pfeiffer qui est détruit par une pièce antichar canadienne placée à la lisière nord-est de Bretteville. **3.** Le commandant de la *15./25*, von Büttner, est tué sur ce char *Panther*, Sander est blessé, le *SDG* Waldvogel tué. **4.** Tous les hommes de la *15./25* grimpés sur ce char *Panther* sont tués ou blessés : Wachter (tué), Hermann (tué), Strelow (blessé), Molter (blessé), Weis (blessé). **5.** Le char *Panther* sur lequel se trouvent R. Fuss et W. Zimmermann. Il brûlera. **6.** Kurt Meyer et sa moto avec side. **7.** Helmut Belke, le conducteur de la moto de K. Meyer, est tué sur la route. **8.** Char canadien détruit, il brûle dans la nuit. **9.** Mitrailleuse canadienne installée dans une meule de foin et qui tire sur les attaquants. Partout, au milieu des champs, une centaine de soldats canadiens attendaient les Allemands. Ce plan a pu être établi grâce aux témoignages très précis de trois vétérans allemands, communiqués à l'auteur en 1990. Le croquis de base avait été établi par un travail commun. (B. Paich/Heimdal.)

(17) Dans le document original on lit le 06.11.1944 comme jour de l'attaque, probablement suite à une faute de frappe.

1. L'un des chars *Panther* de la 1re compagnie qui a été détruit au sud de Bretteville, probablement par le canon antichar situé dans le jardin Almir au sud de l'église. (IWM.)

2. Le même char de côté, depuis la route de l'époque. On a souvent dit que ce *Panther* avait été détruit par des chasseurs-bombardiers. C'est faux, il a été détruit par un canon antichar puis basculé ensuite dans le champ par un bulldozer. (IWM.)

3. Vue actuellement. On aperçoit derrière le talus, moderne, de la quatre voies, le toit en tôle du hangar, qui a subsisté. (E.G./Heimdal.)

sont blessés. Le *Regiments* et l'*Abteilungskommandeur* atteignent la *Kompanie*. Ordre du *Regimentskommandeur* : « *La* Kompanie *– avec un* Zug *en tête, suivi par les autres en colonne – traversera Bretteville et devra atteindre les objectifs de l'attaque* ».

Avec le *I.Zug* en tête, le premier véhicule – le char ***418*** de l'*Unterscharführer* Mühlhausen – démarre à 24h00. Le premier char avait atteint le centre du village lorsque sa tourelle est touchée par un obus antichar tiré à 50 m de distance. Après trois autres impacts d'obus, le char ***418*** brûle. Le commandant, le conducteur et le canonnier sont tués, le chargeur est blessé. Nouvel ordre du *Regimentskommandeur* : « *La* Kompanie *doit décrocher et prendre le village par le flanc gauche* ».

Le *III.Zug* est en tête, suivi par les *II.* et *I.Züge*, et le *Kompanie-Chef* est derrière le *III.Zug*. Le *III.Zug* forme une ligne de feu et tire sur Bretteville de tous les côtés. Bretteville est en feu. La résistance de l'ennemi faiblit. Vers 01h00, la *Kompanie* atteint la colline au nord de Bretteville et défend sa posi-

Bretteville-l'Orgueilleuse après l'attaque de la *KG Meyer - Wünsche* lors de la nuit du 8 au 9 juin.

1 et **2.** Le *Panther* de la 4e compagnie qui s'est avancé dans le centre de Bretteville avant d'être détruit au PIAT par Joe Lapointe (PAC) et le même endroit actuellement. (E.Groult/ Heimdal)

3. Les vainqueurs examinent leur victime. De gauche à droite, les soldats Joe Lapointe, G.A. Garmie, le caporal C.V. Hewitt. On remarque à gauche la chenillette allemande détruite. Sur la photo **4**, prise un peu plus tard, le pignon a subi de nouveaux impacts et la souche de cheminée s'est effondrée. (IWM)

4. Vue de l'arrière du *Panther*. La tourelle a été éventrée à l'arrière par un obus tiré, par erreur, par un autre *Panther* se trouvant derrière lui, détruisant plus efficacement le blindé que ne l'aurait fait Joe Lapointe. C'est le premier char *Panther* détruit en Normandie. (IWM)

5. Actuellement, le « progrès » a souvent cimenté et peint de belles façades en pierre, rendant plus tristes beaucoup de localités belles et rurales, sans parler des dégâts dus à la guerre. (E.Groult./Heimdal)

6. Détail de l'impact à l'arrière de la tourelle. (IWM)

tion. Feu nourri de l'artillerie ennemie empêchant la progression des grenadiers. Nouvel ordre du *Regiment* par radio : « *La* Kompanie *doit se replier sur la sortie ouest de Le Bourg et défendre la direction de Bretteville vers Norrey* ». La résistance ennemie se renforce après le repli. L'*Untersturmführer* Johannes Hillig est blessé par un tir antichar ; L'*Unterscharführer* Unglaub est blessé à la tête par une balle de mitrailleuse. La *Kompanie* atteint l'ouest de Le Bourg et en prend le contrôle conformément aux ordres.

Pohl, *Leutnant* et *Kompanieführer*

II./SS-Panzer-Regiment 12 : Les *Kompanien* de la *II.Abteilung* restent dans les positions qu'elles occupaient auparavant. Aucun combat. L'artillerie lourde harcèle toutes les positions de l'*Abteilung*. Les chars laissés dans leurs quartiers près d'Elbeuf ne sont arrivés qu'aujourd'hui. Les listes suivantes contiennent les effectifs de blindés des unités de la *II.Abteilung* déployées au soir du 08.06.1944.

Pertes totales jusqu'au 08.06.1944/opérationnels le 08.06.1944

Annexe n°1 au journal de guerre

Effectifs blindés au soir du 08.06.1944.

Nombre de chars disponibles le 08.06.1944 – 87 *Panzerkampfwagen IV* (à canon long).

Pertes totales au 08.06.1944		Opérationnels au 08.06.1944	En route ou en réparation
Etat-major	-	3 *Panzerkampfwagen IV*	-
5.Kompanie	3 *Panzerkampfwagen IV*	6 *Panzerkampfwagen IV*	-
6.Kompanie	4 *Panzerkampfwagen IV*	6 *Panzerkampfwagen IV*	7 *Panzerkampfwagen IV*
7.Kompanie	4 *Panzerkampfwagen IV*	-	13 *Panzerkampfwagen IV*
8.Kompanie	1 *Panzerkampfwagen IV*	5 *Panzerkampfwagen IV*	11 *Panzerkampfwagen IV*
9.Kompanie	-	10 *Panzerkampfwagen IV*	6 *Panzerkampfwagen IV*

9 juin 1944

I./SS-Panzer-Regiment 12 (poste de commandement : Le Bourg)

Attaque de la *1.Kompanie* vers Norrey-en-Bessin à 12h00. Cachés derrière une butte tous les canons de char ouvrent le feu sur le clocher du village où se trouvait probablement un observateur d'artillerie. Deux canons antichars et des positions d'infanterie sont détruits. Sur ordre de son Chef, la *Kompanie* se replie à son point de départ.

Au même moment, la *3.Kompanie* lance également une attaque et progresse bien. Tirs antichars provenant du secteur de l'église et de la partie boisée à sa droite. Réplique aux tirs ennemis, deux canons antichars sont détruits. Les chars ***325***, ***328***, ***335***, ***336*** et ***337*** sont touchés par des canons antichars et sont tous mis hors de combat en l'espace de cinq minutes (impossible de repérer les canons antichars ou les chars). Les chars ***327*** et ***329*** sont endommagés par des tirs antichars ; ils se replient sur leurs lieux de réparation. La *Kompanie* se replie en bon ordre.

(voir page 95)

Ils reprennent le combat à partir de positions derrière la butte, se replient puis prennent position derrière la *1.Kompanie*.

Mission de la *4.Kompanie* : protéger et défendre les flancs des *1. et 3.Kompanien,* apporter un feu de soutien à partir de ces positions. Tirs antichars soudain en provenance de Bretteville. Le char ***471*** est incendié après un tir direct d'un canon antichar. La *Kompanie* occupe de nouvelles positions tout en défendant la route, ouvre le feu et détruit le canon antichar repéré.

La carcasse du char ***404*** est touchée par un canon antichar et il doit être remorqué sur son lieu de réparation. Au même moment, l'infanterie ennemie lance une attaque des deux côtés de la route en direction de Rots. L'attaque est repoussée par des unités de la *15./SS-Panzergrenadier-Regiment 25* (18).

Position de la *2.Kompanie* au nord-ouest de Fontenay-le-Plenel où ils détruisent trois *Sherman* (19). Le soir, les *3.* et *4.Kompanien* détruisent un *Sherman* chacune.

A partir de 23h00 l'*Abteilung* se déplace sur Fontenay-le-Pesnel.

Annexe n°4 au journal de guerre

12.SS-Panzer-Division « Hitlerjugend », 26 septembre 1944

4. Kompanie/SS-Panzer-Regiment 12

Attaque sur Norrey-en-Bessin le 09.06/1944

Situation :

L'ennemi tient à nouveau fermement les villages de Bretteville et Norrey et a essayé d'avancer sur la route Bretteville-Caen. La *1.* et la *3.Kompanien* ont attaqué Norrey.

Mission : La *4.Kompanie* s'est chargée de protéger le flanc droit et de superviser la progression des deux *Kompanien*.

Déroulement de la bataille :

Le secteur de la position d'attaque se trouve sous un feu nourri de l'artillerie ennemie. A 14h40 départ des *1. et 3.Kompanien* vers Norrey. Les grenadiers les suivent. La *4.Kompanie* couvre le flanc droit en tirant dans la direction de Norrey et Bretteville. Les *1. et 3.Kompanien* se replient sur leurs positions initiales en raison de l'intensité du tir ennemi. Feu d'artillerie permanent. La *4.Kompanie* établit une ligne de feu dans la direction de Bretteville. Dans l'intervalle, le char ***416*** (20) de l'*Unterscharführer* Voss est détruit par un tir de canon antichar. Le char est incendié et le commandant, le canonnier et le chargeur sont tués. Le conducteur et le radio sont grièvement brûlés. L'ennemi avance sur la route de Le Bourg et la

Kompanie ouvre le feu sur eux. Sur ces entrefaites, le char ***404*** de l'*Unterscharführer* Heinz Lehmann est touché à trois reprises par des canons antichars et détruit. Le conducteur, *Rottenführer* Heckl, parvient à mener le char jusqu'à une position de repli derrière une butte et à le sauver en dépit de ses blessures graves. Ensuite, il sort du char, il est transporté à un poste de secours. Le radio, *Schütze* Fink, est mort. La *Kompanie* repousse l'attaque ennemie lancée dans la direc-

(suite page 102)

(18) Il s'agit de la compagnie de reconnaissance du *SS-Panzer-Grenadier-Regiment 25*, la *15./25*. Voir à ce sujet, G. Bernage, *Trois jours en enfer*, Heimdal.

(19) Dans le document original, le nom du char américain est écrit « *Cherman* ». Dans les deux *KTB* du *SS-Panzer-Regiment 12*, les chars américains sont souvent orthographiés ainsi. En l'occurrence, les chars détruits sont probablement des DD (*Duplex Drive*) *Sherman* amphibies, et appartenaient certainement au *24th Lancers* de la 8ᵉ brigade blindée britannique.

(20) D'après le *KTB* de la *I./SS-Panzer-Regiment 12*, le *Panther 417* fut endommagé à cet endroit avant d'être comptabilisé en perte totale.

Ci-contre : un char *Panther* de la *3.Kompanie* en Normandie. Le chiffre est difficilement lisible sur la tourelle : ***33..***, peut-être le ***335***. Dans ce cas, il s'agirait d'un des panzers détruits devant Norrey. (Coll. P. Tiquet.)

Ci-dessous : cette carte a été réalisée par Willi Schwarz de l'*I-Truppe* de la *3.Kompanie*, témoin de la bataille qui a tout vu depuis sa position à l'arrière des panzers. On notera la position de départ *(Bereitstellung)* de la *3.Kompanie* derrière la Mue, l'attaque *(Angriff)* et le repli *(Rückweg)*, la progression de la 3ᵉ section *(3.Zug.)* et de la *15.Kompanie* du Régiment 25 à droite, près de la voie ferrée ; puis le point de rassemblement *(Sammelstelle)* dans la Villeneuve de Rots après les combats. On comparera avec notre carte de la page 94. (Coll. G. Bernage.)

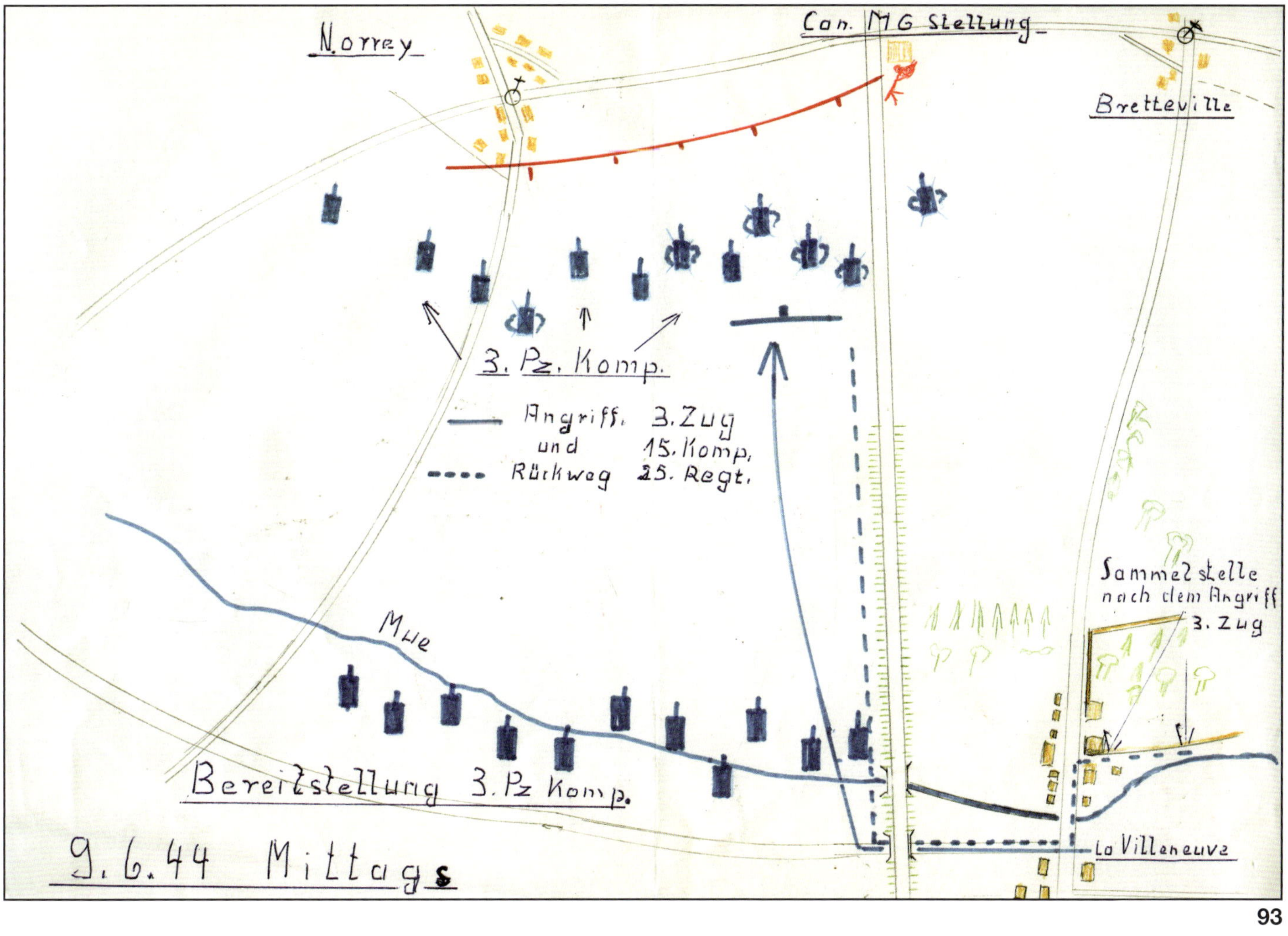

Ci-dessus : les sous-officiers de la 3e compagnie devant leur mess à Harcourt, dans l'Eure, où ils se trouvaient en garnison avant de rejoindre le front de Normandie. On reconnaît les chefs de char qui participeront à l'attaque sur Norrey : **1.** *SS-Uscha.* Hermani *(Kommandant)*. **2.** *SS-Uscha.* März (*Kommandant* avec ses gants de cuir…). **3.** *SS-Oscha.* Post (adjudant de compagnie). **4.** *SS-Uscha.* Eismann *(Kommandant)*. **5.** *I-Gruppenführer* Hetzel. **6.** *SS-Uscha.* Krahl *(Kommandant)*. **7.** *Waffen-Meister* Fischer. **8.** *SS-Uscha.* Gose (infirmier). **9.** *SS-Uscha.* Freier *(Kommandant)*. (Coll. Kam 3.Kp./G.B.)

Ci-contre : Post, l'*Adjudant* de compagnie de la *3./SS-Pz.-Rgt. 12*, célèbre pour sa sévérité. (Coll. G.B.)

Ci-dessous : les chars de la 3e compagnie venaient de Rots. Ils sont passés sous le pont de chemin de fer, ont tout d'abord longé le talus de la voie ferrée et ils se sont déployés, IIe section à gauche, IIIe section à droite, près de la voie ferrée, et Ire section en arrière, en deuxième vague. Les chars *Panther* sont pris à partie par la droite, sept panzers sont détruits en quatre minutes. (Carte B.P./Heimdal.)

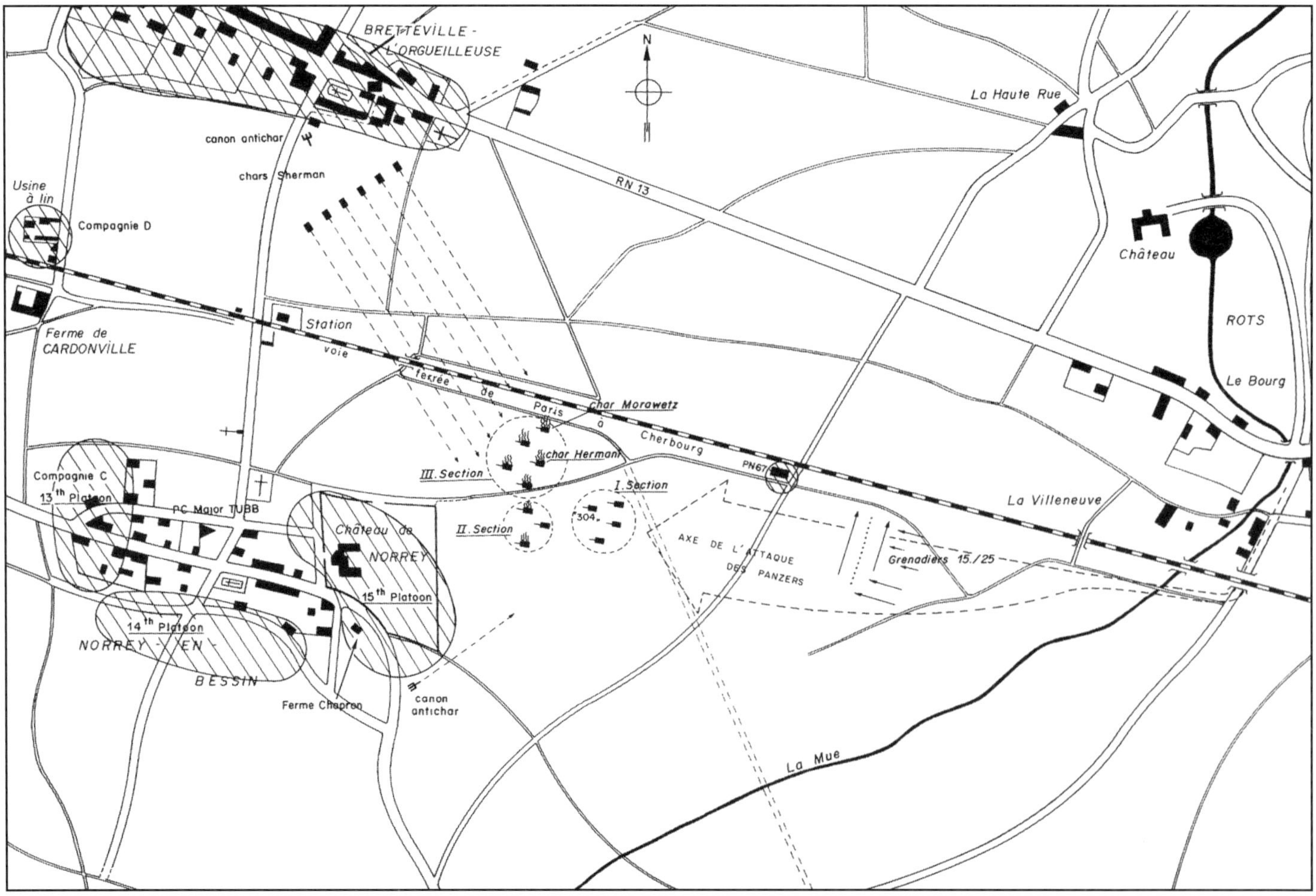

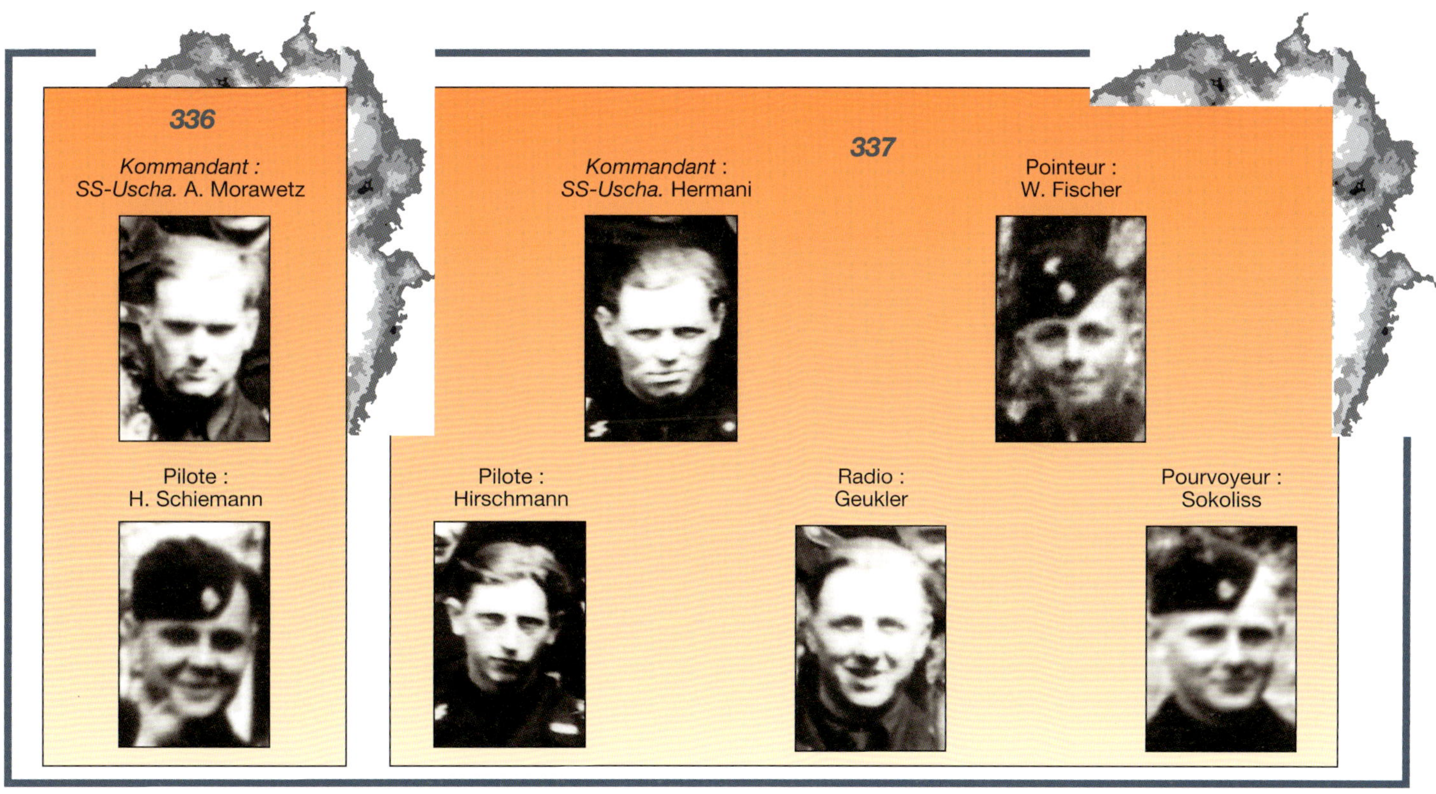

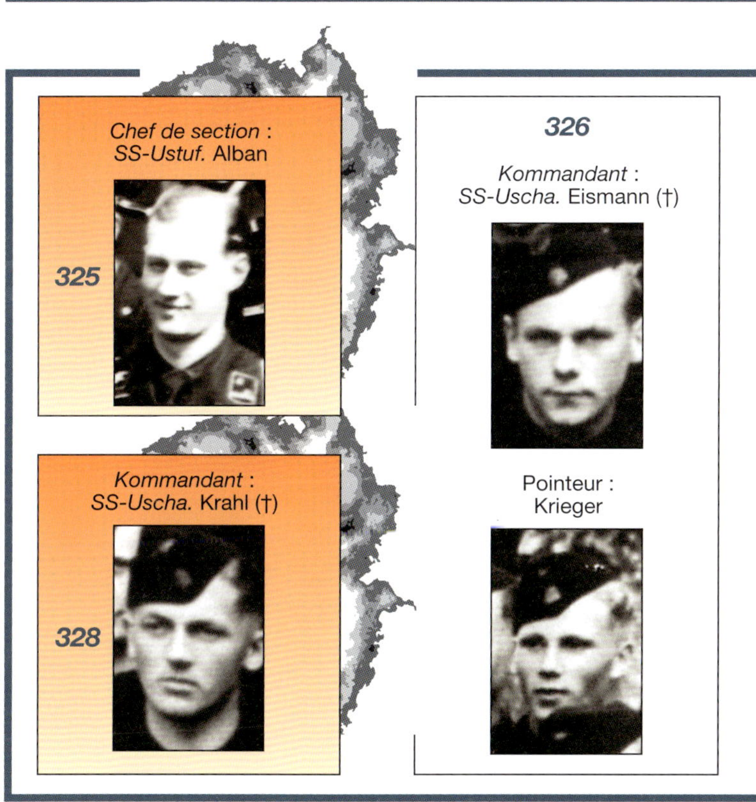

Les chars commandés par Alois Morawetz (le ***336***) et l'*Uscha.* Hermani sont détruits près de la voie ferrée. Le ***335***, le char du chef de la IIIe section est détruit lui aussi, l'*Ustuf.* Stagge est tué. A la IIe section, deux chars sont détruits, le ***325*** du chef de section et celui de l'*Uscha.* Krahl qui est tué. Le ***326*** revient intact mais son chef, l'*Uscha.* Eismann, est coupé en deux par un obus. (Photos coll. auteur.)

Le ***304*** était le char du commandant de compagnie par intérim, le capitaine Lüdemann, son pointeur était Heinz Freiberg. (Coll. auteur.) Le ***315***, le char du chef de la Ire section est rentré mais son train de roulement a été atteint. (Photos coll. auteur.)

Pointeur : Sammet

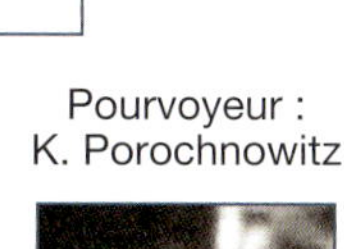

Werner Uhr, 18 ans, laissé pour mort sur le terrain, capturé par les Canadiens et amputé d'une jambe, rejoindra l'Allemagne lors d'un échange de prisonniers. (Coll. G.B.)

2

1

3

4

1. Sur les sept chars détruits à Norrey, trois resteront sur le terrain (les trois plus proches de la voie ferrée). Leurs ultimes vestiges nous ont permis de les localiser avec précision. (PAC.)

2. Le même. Sur cette photo prise en 1946, il a été renversé et a servi de cible pour essais de tir. (Coll. Laplanche/Heimdal.)

3. Un autre de ces trois panzers. Les découpeurs, dont Raymond Hervieu, sont à l'ouvrage. (Coll. R. Hervieu.)

4. Après la destruction des sept chars de la *3./12* devant Norrey, M. Angot, le propriétaire du champ, récupère deux galets de train de roulement d'un char *Panther* ; il ne les utilisera jamais. Photo prise en 1991. (Coll. G.B.)

5. Ils sont restés presqu'intacts. La peinture sable d'origine est bien visible. Ils ont été remis depuis au Musée du Grand Bunker à Ouistreham. (Coll. G.B.)

5

6

10

Façade occidentale du château de Norrey, tournée vers l'église, avant guerre. Il appartenait alors à M. Amyot d'Inville. (Coll. J.-M. Serres.)

Façade orientale du château, face à l'attaque des panzers de la 3e compagnie. (Coll. J.-M. Serres.)

7

8

9

6. Des morceaux de verre blindés d'épiscopes du char *Panther* d'Alois Morawetz et les douilles non percutées (mais dont les balles ont été expulsées à cause de la chaleur), tenus par l'ancien pilote de char, Heinz Schiemann. Sur cette photo prise en 1991, ses mains étaient encore marquées par les brûlures qu'il avait subies. (Coll. G.B.)

7, 8 et **9.** Marquages des bandages en caoutchouc de ces galets d'un char *Panther* de la *3./12.* (Coll. G.B.)

10. Crochet d'attelage de char *Panther* retrouvé en 2007 sur l'ancienne voie romaine, sud-est de Bretteville, à une trentaine de mètres, probablement un char de la *2./12.* (Coll. privée.)

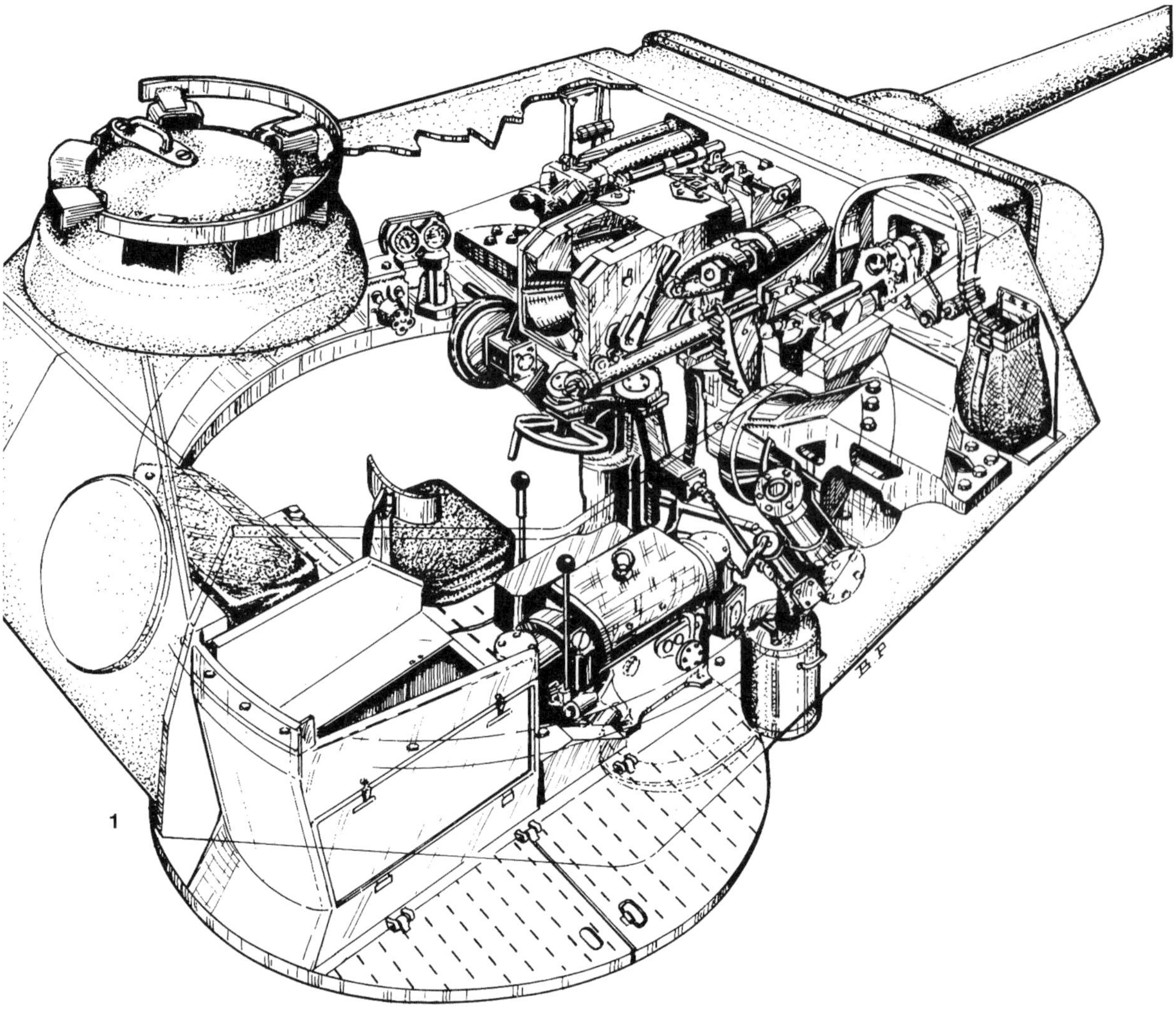

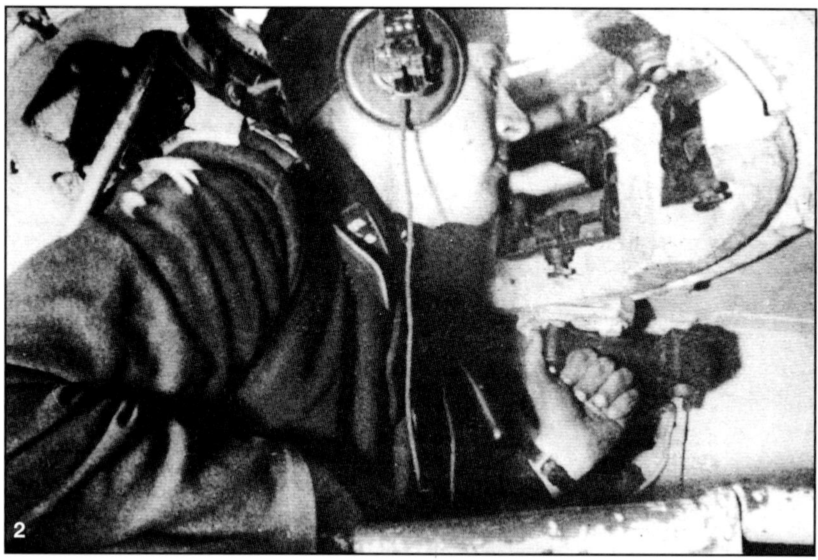

1. Vue intérieure de la tourelle d'un char *Panther*. Le chef de char est derrière le pointeur, en dessous du tourelleau. Le pointeur est en avant sur le siège. La caisse en bas à droite permet de récupérer les douilles vides. (BP/Heimdal.)

2. Un chef de char à son poste dans un *Panther* ; il observe le terrain par les épiscopes placés dans le tourelleau.

3. Willi Schwarz, de l'*I-Gruppe*, verra le retour des blessés à La Villeneuve. (Coll. G.B.)

4. Le pont de chemin de fer, au sud de Rots, sous lequel sont passés les chars *Panther* de la 3e compagnie. Ils ont tourné à droite après le pont pour attaquer.

5. Le chemin longeant la voie de chemin de fer, côté sud, après le pont. Les panzers l'ont pris pour se déployer dans la plaine face à Norrey. Ils l'ont repris au retour, ainsi que la colonne de tankistes blessés et brûlés, cohorte fantomatique, avant de rejoindre La Villeneuve à Rots. (Photos G.B.)

6. Quatre des blessés du 9 juin devant Norrey (brûlés) de la 3e compagnie à l'hôpital. De gauche à droite : Willi Fischer, Braje, Müller et Geukler toujours aussi hilare. (Coll. Kam. 3. Kp./G.B.)

7. Cinq survivants de l'attaque sur Norrey photographiés en 1991. De gauche à droite : Heinz Schiemann, Willi Fischer, Heinz Freiberg, Leopold Heindl, Fritz Porochnowitz. (Photo G. Bernage.)

8. Après la bataille de Norrey, les principaux chefs allemands se retrouvent à La Villeneuve, quartier de Rots, pour faire le point sur la situation. De gauche à droite : officier non identifié (de dos), Max Wünsche (tête bandée, il a été blessé pendant la nuit), Bernhard Krause (chef du *I./26*), tenue en toile camouflée italienne avec insignes de grades spéciaux, et Kurt Meyer. (Coll. Heimdal.)

4

6

5

7

8

9 juin 1944 en fin de matinée, retour de la bataille de Norrey

1. Photo prise en regardant vers l'est, vers Caen, à La Villeneuve de Rots. Le photographe tourne le dos à l'entrée du château. La grange est à droite et l'entrée de la venelle se trouve un peu plus loin sur la gauche. Deux chars de la 3e compagnie reviennent de l'attaque sur Norrey, après être repassés sous le pont de chemin de fer. L'éclairage, venant du sud-ouest, montre que nous sommes effectivement en début d'après-midi. (Coll. G.B.)

2. Le même endroit actuellement. (E.G./Heimdal)

3. Des grenadiers de la *15./25* passent, à droite, devant l'entrée du château de Rots, pour rejoindre l'entrée occidentale du village, au-delà de la rue face à Bretteville. Des blindés légers, sur châssis tchèques, reviennent vers l'est. (Heimdal)

4. L'*Ostubaf.* Max Wünsche, la tête bandée suite aux combats de la nuit, conduisant la moto, et l'*Ostuf.* Rudolf von Ribbentrop, le bras attaché à cause de sa blessure récente, arrivent dans la venelle après avoir été témoins du désastre de la 3e compagnie. (Coll. Heimdal.)

5. Le photographe est là au débouché de la venelle, arrivant sur la RN 13. Nous voyons ici quelques grenadiers de la *15./25* qui ont accompagné la contre-attaque de la *3./12* sur Norrey, revenus, eux aussi du combat. Au premier plan, Klaus Schuh, avec son MG à la crosse légèrement brûlée, en bandoulière ; il est l'équipier d'Otto Funk. A droite, grenade au ceinturon, le chef de section, le *SS-Oscha.* Wilhelm Boigk (il sera tué deux semaines plus tard au sud-est de Cheux, ainsi que Klaus Schuh). A gauche, avec des jumelles, le *SS-Uscha.* Wick, chef de groupe à la IVe section. Au fond, le long de la grange côté sud de la route, est garé le *Panther* ***326***. Le chef de ce char, le *SS-Uscha.* Eismann, a été coupé en deux (peut-être par une torpille de PIAT) lors de l'attaque sur Norrey. Le pointeur, Gerd Krieger, est maintenant sorti de la tourelle pour la nettoyer du sang de son chef qui s'y est répandu. Plus tard, Gerd Krieger réclamera une chemise neuve à son adjudant de compagnie, Post, pour remplacer celle qui a été tâchée par le sang de son chef. Post, laconiquement, lui dira : *« Vous n'avez qu'à la laver ! »* (Coll. Heimdal.)

6. Cette seconde photo, prise une minute avant ou après, cadre mieux le char *Panther*, permettant de préciser son numéro. (Coll. Heimdal.)

tion de Le Bourg, et protège cette direction conformément aux ordres. Le conducteur de char, l'*Unterscharführer* Karst, à bord du char du *Kompanie Chef*, est tué par des tirs ennemis nourris.

Pohl

Leutnant und Kompanieführer

II./SS-Panzer-Regiment 12 :

Regroupement de l'*Abteilung :*

La *7.Kompanie* occupait la position directement au nord de Gruchy avec quatre chars.

La *5.Kompanie* au nord de Buron avec huit chars.

La *6.Kompanie* au nord-ouest d'Authie avec neuf chars.

Les *8.* et *9.Kompanien* restent sur les positions qu'elles occupaient la veille au sud de Cambes et au nord-est de Saint-Contest.

11h00 : La *5.Kompanie* repère treize chars ennemis progressant du nord-est vers le sud-ouest. Gagnant des positions de tir adéquates, nous détruisons cinq chars. Le matin, la *5.Kompanie* détruit aussi deux canons antichars.

Dans la matinée et dans l'après-midi, tir nourri d'artillerie lourde sur les positions de la *II.Abteilung*.

L'un des chars du *Zugführer* de la *7.Kompanie* reçoit un tir direct d'artillerie (l'*Untersturmführer* Hartfried Zick et son équipage sont mis hors de combat).

La *8.Kompanie* repousse une attaque d'infanterie soutenue par des chars et immobilise l'un d'entre eux.

Attaque d'infanterie soutenue par des chars également dans le secteur de la *9.Kompanie*. Attaque repoussée. La *9.Kompanie* élimine trois *Sherman* et trois canons antichars.

20h00 : Préparations de l'*Abteilung* pour son regroupement à Fontenay-le-Pesnel (à 15 km ouest de Caen).

10 juin 1944

I./SS-Panzer-Regiment 12 (Fontenay-le-Pesnel)

Nous occupons les positions de défense vers 05h00.

La *2.Kompanie* reste dans le secteur boisé au nord-ouest de Fontenay. Les *1.* et *3.Kompanien* prennent position au nord de la route de Caen. La *4.Kompanie* reste à Rots pour exécuter sa mission de protection. Les *2.* et *3.Kompanien* détruisent chacune un *Sherman*. La *4.Kompanie* endommage un Dreadnought (21) en atteignant sa tourelle. Le char est remorqué. On observe les soldats blessés extraits du char.

Forte activité des bombardiers, chasseurs-bombardiers et de l'artillerie. Trois camions détruits.

Le *Hauptsturmführer d.R.* Wilhelm Beck est tué dans le quartier-général de l'*Oberbefehlshaber West* (22). Réception de l'ordre de l'*Obergruppenführer* Josef Dietrich (23) à destination de la *Division « Hitlerjugend »* (24).

II./SS-Panzer-Regiment 12 :

Jusqu'à 06h00 regroupement et établissement de positions de défense à Fontenay-le-Pesnel. Les *Kompanien* occupent les positions dans l'ordre suivant :

- *Stab* à Fontenay-le-Pesnel ;

- *5.* et *6.Kompanien* à l'est de la route Fontenay-le-Pesnel-Rauray ;

- *8.* et *9.Kompanien* directement au nord de Fontenay-le-Pesnel-Tilly ;

Les chars restants de la *7.Kompanie* sont alloués à la *6.Kompanie*. Rien d'autre à signaler pendant le regroupement.

09h00 : Tir de harcèlement de l'artillerie lourde sur les nouveaux quartiers de la *II.Abteilung*.

12h00 : déplacement du poste de commandement de l'*Abteilung*. Nouveau poste de commandement à 2,5 km au sud de Fontenay-le-Pesnel sur la route vers Rauray.

15h15 : L'*Obersturmbannführer* Wilhelm Mohnke *(SS-Panzergrenadier-Regiment 26)* demande un support blindé contre des chars ennemis venant du nord-ouest (25). Les *8.* et *9.Kompanien* lancent immédiatement une attaque de flanc contre ces chars ennemis. Les *5.* et *6.Kompanien*, placées en état d'alerte, gardent leurs positions.

(21) Probablement une version spéciale du char lourd anglais Churchill équipé d'un canon de gros calibre.

(22) Le *SS-Hauptsturmführer d.R* Wilhelm Beck était auparavant *Kompanie Chef* de la *2./SS-Panzer-Regiment 12*. A cette époque il sert comme officier de liaison du *I.SS-Panzerkorps* au quartier général de la *Panzergruppe West*. Ce quartier général est attaqué par des chasseurs-bombardiers et des bombardiers bimoteurs vers 20h30, le 10 juin 1944. 32 hommes du *Stab* et de ses unités subordonnées sont tués, un homme est porté disparu. Beck est allé à la *Junkerschule* de Braunschweig en 1940 avant de devenir *Zugführer* dans la *Leibstandarte Sturmgeschützbatterie*. Il reçoit la Croix de Chevalier le 28 mars 1943 comme le *SS-Kompanieführer* de la *2./SS-Panzer-Regiment 1* de *la 1.SS-Panzer-Division « Leibstandarte »* et est promu *Hauptsturmführer d.R.* le 19 novembre 1943.

(23) Le *SS-Obergruppenführer und Panzer Generaloberst der Waffen-SS* Josef (Sepp) Dietrich, commandant du *I.SS-Panzer Korps*, obtient ce grade unique en son genre le 20 avril 1942. Premier commandant de la *Leibstandarte*, décoré de la Croix de Chevalier le 4 juillet 1940, il commande ensuite le *SS-Infanterie-Regiment (mot.) « Leibstandarte »* et accompagne tout le développement de cette unité. Décoré des feuilles de chêne le 31 décembre 1941 alors qu'il commande la *SS-Division (mot.) « Leibstandarte »*, puis des glaives le 14 mars 1943 alors que son unité est devenue la *SS-Panzer-Grenadier-Division « Leibstandarte »*. Dietrich obtient les brillants sur sa Croix de Chevalier (décernés seulement deux fois dans la *Waffen-SS*) le 6 août 1944 alors qu'il est *SS-Obergruppenführer und Panzer Generaloberst* commandant le *I.SS-Panzer Korps*. Il est l'un des quatre officiers SS à atteindre le grade de *SS-Oberstgruppenführer* et termine la guerre à la tête de la *6.SS-Panzerarmee*. Josef Dietrich est décédé le 21 avril 1966 à Ludwigsburg.

(24) Cet ordre n'a pu être retrouvé dans les annexes du KTB.

(25) Wilhelm Mohnke, l'un des premiers officiers de la *Leibstandarte*, commande comme *Hauptsturmführer* la *5./LSSAH* en 1934. Nommé *Sturmbannführer*, il prend le commandement de la *II./LSSAH* en Russie et est décoré de la Croix Allemande en or le 26 décembre 1941. Mohnke commande ensuite l'*Ersatzbataillon* de la *Leibstandarte*. Promu *SS-Obersturmbannführer* le 21 juin 1943, il prend le commandement du *SS-Panzer-Grenadier-Regiment 26* au sein de la *Hitlerjugend* à la mi-septembre 1943 et obtient la Croix de Chevalier en tant que commandant de cette unité le 11 juillet 1944. Promu *SS-Oberführer* le 9 novembre 1944 puis *SS-Brigadeführer und Generalmajor der Waffen-SS* le 30 janvier 1945, Mohnke commande alors la *1.SS-Panzer-Division Leibstandarte* du 20 août 1944 au 6 février 1945. Il termine la guerre comme commandant des unités *ad-hoc* qui défendent la chancellerie du Reich à Berlin avant de passer 10 ans en captivité en Russie. Wilhelm Mohnke est mort le 6 août 2001 à Barsbüttel.

(26) Pour ce livre ont été ajoutés au tableau des « pertes au combat » une légende distinguant les différents types de rangs des pertes humaines, ainsi qu'une ligne de totaux.

1. Wilhelm Beck, titulaire de la croix de chevalier est tué le 10 juin à La Caine, lors du bombardement du quartier-général de la *Panzergruppe West* – voir la note 22 page ci-contre. (Mark C. Yerger.)

2. Autre portrait de Wilhelm Beck, avec le grade de *SS-Ostuf.* (Heimdal.)

3. Wilhelm Mohnke, ici avec le grade de *Standartenführer* – voir note 25 page ci-contre. (Mark C. Yerger.)

L'ennemi bifurque vers le nord avant même que nos chars apparaissent ; en conséquence, l'engagement avec l'ennemi n'a pas lieu.

Toutefois, les *8.* et *9.Kompanien* sont sur les positions situées à 1 km au nord-ouest et nord-est de la cote 102 et y occupent des positions de défense. En fin d'après-midi, deux soldats sont faits prisonniers par la *9.Kompanie*.

17h30 : Le char de commandement ***553*** prend feu. Cause inconnue. Feu d'artillerie nourri toute la journée, et forte activité des chasseurs-bombardiers au-dessus de la zone tenue par la *II. Abteilung*. Les pertes humaines et en matériel de l'*Abteilung* sont récapitulées dans l'annexe 2.

Annexe n°2 au journal de guerre

Pertes humaines et matérielles entre le 6 et le 10 juin 1944 :

Pertes au combat : (26)

Kompanie	**tués**			**Grièvement blessés**			**légèrement blessés**			**blessés, restés dans leurs unités**		
	0	SO	hdt	0	NCO	hdt	0	SO	hdt	0	SO	hdt
Stabskompanie	-	-	2	-	-	1	-	1	-	-	-	-
5.Kompanie	-	1	1	-	-	2	-	-	3	1	1	1
6.Kompanie	-	1	6	-	1	1	-	2	6	-	-	-
7.Kompanie	2	-	8	1	-	1	-	-	1	1	1	1
8.Kompanie	-	1	5	-	1	1	-	-	2	1	-	1
9.Kompanie	-	2	2	-	-	2	-	-	-	-	-	2
Total	2	5	24	1	2	8	-	3	12	3	2	5

O : officiers

SO : sous-officiers

HdT : hommes de troupe

Pertes matérielles :

Deux motos, quatre voitures, un *Radschlepper*, un camion lourd, 18 chars *Panzer IV* (à canon long).

3

La deuxième bataille de Caen 11-18 juin 1944

11 juin 1944

I./SS-Panzer-Regiment 12

Les *Kompanien* sont en position défensive. Vers 14h00, des blindés ennemis attaquent l'unité de Reitzenstein avec de l'infanterie mécanisée (1). La *1.Kompanie* prend en charge les missions défensives.

A 14h30, la *3.Kompanie* est prise sous un feu nourri de chars et d'artillerie. La route Caen-Fontenay est pilonnée avec des obus fumigènes et explosifs. Les *1.* et *2.Kompanien* détruisent un *Sherman* chacune, le *Pionier-Zug* détruit deux canons antichars et immobilise un *Sherman*. L'*Untersturmführer* Fritz Fiala est blessé à l'avant-bras droit.

La *4.Kompanie* repousse une unité de reconnaissance de douze soldats. Un véhicule britannique avec à son bord deux opérateurs radio se précipite sur la ligne tenue par la *4.Kompanie*. Le véhicule est capturé et ses occupants britanniques (2), qui refusaient de se rendre, sont tués. L'*Ordonnanz-Offizier* porte immédiatement les documents à la division. La *4.Kompanie* détruit 16 Sherman au cours de l'attaque sur Rots. Le *Hauptsturmführer* Hans Pfeifer est tué pendant l'attaque (3).

Forte activité de l'artillerie tout au long de la journée. Pertes dues aux éclats d'obus (soldats blessés).

Annexe 5 au journal de guerre

12.SS-Panzer-Division « Hitlerjugend » 15.06.1944

4.Kompanie/SS-Panzer-Regiment 12

Blocage d'une attaque de chars ennemis sur Rots et Le Bourg le 11.06.1944

Situation :

Forte pression exercée par l'ennemi en direction de Rots et Le Bourg. Les actions de reconnaissance ennemies vers Rots et Le Bourg ont été repoussées le 10.06.

Mission :

Défendre la ligne Rots-Le Bourg avec les grenadiers, c'est-à-dire sur le flanc gauche avec 5 chars de la *Kompanie* et sur le flanc droit la partie ouest de Rots avec 2 chars ; défendre les axes sud-ouest, ouest et nord-ouest.

Déroulement des combats :

Le 11.06, feu constant d'artillerie sur les positions de la *Kompanie* jusqu'au soir. 15-45 chars ennemis sont repérés en mouvement vers le nord sur la route de Bretteville. 16 blindés ennemis contrôlent la direction de Le Bourg sur la périphérie nord de Bretteville (l'Orgueilleuse). La plus haute vigilance est requise sur le flanc droit. Le char ***425*** est endommagé par un tir d'artillerie et le radio, le *Schütze* Testor, est tué. La présence de blindés ennemis est immédiatement signalée au *Kompanie-Chef* qui s'est ensuite rendu sur le flanc droit pour se rendre compte par lui-même. Le char endommagé est remorqué à l'arrière pour être réparé.

A 18h30 La *Kompanie* reçoit le rapport suivant : *« 490 de la direction de Villons* (les-Buissons) *71 vers (Rots) 46 chars ennemis. Achtung ! Achtung ! »* (4). Nos propres forces sur le flanc menacé n'ont que trois chars.

Le *Kompanie-Chef* et le *Zugführer* du *III.Zug*, l'*Untersturmführer* Günther Deutscher, se replient du flanc gauche à Le Bourg et assurent la défense de la périphérie nord de Rots. Vers 19h00, mouvement de chars ennemis sur la route de Bretteville vers Le Bourg. Le char ***438*** de l'*Unterscharführer* Hanitsch détruit un Churchill d'une distance de 900 m.

Peu après le char ***415*** du *Leutnant* Erich Pohl détruit un *Sherman* à une distance de 70 m et un autre à 10 m. Les autres chars bifurquent vers l'ouest.

Vers 19h30, attaques répétées suivies de préparation d'artillerie. Au cours d'une violente bataille le char ***426*** de l'*Oberscharführer* Heinz Lehmann détruit quatre des douze chars ennemis en train d'attaquer, en touche trois autres, après quoi les chars ennemis décrochent (quatre *Sherman* détruits, deux *Sherman* et un *Churchill* touchés). Le *Panther* ***426*** reçoit l'ordre du *Kompanie-Chef* de se rendre sur les faubourgs nord de Rots où les dégâts provoqués par l'artillerie ennemie (sur le train de roulement, les chenilles et les roues) peuvent être réparés par l'unité de maintenance. Vers 21h30, des tirs d'artillerie lourde précèdent une attaque de chars ennemis sur Rots, et l'ennemi parvient à rentrer dans le village avec des chars et de l'infanterie.

Le *Hauptsturmführer* Hans Pfeifer décide d'effectuer une contre-attaque avec trois chars et des

(1) Le *Haupsturmführer* Gerd Freiherr von Reitzenstein était le *Kompanie Chef* de la 5.*(schwere) Kompanie* de la *SS-Panzer-Aufklärungsabteilung* 12. Il avait été décoré de la Croix Allemande en or le 9 avril 1943 comme *Kompanie Chef* de la *7./Der Führer* au sein de la *« Das Reich »*.

(2) Il s'agit en fait probablement de Canadiens anglophones.

(3) L'*Hauptsturmführer* Hans Pfeifer était *Kompanie Chef* de la *4./SS-Panzer-Regiment 12*. Ancien *Zugführer* du *Panzerspähzug* de la *« Leibstandarte »*, il arrive dans la *« Hitlerjugend »* après avoir servi comme *Kompanie Chef* de la *6./SS-Panzer-Regiment 1*.

(4) Ces chars appartenaient probablement au 10e régiment blindé canadien (*The Fort Garry Horse*). Les escadrons B et C de ce régiment de la taille d'un bataillon étaient équipés de Sherman amphibies DD (*Duplex Drive*). Chaque peloton de *Sherman* disposait d'un *Firefly* pour en accroître la puissance de feu.

Ci-dessus : Paul Dienemann, chef de section à la *2./12*, avec le grade de *SS-Standarten-Oberjunker (SS-Std. Ob.Ju.)*. (Coll. G.B.)

Ci-contre : le *SS-Standartenoberjunker* Paul Dienemann (ici avec le grade de *SS-Unterscharführer*, qui commande une section de la *4.Kompanie* et qui s'illustre le 11 juin à l'ouest de Cristot en rencontrant un char britannique alors qu'il menait une patrouille de reconnaissance. (Coll. Am. 2.Pz. Kp./G.B.)

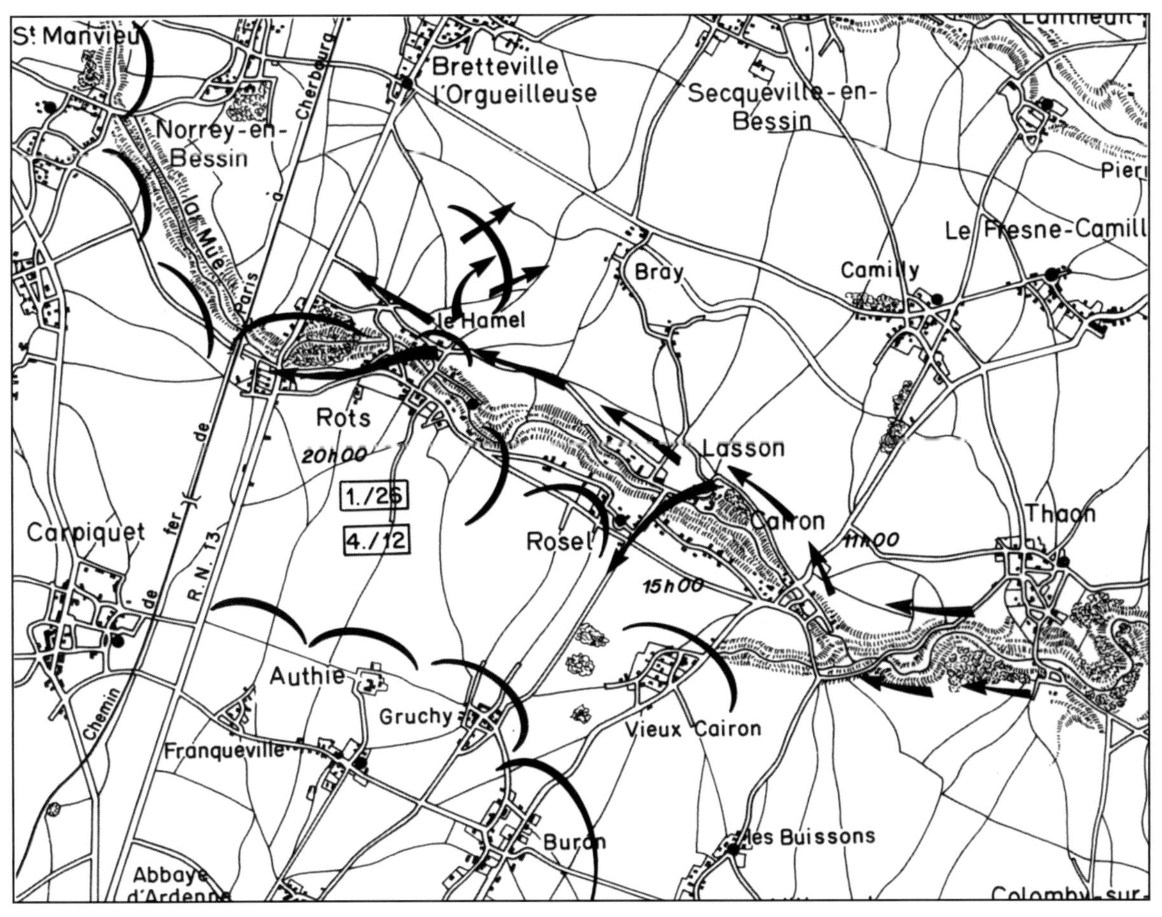

Plan de l'attaque sur Rots le 11 juin des *Royal Marines*. Le nord (la côte) est sur la droite de la carte et l'ouest en haut. (Carte Heimdal.)

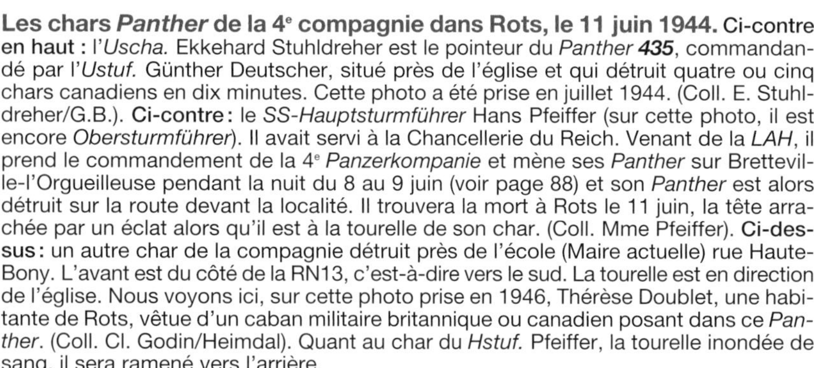

Les chars *Panther* de la 4e compagnie dans Rots, le 11 juin 1944. **Ci-contre en haut :** l'*Uscha.* Ekkehard Stuhldreher est le pointeur du *Panther* ***435***, commandandé par l'*Ustuf.* Günther Deutscher, situé près de l'église et qui détruit quatre ou cinq chars canadiens en dix minutes. Cette photo a été prise en juillet 1944. (Coll. E. Stuhldreher/G.B.). **Ci-contre :** le *SS-Hauptsturmführer* Hans Pfeiffer (sur cette photo, il est encore *Obersturmführer*). Il avait servi à la Chancellerie du Reich. Venant de la *LAH*, il prend le commandement de la 4e *Panzerkompanie* et mène ses *Panther* sur Bretteville-l'Orgueilleuse pendant la nuit du 8 au 9 juin (voir page 88) et son *Panther* est alors détruit sur la route devant la localité. Il trouvera la mort à Rots le 11 juin, la tête arrachée par un éclat alors qu'il est à la tourelle de son char. (Coll. Mme Pfeiffer). **Ci-dessus :** un autre char de la compagnie détruit près de l'école (Maire actuelle) rue Haute-Bony. L'avant est du côté de la RN13, c'est-à-dire vers le sud. La tourelle est en direction de l'église. Nous voyons ici, sur cette photo prise en 1946, Thérèse Doublet, une habitante de Rots, vêtue d'un caban militaire britannique ou canadien posant dans ce *Panther*. (Coll. Cl. Godin/Heimdal). Quant au char du *Hstuf.* Pfeiffer, la tourelle inondée de sang, il sera ramené vers l'arrière.

grenadiers. Le char ***435*** de l'*Untersturmführer* Deutscher rentre dans Rots par la route de Le Bourg, atteint l'église et détruit trois chars (*Sherman*) dans un combat de rue. Les *Panther* ***405*** et ***426*** essaient, eux aussi, d'atteindre l'église par l'est, mais, après avoir atteint les faubourgs est du village, ils tombent sur des chars ennemis parmi lesquels trois *Sherman* sont détruits par le char du *Kompanie-Chef*. Ces chars en feu ne peuvent pas être contournés sur la route étroite. Les deux chars, en embuscade dans les faubourgs du village derrière les haies, repoussent l'infanterie ennemie qui progresse dans le village à l'aide d'obus explosifs et de tirs de mitraillettes. Le char ***435*** de l'*Untersturmführer* Deutscher ne peut être joint par radio car – il s'avèrera seulement plus tard – il avait été détruit. L'un des chars ennemis qui a réussi à passer est incendié par un tir du char ***425*** de l'*Unterscharführer* Schlehuber. L'ennemi parvient à enfoncer le flanc droit et oblige les deux chars restants de la *Kompanie* à décrocher sur la route Caen-Le Bourg.

Dans l'intervalle, le char du *Kompanie-Chef* est touché au niveau de la trappe d'évacuation et le *Hauptsturmführer* Hans Pfeifer est tué.

Plus aucune liaison radio avec le flanc gauche de la *Kompanie*, ils ne peuvent être informés sur la situation et risquent donc de se retrouver isolés.

Rots après la bataille

La place de l'église à Rots. Deux chars *Sherman* du *A Troop* du *Fort Garry Horse* détruits apparaissent sur cette photo, probablement deux des blindés que l'*Uscha.* Ecki Stuhldreher a eu dans sa lunette de pointage avant de les détruire. (Photos Public Archives of Canada, coll. Musée Mémorial de la Bataille de Normandie à Bayeux.)

Après l'échec de l'attaque sur Bretteville, les 8 et 9 juin, Max Wünsche (à gauche, la tête bandée) et Panzermeyer (à droite) font le point de la situation avec leur général, Fritz Witt. (KB Woscidlo, coll. H. Meyer.)

Le *Leutnant* Pohl rassemble les effectifs restants de la *Kompanie*, trois chars en tout, et continue à défendre jusqu'à midi sa position précédente. Après la retraite des grenadiers à 1 km, la *Kompanie* se replie également tout en détruisant quatre transports de troupe blindés.

Pohl

Leutnant et *Kompanieführer*

II./SS-Panzer-Regiment 12

De ce matin jusqu'à maintenant rien à signaler en dehors de l'activité de l'artillerie et des avions.

16h45 : le *SS-Panzergrenadier-Regiment 26* rapporte que des chars ennemis ont percé les défenses du *Regiment 26* (au niveau de l'unité « *Krause* » (5)).

17h00 : La *II.Abteilung* se met en mouvement vers les blindés ennemis qui se trouvent à Bretteville (l'Orgueilleuse) et Norrey-en-Bessin. Les *8.* et *9. Kompanien* lancent une attaque de l'ouest, les *5.* et *6.Kompanien* à partir du sud-ouest. L'ennemi est repoussé. Le *SS-Panzergrenadier-Regiment 26* peut maintenant occuper ses positions précédentes. Nous avons détruit :

Dix *Sherman* et quatre *General Lee* (6) au niveau du Mesnel-Patry (par la *8.Kompanie*) ;

Sept *Sherman* au même endroit
(par la *9.Kompanie* (7)

20h30 : Toutes les *Kompanien* blindées retournent à leur point de départ. Nos pertes totales :

Cinq chars de la *8.Kompanie*

Un char de la *9.Kompanie*

Les pertes de l'ennemi telles que répertoriées dans l'annexe 3 du rapport de la *II. Abteilung* se montent à :

63 chars, 6 canons antichars
et 450 prisonniers de guerre.

Annexe 3 du journal de guerre

Rapport sur les pertes ennemies

Unité	Quantité	Type	Lieu	date (mois/jour/année)
5.Kompanie				
	9	*Sherman*	Authie	06. 07. 1944
	5	*Sherman*	NO de Buron	06. 09. 1944
	2	Canon antichar	NO de Buron	06. 09. 1944
	Environ 150 prisonniers de guerre (pris en charge par l'infanterie)			
6.Kompanie	14	*Sherman*	Authie	06. 07. 1944
	3	Transport de troupe blindé carrier	Authie	06. 07. 1944
	4	Canon antichar	Authie	06. 07. 1944
	Environ 300 prisonniers de guerre (pris en charge par l'infanterie)			
7.Kompanie	5	*Sherman*	Buron	06. 07. 1944
	1	*Sherman*	Franqueville	06. 09. 1944
8.Kompanie	1	*Sherman*	La Folie	06. 07. 1944
	2	*Sherman*	La Folie	06. 08. 1944
	1	*Sherman* immobile	La Folie	06. 08. 1944
	1	*Sherman*	La Folie	06. 09. 1944
	2 prisonniers de guerre			
	10	*Sherman*	Le Mesnil-Patry	06. 11. 1944
	4	*General Lee*	Le Mesnil-Patry	06, 11. 1944
9.Kompanie	3	*Sherman*	Saint-Contest	06. 09. 1944
	3	Canon antichar	Saint-Contest	06. 09. 1944
	7	*Sherman*	Le Mesnil-Patry	06, 11. 1944

Total : 63 chars, 9 canons antichars, plus de 450 prisonniers de guerre.

12 juin 1944

I./SS-Panzer-Regiment 12

Les *Kompanien* restent en positions défensives. Suite à l'activité de l'artillerie toute la journée, un *Radschlepper* (véhicule de traction), un *Kfz.1* (8) et un véhicule radio sont détruits et, vers 10h30, un obus de char touche le mantelet de canon du char ***305***.

II./SSPanzer-Regiment 12

Aucun combat. Les *Kompanien* continuent à occuper leurs positions défensives. Tirs de harcèlement de l'artillerie, forte activité aérienne. Après les événements d'hier, cinq Croix de Fer de 1re classe et 45 Croix de Fer de 2e classe sont décernées au sein de l'*Abteilung*. Le commandant de l'*Abteilung* attribue les décorations suivantes :

Croix de Fer de 1re classe :

Obersturmführer Hans Siegel

Untersturmführer Rudolf Walther

Untersturmführer Helmut Kasemiresch

Untersturmführer Rudolf Weber

Unterscharführer Storck

Croix de Fer de 2e classe :

5.Kompanie : 15

6.Kompanie : 13

7., *8.* et *9.Kompanien* : 5-5.

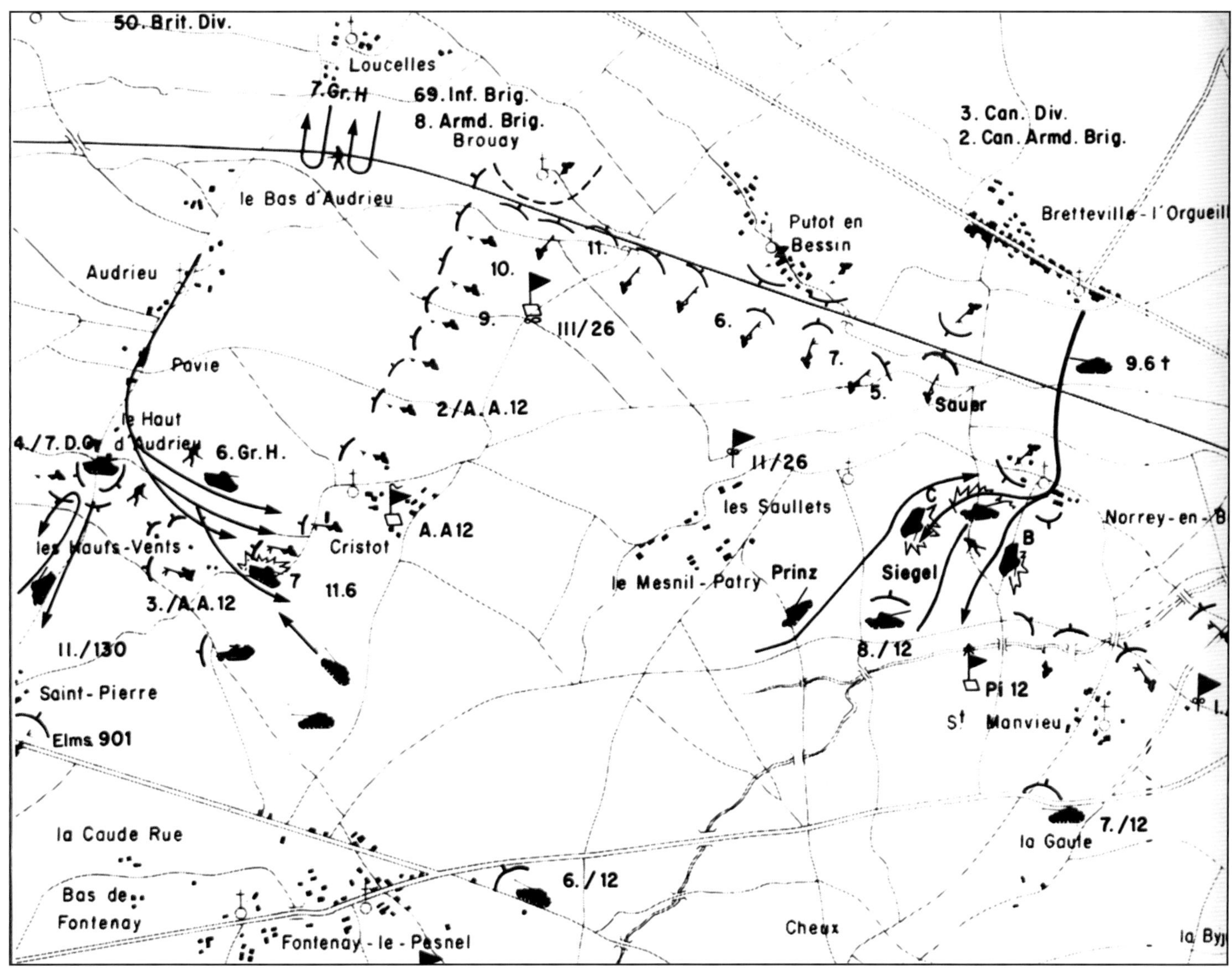

13 juin 1944

I./SS-Panzer-Regiment 12

A 13h00, repli des *1.* et *3.Kompanien* et des trois chars de commandement via Rauray-Noyers vers Monts (en Bessin) pour repousser les blindés ennemis qui s'étaient avancés jusque là-bas. A 1 km au nord de Monts, l'*Abteilung* reçoit l'ordre de repli au point de départ après que les blindés ennemis aient été neutralisés dans l'intervalle. La *1.Kompanie* se repositionne sur les collines directement au sud-est de Tilly-sur-Seulles de manière à couvrir la ligne de front vers l'ouest qui a été étendue au niveau du *Regiment 902* (9) (sur le flanc ouest de l'*Abteilung*).

La *4.Kompanie*, qui était à Marcelet, reçoit l'ordre de coopérer avec le *SS-Panzergrenadier-Regiment 26*.

La *2.Kompanie* reçoit l'ordre de coopérer avec la *SS-Aufklärungsabteilung 12*.

Au niveau de la *4.Kompanie*, un appareil de reconnaissance (10), obligé de négocier un atterrissage de fortune derrière les lignes ennemies, est détruit par des tirs d'obus perforants et son équipage est tué à la mitrailleuse alors qu'il tente de s'extraire de l'appareil.

(5) Le *Sturmbannführer* Bernhard Krause commandait la *I./SS-Panzer-Grenadier-Regiment 26* et obtint la Croix Allemande en or pour le commandement de ce bataillon le 7 août 1944. Diplômé de la première promotion de cadets de la Junkerschule de Bad Tölz dont il sort *Hauptsturmführer* le 1er juin 1940, Krause commande la *Flak-Abteilung* de la « *Leibstandarte* » au moment de l'attaque contre la Russie avant de devenir *Sturmbannführer* le 1er septembre 1941. Promu *Obersturmbannführer* le 1er septembre 1944, Krause reçoit la Croix de Chevalier le 18 novembre 1944 pour son commandement du *SS-Panzer-Grenadier-Regiment 26*. Il est tué au combat alors qu'il commande de ce régiment le 19 février 1945.

(6) Ce char est mis en service sous le nom de M3 Grant dans l'armée britannique. Seule la version dénommée « *Canal Defence Light* » est utilisée en Normandie ; elle disposait de projecteurs à hautes performances pour éclairer les routes et les objectifs lors des raids nocturnes. Ce modèle sera déployé au sein des bataillons des 11e, 42e et 49e régiments de chars de la 79e division blindée britannique.

(7) Ce jour-là, le 6e régiment blindé de Hussards de la 2e brigade blindée canadienne perdit 34 *Sherman* (surtout des DD) et trois *Sherman Firefly* au total lors de leurs combats contre les *Panzergrenadiere* et *Panzerpioniere* de la *12. SS-Panzer-Division* équipée de *Panzerfäuste* (lance-roquettes antichars portatifs) et de mines magnétiques, et contre les chars de la *II./SS-panzer-Regiment 12*. Les Allemands attendaient les Canadiens en embuscade après que l'attaque imminente fut détectée par la reconnaissance radio de la *SS-Panzer-Nachrichten-Abteilung 12* qui avait trouvé un livre de noms de code dans un *Sherman* détruit le 09.06.1944.

(8) Un *Kübelwagen*, l'équivalent allemand de la jeep américaine.

(9) *Panzer-Lehr-Regiment 902* de la *Panzer-Lehr-Division*.

(10) Il s'agit d'un appareil d'observation obligé de faire un atterrissage d'urgence derrière ses propres lignes.

Extrait de la carte des combats à l'ouest de Caen du 11 au 18 juin 1944. On note l'attaque de Hans Siegel avec sa *8./12* à l'est du Mesnil-Patry le 11 juin, victorieux face aux tanks du *First Hussars*. (Carte Heimdal.)

Trois Croix de fer de 1re classe et 30 de 2e classe sont décernées aux soldats de l'*Abteilung*.

II./SS-Panzer-Regiment 12

Aucun combat. Les *Kompanien* se maintiennent en positions défensives. Des tirs de harcèlement de l'artillerie lourde et de lance-roquettes entraînent des pertes dans les rangs de la *5.Kompanie* et de la *Stabskompanie*.

En soirée, intense activité aérienne au-dessus du secteur de la *II.Abteilung*. Là, les quadritubes antiaériens de la *II.Abteilung* abattent les appareils suivants :

Un *Hurricane* à 18h58

Un *Thunderbolt* à 21h36

Un *Thunderbolt* à 21h56

Le commandant demande à l'*Obersturmführer* Albert Gasch de réinstaller la *7.Kompanie* à Saussaye.

14 juin 1944

I./SS-Panzer-Regiment 12

A 12h00, le *Flakzug* de la *Stabskompanie* abat un *Thunderbolt* (11) survolant les positions avec un léger panache de fumée ; l'avion s'écrase à 3 km au plein sud de Vendes. Confirmation par l'*Oberleutnant* Burckhart (poste de campagne n°00954).

La *3.Kompanie* transfère trois chars au profit de la *1.Kompanie*, trois autres à la *Stabskompanie* (à son *Aufklärungszug*), et deux à la *4.Kompanie*. Les officiers, sous-officiers et simples soldats de la *3.Kompanie* reçoivent l'ordre de se replier sur Le Bourg pour étoffer les effectifs.

Sinon, la journée a été plutôt calme. Tirs de harcèlement occasionnels et faible activité aérienne.

L'ordre du jour du *SS-Obergruppenführer* Dietrich : *« Félicitations au* Korps *pour ses combats défensifs sur la ligne de front ».*

II./SS-Panzer-Regiment 12

Aucun contact rapproché avec l'ennemi aujourd'hui. Tirs d'artillerie sur les positions en face de nous et à notre gauche. L'*Unterscharführer* Zschage est grièvement blessé par un tir et conduit à l'hôpital.

(11) Le P-47 *Thunderbolt* est un appareil américain monoplace polyvalent utilisé comme chasseur et chasseur-bombardier.

(12) Un Hawker *Typhoon* IB, l'un des meilleurs avions alliés d'attaque au sol. Ce chasseur-bombardier monoplace britannique disposait en effet d'une puissance de feu qui fit des ravages dans les rangs allemands en raison de la précision de ses roquettes.

(13) Cette annexe a malheureusement été perdue.

(14) Membre de la *Leibstandarte* depuis mars 1933, le *Sturmbannführer* Bernhard Siebken commande la *II./SS-Panzer-Grenadier-Regiment 26* à partir de la fin septembre 1943 avant de devenir *Obersturmbannführer* le 20 juin 1944. Il prend le commandement de l'*Ersatz Brigade de la I./SS-Panzer Korps* en décembre 1944 et est décoré de la Croix de Chevalier comme *Obersturmbannführer* à la tête du *SS-Panzer-Grenadier-Regiment 2* de la *Leibstandarte* le 17 avril 1945. Siebken sera pendu par les Anglais à Hameln le 20 janvier 1949.

(15) Dans le document original, il est écrit Point 57, probablement suite à une faute de frappe.

(16) Deux *SS-Panzergrenadier Kompanien* équipées de transports de troupe blindés.

15 juin 1944

I./SS-Panzer-Regiment 12

Tirs nourris d'artillerie sur les postes de combat tout au long de la journée.

Vers 15h00, la *2.Kompanie* détruit un char (d'un modèle non identifié car seule sa tourelle est visible), qui explose après avoir été touché. Six transports de troupe blindés sont également détruits. Vers 19h00, la *1.Kompanie* détruit trois transports de troupe blindés avec les fantassins qui s'y trouvent.

II./SS-Panzer-Regiment 12

Pas de combats particuliers à signaler tout au long de cette journée. Les *Kompanien* restent en positions de défense. Tirs nourris d'artillerie dans les deux camps.

16 juin 1944

I./SS-Panzer-Regiment 12 **(Bas des Forges)**

A partir de 00h00, l'*Abteilung* s'installe dans ses nouveaux quartiers à Bas des Forges, sans événement notable. Avant le départ du poste de commandement de l'*Abteilung*, attaque aérienne intense en basse altitude menée par quinze appareils. Fonteney-le-Pesnel sous le feu d'une attaque aérienne. Aucune perte humaine ni matérielle.

Les nouveaux quartiers du bataillon n'essuient aucun tir d'artillerie. L'activité aérienne beaucoup moins intense que la veille.

Vers 19h27, le *Flakzug* abat un *Thunderbolt*. A 21h30, un autre avion est abattu. Pertes : un *Kfz.1* et un camion dû à son mauvais état.

II./SS-Panzer-Regiment 12

Rectification de la ligne de front : les *Kompanien* blindées suivent la retraite des *Panzergrenadiere*. De ce fait les *Kompanien* situées au milieu du front et le poste de commandement de l'*Abteilung* changent de position.

A partir de 01h00, nouveau poste de commandement à 400 m au nord-est de Rauray. Les *5.* et *6.Kompanien* restent sur leurs positions initiales. La *8.Kompanie* se réinstalle dans l'ancien poste de commandement du bataillon. La *9.Kompanie* s'installe à Marcelet et reçoit l'ordre de coopérer avec la *Einheit «Krause»*.

A partir de 11h00, bombardement inhabituellement intense sur les positions abandonnées la veille. Nous en déduisons qu'une attaque ennemie se prépare.

Les unités de la *II.Abteilung* se préparent à recevoir l'attaque et à la repousser.

A 19h45, les quadritubes de la *II.Abteilung* abattent un *Typhoon* (12). L'annexe 4 résume les appareils abattus par le *Flakzug* de la *II.Abteilung* depuis le début de la mission (13). Le *Schütze* Staniek *(5.Kompanie)* est blessé par un éclat d'obus.

17 juin 1944

I./SS-Panzer-Regiment 12

A 11h00, un *Typhoon* est abattu par le *Flak-Zug*. Sinon, pas d'événement notable.

II./SS-Panzer-Regiment 12

Aujourd'hui, après une intense préparation d'artillerie, l'ennemi est parvenu à percer les défenses du *SS-Panzergrenadier-Regiment 26* (l'unité Siebken) (14) au nord du petit bois de Boislonde et à en prendre le contrôle.

A 13h30, nos grenadiers lancent une contre-attaque. La *8./SS-Panzer-Regiment 12* soutient cette contre-attaque à partir du sud-ouest.

14h30, de manière à pouvoir continuer à soutenir cette contre-attaque, la *6./SS-Panzer-Regiment 12* lance une attaque depuis leurs positions défensives à 14h30 et atteint les positions derrière une butte au sud-est de la cote 102. Nous ne parvenons pas à chasser l'ennemi du parc de Boislonde. Au cours de l'action, les *Kompanien* blindées ont obtenu les résultats suivants :

- La *6.Kompanie* a détruit trois *Sherman* et un *Churchill* et cinq canons antichars ;
- La *8.Kompanie* a détruit deux chars *Sherman*.

A 23h30, repli des deux *Kompanien* : la *6.Kompanie* revient à son point de départ à 1 km au nord de Rauray, la *8.Kompanie* aux positions à 1,5 km au nord-ouest du point 75 (15). Pertes totales d'un char par compagnie :

Char ***645*** de la *6.Kompanie*

Char ***816*** de la *8.Kompanie*

Le quadritube antiaérien du *Flakzug* de la *II.SS-Panzer-Regiment 12* abat un *Typhoon* à 11h30. La victoire est confirmée avec certitude par l'équipage du quadritube du *Flakzug.*

18 juin 1944

I./SS-Panzer-Regiment 12

Pas d'événements notables.

II./SS-Panzer-Regiment 12

En dehors de légers tirs d'artillerie dans les deux camps, la matinée du 18.06.1944 se déroule sans incidents notables.

12h35 : Notre artillerie effectue un tir nourri sur le parc boisé de Boislonde. A l'issue de ces tirs, deux *Kompanien* (16) de transports de troupe blindés lancent une attaque (à pied) avec le soutien de chars des *6.* et *8.Kompanien*. Mais nous ne parvenons pas à nous emparer du petit bois.

A 13h35 les quadritubes de *Grossedirkschmalz*, attaquant avec la *6.Kompanie,* abattent un avion d'observation (*Auster IV*). Il s'écrase sur la cote 102. Ses deux occupants sont tués.

16h45 : nouvelle attaque d'artillerie sur le petit bois.

17h00 : attaques répétées d'infanterie sur le parc de Boislonde. Nous ne parvenons toujours pas à nous emparer du petit bois ni à aider l'infanterie à regagner ses positions de départ. Notre flanc droit parvient à pénétrer dans le petit bois. Mais une nouvelle tentative est repoussée par un feu préventif nourri. Au cours de ces combats, la *6. Kompanie* a détruit quatre *Sherman* malgré les tirs d'artillerie. Aucune perte dans nos rangs.

L'*Oberscharführer* Kastner est grièvement blessé par des éclats d'obus. Dans la *6.Kompanie,* un certain nombre de chars ont été endommagés par les tirs d'artillerie et doivent être amenés à la *Werkstatt-Kompanie* pour réparation.

Le *SS-Hauptsurmführer* Gerd Freiherr von Reitzenstein, décoré de la Croix Allemande en or par Walter Krüger (cf. note 1). (Mark C. Yerger)

Le *SS-Sturmbannführer* Bernhard Krause (cf. note 5). (Mark C. Yerger)

	Officiers	Sous-officiers	Simples soldats
Tués	-	1	1
Blessés	1	2	10
Portés disparus	-	1	4

Munitions consommées : 10 obus explosifs, 50 obus perforants, 100 obus antiaériens, 1200 balles de mitrailleuses, 680 balles de mitrailleuses traçantes, 450 balles de pistolets-mitrailleurs, 36 balles de pistolet. Grenades : 2 *Stielhandgranate* (à manche), 20 *Eiergranate* (grenades-ovoïdes), 18 munitions fumigènes.

4 Intermède opérationnel 19-24 juin 1944

19 juin 1944

I./SS-Panzer-Regiment 12

Mission de reconnaissance de la *4.Kompanie* pour estimer l'état du char ***438*** qui a été abandonné à Rots et pendant lesquel un homme est blessé.

II./SS-Panzer-Regiment 12

Le jour se déroule sans aucun contact rapproché avec l'ennemi. Faible activité d'artillerie dans les deux camps. Trois simples soldats de la *9.Kompanie* sont victimes de ces tirs. L'un d'eux est tué, un autre grièvement blessé et le dernier légèrement.

L'annexe 5 fait le bilan des chars opérationnels de la *II.Abteilung* le 19.06.1944, 19h30.

L'annexe 6 fait le bilan des pertes en chars de la *II.Abteilung* jusqu'au 19.1944, 24h00.

Annexe 5 au journal de guerre

Chars opérationnels (avec indication du numéro tactique de tourelle) le 19.06.1944, 19h30.

Stab	555	554	552	et deux véhicules antiaériens
	Total		5 chars	
5.Kompanie	505	504		
	515	525	526	527
	536	537	538	546
	547	735		
	Total		12 chars	
6.Kompanie	605	604		
	617	625	626	627
	635	636	637	646
	738			
	Total		11 chars	
8.Kompanie	804			
	818	826	828	835
	837	845	717	745
	Total		9 chars	
9.Kompanie	904			
	916	917	918	925
	926	927	935	936
	937	946	715	
	Total		12 chars	
	Nombre total de chars opérationnels de l'*Abteilung* : 49			

Annexe 6 au journal de guerre

Pertes de chars *Panzer IV* dans la période du 06-19.1944, 24h00.

Stab	553					
5.Kompanie	516	517	528	535		
6.Kompanie	615	616	618	628	645	
7.Kompanie	705	704	716	726	736	746
8.Kompanie	805	816	825	826	827	847
9.Kompanie	915					
Pertes totales au 19.06.1944 24h00 : 23 *Panzerkampfwagen IV*						

20 juin 1944

I./SS-Panzer-Regiment 12

Une nouvelle unité de reconnaissance de la *4. Kompanie* est commandée par un *Unterscharführer* Mais. La position et l'état du char ***438*** fait l'objet d'une évaluation précise. Vers 04h30, malgré les tirs de mitrailleuse, le char est remorqué à l'aide de deux *Radschlepper* et d'un blindé capturé jusqu'à son lieu de réparation. L'un des *Radschlepper* est touché à plusieurs reprises mais on ne déplore aucune autre perte. Le *Regimentskommandeur* décore de la Croix de Fer de 1re classe le commandant de l'unité de reconnaissance et de la Croix de Fer de 2e classe les soldats ayant participé à la mission.

II./SS-Panzer-Regiment 12 :

Les unités de combat de la *II.Abteilung* restent sur leurs positions défensives de la veille. Aucun contact rapproché avec l'ennemi ce jour-là. Faible activité aérienne.

Intenses tirs de harcèlement de l'artillerie sur toutes les positions de la *II.Abteilung*. Un simple soldat est tué. Le *Hauptsturmführer* Dr. Oskar Jordan (1) se casse le tibia lors d'une chute. A la tombée de la nuit, la *8.Kompanie* est rappelée sur son point de départ (l'ancien poste de commandement de l'*Abteilung*) à 2,5 km de Fontenay-le-Pesnel.

Le *SS-Obersturmbannführer* Herbert Kuhlmann alors qu'il est dans la «*Leibstandarte*» (cf. annexe II). Il commanda ultérieurement le *SS-Panzer-Regiment 12*. (Mark C. Yerger)

21 juin 1944

I./SS-Panzer-Regiment 12

Pas d'événements notables.

II./SS-Panzer-Regiment 12

La *II.Abteilung* n'a eu aucun contact avec l'ennemi aujourd'hui. Tôt ce matin, intenses tirs d'artillerie sur les positions de l'*Abteilung*. Trois morts, cinq blessés et une voiture détruite par la *6.Kompanie*. Tirs d'artillerie occasionnels dans les deux camps pendant le reste de la journée. Sinon, aucun événement notable.

23 juin 1944

I./SS-Panzer-Regiment 12

Rien à signaler.

II./SS-Panzer-Regiment 12

Pas de contact particulier avec l'ennemi ce jour-là. Tirs de harcèlement d'artillerie dans les deux camps toute la journée.

Faible activité aérienne ; toutefois, signalons la perte de quatre véhicules touchés par des bombes ou des tirs de mitrailleuse.

Consommation de munitions : 600 obus antiaériens de 20 mm.

(1) Le *Hauptsturmführer* Dr. Oskar Jordan était *Abteilungsarzt* de la *II./SS-Panzer-Regiment 12*.

24 juin 1944

I./SS-Panzer-Regiment 12

La *1.Kompanie* reçoit l'ordre de défendre Saint-Germain-la-Blanche-Herbe au nord-ouest de Caen. Sinon pas d'événements notables.

II./SS-Panzer-Regiment 12

Les *Kompanien* de la *II.Abteilung* restent sur leurs positions défensives de la veille. Tirs de harcèlement d'artillerie toute la journée dans les deux camps. Perte d'un véhicule et d'un simple soldat.

Rare activité aérienne. Aucun changement au sein du poste de commandement de l'*Abteilung*. Munitions consommées : 100 obus antiaériens de 20mm.

Le *Panzer IV* ***536*** (de W. Kretzschmar) de la 5e compagnie est camouflé en couverture derrière le Régiment 26 à l'est de Fontenay-le-Pesnel. (Photo extraite de l'album de Willy Kretzschmar).

La *II./SS-Pz.-Rgt. 12* en appui

1. Le IIe bataillon du régiment de chars de la division *Hitlerjugend* est disposé en couverture derrière le Régiment 26, pour le soutenir en cas d'attaque adverse. Il est placé sous le commandement du *SS-Sturmbannführer* Karl-Heinz Prinz et il est équipé de *Panzer IV* dont nous voyons ici un exemplaire bien camouflé, avec deux membres de son équipage, le chef de char à droite, un *SS-Oberscharführer,* et un jeune tankiste. Ils portent le calot noir des tankistes du modèle de 1940 et le treillis de protection deux pièces, comme on le voit sur l'illustration **(2.)** taillé dans de la toile camouflée et adopté en janvier 1944. (Photo SS-KB Woscidlo, coll. G.B. et doc. Heimdal.)

3. Le *SS-Hauptsturmführer* Josef Pezdeuscheg (à gauche) est le chef de la compagnie de commandement de ce bataillon. Il est en train d'étudier une carte en compagnie d'un autre officier. (Photo M. Stephan/Coll. G.B.)

4. Le *SS-Ostuf.* Friedrich Hartmann et son chauffeur, il est l'officier adjoint *(Adjutant)* du *SS-Stubaf.* Prinz. (Photo M. Stephan/Coll. G.B.)

5

7

6

5. Une équipe radio, manipulant le *Tornisterfunkgerät b/f* est avec l'observateur avancé, assis à gauche. Ils sont en liaison avec les positions d'artillerie. Le radio de droite tient le micro. Leurs indications permettront la précision des tirs de l'artillerie. (Photo SS-KB Woscidlo, coll. G.B.)

6. Dans la position d'artillerie d'une batterie, un téléphoniste (à droite) utilise un *Fernsprecher 33* ; il peut être en contact avec deux ou trois interlocuteurs en même temps. A gauche se trouve le radio qui est en contact avec l'observateur avancé. (Photo SS-KB Woscidlo, coll. G.B.)

7. Mais en première ligne, devant l'artillerie, se trouve le grenadier, généralement très jeune, d'où le surnom de *Baby Division* donné par les Britanniques à cette grande unité. Celui-ci, le fusil en bandoulière, mange dans le couvercle de sa gamelle. Au front, la nourriture chaude ne peut arriver que la nuit. La tenue camouflée est généralisée pour les grenadiers. (Photo SS-KB Woscidlo, coll. G.B.)

1

2

3

4

1. Le *Flakpanzer Wirbelwind* est un engin constitué d'un châssis de *Panzer IV* sur lequel est placée une tourelle ouverte sur le dessus, armée d'un *Flakvierling* de 20 mm (une pièce quadruple de 2 cm). Max Wünsche et le *Panzer-Regiment* de la Division *HJ* sont à l'origine de la création de cet engin. Nous voyons ici un *Flakpanzer IV* de la compagnie de commandement du IIe bataillon *(II./SS-Pz.-Rgt. 12)* qui ne possède pas d'habitacle blindé autour de la pièce quadruple. De tels engins étaient redoutés de l'aviation alliée. Photo prise en Normandie, extraite de l'album de Wilhelm Krause. (Coll. Heimdal.)

2. Le *Panzer-Regiment* de la Division *HJ* dispose de sa section de reconnaissance montée sur des véhicules amphibies, des *Schwimmwagen*. Cette section est installée à Rauray, à proximité du PC, et elle est commandée par le *SS-Uscha.* Harry Wontorra. Ici, l'un des *Schwimmwagen* de cette section est mis à l'abri sous les arbres, à proximité du parc du château de Rauray, où se trouve le PC du régiment. (Coll. H. Wontorra/Heimdal.)

3. Un peu plus loin, le long d'une haie, une partie du campement de cette section avec la tente pour quatre hommes constituée de quatre toiles de tente individuelles camouflées. Le casque est probablement placé au sommet pour éviter que la pluie ne s'infiltre le long du mât. A proximité : un *Schwimmwagen*, une petite table recouverte d'une toile camouflée, trois gamelles et un drapeau avec la tête de mort du *Panzer-Regiment*. (Coll. H. Wontorra./Heimdal.)

4. Nous voyons ici l'un des véhicules amphibies de cette section de reconnaissance, près du PC du régiment à Rauray, et se dirigeant vers le char *Panther* ***501***, le char personnel de Max Wünsche. (Coll. Harry Wontorra/Heimdal.)

6

5

7. Le *SS-Hauptsturmführer* Georg Isecke était l'officier-adjoint *(Adjutant)* du *Panzer-Regiment* de la Division *HJ*. Photo prise en novembre 1942. (Coll. G. Isecke.)

7

8

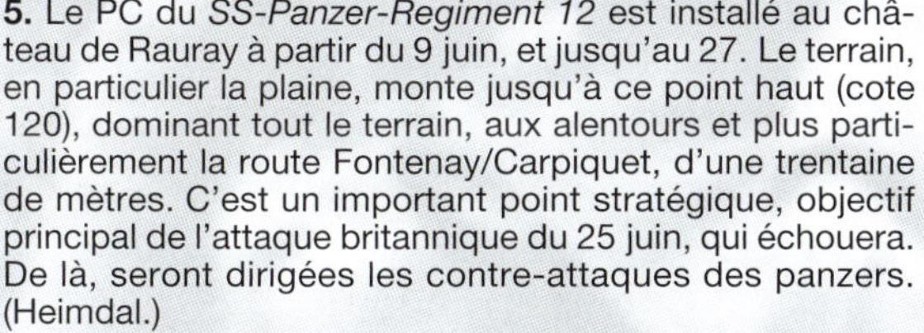

5. Le PC du *SS-Panzer-Regiment 12* est installé au château de Rauray à partir du 9 juin, et jusqu'au 27. Le terrain, en particulier la plaine, monte jusqu'à ce point haut (cote 120), dominant tout le terrain, aux alentours et plus particulièrement la route Fontenay/Carpiquet, d'une trentaine de mètres. C'est un important point stratégique, objectif principal de l'attaque britannique du 25 juin, qui échouera. De là, seront dirigées les contre-attaques des panzers. (Heimdal.)

6. *Le SS-Obersturmbannführer* Max Wünsche (à droite) félicite ici un *SS-Oberscharführer* qui a abattu cinq avions alliés avec sa pièce de Flak légère. En arrière, on aperçoit le *SS-Haupsturmführer* Schlauss, officier des transmissions *(Nachrichten-Offizier)* du *SS.-Pz.-Rgt. 12*. Photo prise par le KB Stollberg. (Coll. G.B.)

8. Photo de Georg Isecke prise en 1984. (Coll. G. Isecke.)

9. Sur cette photo, Max Wünsche remet des décorations aux tankistes de son régiment. A gauche se tient son officier-adjoint, Georg Isecke. (Coll. Heimdal.) Cette scène se déroule devant l'un des bâtiments agricoles situés juste au sud du château et faisant partie de ses dépendances. On reconnaît des fenêtres même si la toiture a été surélevée lors de la reconstruction d'après guerre. (Photo E. Groult/Heimdal.)

10. A l'angle des routes se trouvant en face du château se trouvait une plateforme d'observation, photographiée ici le 29 juin par un correspondant de guerre britannique, restée en place longtemps après la guerre, disparue il y a quelques années quand les arbres furent coupés. (IWM.)

9

10

5 La troisième bataille de Caen 25-30 juin 1944

25 juin 1944 (1)

I./SS-Panzer-Regiment 12

A 13h00 deux pelotons appartenant respectivement aux *2.* et *4.*Kompanien quittent Fontenay-le-Pesnel. L'attaque doit être annulée face à un ennemi s'avérant trop fort. Le char ***217*** est complètement détruit. L'*Adjutant*, l'*Untersturmführer* Heinz Schröder, est porté disparu (2). Le char n°***438*** (3) est détruit suite à un tir de canon antichar. Les chars ***236*** et ***427*** doivent être abandonnés après avoir été touchés par des tirs antichars au niveau de l'arbre latéral et du train de roulement.

Regroupement de l'*Abteilung* à Tessel-Bretteville. La nouvelle attaque dans la direction de Fontenay-le-Pesnel a dû être interrompue. Encerclée, l'*Abteilung* doit se mettre en position de défense tous azimuts en cercle. Les chars restants des *2.* et *4.Kompanien* montent sur Tessel-Bretteville où ils prennent position. La *1.Kompanie* est également retirée de ses positions défensives à Saint-Germain-la Blanche-Herbe pour aller défendre le nord et le nord-ouest de Tessel-Bretteville. La *2. Kompanie* détruit un *Sherman*.

Annexe 6 au journal de guerre

12. SS-Panzer Division « Hitlerjugend »
15.07.1944

4. Kompanie/SS-Panzer-Regiment 12

Attaque vers Fontenay-le-Pesnel le 25.06.1944

Situation :

L'ennemi est parvenu à occuper Fontenay-le-Pesnel sur la route principale Caen-Saint-Lô avec des chars qui ferment la route.

Mission :

La *4.Kompanie*, en tant qu'élément constitutif de l'*Abteilung*, doit suivre la *2.Kompanie*, prendre le village et s'emparer de la colline au nord-ouest du village.

Déroulement des combats :

La *Kompanie*, dans le sillage de la *2.Kompanie*, quitte ses positions pour s'avancer sur la route de Fontenay via Rauray. Intense tir de l'artillerie ennemie au moment de franchir la colline au sud de Fontenay. Le char ***429*** de l'*Unterscharführer* Hanitsch est mis hors de combat après avoir essuyé un tir sur son train de roulement; le char doit être remorqué. Après avoir atteint les faubourgs de Fontenay, ordre du régiment par radio : *« déborder et attaquer le village sur sa gauche pour atteindre l'objectif de l'attaque »*. Le *II.Zug* de *l'Untersturmführer* Helmut Fläming progresse en éventail sur la gauche, derrière eux le *I.Zug* occupe le périmètre sud de Fontenay et essuie un tir nourri de canons antichars venant de l'église qui détruit le char ***427*** de l'*Unterscharführer* Sedat. Le char ***425*** de l'*Unterscharführer* Fläming détruit le canon antichar mais transmet le message radio suivant : *« la route devant moi est impraticable, ne peux pas rentrer dans le village »*. Le char ***427*** de l'*Unterscharführer* Sedat est déjà immobilisé dans une route embourbée. En outre, un cours d'eau se trouve en travers du sens de l'attaque, formant un obstacle antichar. Nouvel ordre du régiment : *« La Kompanie traverse le ruisseau à Tessel-Bretteville et attaque à nouveau Fontenay et les collines au nord du village à gauche de ce ruisseau »*.

La *Kompanie* établit la communication avec des unités de la *Lehrdivision* (4) de la Wehrmacht à Tessel-Bretteville et lance immédiatement une attaque. L'ennemi se retranche et se fond dans un paysage de haies et de fossés ; en conséquence, l'attaque ne progresse vraiment que dans la zone du *II.Zug*. Le *I.Zug,* sur le flanc gauche de la *Kompanie,* tombe par hasard sur la petite zone boisée tenue par l'ennemi et se heurte à un tir nourri d'artillerie, de canons antichars et de chars. La radio du char ***415*** du *Zugführer Oberscharführer* Heinz Lehmann est en panne et il doit se rendre dans le *Panther* ***416*** pour faire savoir que les hommes du Génie de la *Lehrdivision* ne sont pas en mesure de poursuivre seuls leur attaque tant que la petite zone boisée est tenue par un ennemi aussi lourdement armé.

Le *Kompanieführer*, *Leutnant* Erich Pohl, transmet par radio l'ordre suivant : *« Le* I.Zug *doit suivre le* II.Zug *dans le secteur de ce dernier »*. Le *Kompanieführer* atteint l'objectif de l'attaque avec le *II. Zug* et prend le contrôle de la colline. Le *I.Zug* établit la communication avec les grenadiers, contourne la petite zone boisée et attaque la colline située derrière la petite zone boisée. Alors qu'il franchit

(1) L'opération *Epsom* du 21e groupe d'armée anglo-canadien commence ce jour-là et dure jusqu'au 30 juin 1944. Dans le cadre de cette opération, le VIIIe corps renforcé doit traverser l'Odon, prendre les collines qui se trouvent derrière la rivière (en particulier les cotes 112 et 113) et pénétrer dans la vallée de l'Orne. Il s'agissait pour les troupes anglo-canadiennes de couper Caen du sud et de forcer les Allemands à abandonner la ville. Le VIIIe corps est composé des 15e (écossaise) et 43e (Wessex) divisions d'infanterie, de la 11e division blindée et de la 4e brigade blindée, de la 31 e brigade de chars et d'un bataillon spécial de chars, disposant de plus de 600 blindés et 900 canons. Les *Sherman* de la 4e brigade blindée apportaient leur soutien à la 43e d'infanterie tandis que les chars lourds *Churchill* de la 31e brigade de chars venaient soutenir la 15e d'infanterie. En cas de percée réussie, la 11e division blindée devait poursuivre l'attaque vers la vallée de l'Orne. Le VIIIe corps était en outre soutenu par trois croiseurs et un groupe de chasseurs-bombardiers de la 2e force aérienne tactique.

(2) L'*Unterscharführer* Schröder fut tué en sortant de son char. *Cf.* Meyer, p.176.

(3) Il s'agit en l'occurrence du char *Panther* qui avait été remorqué avec succès quelques jours plus tôt à partir de Rots.

(4) Des unités de la *Panzer-Lehr-Division* de l'armée de terre.

(5) Dans ce cas il s'agit bien sûr d'une indication qui se rapporte à la position du canon, en l'occurrence orienté vers l'arrière parallèlement à la caisse, tandis que 1200 indique un canon dirigé vers l'avant.

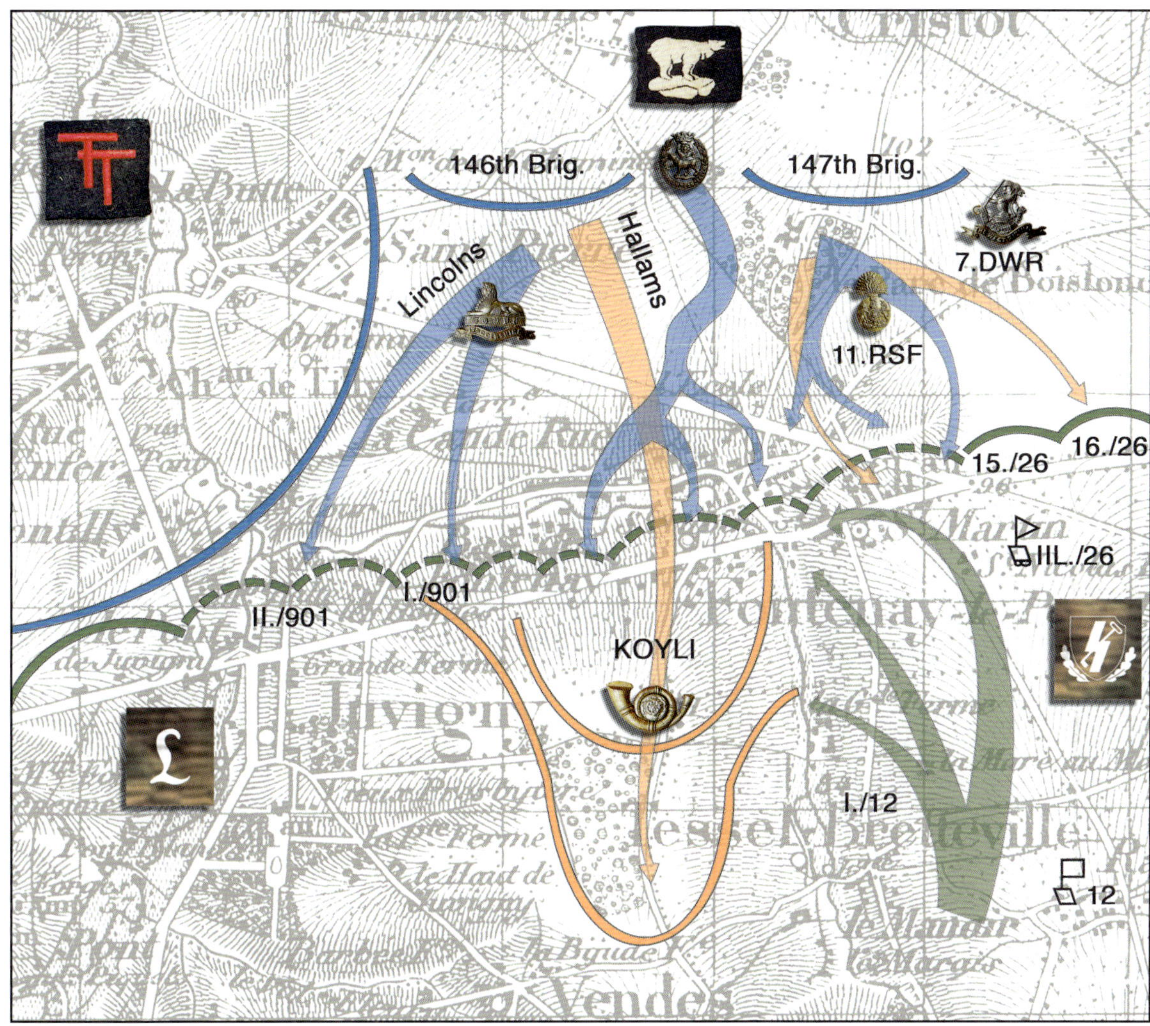

Cette carte montre la percée britannique du 25 juin jusqu'au Bois de Tessel ; elle est faible ailleurs et le *SS-Pz.Rgt. 12* contre-attaque sur Fontenay-le-Pesnel. On aperçoit le PC du régiment à Rauray, en bas à droite. (Carte L.K/Heimdal.)

une haie, le *Panther* ***417*** de l'*Unterscharführer* Ratka est touché à trois reprises par des blindés ennemis ouvrant le feu à partir de positions parfaitement camouflées, et lorsque le peloton repart, le char ***438*** de l'*Unterscharführer* Meiss est touché et détruit. Le char prend feu. L'*Oberscharführer* Heinz Lehmann, *I.Zugführer*, se rend à pied auprès du *Leutnant* Pohl pour recevoir ses ordres et vers 02h00, les deux chars du *I.Zug* rejoignent la *Kompanie*.

La *Kompanie* intégrée aux effectifs de l'*Abteilung* met en place une défense tous azimuts en cercle. L'ennemi attaque le village de Tessel-Bretteville le 26.06 avec d'importantes forces blindées et isole la *I.Abteilung*. L'ordre du régiment reçu par radio stipule qu'il faut tenir la colline à tout prix jusqu'au rétablissement de la communication. L'ennemi réplique avec ses chars et ses canons antichars à notre tentative de percer l'encerclement et le char ***425*** de l'*Untersturmführer* Flamming est touché ; le commandant, le chargeur et le canonnier sont blessés. Le canon antichar est détruit.

Vers 14h00, l'*Abteilung* reçoit l'ordre de percer jusqu'aux lignes de défense au niveau de Rauray et de rétablir le contact avec nos propres forces. A l'issue d'une action de reconnaissance, un endroit est trouvé dans le lit de la rivière permettant le passage à gué des blindés. La *2.Kompanie* se place en tête de colonne, suivie par l'*Aufklärungszug* et l'*Abteilungsstab* ; la *4.Kompanie* s'occupe de nous couvrir à 06h00 (5).

L'efficacité du commandement leur permet de franchir la rivière en dépit des conditions difficiles, et d'atteindre les collines situées derrière. L'ennemi s'aperçoit alors de notre tentative de percée et effectue un tir de barrage avec son artillerie. Grâce à un mouvement habile et déterminé, les grenadiers de la *Kompanie* parviennent à percer les lignes ennemies et à rétablir le contact avec le régiment. La *Kompanie* est ensuite déployée entre Vendes et Tessel-Bretteville pour se mettre en position de défense, avant d'être relevée plus tard par la *2.Kompanie* ; la *Kompanie* est ensuite renvoyée dans ses quartiers précédents pour se réapprovisionner en carburant et en munitions.

Pohl
Leutnant et *Kompanieführer*

II./SS-Panzer-Regiment 12

La *II.Abteilung* reste dans sa zone de combat précédente pour la défendre. Tirs d'artillerie lourde pendant plusieurs heures sur les positions de la *II.Abteilung* entraînant des pertes humaines et matérielles.

Intense activité aérienne au-dessus de nos positions. A 08h05, les quatre chars de la *8.Kompanie* sont envoyés sur Fontenay-le-Pesnel. Consommation de munitions : 800 obus antiaériens de 20 mm.

Fontenay-le-Pesnel, carrefour sud-est, 25 juin, vers 18 heures (1)

1. Le char *Panther* ***219*** est engagé en contre-attaque ce 25 juin dans l'après-midi dans le secteur de Tessel où les Britanniques viennent de percer. Ce cliché du SS-KB Pachnicke nous le montre franchissant une haie. (Photos SS-KB Pachnicke.)

2. Cette célèbre photo montre un grenadier du *III./26* au carrefour nord-est d'où vient l'attaque, progressant difficilement, des *Royal Scots Fusiliers*. Derrière lui, un *Panther* type G est en protection. En arrière-plan, on aperçoit l'église Saint-Martin alors partiellement ruinée. (SS-KB Pachnicke/Coll. G.B.)

Fontenay-le-Pesnel, carrefour sud-est, 25 juin vers 18 heures (2)

7. Le char *Panther* ***219*** (un char de la 2e compagnie du *SS-Ostuf.* Helmut Gaede), un modèle D reconnaissable à son tourelleau, s'engage dans le carrefour en venant de la partie nord de la D139 où il a dû affronter les *Royal Scots Fusiliers*. On aperçoit plus loin deux autres chars *Panther* en attente. (Coll. Heimdal.)

8. Même endroit actuellement, la reconstruction a fait disparaître les solides bâtiments agricoles endommagés par le barrage d'artillerie du matin. Le pignon de droite et (partiellement) celui de gauche sont nos points de repère. (Photo G.B.)

9. Cette dernière photo est prise dans le sens contraire de la photo «**6**». Le photographe regarde maintenant vers l'est, vers la route de Caen dont on aperçoit les rangées d'arbres dans le fond. Nous retrouvons là le ***219*** qui a changé de position. (Coll. Heimdal.)

10. Même endroit actuellement. Deux toitures sont nos points de repère. (Photo G.B.)

1

2

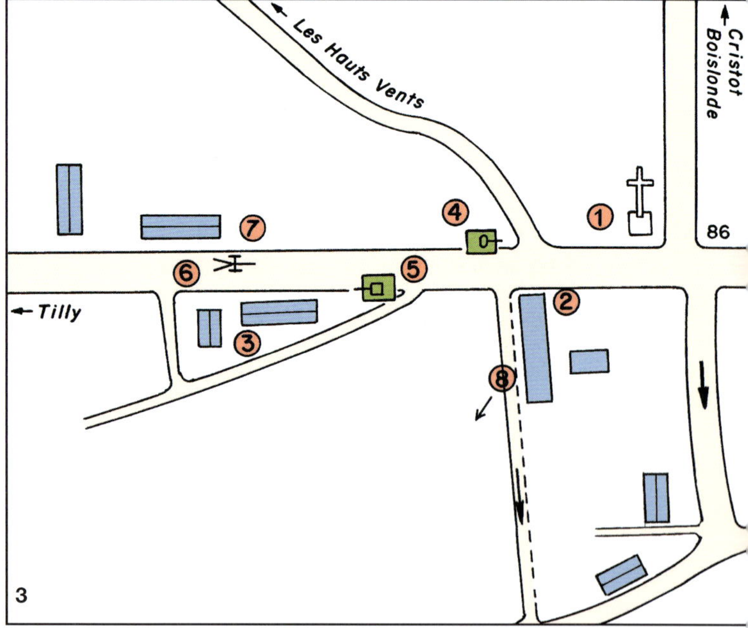

3

Fontenay-le-Pesnel, 25 juin

1 et **2.** Cette photo dramatique est située à Fontenay-le-Pesnel, par le lieutenant Handford qui l'a prise le 25 juin. La route est celle menant de Tilly-sur-Seulles (derrière nous) à Caen (en face). Mais elle ne fut pas facile à situer, les maisons endommagées à droite ayant été rasées après guerre et reconstruites à l'écart de la route. Le grand bâtiment agricole, qu'on distingue plus nettement sur la photo actuelle, nous a servi de repère. Les témoins se souviennent par ailleurs parfaitement du char allemand détruit. La pièce allemande de *Pak 40* au premier plan était dirigée vers le débouché de la route venant des Hauts Vents et de celle venant de Cristot ; c'est par là qu'a débouché l'attaque britannique. Cette pièce antichar était donc très bien placée. On aperçoit plus loin l'épave d'un char *Sherman* sur la gauche et celle d'un char *Panther* sur la droite. Nous les retrouverons sur les autres photos. Le corps d'un *Waffen-SS* gît près de la pièce, peut-être l'un de ses servants. (IWM B5939 et G. Bernage.)

4

5

3. Plan du secteur de l'Ecole en 1944 : **1.** Le calvaire, entre les routes venant des Hauts Vents et de Cristot. **2.** Bâtiment agricole (voir photos 1 et 2). **3.** Les Ecoles, maisons rasées depuis. **4.** Char Sherman détruit, dirigé vers l'est, ayant probablement débouché de la route des Hauts Vents. **5.** Char *Panther* détruit, dirigé vers l'ouest. **6.** Canon antichar allemand. **7.** Maison située au nord de la route. **8.** Chemin descendant vers le Bas Fontenay et d'où on pouvait apercevoir l'église Saint Aubin. (Heimdal.)

4. Vue panoramique montrant le côté nord de la route Tilly-Caen avec le débouché de la route de Cristot, à droite, et le grand calvaire dominant le carrefour. C'est par là que sont arrivés les *Hallamshires*, soutenus par les chars du *24th Lancers*. C'est au pied du calvaire que Montgomery-Cuningham, le chef du *11th Royal Scots Fusiliers*, a été tué le 27 juin 1944. Un peu plus loin sur la route, l'emplacement des deux chars détruits. (G. Bernage.)

5. Cette autre photo du lieutenant Handford a été prise dans le même sens que la photo précédente et dans le sens contraire de la première ; il regarde maintenant vers l'ouest, en direction de Tilly-sur-Seulles. Au premier plan, nous apercevons l'arrière du *Sherman* détruit du *24th Lancers*. Devant les bâtiments des écoles un char *Panther Ausf. G* fume encore. Il appartenait à la *I./12*. (IWM B59/40.)

1

3

2

4

Fontenay-le-Pesnel

1. Cette photo a été prise deux jours plus tard, le 27 juin, par le *Sergeant* Christie. Nous voyons l'avant du char *Sherman* du *24th Lancers* qui a été touché en haut de la caisse, en dessous de la tourelle, et qui a brûlé. Nous distinguons mieux les bâtiments des écoles et le char *Panther Ausf. G* de la *I./SS-Pz.-Rgt. 12*. Ce bataillon de chars *Panther* de la Division *HJ* était en réserve. D'après Albert Grandais, deux chars *Panther* ont été détruits à Fontenay-le-Pesnel le 25 juin. Celui-ci serait l'un d'eux. Le *SS-Pz.-Rgt. 12* a alors eu 7 tués, 14 blessés et deux disparus. A propos des combats de chars dans ce secteur le 25 juin, Kurt Meyer a écrit : *« Fontenay est attaqué par des éléments qui viennent de la direction de Saint-Pierre et de Cristot. Des chars ennemis se fraient justement un chemin sur une petite ondulation de terrain et se préparent à pousser une pointe sur Fontenay. Le combat de char commence. Nos* Panther *camouflés ont l'avantage avec leurs meilleurs canons. »* (IWM B 6043.)

2. Photo actuelle prise au même endroit. On aperçoit au premier plan à droite la petite route venant des Hauts Vents d'où est venue une partie de l'attaque. A gauche, les bâtiments des écoles rasés, ont été reconstruits en retrait de la route. A droite, derrière les arbres, se dresse une maison subsistante. (G. Bernage.)

3. Cette autre photo du *Sergeant* Christie a été prise le 27 juin alors que des fantassins du *Durham Light Infantry* marchent vers l'ouest. La pluie qui vient de tomber et le trafic intense ont rendu boueux cet axe routier, la plupart des routes étant empierrées et non bitumées. Nous apercevons à nouveau les deux chars détruits et, cette fois, les pignons des maisons se trouvant alors de part et d'autre de la route. Celle située au nord (à droite), subsiste. (IWM B 6042.)

4. Cette maison, au nord de la route, avait reçu une bombe, sa toiture et un plancher étaient alors transpercés. (G. B.)

26 juin 1944

I./SS-Panzer-Regiment 12

Le matin les *1.* et *2.Kompanien* se trouvent en posture défensive tous azimuts au nord-ouest de Tessel-Bretteville. Les limites nord et nord-ouest de Tessel-Bretteville sont tenues par les chars restants des *2.* et *4.Kompanien*, la *1.Kompanie* et l'*Aufklärungszug*. L'avancée des chars Tigre visant à délivrer l'*Abteilung* encerclée a échoué.

A 15h00, l'*Abteilung* encerclée reçoit l'ordre de rompre seule son encerclement. La manœuvre réussit. Dans l'après-midi, l'*Abteilung* est envoyée en mission dans le secteur de Tessel-Bretteville-Vendes pour y créer une nouvelle ligne de bataille principale. Nous détruisons sept *Sherman* et perdons cinq chars (***236, 438, 419*** et ***427***).

II./SS-Panzer-Regiment 12

A 05h00 la *II.Abteilung* (sans les *8.* et *9.Kompanien*) lancent une attaque sur le secteur boisé à l'ouest de Tessel-Bretteville contre des unités blindées et d'infanterie pénétrant Fontenay-le-Pesnel. Tir nourri de l'artillerie ennemie au début de la manœuvre.

08h30 : attaque de chars ennemis en provenance de Fontenay vers Rauray et à l'est de cette route.

Le poste de commandement de l'*Abteilung* a tenu jusqu'au moment où il a dû être abandonné face au feu ennemi d'artillerie lourde et de chars. Le repli de toutes les unités de l'état-major s'est fait en bon ordre. L'artillerie ennemie a détruit l'unité motocycliste d'estafettes (*Kraftradmelder*) dont deux side-cars et trois motos. Le véhicule du commandant de l'*Abteilung* (*Kfz.15*) a été sérieusement endommagé mais a pu se replier par ses propres moyens.

Les *5.* et *6.Kompanien* et la *Kampfstaffel* du *Stab* sont rappelées avant l'assaut devant la zone boisée à l'ouest de Tessel-Bretteville car il ne s'y trouvalt que de faibles forces ennemies et ils sont envoyés contre les blindés ennemis arrivant du nord. Malgré une forte résistance, les *5.* et *6.Kompanien* parviennent à reprendre leurs positions perdues et peuvent ainsi fournir un appui-feu pour permettre à l'infanterie de se rassembler et se regrouper.

Les *Panzergrenadiere* qui se trouvent à Fontenay-le-Pesnel se replient vers le sud dans la direction de Rauray pour échapper aux tirs d'artillerie et à la forte pression exercée par l'ennemi. La *8.Kompanie* couvre leur repli et suit lentement cette retraite jusqu'au secteur de Rauray. Les *5. et 6.Kompanien* continuent à tenir leur position malgré la très forte pression ennemie.

Au cours de l'après-midi, préparations de contre-attaques en coopération avec la *Tiger-Abteilung* (6) du *Korps*. Toutefois, cette contre-attaque est suspendue et les *Tiger* sont retirés pour être redéployés dans une autre section de la division.

D'après les rapports des unités voisines situées sur le flanc droit (7), l'ennemi accentue sa pression vers Cheux dans la direction de Grainville-sur-Odon. Au cours des combats qui ont lieu le matin, le *Hauptsturmführer* Ludwig Ruckdeschel (*6.Kompanie-Chef*) a été grièvement blessé. C'est l'*Untersturmführer* Buchwald (8) qui a repris le commandement de la *Kompanie*.

23h00 : nouveau poste de commandement de l'*Abteilung* à 600 m au sud de Rauray sur la route Rauray-Grainville. Consommation de munitions : 680 obus explosifs, 320 obus perforants, 1000 obus antiaériens de 20 mm, 1 100 balles de mitrailleuses, quatorze munitions fumigènes.

Ludwig Ruckdeschel. (DR.)

27 juin 1944

I./SS-Panzer-Regiment 12

La *1. Kompanie* consolide ses positions directement au sud de Tessel-Bretteville. Sur ordre du régiment, la *2.Kompanie* est retirée du secteur tenu par l'*Abteilung* pour repousser les chars ennemis en train de percer dans le secteur de Grainville-sur-Odon (9). La *4.Kompanie* est subordonnée à la *II.Abteilung* et défend directement le sud-est de Rauray (10).

Au cours des combats, 25 *Sherman*, deux *Churchill* et un autre char de type inconnu sont détruits. L'*Unterscharführer* détruit un *Sherman* supplémentaire avec un tir de *Faustpatrone* (11). Deux petits véhicules blindés (12) armés de mitrailleuses ont été détruits ; trois de nos chars sont comptabilisés comme perdus. Trois autres sont envoyés en réparation suite à des dégâts résultant de tirs d'artillerie et antichars.

Annexe 7 au journal de guerre

12. SS-Panzer-Division « Hitlerjugend »
15.07.1944

4. Kompanie/SS-Panzer-Regiment 12

Blocage d'une attaque blindée ennemie à Rauray le 27.06.1944

Situation :

L'ennemi a essayé d'exploiter son attaque ouverte dans la direction de Fontenay et Tessel-Bretteville, vers Rauray et exercé une forte pression sur les positions de la *II.Abteilung*.

Mission :

La *Kompanie,* qui avait quitté ses quartiers y retourne et est subordonnée à la *II.Abteilung*. Le

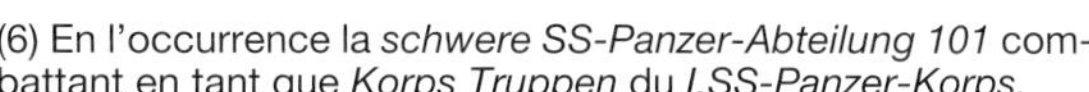

(6) En l'occurrence la *schwere SS-Panzer-Abteilung 101* combattant en tant que *Korps Truppen* du *I.SS-Panzer-Korps.*

(7) Des unités du *SS-Panzer-Regiment 26* et du *SS-Panzer-Pionier-Bataillon 12* combattaient sur le flanc droit du *SS-Panzer-Regiment 12*.

(8) L'*Untersturmführer* Helmut Buchwald sera tué au combat le 28 juin 1944.

(9) Les *Panther* de la *2./SS-Panzer-Regiment 12* auraient été engagés contre les chars lourds Churchill du 7e régiment royal de chars venu soutenir les fusiliers écossais du 9e Cameronians (*Scottish Rifles*). Les Britanniques ont perdu trois chars ce jour-là. *Cf.* Reynolds, p. 156.

(10) Rauray fut attaqué par le 11e d'infanterie légère de la 70e brigade d'infanterie britannique et occupé ce jour-là avec le soutien de chars *Sherman* DD (*Duplex Drive*) de la 8e brigade blindée indépendante britannique.

(11) *Faustpatrone*, ancêtre du *Panzerfaust*, projectile sans recul à charge creuse tirée à partir d'un lanceur de 80 cm de long, et d'un poids de 3,2 kg. Lors de l'impact, le projectile produit un jet de gaz capable de pénétrer 140 mm de blindage. D'une portée pratique d'une trentaine de mètres, les premiers *Faustpatronen* commencèrent à être employés sur le front de l'est en août 1943.

(12) Probablement des chenillettes *Bren Gun* anglaises (British Universal carriers).

Grainville, la ferme située près de l'église où s'est replié le PC du *SS-Pz.-Rgt. 12*. (Photo G.B.)

Positions des quatre *Panzer IV* de la *8./12* de Hans Siegel sur le Salbey. (L.K. Heimdal.)

Hans Siegel commande la *8./12*, photo prise après qu'il ait reçu le *Ritterkreuz* le 23 août 1944. (P. Tiquet.)

Hans Siegel commentant ses combats sur le Salbey à Georges Bernage, photo prise en 1991. Il est décédé depuis. (Coll. G.B.)

Le champ où Hans Siegel avait disposé ses quatre *Panzer IV*, tournés vers le nord (vers Cheux), à droite. (Heimdal.)

Trouée dans la haie, en direction de Cheux, emplacement de l'un des *Panzer IV*. (Heimdal.)

Photo prise depuis la route venant de Cheux et menant à Grainville. La haie du premier plan à gauche délimite le champ où Hans Siegel installera son *Panzer IV* dans le courant de la matinée ; c'est là que son char sera détruit par un tir venant de l'est (de la gauche pour la photo). Plus loin à droite, on distingue, la grande haie derrière laquelle étaient en position les *Panzer IV* de la *8./12*. (G.B.)

Kompanieführer s'y rend immédiatement pour y recevoir ses instructions.

Déroulement des combats :

La *Kompanie* est conduite par l'*Oberscharführer* Heinz Lehmann jusqu'au carrefour spécifié dans l'ordre de route et le *Kompanieführer*, le *Leutnant* Pohl, les dirige immédiatement vers le secteur à défendre. L'action commence à 02h00. De manière à pouvoir faire le point, le *Kompanieführer* et les deux *Zugführer* restent en tête des grenadiers pour faire avancer les chars dans le secteur des grenadiers (13). A ce moment, vers 06h00, l'ennemi est déjà en train d'attaquer Rauray avec d'importantes forces blindées, à savoir 16 chars. Le *Kompanieführer* dirige lui-même les chars sur les positions à occuper, tandis que le char ***405*** du commandant est immobilisé suite à une panne moteur. Le char ***415*** de l'*Oberscharführer* Lehmann détruit un Churchill peu après les événements décrits ci-dessus. Les grenadiers abandonnent le village et se replient sur les lignes de la *Kompanie*, tout en défendant les sorties du village. Les *Unterscharführer* Sedat et Gerlinger détruisent deux autres chars. L'assaut ennemi est arrêté devant nos positions. L'infanterie se retranche derrière des haies d'une centaine de mètres devant nos positions ; nous établissons un tir de barrage de mitrailleuses et d'obus explosifs.

Trois courts engagements d'artillerie se succèdent ensuite rapidement, après quoi l'ennemi repart à l'assaut. L'attaque ennemie est à nouveau repoussée, tandis que le *Leutnant* Pohl et l'*Unterscharführer* Burkert détruisent deux blindés. L'ennemi réplique par un tir nourri qui se prolonge jusque tard dans la nuit pendant laquelle l'*Unterscharführer* Eiserloh, le radio du *Kompanie-Chef*, est blessé. Nous détruisons un canon antichar à 15 m de distance alors qu'il allait être mis en batterie. Au matin du 28.06, l'ordre de repli avec les grenadiers est exécuté avec succès, à l'abri de l'ennemi.

Pohl
Leutnant et *Kompanieführer*

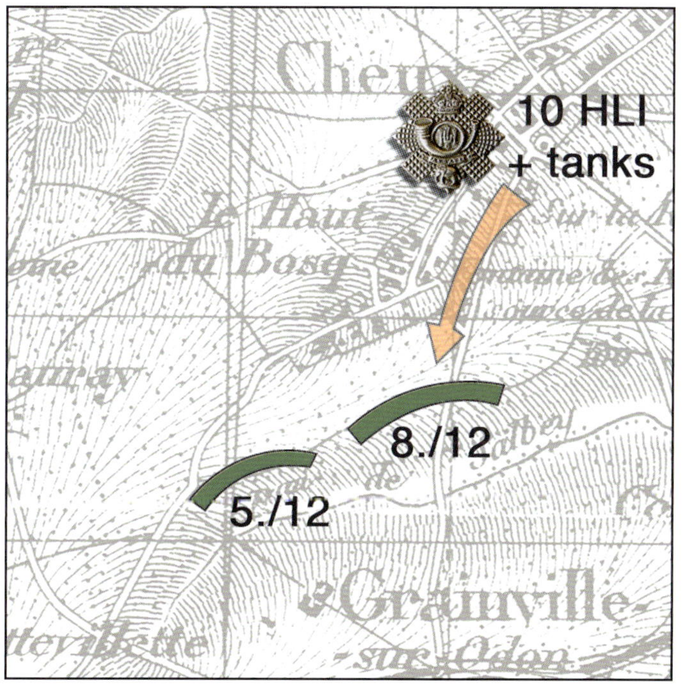

Carte montrant l'attaque du *10 HLI* et d'éléments du *7th RTR* contre les positions des quatre panzers de la *8./12*. (Heimdal.)

II./SS-Panzer-Regiment 12

La nuit du 26 juin se déroule assez calmement. En dehors de tirs d'artillerie lourde, absence de combats. Aux premières heures de l'aube, nouvelle attaque ennemie contre les positions de la *II. Abteilung* et le *SS-Panzergrenadier-Regiment 26*. Les *Kompanien* blindées tiennent leurs positions malgré une forte pression ennemie et les pertes qui en résultent. La *8.Kompanie* avec ses trois chars restants et quelques chars *Panzer V*, est déployée contre l'ennemi arrivant de Cheux. Positions de la *8.Kompanie* au nord de la ligne de chemin de fer, entre Grainville-sur-Odon et la passerelle 600 mètres à l'ouest de Granville-sur-Odon. Les combats aujourd'hui montrent que l'ennemi

(suite page 133)

1

Rauray, 27 juin

1. Deux jours plus tard, autre vue du *Panther* ***204*** alors que les chars *Sherman* arrivent de Fontenay pour soutenir l'offensive de la *49th West Riding Division*. Au premier plan, on aperçoit les restes d'une petite construction située près du carrefour. Dans le fond, on aperçoit les rangées d'arbres bordant la route Fontenay/Carpiquet. (IWM-B6226.)

2. Même endroit actuellement. Les arbres de la grande route ont été coupés puis replantés depuis. Les deux groupes d'arbres sur la droite indiquent l'actuel cimetière militaire britannique d'où est partie l'attaque du *11 DLI* le matin du 27 juin. (EG/Heimdal.)

3. Détail du carrefour avec vestiges du petit bâtiment détruit. (G.B.)

3

2

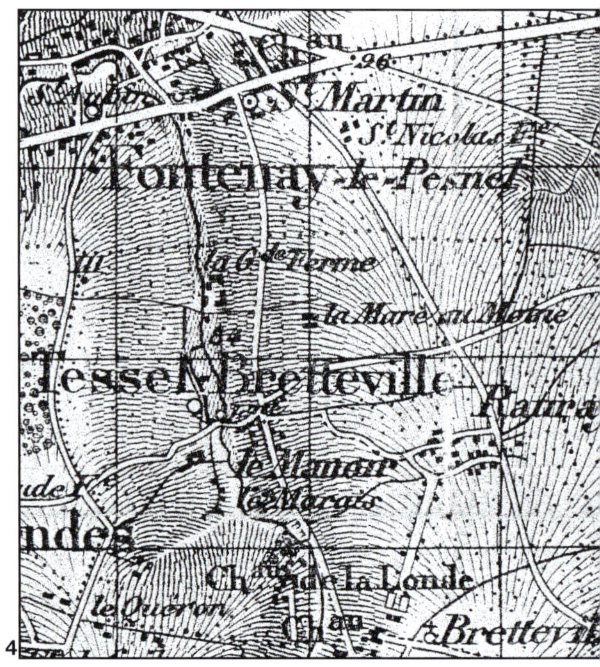

4

4

4. Cette autre photo est prise à l'ouest du carrefour, à proximité du char *Panther* avec la route menant à Cheux dans l'axe. Elle est prise le lendemain, 28 juin, alors que l'offensive est menée vers le sud du hameau de Rauray (voir plus loin), fantassins et blindés montent vers le front. (IWM B6132.)

6. Des blessés sont évacués à Rauray par des infirmiers britanniques. Cette scène peut correspondre au témoignage du *SS-Oberscharführer* Hans-Georg Kesslau, rapportant qu'une trêve eut lieu ce jour-là, de midi à 14 heures, pour évacuer les blessés, nombreux de part et d'autre. (IWM.)

7. Un *Bren Carrier* passe près du *Panther* **204**, remontant vers Fontenay en évacuant des blessés. (IWM.)

5

5. Le même carrefour actuellement en direction de Cheux : arbres et haies ont disparu. (G.B.)

6

1

Rauray, 27 juin (1)

1. Le *11 DLI* a lancé une première attaque dans la matinée, avec une compagnie, depuis l'emplacement de l'actuel cimetière militaire britannique, puis l'attaque principale a lieu vers midi. Cette photo a été prise au carrefour, situé au nord du hameau de Rauray, de la D139 (venant de Fontenay, à droite, et menant à Rauray, à gauche) avec la D173, venant de Tessel (en face) et menant à Cheux (derrière le photographe). Un char Panther type A a été détruit près de ce carrefour et a en partie brûlé. Il porte le ***204***, indiquant qu'il s'agissait du 4e char du commandant de la 2e compagnie *(de la I./SS-Pz.-Rgt. 12)*, unité commandée par le *SS-Ostuf.* Helmut Gaede. Ce char détruit serait celui du *SS-Uscha.* Süsse dont le *Panther* a été détruit ici ce jour-là. Ce chef de char, blessé, a survécu. Plus loin, devant les grands arbres, un char *Sherman*, détruit fume encore. Süsse en a alors détruit trois. Une chenillette tirant un canon antichar de 6 livres (portée moyenne : 1 000 mètres, calibre : 57 mm) s'est arrêtée, son équipage examine le monstre vaincu. (IMWM-B 6045.)

2. Même endroit actuellement. (EG/Heimdal.)

3

4. Un *Tiger I*, appartenant à la 3e compagnie de la *s.SS-Pz.-Abt. 101* (d'après la disposition des marquages) est ramené vers l'arrière. Il est examiné ici par le *Sergeant* Dring, et des membres de son équipage, de la *Nottingham Sherwood Rangers Yeomanry*, qui dit avoir détruit quatre *Tiger* avec son *Sherman*, ce qui est impossible car seulement deux chars *Tiger* ont été mis hors de service à Rauray, tous deux de la 3e compagnie. Le *Sergeant* Dring, décoré de la *Military Medal*, est un fermier bien connu à Grimsby. Ce char *Tiger* a reçu de très nombreux impacts, l'un d'eux a dû causer la mort ou l'évacuation de l'équipage mais ce *Tiger* roule encore et il sera évacué. (IWM -B 6047.)

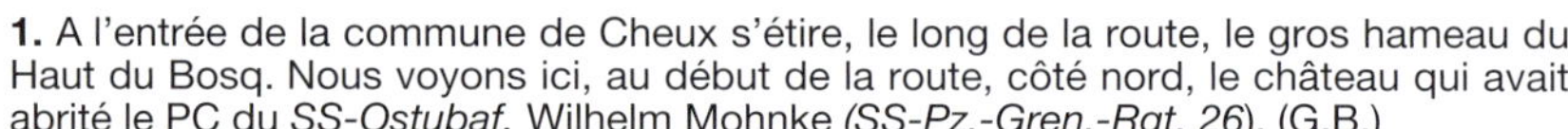

1. A l'entrée de la commune de Cheux s'étire, le long de la route, le gros hameau du Haut du Bosq. Nous voyons ici, au début de la route, côté nord, le château qui avait abrité le PC du *SS-Ostubaf.* Wilhelm Mohnke *(SS-Pz.-Gren.-Rgt. 26*). (G.B.)

2. Presqu'en face, côté sud, se dresse une femme située au nord de la position de la *5./12*, citée dans les témoignages du *SS-Ustuf.* Willi Kändler. (G.B.)

3. Le *SS-Ustuf.* Willi Kändler (à gauche), chef de la IIIe section de la *5./12*, et le *SS-Uscha.* Willi Kretzschmar, chef de char dans cette section. On notera le panachage des tenues : veste standard d'officier à gauche et blouson de treillis camouflé « petits pois » à droite, pantalons de cuir dans les deux cas. (Coll. G.B.)

4. Une partie de l'équipage du chef de la IIIe section de la *5./12*, le *SS-Ustuf.* Kändler, à partir de ce 27 juin, sur le *Panzer IV* ***535***. De gauche à droite : l'*Ustuf.* Kändler (chef de char et chef de section), - ? - le *Sturmmann* Willi Schnittfinke (pointeur), - un *Uscha.* (probablement de la compagnie atelier), - un pilote de remplacement. On notera les très nombreux anneaux blancs peints sur le tube du canon témoignant des nombreuses victoires (une par anneau) obtenues par ce panzer. (Coll. G.B.)

5. Le *SS-Sturmmann* Willi Schnittfinke, devenu pointeur du chef de la IIIe section de la *5./12* ce 27 juin. Il obtiendra plusieurs victoires près de Cheux et sur la cote 112. (Coll. G.B.)

6. Le *SS-Ustuf.* Karl-Heinz Porsch commande maintenant la *5./SS-Pz.-Rgt. 12* après la mort du *SS-Ostuf.* Bando. Il sera tué à son tour le 8 août 1944 au nord de Falaise. (Coll. G.B.)

attaque sur un axe nord-sud mettant en évidence trois directions principales :

1. à travers Fontenay-le-Pesnel vers Rauray ;
2. à travers Cheux vers Grainville ;
3. à travers Mouen vers Tourville.

La continuité de la ligne de front est défendue par la *II. Abteilung* dans le secteur du *SS-Panzer-Regiment 12*. La communication est établie entre les deux unités voisines. Les positions de la *II. Abteilung* sont renforcées avec l'attribution de sept Panther de la *4.Kompanie*.

Les *Kompanien* disposent des chars opérationnels suivants à 21h00 le 27.06.1944 :

5.Kompanie : 7 chars

6.Kompanie : 6 chars

8.Kompanie : 4 chars

9.Kompanie : 8 chars

Stab : 3 chars

Total : 28 chars

Au cours des combats intenses de la journée, l'*Obersturmführer* Helmut Bando, *5.Kompanie, Chef*, a été tué. Le commandement temporaire de la *5.Kompanie* a été attribué à l'*Obersturmführer* Karl-Heinz Porsch. Le *Hauptsturmführer* Hans Siegel, *8.Kompanie, Chef,* a été grièvement blessé.

Consommation de munitions : 480 obus explosifs, 260 obus perforants, 1500 balles de mitrailleuse. Les pertes de la période du 26-27.06 sont résumées en annexe 7.

Annexe 7 au journal de guerre

Pertes du 26-27.06.1944 :

Pertes totales de *Panzerkampfwagen IV* : 11 chars avec leur numéro tactique : ***505, 515, 518, 605, 616, 618, 835, 836, 715, 527*** et ***626***.

Panzerkampfwagen IV à réparer: 21

Véhicules détruits :

Deux motos avec *side-car*, deux motos, deux voitures complètement détruites, quatre à réparer.

Pertes humaines au combat :
(voir tableau ci-contre).

Photo exceptionnelle prise pendant le combat depuis la place du pilote d'un *Panzer IV*. On aperçoit sur la gauche un *Sherman* détruit vers la cote 112 près d'Esquay-Notre-Dame le 27 juin 1944. (Coll. H. Meyer/Heimdal.)

	Officiers	Sous-officiers	simples soldats
Tués	3	2	10
Blessés	3	4	23
Dont demeurés dans l'unité	-	2	5
Portés disparus	-	-	3

28 juin 1944

I./SS-Panzer-Regiment 12

A 06h00, l'*Abteilung* avec toutes ses *Kompanien* est regroupée sur le secteur d'Esquay où il s'agit de bloquer la route vers le nord du village.

Les *Kompanien* défendent leurs positions au nord et au nord-est d'Esquay. L'après-midi, la *2.Kompanie* est subordonnée (14) à la *II.Abteilung* (15) et déployée au sud de la cote 112 pour contrecarrer une percée locale. La *1./Panzer-Regiment 3* (16), qui a détruit huit Sherman (17) à Mondrainville, est subordonnée à l'*Abteilung* ; les chars en question prennent feu immédiatement. Un de

Un autre *Panzer IV* du IIe bataillon, qui en alignait 44 exemplaires aptes au combat en date du 24 juin 1944. Les soldats alliés le confondront très souvent avec le *Tiger*, à cause de ses lignes anguleuses. (SS-KB Woscidlo/Coll. G.B.)

(13) Probablement des unités de la *SS-Panzer-Aufklärungs-Abteilung 12*.

(14) La *2./SS-Panzer-Regiment 12* détruit un char *Churchill* ce jour-là. Il s'agit du 21e char allié détruit par la *2. Kompanie*. Cf. Meyer, p. 217.

(15) La *II./SS-Panzer-Regiment 12* équipée de *Panzer IV*.

1. Le *Panzer IV* ***538*** de la *5./12* attribué au *SS-Uscha.* Willi Kretzschmar à Esquay-Notre-Dame le **28 juin**, arrivé avant les Britanniques près de la cote 112, pour leur barrer le chemin. En manteau de motocycliste, à droite, le *SS-Ustuf.* Willi Kändler, chef de section. A côté de lui, en tenue de cuir, Willi Kretzschmar. (Coll. W. Kretzschmar/Heimdal.)

2. L'église d'Esquay-Notre-Dame, restaurée après guerre. (E.G./Heimdal.)

1

3

4

2

3. L'église de Baron-sur-Odon… (E.G./Heimdal.)

4. … et son château. Le *4 King's Shropshire Light Infantry* s'installe à Baron, à proximité du château en fin de journée, le 27. Il s'y trouve encore en début de matinée le 28. (E.G./ Heimdal.)

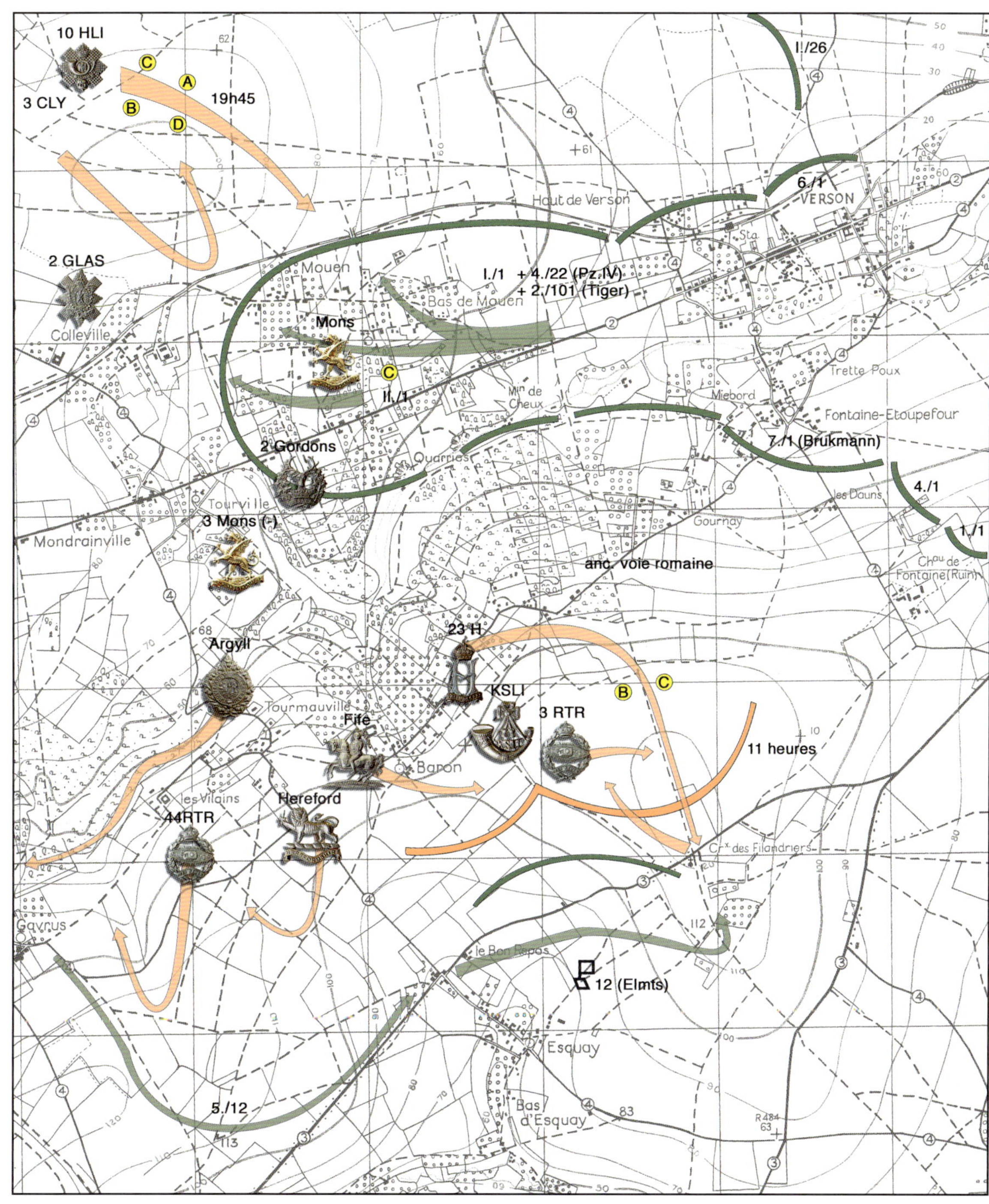

A l'est du secteur d'offensive, le *SS-Pz.-Gren.-Rgt.1*, renforcé par la *4./22*, une compagnie de *Panzer IV* de la *21.Panzer-Div.* et quelques chars *Tiger* de la *2./101*, contre-attaque depuis Venoix et Verson, jusqu'à Mouen, anéantissant au passage la *C Company* des *Mons*. Le *10 HLI*, appuyé par des tanks du *3 CLY* réplique en fin de journée. Au sud, le *23 Hussars* avance vers la cote 112 mais il y a été précédé par quelques panzers et le premier combat a lieu vers 11 heures. Malgré le renfort des deux autres bataillons de chars, *3 RTR, Fife and Forfar*, et même du *44 RTR*, l'offensive de la *29 Armoured Brigade* reste bloquée devant la cote 112 où se trouvent déjà des éléments du *SS-Pz.-Rgt.12*. (L.K./Heimdal.)

nos chars est détruit, un autre doit être ramené en réparation.

Annexe 8 au journal de guerre

12. SS-Panzer-Division « Hitlerjugend »
15.09.1944

(16) La *1./Panzer-Regiment 3* (*2.Panzer-Division*) de l'armée fut temporairement subordonnée au *I./SS-Panzer-Regiment 12*. L'unité était aussi équipée de *Panther* et son *Kompanie Chef* était le *Hauptmann* Gottfried Jährig tué le 29 juin à Fervaches. A partir du 27 juin les autres *Kompanien* de la *I./Panzer-Regiment 3* combattirent également en étant rattachées à la *12.SS-Panzer-Division « Hitlerjugend »*. Les *Panther* de la *I./Panzer-Regiment 3* revendiquèrent la destruction de quatorze chars alliés le 27 juin, puis de 53 chars et quinze canons antichars le 28 juin. *Cf.* aussi Strauss, Franz-Josef, *Geschichte der 2. (Wiener) Panzer-Division*, Eggolsheim, p.166.

(17) Ces chars combattirent au sein du 23e régiment blindé de hussards de la 29e brigade blindée de la 11e division blindée britannique.

4. Kompanie/SS-Panzer-Regiment 12

Blocage d'une attaque blindée ennemie à Esquay le 28-29.06.1944

Situation :

L'ennemi est parvenu à percer vers le sud et à s'emparer de Gavrus, Baron et Maltot ; l'ennemi a essayé de poursuivre sa progression vers le sud.

Mission :

La *4. Kompanie* atteint Esquay à vive allure, arrivant de Rauray via Noyers-Evrecy et contrôle le périmètre nord-est d'Esquay.

Déroulement des combats :

La *Kompanie* atteint l'entrée sud d'Esquay, le commandant de la *I.Abteilung* tient un briefing et la tête de l'échelon atteint l'église d'Esquay. Les chefs de chars reçoivent l'ordre de s'avancer pour

Le *SS-Ostuf.* Helmut Gaede, qui commande la *2.Kompanie*, maintenant *Einheit Gaede*, qui est engagé avec six Panzer IV sur la cote 112. (Heimdal.)

recevoir leurs directives du *Kompanieführer*. Tout de suite après, le village est touché par des tirs d'artillerie lourde. L'ennemi contrôle déjà la colline située au nord d'Esquay et place ses chars derrière la butte, d'où il est en mesure de repérer tout mouvement. Les grenadiers ont subi des pertes dues à l'artillerie. La *Kompanie* exploite habilement les courtes pauses de tirs d'artillerie, la *Kompanie* parvient à occuper les positions défensives observées mais le moindre mouvement ou bruit déclenche une reprise des tirs.

L'ennemi essaie de pénétrer dans le village avec ses chars à partir du nord mais nous parvenons à les repousser. Au cours de ces combats l'*Unterscharführer* Sedat détruit quatre chars *Sherman* dans un laps de temps très court et l'*Unterscharführer* Hellwig en détruit deux autres. L'artillerie redouble d'activité d'heure en heure et continue toute la journée et toute la nuit. En conséquence, les tirs prennent le *Sturmmann* Seher par surprise et il est sérieusement blessé alors qu'il entamait un briefing avec d'autres chefs de chars. Sous le feu d'artillerie nourri et continu, toute la *Kompanie* est obligée de rester confinée dans les chars toute la journée et toute la nuit jusqu'à ce que la *10. SS-Panzer-Division «Frundsberg»* (18) reprenne le contrôle des collines le 29.06, mettant ainsi fin à cette mission pendant laquelle nous avons détruit neufs chars ennemis à Esquay.

Pohl
Leutnant et *Kompanieführer*

Le *SS-Stubaf.* Erich Olboeter,commande le *III./26*, est aussi engagé sur la cote 112. Voir note 20 ci-contre. (Heimdal.)

(18) La *10. SS-Panzer-Division «Frundsberg»* était commandée par le *Brigadeführer* Heinz Harmel décoré de la Croix de Chevalier avec glaives pour son commandement de la division le 15 novembre 1944.

(19) *I./SS-Panzer-Grenadier-Regiment 4 «Der Führer»* de la *2.SS-Panzer-Division «Das Reich»*.

(20) *Sturmbannführer* Erich Olboeter commandait la *III./SS-Panzer-Grenadier-Regiment 26* équipée de véhicules blindés de transport de troupes (du type *Sd.Kfz 250*). Les soldats furent obligés d'utiliser les chars comme véhicules eu égard aux lourdes pertes de transports de troupes. Elève à la *Junkerschule* de Braunschweig d'avril 1937 à janvier 1938, il devient *Sturmbannführer* le 30 janvier 1944. Olboeter obtient la Croix de Chevalier pour son commandement de ce bataillon le 27 juillet 1944 après avoir été décoré de la Croix Allemande en or à la tête de la *4./Aufklärungsabteilung* de la *«Leibstandarte»* le 21 mars 1943. Blessé, il meurt dans un hôpital belge le 2 septembre 1944.

(21) Il s'agissait probablement d'éléments de la 11e division blindée britannique.

(22) La *2./SS-Panzer-Regiment 12*.

(23) Bourdon en français: Nom du canon automoteur de 150 mm utilisé par l'artillerie autopropulsée de *l'Artillerie-Abteilung* d'un *Panzer-Artillerie-Regiment*.

(24) Guêpe en français : nom du canon automoteur de 105 mm utilisé par l'artillerie autopropulsée de *l'Artillerie-Abteilung* d'un *Panzer-Artillerie-Regiment*.

(25) Ces deux unités pourraient avoir été la *1./Panzer-Regiment 3* (*2.Panzer-Division*) équipée de Panther et une *Kompanie* du *Panzer-Regiment 22* (*21.Panzer-Division*) équipée de *Panzer IV*.

(26) Le *Nachrichtenoffizier* de la *I./SS-Panzer-Regiment 12* était l'*Untersturmführer* Rolf Jausch.

(27) D'après le KTB de la *Panzergruppe «West»*, les Panther de la *I./Panzer-Regiment 3* ont détruit 89 blindés le 15 juillet 1944 alors que cette unité est rattachée au *I./SS-Panzer-Korps*.

(28) Le *SS-Panzer-Regiment 12* revendiqua la destruction de 219 chars ennemis au total dans la période du 7 au 30 juin dans le secteur de Caen. *Cf.* aussi Meyer, p. 231.

(29) Ce qui restait du *KTB* de la *II./SS-Panzer-Regiment 12* ne comporte aucun commentaire du 30 juin au 7 juillet 1944. Le journal de guerre a pourtant probablement été tenu pendant cette période, mais pour des raisons inconnues rien n'y figure.

II./SS-Panzer-Regiment 12

Dans la nuit du 27.06.1944, aucun combat à signaler en dehors des tirs de l'artillerie ennemie.

A 05h00, l'*Abteilung* reçoit l'ordre de retirer tous ses chars, de les rassembler et de les envoyer vers un nouveau secteur du front. La ligne de front, tenue jusque-là par la *II.Abteilung,* est reprise par un bataillon du *Regiment «Der Führer»* (19). La relève de la *II. Abteilung* par le bataillon du *Regiment «Der Führer»* et le repli des chars s'effectue sans incident.

Au même moment, l'infanterie de l'*Einheit «Olboeter»* (20) décroche et monte sur les chars de la *II.Abteilung* qui reçoit la feuille de route suivante : Noyers-Vacognes-Avenay-Vieux. Le trajet de l'*Abteilung* est perturbé par les attaques des chasseurs-bombardiers britanniques qui n'ont toutefois aucun effet. La tête de la colonne repère un nombre significatif de chars ennemis (21) sur la colline devant le village de Baron. Ce qui signifie que l'ennemi est parvenu à avancer avec ses chars jusque-là.

Les chars de la *II.Abteilung* s'emparent immédiatement des positions situées au nord-ouest de Vieux devant la cote 112 tenue par l'ennemi, de manière à les empêcher de poursuivre leur progression.

Les *5.* et *6.Kompanien* ont lancé une contre-attaque à 13h00, même si elles ont dû se replier après un court engagement.

La *8.Kompanie*, qui avait pris position derrière la *5.Kompanie*, est déployée sur le flanc droit de la *6.Kompanie* et vers 16h30, lance une nouvelle attaque pour s'emparer de la cote 112. La *Einheit «Gaede»* (22) du *I.Battalion* est également engagée avec six *Panzer V*. La *Kompanie* de *l'Obersturmführer* Helmut Gaede est placée sur le flanc droit de la *8.Kompanie* et avance à partir de l'est contre l'ennemi qui se trouve sur la cote 112. Mais l'attaque tourne court en peu de temps et les *Kompanien* doivent se replier.

A 20h30, une nouvelle attaque est lancée avec le soutien d'une batterie de Hummel (23) et de Wespe (24). A 20h45, à l'issue d'une préparation d'artillerie, les *5.*, *6.* et *8.Kompanien* lancent une nouvelle attaque vers la forêt carrée en face de la cote 112. Cette dernière est atteinte mais n'est pas prise. Le feu nourri de l'artillerie ennemie oblige les *Kompanien* à se replier à leur point de départ sur ordre du régiment. Le succès de la journée tient au fait que nous avons stoppé la puissante attaque ennemie au sud et au sud-est grâce aux fortes contre-attaques de la *II. Abteilung*. Au cours de ces contre-attaques, quatorze chars et dix camions de traction ennemis ont été détruits. Poste de commandement de l'*Abteilung* à Vieux.

29 juin 1944

I./SS-Panzer-Regiment 12

L'*Abteilung* s'installe sur ses lignes de défense avec les *Kompanien* de l'armée (une *Kompanie* de *Panzer V* et une *Kompanie* de *Panzer IV*) (25) au nord et à l'ouest d'Esquay. Ce jour-là, la *1.Kompanie* détruit un Sherman sur la colline au nord-ouest d'Esquay. Le char du *Nachrichtenoffizier* (26) détruit un autre *Sherman* mais est lui-même

Le *Panzer IV* **538** de la 5e compagnie a été touché lors de la première attaque sur la cote 112. L'*Uscha.* Kretzschmar et les caporaux Schweinfest et Stefan examinent les dégâts. Ce dernier vient de recevoir la croix de fer de IIe classe. (W. Kretzschmar/Coll. G. Bernage.)

touché et endommagé par un tir au niveau de la transmission. Au cours de cette nuit, un char de la *2.Kompanie* est placé dans le secteur à défendre de la *4.Kompanie* ; il détruit un *Sherman* au nord-est d'Esquay.

Le soir, forts bruits de combats sur le flanc gauche, au niveau des unités de l'armée. La *1.Kompanie* détruit un *Sherman*. La *1./Panzer-Regiment 3* détruit quatorze *Sherman* dans la journée, tous incendiés. Un camion de munition est également détruit.

II./SS-Panzer-Regiment 12

A l'issue des combats la veille vers 23h00, les dernières heures de la nuit se déroulent sans événement notable ou contact rapproché avec l'ennemi.

Le 29.06.1944 les *Kompanien* restent sur les mêmes positions qu'elles occupaient la veille. Aucun combat. Les canons antichars, les canons de char et d'artillerie restent en place toute la journée. Un char est détruit par un tir direct. L'*Untersturmführer* Helmut Buchwald est tué par un tir sur sa trappe d'évacuation.

Le *Panzer IV* du *SS-Ustuf.* Helmut Kunze (chef de section à la *5./12*) est détruit devant le Bois Carré lors de la première attaque. Helmut Kunze, que nous voyons ici, est alors tué, recroquevillé sur son siège de commandant. Sur cette photo, il a encore le grade de *SS-Standartenoberjunker* (aspirant). (Heimdal.)

Cette photo du « Bois Carré » de la cote 112, haché par l'artillerie, ici après les combats, nous montre une épave de char Sherman, témoignage de la violence des combats sur ce « Verdun normand ». (Photo S. Varin/ Heimdal.)

30 juin 1944

I./SS-Panzer-Regiment 12

La journée se déroule sans incident particulier en dehors des tirs d'artillerie. Au cours d'une mission de reconnaissance, un peloton capture deux canons antichars et trois petits véhicules abandonnés par les Britanniques, et fait trois prisonniers. La *1./Panzer-Regiment 3* détruit trois *Sherman* (27), et la *4.Kompanie* en détruit trois et la *2.Kompanie* (28) en détruit un.

A 23h00, regroupement de l'*Abteilung* à l'est de Maltot.

II./SS-Panzer-Regiment 12

Néant (29).

Cette intéressante photo prise le **30 juin** dans le secteur de la cote 112, montre des équipages et cadres de la *II./12* qui ont pris part aux combats de la cote 112. **1.** Jupp Bieda (chauffeur de H. Walther), **2.** Walter Porsch, **3.** Herbert Walther, **4.** Fritz Freitag, **5.** Kommadina. (Coll. G.B.)

Plan rapproché faisant partie du même reportage pris ce 30 juin, quatre sous-lieutenants de la *II./12* de gauche à droite : le *SS-Ustuf.* Kommadina (officier de transmissions du bataillon), le *SS-Ustuf.* Porsch (chef de la *5./12* depuis la mort de l'*Ostuf.* Bando), le *SS-Ustuf.* Herbert Walther (officier d'ordonnance du bataillon) et le *SS-Ustuf.* Freitag (section du Génie *I./12*). Cette photo montre aussi la diversité des tenues employées : Kommadina porte une veste taillée dans de la toile camouflée italienne, Porsch porte un blouson croisé des équipages d'auto-mitrailleuses taillé dans du treillis vert roseau, H. Walther porte le veston de cuir de la marine et Freitag la blouse camouflée standard de la *Waffen-SS*. Tous quatre portent des ceinturons d'officiers du *Heer*. (Coll. H. Walther/G. Bernage.)

Ci-dessus : le *SS-Unterscharführer* Willy Kretzschmar avec l'équipage de son panzer de la *5.Kompanie*, après les succès défensifs de la cote 112. De gauche à droite : le *SS-Sturmmann* Schreiner (pilote) ; le *SS-Sturmmann* Stefan (radio) ; le *SS-Unterscharführer* Kretzschmar *(Kommandant)* ; le *SS-Sturmmann* Schweinfest (pointeur) ; le *SS-Sturmmann* Gaude (chargeur). Notez les quinze cercles de « victoires » sur le canon. (Coll. W. Kretzschmar/G.B.)

Ci-contre : premiers jours de repos de la 5e compagnie du *SS-Pz. Rgt. 12* près d'Etavaux, du **1er au 3 juillet 1944**. On reconnaît, de gauche à droite, les caporaux Schreiner, Stefan et Gaude. (Photo coll. H. Meyer/Heimdal.)

1

2

6 juillet

1. Ce *Panzer IV* de la *8./12*, le ***837***, char d'un chef de demie section, a été utilisé occasionnellement par le *SS-Untersturmführer* Jeran, qui commandait la IIIe section de cette compagnie. Les chiffres, grands, sont grossièrement peints en noir avec un liseré blanc. Ce char sera perdu le **6 juillet** et récupéré par les Britanniques. (Peinture Heimdal/Erik Goult.)

2. Nous voyons ici le *SS-Ustuf.* Jeran à la tourelle de son ***837*** avec son équipage, lors de l'inspection du maréchal von Rundstedt à Beverloo en Belgique en mars 1944. (Coll. Heimdal.)

3. Sur cette photo, prise par le *Sergeant* Hardy le 6 juillet, un char *Cromwell* de dépannage de la *11th Armoured Division* remorque le ***837*** qui a été perdu près de Cheux. La tourelle est tournée vers l'arrière. On aperçoit l'insigne de la Division *Hitlerjugend* à l'arrière droit de la caisse. (IWM.)

4 et **5.** Deux autres vues de ce reportage. (IWM.)

3

4

5

Des soldats allemands, armés de *Panzerfaust*, progressent Boulevard des Alliés à Caen.(Coll. Part.)

Caen. Le *Panther* ***438*** manœuvre devant la Venelle Saint-Nicolas. Des membres des équipes d'urgence et de la Défense Passive recherchent des survivants dans les décombres de plusieurs immeubles qui viennent d'être bombardés. De nombreux civils sont tués. (Coll. J-P. Benamou.) Et actuellement. (F.J.)

6

Nouvel intermède opérationnel et la quatrième bataille de Caen 1er-10 juillet 1944

1er juillet 1944

I./SS-Panzer-Regiment 12

A 07h45, les *Kompanien* prennent position dans les bocages. La *2.Kompanie* défend le nord de Maltot. La journée se déroule sans événement notable.

II./SS-Panzer-Regiment 12

Néant

2 juillet 1944

I./SS-Panzer-Regiment 12

La journée se déroule sans événement notable.

II./SS-Panzer-Regiment 12

Néant

3 juillet 1944 (1)

I./SS-Panzer-Regiment 12

La journée se déroule sans événement notable.

II./SS-Panzer-Regiment 12

Néant

4 juillet 1944

I./SS-Panzer-Regiment 12

L'*Abteilung* est envoyée défendre l'aérodrome de Caen (2) avec trois *Kompanien*. La *2.Kompanie* est déployée sur la route de Venoix vers le nord, la *4. Kompanie* sur la route de Venoix-Saint-Germain-la-Blanche-Herbe à l'ouest et au nord-ouest. Les *1.* et *2.Kompanien* essuient des tirs d'artillerie.

Dans l'après-midi la *2.Kompanie*, placée à côté de la *9.Kompanie* (3), est envoyée vers le nord dans la direction des hangars d'avions dans le secteur jusqu'au « Krause Bunker » (4).

La *1.Kompanie* détruit huit Sherman, la *2.Kompanie* quatre (5). Trois de nos chars (***117***, ***228*** et ***237***) sont endommagés par des tirs d'artillerie et doivent être remorqués en réparation.

II./SS-Panzer-Regiment 12

Néant

5 juillet 1944

I./SS-Panzer-Regiment 12

La défense de l'aérodrome de Caen continue. La *4.Kompanie* lance une attaque nocturne vers Carpiquet avec les grenadiers de la *1./SS-Panzer-Grenadier-Regiment 1* de la « *Leibstandarte* » (6). La mission de la *Kompanie* est d'attaquer Carpiquet par le nord et d'aider l'infanterie à rentrer dans le village. Suite à deux séquences de tirs d'artillerie, l'ennemi riposte avec des tirs nourris d'infanterie et d'artillerie. Pendant l'attaque, l'ennemi s'est replié vers le secteur nord du village, tout en reprenant du terrain car les grenadiers n'ont pas avancé dans le village à temps.

L'ennemi a installé un certain nombre de batteries et de canons antichars à l'ouest de Carpiquet et empêche la progression des grenadiers en concentrant les tirs de ses armes lourdes. La *4. Kompanie* reste en position sur la route principale au sud de Franqueville et soutient la progression des grenadiers par des tirs d'obus explosifs et de mitrailleuses. Elle parvient à détruire une batterie de trois canons antichars de 105 mm. A l'aube, nos blindés sont pris sous le feu de canons antichars. Le char ***418*** de l'*Untersturmführer* Günther Deutscher est détruit et ce dernier ne parvient pas à s'en extraire et est tué. Un certain nombre de chars sont touchés, sans effet majeur. Mais les chars, en position désavantageuse face à une lourde défense ennemie, sont obligés de se retirer et de revenir à leur point de départ.

Avant l'attaque de la *4.Kompanie*, la *1.Kompanie* commandée par le *Hauptsturmführer* Kurt-Anton Berlin, effectue une attaque de diversion et détruit cinq chars ennemis et deux canons antichars. En outre, la *1.Kompanie* capture quatorze Canadiens appartenant au régiment franco-canadien « de la Chaudière » (7). Le char ***138*** de la *1.Kompanie* est détruit et incendié.

Annexe 10 au journal de guerre

12./SS-Panzer-Division « Hitlerjugend »
26.09.1944

4. Kompanie/SS-Panzer-Regiment 12

(1) D'après le rapport du 3 juillet, des 144 chars alliés détruits par la *12.SS-Panzer-Division « Hitlerjugend »*, 105 le furent par les chars du *SS-Panzer-Regiment 12*, seize par des canons antichars et antiaériens tractés, et vingt-trois par des armes antichars d'infanterie (*Panzerfaust, Panzerschreck*). Le soir du 3 juillet, le navire britannique *HMS Rodney* tira quinze obus de 406 mm sur l'aérodrome de Carpiquet où les Anglais pensaient que se cachaient les chars du *SS-Panzer-Regiment 12*. *Cf.* aussi Werner Kortenhaus, *21.Panzer-Division*, 1943-45, Uelzen : Schneider Armour Research, 2007, p.221.

(2) Un aérodrome à l'ouest de Caen et au nord de Carpiquet.

(3) La *9./SS-Panzer-Regiment 12*.

(4) Le *Sturmbannführer* Bernhart Krause était le commandant du *I./SS-Panzer-Grenadier-Regiment 26*.

(5) Les chars alliés détruits étaient certainement des *Sherman* du 10e régiment blindé canadien *(The Fort Garry Horse)*.

(6) *1./SS-Panzer-Grenadier-Regiment 1* de la *1.SS-Panzer-Division « Leibstandarte »*.

(7) Le Regiment était une untié de la 8e brigade d'infanterie canadienne.

(8) Lance-roquettes multiple auto-propulsé ou tracté présent dans une *Abteilung* du *Werfer-Regiment 83* de l'armée.

Attaques nocturnes vers Carpiquet le 05.07.44

Situation :

Après quatre heures de tirs d'artillerie nourris s'apparentant à un ouragan de feu sur Carpiquet, l'aérodrome de Caen et les collines au sud de l'aérodrome, l'ennemi avait réussi à s'emparer du village de Carpiquet et de ce fait à menacer notre flanc droit, c'est-à-dire le *I./SS-Panzer-Grenadier-Regiment 26*.

Mission :

La *Kompanie* s'empresse d'atteindre la route Fontenay-Saint-Germain pour aller défendre la direction ouest vers Carpiquet et l'aérodrome.

Déroulement des combats :

Vers 08h00, la Kompanie s'occupe de défendre le secteur stipulé dans l'ordre. A 22h30, la *Kompanie* reçoit l'ordre d'attaquer Carpiquet à partir du nord et de soutenir l'attaque et l'avancée des grenadiers dans le village. Vers 23h00 la *Kompanie* décroche de ce secteur, traverse Caen et atteint l'abbaye à 2 km au nord de Saint-Germain-la-Blanche-Herbe. Réunion des chefs de chars sur la situation. La *Kompanie* attaque à 02h00 avec le *I.Zug* à gauche et le *II.Zug* à droite. L'attaque atteint rapidement son objectif, la route Caen-Bretteville à 800 m au nord de Carpiquet. Après trois lourds tirs de *Nebelwerfer* (8) et des tirs d'artillerie, les grenadiers lancent une attaque. La *Kompanie* soutient cette attaque en engageant toute son artillerie. Après quoi l'artillerie ennemie soumet les positions de la *Kompanie* à un tir nourri. Le *Kompanieführer* identifie l'artillerie ennemie à une distance de 1200 m et le *I.Zug* parvient à détruire six canons. Les batteries non repérées par la *Kompanie* ouvrent à nouveau le feu de plus belle. Nos grenadiers ont subi de lourdes pertes et ne parviennent pas à rentrer dans Carpiquet. L'ordre de l'*Abteilung* arrive ensuite: « La *Kompanie* doit avancer jusqu'au quai de gare ».

Le *II.Zug* attaque le quai de gare avec le soutien du *I.Zug* et essuie un puissant tir de canons antichars. Un char ennemi est détruit. Les chars n° ***405, 415*** et ***426*** reçoivent des tirs antichars sans subir de dégâts.

Le *Leutnant* et *Kompanieführer* Erich Pohl donne l'ordre à la *Kompanie* de se replier sur la route de Caen. Pendant cette retraite le char ***418*** de l'*Untersturmführer* Günther Deutscher est touché sur le côté droit de la tourelle puis peu après sur la partie droite de la caisse. Il prend feu, le chef de char et le canonnier, le *Sturmmann* Rausch sont tués. La *Kompanie* reprend ensuite le secteur qu'elle avait à défendre. Nous détruisons nombre de nids de mitrailleuses et de positions d'infanterie.

Pohl

Leutnant et *Kompanieführer*

II./SS-Panzer-Regiment 12

Néant (9)

6 juillet 1944

I./SS-Panzer-Regiment 12

La défense de l'aérodrome continue. Les *1.* et *2. Kompanien* essuient toute la journée des tirs d'artillerie. La *2.Kompanie* tirent sur tous les véhicules faisant mouvement vers Moner. Les véhicules touchés et abandonnés sont récupérés par l'ennemi pendant la nuit.

La *4.Kompanie* cède ses chars à l'*Aufklärungszug* et à la *3.Kompanie*, et part se réorganiser à St Aubin. La *3.Kompanie* positionnée à Harcourt pour réorganisation atteint l'*Abteilung* avec quatorze chars et prend position à l'est de Maltot, dans les vergers.

II./SS-Panzer-Regiment 12

Néant

7 juillet 1944

I./SS-Panzer-Regiment 12

Violents tirs d'artillerie concentrés en particulier sur la *1.* et *2Kompanien*. Dans les dernières heures de la nuit, lourd bombardement aérien sur Caen et Saint-Germain. Environ 800 bombardiers quadrimoteurs ont participé à cette mission (10), larguant des bombes explosives et des bombes au phosphore. L'*Abteilung* survit à cette attaque sans subir de pertes. La *3.Kompanie* atteint le secteur de Louvigny à la tombée de la nuit et y prend position.

II./SS-Panzer-Regiment 12

Néant

8 juillet 1944 (11)

I./SS-Panzer-Regiment 12

L'*Abteilung* défend l'aérodrome de Carpiquet. A minuit l'ennemi effectue un tir de barrage quasi ininterrompu sur nos positions, qui ne s'arrête que vers 11h00. A 11h00, la *3. Kompanie* est déployée à Buron (12), soutenue par les *Panzergrenadiere* (13). L'attaque s'effectue avec une grande confiance et nous gagnons rapidement du terrain. Nous parvenons à détruire vingt-deux *Sherman* et six chenillettes (14) armées de mitrailleuses. En pénétrant dans le village nous détruisons cinq autres *Sherman*. Les canons antichars ennemis détrui-

(9) D'après le *KTB* de la *Panzergruppe « West »* (plus tard *5. Panzerarmee*) le *SS-Panzer-Regiment 12* perdit un total de 44 *Panzer IV* et 21 *Panther* entre le 6 juin et le 5 juillet, soit en un mois de combat.

(10) L'attaque alliée eut lieu entre 21h50 et 22h30. La mission mobilisa 467 bombardiers lourds *Halifax* et *Lancaster* ainsi qu'un certain nombre de chasseurs-bombardiers, larguant au total 2500 tonnes de bombes. Les pertes militaires allemandes furent négligeables mais des centaines de civils français furent tués.

(11) L'opération *Charnwood* du 21e groupe d'armée anglo-canadien commença ce jour-là au nord-ouest de Caen, et dura jusqu'au 11 juillet. L'effort principal fut supporté par le Ier Corps soutenu par les 3e et 59e divisions d'infanterie britannique, la 3e division d'infanterie canadienne, la 27e brigade blindée britannique équipée de Sherman DD (*Duplex Drive*), la 33e brigade blindée britannique et la 2e brigade blindée canadienne. L'opération était soutenue par des unités de la 79e division blindée équipée de chars spéciaux, la 51e division d'infanterie (*Highland*) et l'artillerie de deux armées et de quatre navires de guerre.

(12) Buron fut attaquée ce jour-là par la 9e brigade d'infanterie canadienne et le 27e régiment blindé (*The Sherbrooke Fusiliers*), et ces troupes encerclèrent des éléments du *III./SS-Panzer-Grenadier-Regiment 25*.

(13) Probablement des éléments du *SS-Panzer-Grenadier-Regiment 25*.

Un obus a touché le train de roulement du *Panzer IV* ***536*** de l'*Uscha*. Willy Kretzschmar, qui est descendu de son char pour constater les dégâts. Nous le voyons au premier plan à gauche de la photo. Ce char vient d'être touché ce **8 juillet**, lors des combats pour Buron. (Coll. W. Kretzschmar.)

sent cinq de nos chars car les grenadiers les suivaient trop prudemment et les chars ont été laissés seuls sur un terrain obstrué. Après avoir défendu Cussy la 3.*Kompanie* se replie sur la colline de l'abbaye d'Ardenne. Au cours de cette action les chars et les canons antichars ennemis détruisent deux de nos chars (15).

La pression ennemie sur l'abbaye d'Ardenne s'intensifie. A 15h00 les tirs de tous calibres et de l'artillerie navale font un bruit infernal. Les avions de reconnaissance d'artillerie ennemis (similaires à nos *Storch* (16)) tournent en rond en permanence à basse altitude et peuvent s'acquitter de leur mission sans que nous puissions nous y opposer de quelque manière que ce soit.

L'ennemi attaque d'importantes forces blindées et d'infanterie. Cinq de nos véhicules blindés sont endommagés par l'artillerie et mis hors de combat. La *2.Kompanie* défend le sud de l'aérodrome et détruit un Sherman solitaire qui attaquait vers le sud. La *Kompanie* essuie toute la journée un puissant feu ennemi.

A 13h00 la *1.Kompanie* commandée par le *Hauptsturmführer* Kurt-Anton Berlin et l'*Aufklärungszug* commandé par l'*Untersturmführer* Fritz Fiala avec six et quatre chars respectivement, ainsi que les restes de la *3.Kompanie* avec deux chars, sont déployés pour défendre l'abbaye d'Ardenne. Quatre heures de tirs d'artillerie détruisent deux des chars de la *1.Kompanie* tandis que trois chars sont sérieusement endommagés. L'un des chars de l'*Aufklärungszug* est touché au niveau du réservoir et la chenille d'un autre est touchée. Le char du *Zugführer* est touché par un canon antichar sans toutefois subir de dommages graves : le système optique est endommagé et la mitrailleuse coaxiale qui a encaissé l'obus est détruite. La *1. Kompanie* a détruit quatre *Sherman*, l'*Aufklärungszug* en a éliminé cinq, ainsi qu'un canon antichar et une à deux compagnies d'infanterie ennemies, partiellement en combat rapproché. En soirée, les restes de l'*Abteilung* abandonnent l'abbaye car notre infanterie n'y est pas, et va s'installer dans les faubourgs nord de Saint-Germain.

II./SS-Panzer-Regiment 12

(...) Lourdement sur le flanc droit de la division par l'arrière et les côtés en raison de tirs de flanc (17).

(14) Probablement des *Bren Gun*.

(15) La plupart des blindés perdus ce jour-là autour de Buron furent détruits par des chasseurs de chars britanniques du type M10 qui sont censés avoir détruit 13 blindés allemands ce jour-là. *Cf.* aussi John Buckley, *British Armour in Normandy Campaign*. London : Franck Cass, 2004, p.31.

(16) Le Fieseler Fi-156 *Storch* (cigogne), avion léger de reconnaissance et de liaison. Les avions de reconnaissance alliés dont il est ici question étaient probablement des *Auster IV*.

(17) Le *KTB* de la *II./SS-Panzer-Regiment 12* continue le 8 juillet mais le début du texte est manquant ce jour-là.

(18) *Pak Zug* dans le texte original. La *II./SS-Panzer-Regiment 12* n'avait pas de peloton de canons antichars. En fait il s'agit d'une erreur de transcription, *Pak* au lieu de *Flak*, *« Flakzug »* (peloton antiaérien), ou bien il s'agit du *II.Bataillon* peloton de canons antichars et non du *II.Bataillon* du *SS-Panzer-Grenadier-Regiment 25*.

(19) Il s'agissait probablement de la *Divisionsbegleitkompanie* de la *12.SS-Panzer-Division*. Une *Begleitkompanie* était l'unité défensive du *Divisionsstab*, destinée à assurer sa protection contre des attaques surprises ennemies. Il était habituellement composé d'un *Panzergrenadierzug* et d'un *Kradschützenzug*, et disposait d'un peloton de canons antiaériens autopropulsés et probablement de mortiers, de canons antichars et d'infanterie. Ces unités constitutives d'une *Panzer-Division* disposaient de transports de troupe blindés (du type *SdKfz.250*).

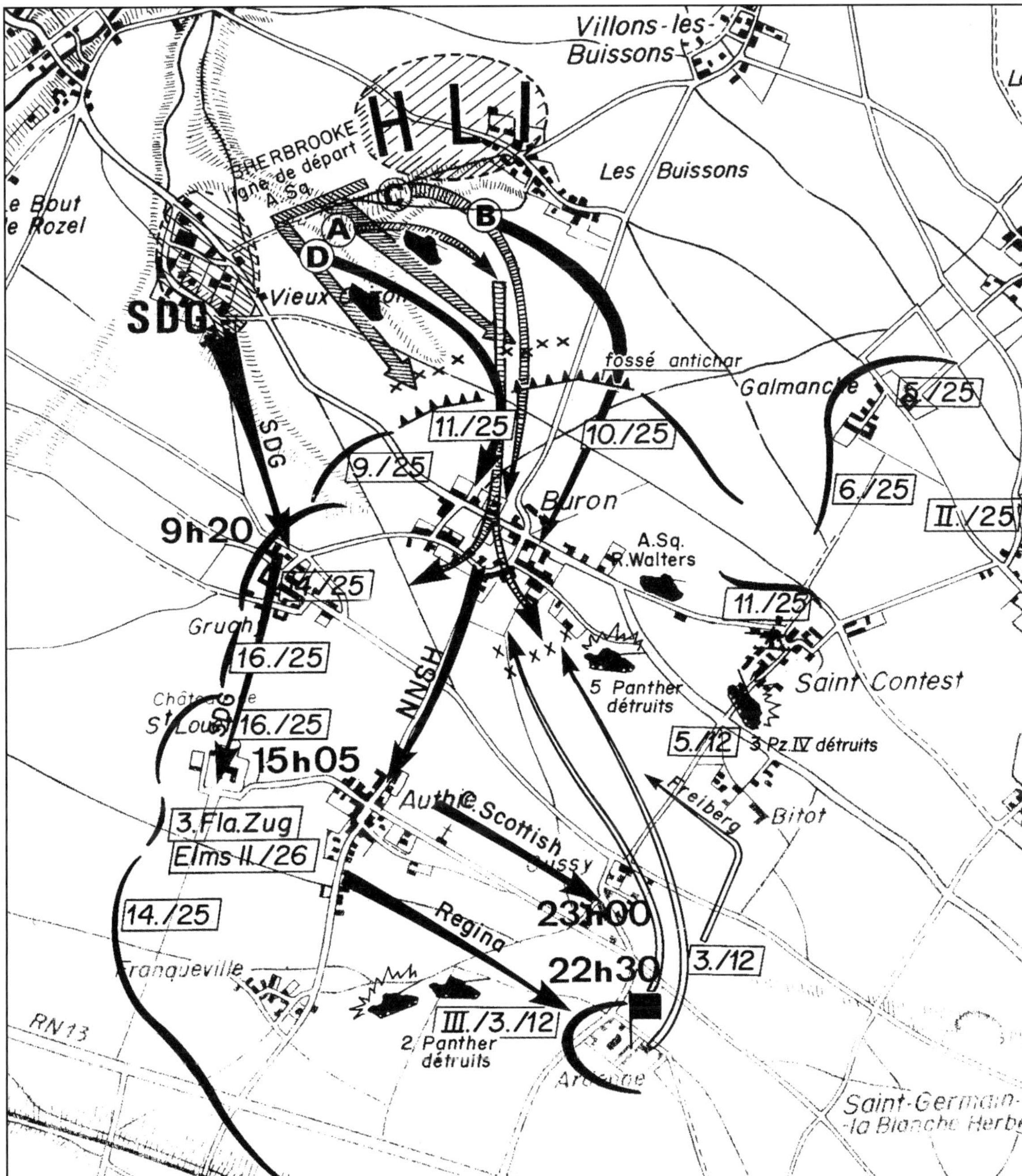

8 juillet

Les Canadiens attaquent et sont contre-attaqués par deux compagnies de panzers, la *3./12* et la *5./12*, la première perd 2 Panther et la seconde 3 *Panzer IV*. (Carte Heimdal.)

Une nouvelle percée entre Buron et Galmanche étant signalée, l'*Aufklärungszug* du régiment, avec le *Pak Zug* de la *II.Abteilung* (18) et le char de commandement, conduit par le *Kommandant*, est envoyé en avant vers La Folie. La percée réalisée par les blindés, signalée par le régiment, ne se confirme pas dans les faits et les chars atteignent sans combattre Mâlon où ils couvrent l'infanterie et poussent leur progression vers la cote 64 à l'est de La Folie.

La *5.Kompanie* est soumise à une forte pression à Franqueville ; ils repoussent deux attaques ennemies avec l'infanterie, suite à quoi l'ennemi se replie. Suite à une lourde attaque lancée dans ce secteur, quatre Panther supplémentaires y sont déployés.

Vers 18h00, le flanc gauche de la *5.Kompanie* se retire jusqu'au poste de commandement régimentaire à Ardenne après le repli de l'infanterie prise sous d'intenses tirs d'artillerie.

Après avoir été à nouveau repoussé à Ardenne et Cussy, l'ennemi repart couvert par l'artillerie et s'empare d'Ardenne. Les chars, en contact rapproché avec l'infanterie, se replient de 300 m au sud d'Ardenne ; à 23h00 le flanc droit se replie avec l'infanterie de Mâlon, La Folie et Saint-Contest vers la carrière située dans les faubourgs nord-ouest de Caen.

Les chars de la *II. Abteilung* et une batterie de 88 mm viennent durcir les positions d'infanterie et les effectifs sont étoffés par des éléments d'infanterie du *II. Bataillon* de l'*Einheit « Olboeter »* et de la *Sicherheitskompanie* de la division (19). Sur le flanc gauche à Saint-Germain se trouvent cinq Panther de la *I.Abteilung* avec les fantassins du *SS-Panzer-Grenadier-Regiment 25* et du *II.Bataillon/LSSAH* (20), mais en nombre restreint.

Consommation des munitions : 160 obus explosifs, 190 obus perforants ; 2000 balles explosives et 2800 balles perforantes antiaériennes.

(suite page 152)

8 juillet 1944, face à Authie.
La IIIe section de la *3./ss-Pz.Rgt.12.*

Ustuf. Mathis

A gauche : Günther Gotha qui sera gravement brûlé en ce 8 juillet. Il est alors pointeur du char du chef de section. **A droite :** Otto Alisch qui est le pilote de ce char. (Coll. G.B.)

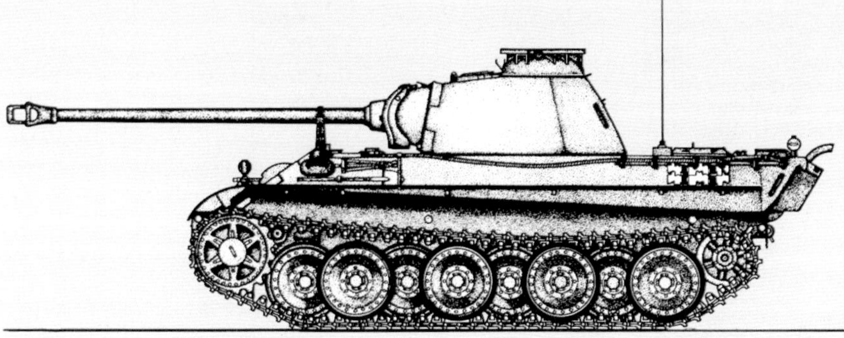

Herbert Niebisch, le pilote de l'un des quatre *Panther*. (Coll. G.B.)

Uscha. Hermani

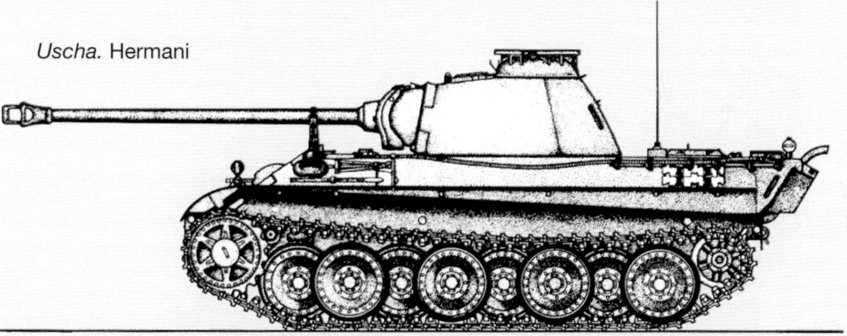

Hermani (Coll. G.B.)
Lammers

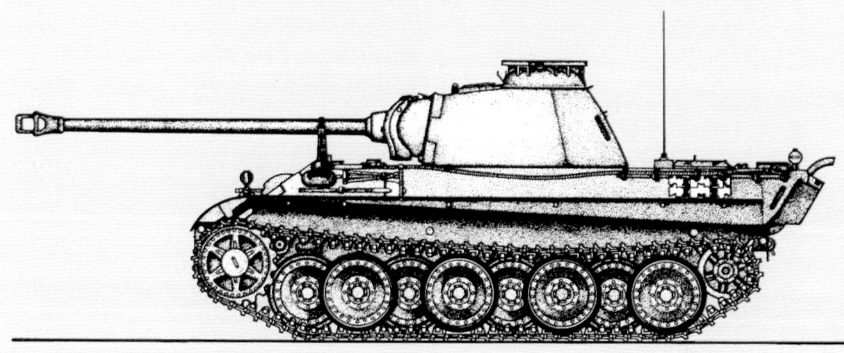

Bandow (Coll. G.B.)

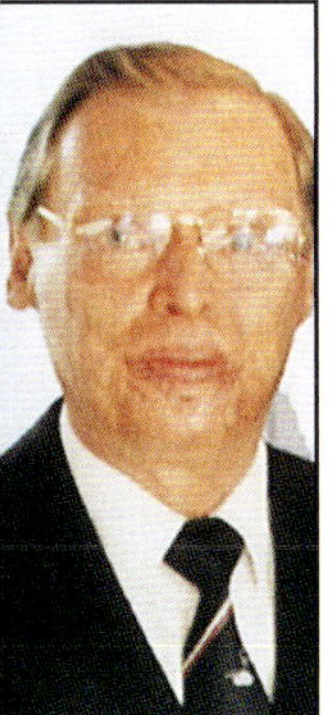

Ci-dessus de haut en bas : Günther Gotha, Heniz Freiberg en 1944 et en 1991. (Coll. G. Bernage.)

Trois anciens du combat d'Authie se retrouvent en 1966, 27 ans après le combat du 8 juillet 1944. *De gauche à droite :* Herbert Niebisch, Josef Hermani, Heinz Hermann Lammers.

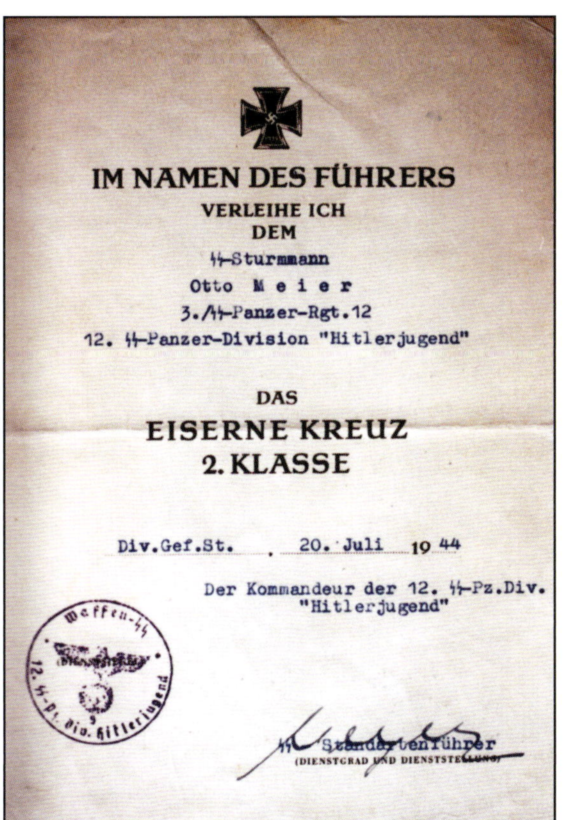

IM NAMEN DES FÜHRERS
VERLEIHE ICH
DEM
SS-Sturmmann
Otto Meier
3./SS-Panzer-Rgt.12
12. SS-Panzer-Division "Hitlerjugend"

DAS
EISERNE KREUZ
2. KLASSE

Div.Gef.St. , 20. Juli 1944

Der Kommandeur der 12. SS-Pz.Div.
"Hitlerjugend"

SS-Standartenführer
(DIENSTGRAD UND DIENSTSTELLUNG)

Gerd Krieger *(à gauche),* et Heinz Hermann Lammers *(à droite)*, le 20 juillet 1944. Lammers vient d'être décoré de l'*EK II*. (Coll. G. Bernage.)

Ci-contre : Hermani et Lammers avaient été formés ensemble dans la *LAH*, au début de 1942. Ils se retrouvent dans le même *Panther* pour ce nouveau combat. Heinz Hermann Lammers, en 1991. (Coll. G. Bernage.)

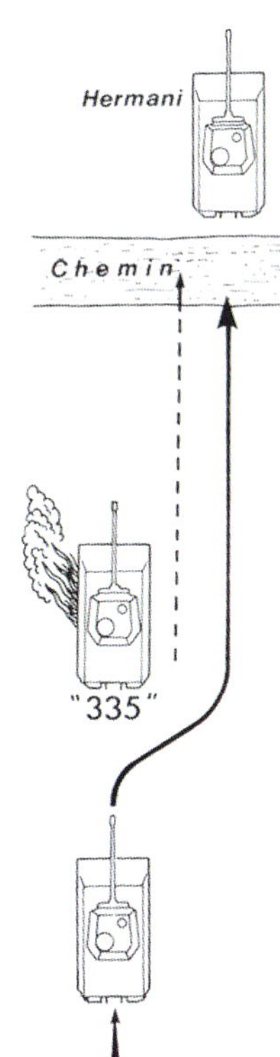

Progression du char d'Hermani après la destruction du *Panther* de l'*Ustuf*. Mathis. En pointillé, l'itinéraire de Günther Gotha.

geb. am ... in ... (Ort, Kreis, Verw.-Bezirk)
Religion ... Stand, Beruf
Personalbeschreibung:
Größe ... Gestalt
Gesicht ... Haar
Bart ... Augen
Besondere Kennzeichen (z. B. Brillenträger):
Schuhzeuglänge ... Schuhzeugweite
(Vor- und Zuname, eigenhändige Unterschrift des Inhabers)
Die Richtigkeit der nicht umrandeten Angaben auf Seiten 1 und 2 und der eigenhändigen Unterschrift des Inhabers bescheinigt
I./SS Panzer Ersatz-Regiment
(Ausfertigender Truppenteil, Dienststelle)
(Eigenhändige Unterschrift, Dienstgrad und Dienststellung des Vorgesetzten)
2

Bescheinigungen über die Richtigkeit der Zusätze und Berichtigungen auf Seiten 1 und 2
3

Ci-dessus : extrait du livret militaire d'Otto Meier. On remarque la signature de R. von Ribbentrop. (Coll. G. Bernage.)

Ci-contre : diplôme d'attribution de la Croix de fer de IIe classe à Otto Meier, en date du 20 juillet 1944, suite à son combat du 8. (Coll. G.B.)

L'*Uscha.* Pitsch. (Coll. G.B.)

Ci-dessus de gauche à droite : l'*Ustuf.* Kurt Bogensperger (sur la photo, il est encore sous-officier) qui commande la Ire section, l'*Uscha.* Walter Freier (chef de char), Leopold Heindl (radio), Fritz Porochnowitz (chargeur). (Coll. G.B.)

Ci-contre : Otto Meier est alors le pointeur du char de l'*Uscha.* Zwangsleitner. Ce jeune Allemand des Sudètes sera légèrement brûlé dans le combat du 8 juillet. (Coll. G.B.)

Les équipages des chars de la Ière section, le 8 juillet

Kommandant : *Uscha*. Zwangleitner
Pointeur : Otto Meier
Chargeur : ?
Radio : ?
Pilote : Kalipke

Kommandant : *Uscha*. Walter Freier
Pas d'indication sur le reste de l'équipage

Le ***315*** char du chef de section
Kommandant : *Ustuf*. Kurt Bogensperger
Pointeur : Ernst Sammeth
Chargeur : Fritz Porochnowitz
Radio : Leopold Heindl
Pilote : Ferdinand Stage

Pas d'indication sur l'équipage

Kommandant : *Uscha*. Pitsch
Pas d'indication sur le reste de l'équipage

Leopold Heindl et Fritz Porochnowitz en 1991. Ils étaient dans le même char à Buron (Coll. G.B.)

Ci-contre : Otto Meier et Georges Bernage devant l'Abbaye d'Ardenne.

Ci-dessus et ci-contre: ces clichés sont pris le 9 juillet, le lendemain des combats, par Harold G. Aikman. Des soldats de la *7th Brigade* et de la *2nd Independent Armoured Brigade* examinent le *Panther* ***135***. Il a été détruit entre Authie, Cussy et l'Abbaye d'Ardenne. Il s'agit du char du chef de la IIIe section de la *1.Kp./SS-Pz. Rgt. 12*. Lors de sa destruction, la tourelle est restée à «6 heures». Les Canadiens semblent très intéressés par ce mastodonde d'acier qui leur donne, en général, beaucoup de difficultés.

Ci-dessous à droite: autre vue de ce char ***135***. On remarquera les lances fumigènes sur le côté de la tourelle.

Ci-dessous à gauche: près de Cussy, ces hommes de la *7th Brigade* (*Winnipeg Rifles* ou *Regina Rifles*) examinent l'épave d'un *Pz IV* et plus particulièrement les marques causées par les éclats sur le canon. Les cinq hommes sont des «*Originals*», ils portent le casque et les bottes d'assaut. (PAC.)

9 juillet 1944

I./SS-Panzer-Regiment 12

Après s'être installée sur ses nouvelles positions pendant la nuit, l'*Abteilung* reçoit l'ordre de défendre la cote 65. En dehors de la *2.Kompanie* affectée au *Regiment « Frey »* (21), les *Kompanien* partent à 07h00 et l'*Abteilung* déplace son poste de commandement de Venoix vers la rive est de l'Orne. Nous traversons l'Orne à Athis sans aucun incident. Sur la cote 65, les chars occupent des positions propices à contre-pente mais l'ennemi s'en rend compte immédiatement et déclenche un tir de harcèlement. La *2.Kompanie* qui arrivera de son rattachement autour de midi prend position au sud d'Ifs. Le poste de commandement de l'*Abteilung* à 500 m au sud de la cote 65.

La *2.Kompanie*, affectée au *Regiment Frey* de la *1. SS-Panzer-Division « LSSAH »*, reçoit la mission spéciale de protéger l'aérodrome jusqu'au moment du repli. Au cours de cette action, la *2.Kompanie* détruit quatre *Sherman*.

II./SS-Panzer-Regiment 12

L'infanterie des *I.* et *II.Bataillone* se replie sans marquer de pause. Pendant la nuit, ordre est transmis aux chars de la *II.Abteilung* de tenir les positions des collines au nord-ouest de Caen jusqu'à ce que la prochaine forte pression exercée par l'ennemi les oblige à se replier dans les faubourgs de la ville, mais l'ordre est annulé à 03h45. Un nouvel ordre émanant cette fois de la division stipule que le repli doit s'effectuer au sud de Caen avec le *SS-Panzer-Grenadier-Regiment 25* et d'autres éléments pour défendre ces positions avec les chars de la *II.Abteilung* dans le secteur d'Eterville, Athis et des ponts sur l'Orne.

Deux chars de la *9.Kompanie* (les restes de la *9. Kompanie*) sont affectés à la *Kompanie « Gaede »* pour couvrir la retraite à Bretteville. Lorsque les chars reçoivent l'ordre de se retirer des collines au nord d'Ardenne à 04h45, l'infanterie s'est déjà repliée d'environ 500 m derrière les chars bien qu'elle n'en ait pas reçu l'ordre. L'ennemi ne les poursuit pas et ils parviennent à quitter leurs positions à l'insu de l'ennemi, sans événement notable et sans avoir à abandonner hommes ou matériel.

Le 8 juillet, la *II.Abteilung* a détruit au total :

5.Kompanie : 22 chars, six transports de troupe blindés et un canon antichar

*8.*et *6.Kompanie* : quatorze chars, plusieurs canons antichars

9.Kompanie : cinq chars

Regiment Aufklärungszug : deux chars

Nos pertes :

5.Kompanie : deux chars complètement détruits

9.Kompanie : un char

La *5.Kompanie* a dû saborder un char immobilisé non remorquable.

Un char de l'*Aufklärungszug* a roulé sur nos propres mines au cours de la retraite nocturne.

Le commandement du *Regiment-Aufklärungszug* par un *Oberscharführer* n'a pas répondu aux attentes car, privé de communication radio, l'*Aufklärungszug* divaguait dans la région. Il finit par être stoppé avec la nuit et rattaché à la *8.Kompanie* pour défendre la colline. Néanmoins, l'unité quitte ses positions sans en avoir reçu d'ordre et part dans une direction inconnue.

Albert Frey, *cf.* note 21. (Coll. Mark C. Yerger.)

Le poste de commandement de l'*Abteilung* à Athis à partir du 07.09, l'après-midi à Etavaux sur l'Orne. Au poste de commandement à Athis, un conducteur et un radio sont gravement blessés lors d'une attaque de chasseurs-bombardiers. Après avoir atteint ses positions entre Eterville et Athis la *II. Abteilung* dispose des véhicules opérationnels suivants :

3 chars de commandement

2 chars antiaériens

5.Kompanie : 5 chars

8. et *6.Kompanien* : 6 chars

9.Kompanie : 2 chars

En dehors des tirs constants d'artillerie sur nos positions de défense, la journée se déroule relativement calmement. **Consommation de munitions :** 1000 obus explosifs, 500 obus perforants antiaériens de 20 mm.

10 juillet 1944 (22)

I./SS-Panzer-Regiment 12

L'*Abteilung* défend la rive est de l'orne, à travers la cote 65, dans la direction d'Ifs. Des tirs nous atteignent de temps à autre. L'*Untersturmführer* Richard Kulke meurt à l'hôpital (paraplégie) ; le *Hauptscharführer* Pohl meurt également après avoir reçu un éclat d'obus dans la tête.

II./SS-Panzer-Regiment 12

L'*Abteilung*, avec dix-sept *Panzer IV* et deux véhicules antiaériens, reçoit l'ordre de coopérer avec le *SS-Panzer-Grenadier-Regiment 1 « Leibstandarte »*. Il se met en rapport avec l'*Obersturmbannführer* Albert Frey dans les premières heures du matin du 10.07. La nuit et tôt le matin l'ennemi a poursuivi sa poussée dans le secteur de la *10. SS-Panzer-Division Frundsberg* à partir de Fontaine-(Etoupefour) vers Eterville et Maltot, et a réussi à réaliser plusieurs percées nécessitant de rappeler l'infanterie à Eterville.

Les chars des *8.* et *5.Kompanien* défendent leurs positions du carrefour au nord-est de Maltot jusqu'à la route qui mène à la cote 400 au nord d'Athis avec la ligne de front vers l'ouest et le nord-ouest. Trois chars sont temporairement affectés au poste de commandement du *Hauptsturmführer* d'Erich Grätz (23), au château à l'est de Maltot.

Quelques *Tiger* (environ quatre) de la *Tiger-Abteilung* du *Korps* (24) se mettent en position au sud du carrefour au nord-est de Maltot.

Le bilan du nombre de véhicules détruits au cours des actions ayant permis de repousser les attaques ennemies lancées avec un soutien blindé et de la contre-attaque effectuée au nord de Maltot vers Maltot et Eterville s'établit pour la *II. Abteilung* comme suit :

19 *Churchill*

12 *Sherman*

1 *Cromwell*

1 char lance-flammes

15 transports de troupe

1 canon automoteur

1 canon antichar

Au cours des combats, l'*Untersturmführer* Willi Kändler a fait preuve de qualités exceptionnelles en détruisant avec son char 8 *Churchill* dans la vallée au nord de Maltot. L'*Untersturmführer* Porsch a détruit cinq blindés avec son char. Le *Sturmmann* Haase a fait preuve d'un courage hors du commun en continuant à faire feu alors que son char (***946***) avait été touché plusieurs fois, et ce jusqu'à ce que son char prenne feu suite à de nouveaux tirs. Il a ainsi réussi lors de cette action à détruire trois chars ennemis.

Concernant nos propres chars, le char ***552*** a été mis hors de combat suite à un tir direct d'artillerie, tandis que l'un des chars de la *9.Kompanie*, affecté en l'occurrence à la *5.Kompanie*, a été détruit par un tir antichar.

Tard dans la soirée avec plusieurs chars de la *I. Abteilung* et l'infanterie du « *Regiment Frey* » (25) nous nous risquons à une contre-attaque après avoir repris Maltot (26). Au nord-est d'Eterville l'infanterie a réussi à percer mais a dû abandonner les parties occupées d'Eterville après que l'ennemi est parvenu à consolider ses positions grâce à des renforts.

Pendant la nuit, nous avons sécurisé le secteur à l'ouest de ligne principale allant du carrefour 48 à la cote 400.

Au cours de la nuit les canons d'assaut de la *SS-Sturmgeschütz-Abteilung 1* de la *Leibstandarte* (27) (env. 40 blindés) atteignent les positions des *I.* et *II.Abteilungen*. De cette façon, ils se regroupent dans le secteur de Le Mesnis-Robert en traversant le pont de Saint-André-sur-Orne Ferrières et peuvent regrouper leurs effectifs.

Au cours de l'après-midi et de la nuit gros bombardements sur le poste de commandement à Etavaux au cours duquel le *Hauptsturmführer* Hermann Tischler est blessé. Le poste de commandement est provisoirement transféré à l'ouest de la cote 67 au nord de Saint-André-sur-Orne.

11 juillet 1944

I./SS-Panzer-Regiment 12

L'*Abteilung* continue à défendre la même position que la veille avec ses douze chars. Les tirs d'artillerie incessants ne nous causent aucune perte. Vers 21h00, l'*Abteilung* reçoit l'ordre de l'*Obersturmbannführer* Wünsche d'occuper Maltot en traversant l'Orne. Le pont d'Amayé-Saint-André-sur Orne a été reconstruit pour y faire passer les véhicules.

La mission de l'*Abteilung* consiste à rallier Eterville via Maltot. A la tombée de la nuit l'*Abteilung* se met en route avec 10 chars mais nous sommes pris sous un puissant feu d'artillerie et une centaine de mètres plus loin deux de nos chars sont complètement détruits par des tirs antichars. L'ennemi se défend durement et offre plus de résistance que prévu. Par conséquent, les chars se replient sur les faubourgs de Maltot. Un tir direct détruit alors un autre de nos chars. Au cours des combats nocturnes, nous détruisons un *Sherman*, trois canons antichars et une chenillette (28). Au petit matin, l'*Abteilung* est remplacée par les canons d'assaut de la *1.SS-Panzer-Division « Leibstandarte »*. L'*Abteilung* se replie sur Saint-Aignan-de-Cramesnil. Poste de commandement dans l'église de Cintheaux.

II./SS-Panzer-Regiment 12

Le 11 juillet rassemblement dans le secteur de Le Mesnil-Robert. Dans l'intervalle l'*Untersturmführer* Herbert Walther, l'*Ordonnanz Offizier*, a été blessé dans son *Panzer II* qui est complètement détruit. Sinon aucun événement notable le 11 juillet 1944.

Note : Herbert Walther est blessé sur la route de Falaise au niveau du carrefour de La Jalousie alors qu'il se trouvait dans son blindé de liaison. Il survivra à la guerre mais souffrira des éclats qui n'ont pas pu être retirés suite à cette blessure. Il est décédé il y a dix ans à Koblenz. (G.B.)

Ci-contre en haut : le *Sturmbannführer* Arnold Jürgensen arborant sa Croix de Chevalier (*cf.* annexe II). (Mark C. Yerger).

Ci-contre en dessous : le *Hauptsturmführer* Erich Grätz, commandant du *III./SS-Panzer-Grenadier-Regiment I* de la *Leibstandarte* (*cf.*chapitre 6 note 23). (Mark C. Yerger).

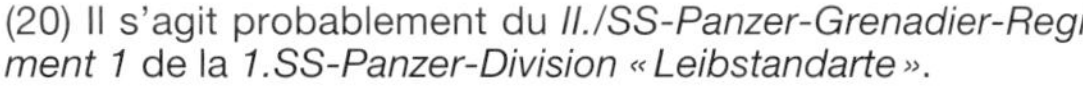

(20) Il s'agit probablement du *II./SS-Panzer-Grenadier-Regiment 1* de la *1.SS-Panzer-Division « Leibstandarte »*.

(21) *SS-Panzer-Grenadier-Regiment 1* de la *1.SS-Panzer-Division « Leibstandarte »* commandée par l'*Obersturmbannführer* Albert Frey. Hautement décoré, Frey obtint la Croix Allemande en or le 17 novembre 1941 alors qu'il commande la *III./Leibstandarte*, et la Croix de Chevalier le 3 mars 1943 comme commandant du *I./SS-Panzer-Grenadier-Regiment 1*. En tant que commandant de régiment du *SS-Panzer-Grenadier-Regiment 1* il fut décoré des feuilles de chêne le 29 décembre 1943 et termina la guerre comme *Standartenführer*. Il est mort le 1er septembre 2003.

(22) Destinée à exploiter la retraite allemande de cette ville, l'opération *Jupiter* du VIIIe corps britannique commença ce jour-là, à l'ouest de Caen, et dura jusqu'au 11 juillet. L'objectif du corps était d'occuper la cote 112 et Maltot, et de pénétrer ensuite avec ses chars dans la vallée de l'Orne. Y étaient rattachés : la 43e division d'infanterie (*Wessex*) et la 46e brigade d'infanterie (*Highland*) de la 15e division d'infanterie (écossaise) soutenue par les *Churchill* de la 31e brigade blindée. En cas de succès, les *Sherman* de la 4e brigade blindée devaient pénétrer dans la vallée de l'Orne.

(23) *Hauptsturmführer* depuis le 20 avril 1942, Erich Grätz commandait le *III./SS-Panzer-Grenadier-Regiment 1* de la *« Leibstandarte »* depuis début juillet 1944. Il est décoré de la Croix Allemande en or le 20 septembre 1943 alors qu'il appartient à la *18./SS-Panzer-Grenadier-Regiment 1* de la *« Leibstandarte »* et de la Croix de Chevalier alors qu'il commande la même *Kompanie* le 14 mai 1944.

(24) Il s'agit de la *schwere SS-Panzer-Abteilung 101* du *I. SS-Panzer-Korps*, bien qu'à ce moment la *schwere SS-Panzer-Abteilung 102* du *II.SS-Panzer-Korps* combattait aussi dans ce secteur.

(25) Il s'agit du *SS-Panzer-Grenadier-Regiment 1* de la *« Leibstandarte »*.

(26) Maltot a certainement été repris aux 4e et 43e *Wessex* divisions d'infanterie soutenues par une compagnie du 9e régiment royal blindé, et à la 31e brigade blindée équipée de *Churchill* par des éléments du *SS-Panzer-Grenadier-Regiment 12*, les *Tigre* de la *schwere SS-Panzer-Abteilung 102* et des éléments du *SS-Panzer-Grenadier-Regiment 21* (*10.SS-Panzer-Division « Frundsberg »*).

(27) La *SS-Sturmgeschütz-Abteilung 1* était équipée de canons d'assaut *Sturmgeschütz IV*.

(28) Probablement un *Bren Gun*.

7 Reconstitution et réorganisation 12-17 juillet 1944

12 juillet 1944

I./SS-Panzer-Regiment 12

La *2.Kompanie* de l'*Abteilung* bivouaque à Saint-Aignan-de-Cramesnil ; la *3.Kompanie* à Cintheaux en plein air. La *1.Kompanie* cède ses chars aux *2.* et *3.Kompanien* et se met en route avec un effectif de deux officiers, quatorze sous-officiers et 48 hommes de troupe, pour Le Neubourg afin de se réorganiser (1). L'*Aufklärungszug* est absorbé par la *3.Kompanie*, son *Zugführer*, l'*Untersturmführer* Fritz Fiala, est malade et hospitalisé.

II./SS-Panzer-Regiment 12

Aux premières années du matin du 12.07.1944, remplacement de la *II.Abteilung* par l'unité de canons d'assaut de la *9. SS-Panzer-Division « Hohenstaufen »*. La *II.Abteilung* prend ses quartiers au sud-est de Saint-Aignan-de-Cramesnil. Les *Kompanien* se répartissent maintenant comme suit :

6. et *8.Kompanien* à Conteville

5. et *9.Kompanien* à Poussy

Le poste de commandement de l'*Abteilung* à Daumesrol

La *Stabskompanie* à l'ouest de Bretteville-sur-Laize

Les *Kompanien* reçoivent l'ordre d'exploiter le temps qu'il leur reste pour les travaux de maintenance. L'*Abteilung* dispose à cette date de 31 chars sont dix seulement sont opérationnels. 21 chars doivent être réparés par la *Werkstatts-Kompanie* et les unités de maintenance.

13 juillet 1944

I./SS-Panzer-Regiment 12

L'*Abteilung* tient garnison dans le même secteur. Travaux de maintenance et de réparations.

II./SS-Panzer-Regiment 12

L'*Abteilung* reste dans les mêmes quartiers que ceux de la veille. Journée particulière : Le *Sturmbannführer* Karl-Heinz Prinz, commandant de la II.*Abteilung*, est décoré de la Croix de Chevalier de la Croix de Fer.

La réorganisation de la division est effectuée le 13.07. La division constitue une *Kampfgruppe* commandée par l'*Obersturmbannführer* Max Wünsche (2) et dont l'ordre de bataille est le suivant :

Une *Panzer-Abteilung* commandée par le *Sturmbannführer* Arnold Jürgensen

Un Bataillon de transports de troupe blindés commandé par le *Sturmbannführer* Erich Olboeter et une *Panzerjäger-Kompanie* commandée par l'*Obersturmführer* Georg Hurdelbrink

L'ordre de bataille de la *Panzer-Abteilung* est le suivant :

2 *Panther Kompanien* (*2.* et *3.Kompanien*)

2 *Panzer IV Kompanien* (*8.* et *9.Kompanien*)

Les *8.* et *9.Kompanien* sont complétées parce qu'il reste de la *II.Abteilung*. La *8.Kompanie* avait, au soir du 13.07, quatorze chars commandés par l'*Obersturmführer* Herbert Höfler et la *9.Kompanie* avait quinze chars commandés par l'*Obersturmführer* Wolf Buettner.

Les éléments restants de la *II.Abteilung*, le *Stab* et la *Stabskompanie* reçoivent l'ordre de marcher sur La Saussaye pendant la nuit du 13 juillet 1944. Le commandant de la *II.SS-Panzer-Regiment 12* reçoit l'ordre de constituer une *Panzer-Abteilung* à partir de deux *Panzer IV Kompanien* et de deux *Panther Kompanien* à partir des restes des *I.* et *II. Abteilungen* dans les précédents quartiers du régiment.

14 juillet 1944

I./SS-Panzer-Regiment 12

L'*Abteilung* tient garnison dans le même secteur. Travaux de maintenance et de réparations.

II./SS-Panzer-Regiment 12

Au cours de la nuit du 13.07 repli des éléments de ce régiment sur La Saussaye. La manœuvre se déroule sans incident notable. Une attaque de chasseurs-bombardiers détruit les véhicules suivants de la *Tragkolonne/5.Kompanie* :

1 camion de cantine

1 camion de transport alimentaire

1 voiture Mercedes

Pertes humaines :

1 tué (*Sturmmann* Pabst)

2 blessés graves (*Sturmmann* Schwitzky, *Schütze* Hüttner)

1 blessé léger (*Schütze* Wienecke)

La formation de la nouvelle *Panzer-Abteilung* commence immédiatement à La Saussaye. Les différentes *Kompanien* reçoivent les lieux de garnison suivants :

1.Kompanie : Villets

4.Kompanie : Saint-Aubin-d'Ecrosville

6.Kompanie : Thuit-Anger

7.Kompanie : Le Gros-Theil et Le Haye du Theil

Stabskompanie et *Stab* : La Saussaye

La journée du 14.07 est consacrée à différents travaux d'installations, de réparations et de nettoyage.

15 juillet 1944

I./SS-Panzer-Regiment 12

L'*Abteilung* tient garnison dans le même secteur. Travaux de maintenance et de réparations.

II./SS-Panzer-Regiment 12

Le 15.07 à 12h00 discussion avec les officiers sous la direction du *Sturmbannführer* Karl-Heinz Prinz concernant les directives sur l'installation et l'entraînement des deux *Panzer IV* et *Panther Kompanien*. L'*Abteilungskommandeur* décide de créer un cours d'entraînement des sous-officiers et une école de pilotage des chars. La relation des deux *Panzer-Kompanien* à l'*Abteilung* est redéfinie et les deux *Kompanien* seront à l'avenir rattachées à la *II.Abteilung*. La logistique de ces deux compagnies sera prise en charge par la *II./SS-Panzer-Regiment 12*.

Pendant la discussion il est décidé de confier au *Hauptsturmführer* Hermann Tirschler le commandement de la *6.Kompanie* qui aura pour mission de se mettre en relation avec le *SS-Feldersatz-Bataillon 12* pour la sélection des soldats destinés à la nouvelle *Panzer-Abteilung*.

Jusqu'à l'arrivée du *Hauptsturmführer* Hans Siegel, l'*Untersturmführer* Herbert Walther aura en charge de s'occuper de l'entraînement des sous-officiers qui, pour ce qui est des questions économiques et disciplinaires, relèvera de la *6.Kompanie*. Les officiers chargés de l'entraînement sont :

Oberscharführer Olszok, *Abteilungsstab*

Unterscharführer Meinzer, *Stabskompanie*

Unterscharführer Hauck, *Stabskompanie*

Unterscharführer Schieth, *Stabskompanie*

Unterscharführer Jonas, *6.Kompanie*

Unterscharführer Gebauer, *6.Kompanie*

Le 15.07 la *II./SS-Panzer-Regiment 12* est informée par l'*Obersturmführer* Albert Gasch par téléphone que dix-sept *Panzer IV* en provenance de Linz sont arrivés à Dreux, et qu'ils ont été répartis au sein de l'*Abteilung*. Ils devraient parvenir dans leurs quartiers en fin d'après-midi le 16.07.1944.

16 juillet 1944

I./SS-Panzer-Regiment 12

L'*Abteilung* reste dans ses cantonnements. Travaux de réparations et de maintenance (3).

II./SS-Panzer-Regiment 12

Le 16.07 à 11h00 rapport du *Hauptsturmführer* Götz Grossjohann (ex *Regimentsadjutant*) du *SS-Panzer-Ausbildungs-und-Ersatz-Regiment* à Riga. Le *Hauptsturmführer* Grossjohann a escorté les chars avec l'*Obersturmführer* Gasch et son personnel de Linz jusqu'à leur destination avec 61 sous-officiers et hommes de troupe, car les dispositions récentes nécessitent le chargement des chars avec leur équipage complet. Le *Hauptsturmführer* Grossjohann revient de Dreux pour pouvoir faire un rapport précis.

On voit ici à gauche Karl-Heinz Prinz recevant sa Croix de Chevalier, le 13 juillet, des mains de Josep « Sepp » Dietrich tandis que le commandant du *SS-Panzer-Regiment 12* Max Wünsche regarde à droite. (Mark C. Yerger)

En fin d'après-midi du 16.07, les chars sont arrivés à Le Gros-Theil. Le transport de Linz jusqu'aux lieux de cantonnement s'est déroulé tranquillement et sans incident. Les dommages mineurs survenus pendant le transport ont été rapidement réparés par les unités de maintenance de la *7. Kompanie*.

Tard le soir, arrivée d'un officier (l'*Untersturmführer* Gunnar Johnsson), d'un sous-officier et de 42 simples soldats du *SS-Feldersatz-Bataillon 12*. Sur ordre de la *Division*, les 61 sous-officiers et l'équipage amenés par le *Hauptsturmführer* Grossjohann resteront dans le *SS-Panzer-Regiment 12*, et seront utilisés pour compléter les *1., 4., 6.*, et *7.Kompanien*.

Le commandant de la *II./SS-Panzer-Regiment 12* prend personnellement en charge la répartition des sous-officiers et hommes de troupe arrivés du *SS-Feld-Ersatz-Bataillon* et du *SS-Panzer-Ausbildungs-und-Ersatz-Regiment*. En l'occurrence il s'agit en priorité de remettre les *4.* et *7.Kompanien* à effectifs complets. L'*Obersturmführer* Gasch reçoit pour mission de former immédiatement une unité de combat avec sa *Kompanie* et quinze chars susceptibles d'être envoyés au combat à tout moment. La *6.Kompanie* ne conserve que deux de ses dix-sept chars pour des missions d'entraînement. Les *Kompanien* disposent ainsi des chars suivants pour l'entraînement :

1.Kompanie : -

2.Kompanie : 2 *Panzer V*

6.Kompanie : 2 *Panzer V*

7.Kompanie : 15 *Panzer V*

Stab : 2 *Panzer V* (chars de commandement)

17 juillet 1944

I./SS-Panzer-Regiment 12

L'*Abteilung* va s'installer au nord-ouest de Manerbe dans la nuit du 16.07. Aucun événement notable pendant le trajet. Le poste de commandement de l'*Abteilung* est à Bezin, à 6 kilomètres au nord-ouest de Manerbe. Les *Kompanien* s'installent des deux côtés de la route Manerbe-Valsemé.

II./SS-Panzer-Regiment 12

Néant

(1) deux officiers, quatorze sous-officiers et 48 simples soldats.

(2) Ce jour-là, la *Panzer-Kampfgruppe « Wünsche »* fut constituée à partir de la *12.SS-Panzer-Division*. Elle comprenait deux *Panther Kompanien* (la *2.* et la *3.*) et deux *Panzer IV Kompanien* (la *8.* et la *9.*) du *SS-Panzer-Regiment 12*, les transports de troupe blindés de la *III./SS-Panzer-Grenadier-Regiment 26* et les *Jagdpanzer IV* de la *1./SS-Panzerjäger-Abteilung 12*. Au soir du 16 juillet, la *Panzer-Abteilung* mixte se composait de treize *Panther* et de dix-huit *Panzer IV* opérationnels.

(3) La *I./SS-Panzer-Regiment 12* avait dix-huit chars *Panther* opérationnels ce jour-là.

Superbe photo d'un *SdKfz.232* battant en retraite à travers les ruines de Caen. (MNZS.)

Erich Olboeter est décoré du Ritterkreuz le **18 juillet 1944**. Olboeter est chaleureusement félicité par le *SS-Hstuf.* Hermann Weiser, l'*Adjutant* de Sepp Dietrich. De gauche à droite, on reconnaît le *SS-Hstuf.* Rothemund (*Div.-Adjutant*), qui fait le salut allemand, le *SS-Stubaf.* Hubert Meyer (*Div.-Ia*), le *SS-Ostubaf.* Max Wünsche (*Kdr. SS-Pz.Rgt.12*), le *SS-Ogruf.* Sepp Dietrich (*Kdr. I.SS-Pz.Korps*) et le *SS-Staf.* Kurt Meyer (*Div.-Kdr.*). (Collection André Vandewynckel.)

Erich Olboeter, à gauche, pose pour la photo souvenir en compagnie de Kurt Meyer et de Wilhelm Mohnke. La croix allemande, qu'il porte sur sa veste non standard, a été gagnée le 21 mars 1943 en tant que chef de la *5.Kp./SS-Aufkl.Abt. « LSSAH»* pour de multiples actes de bravoure, en particulier à l'automne 1941 dans le secteur de Rostow, puis en mars 1943 à Jefremowka et Jeremejewka. Il trouvera la mort le 2 septembre 1944, près de Hirson. (Collection André Vandewynckel.)

8 Les combats entre Caen et Falaise, 18 juillet-21 août 1944

Grenadiers et *Panther* dans la plaine de Caen. Ce cliché a été publié dans une page consacrée à la division *HJ*. (Münchner Illustrierte Presse.)

18 juillet 1944 (1)

I./SS-Panzer-Regiment 12

La journée se déroule sans incident notable. Le matin, ordre de marche de l'*Abteilung*, annulé à 12h00 et repoussé à 16h00.

II./SS-Panzer-Regiment 12

Sur le nombre de chars prévus, l'un d'eux, un *Panzer V* quitte la *Kompanie* de réparations et arrive à Paris le 18.07.1944. A son arrivée, ce char est affecté à la *1.Kompanie* pour y servir de char d'entraînement.

19 juillet 1944

I./SS-Panzer-Regiment 12

La *I./SS-Panzer-Regiment 12* est transférée dans le secteur de Vimont dans la nuit du 18.07. La 3. *Kompanie* prend position au nord de la route Vimont-Caen, la *2.Kompanie* au sud de cette route. Pour renforcer cette ligne de défense ce matin-là, quatre *Panzer IV* de la *8.Kompanie* sont déployés derrière la *2.* et *3.Kompanien* dans le secteur du carrefour à 1 km à l'ouest de la cote 162. L'infanterie observe une concentration importante de blindés au sud-ouest de Cagny.

Les éléments restants de la *8.Kompanie* s'occupent du secteur de Saint-Gabriel à 500 m au nord de la cote 162. La *9.Kompanie* est à disposition de l'*Abteilung* dans les bois à 500 m au sud de la partie sud-est de Vimont. L'après-midi, tirs de harcèlement sur nos positions.

II./SS-Panzer-Regiment 12

Le 19.07, 30 mètres cubes d'essence Otto sont acheminés de Rouen pour permettre à la *II.Abteilung* de s'entraîner.

Après la constitution des *Kompanien* en fonction des officiers, *Unteroffiziere* et simples soldats disponibles, l'*Abteilungskommandeur* résume par écrit les priorités de l'organisation et de l'entraînement des soldats. Cet ordre secret de l'*Abteilung* (n°401/44) est joint en annexe au présent rapport avec les directives d'entraînement correspondantes (2).

(1) Opération *Goodwood*, lancée ce jour-là par le VIIIe corps britannique, à l'est de Caen jusqu'au 20 juillet. Trois divisions blindées britanniques (7e, 11e et *Guards*) prirent part à cette opération subordonnée au corps. Il s'agissait de dépasser l'Orne vers l'est et d'atteindre à partir du sud la crête de Bourguébus qui domine la route vers Falaise.

(2) Ce document n'est pas dans le présent ouvrage.

(3) Dans les jours suivants, au cours desquels eurent lieu d'intenses combats de rues, le IIe corps canadien occupa la ville de Caen ce jour-là.

Herbert Höfler, qui commande la Ire section de la *8.Kompanie*, près de Vimont, le **19 juillet 1944**. Il porte une tenue taillée dans de la toile camouflée italienne. (Photo coll. H. Höfler/ Heimdal.)

De manière à pouvoir enregistrer et ramener les soldats blessés de la *I.* et *II.Abteilung* qui se trouvent dans des hôpitaux français, le *SS-Obersturmführer* Dr. Claus Müller (*Abteilungsartzt* adjoint) a été chargé d'aller rendre visite aux soldats soignés dans ces hôpitaux. En même temps, le *SS-Obersturmführer* Müller est chargé de s'occuper de tous les blessés de l'*Abteilung*.

Ces visites dans les hôpitaux ont permis au final de ramener des hôpitaux 25 officiers, sous-officiers et soldats en l'espace de deux semaines.

20 juillet 1944 (3)

I./SS-Panzer-Regiment 12

Des raids de reconnaissance ennemis à l'aide de chars face à la ligne tenue par les *2.* et *3.Kompanien*. La *2.Kompanie* détruit un *Sherman*. Tôt ce matin, les neuf chars de la *9.Kompanie* sont transférés vers le secteur sud-ouest de Vimont, cinq chars dans leur position d'attaque précédente. Tirs de harcèlement de l'artillerie lourde de temps en temps.

II./SS-Panzer-Regiment 12

L'Ordre de route parvenu à l'*Abteilung* ce 20.07 prévoit le départ immédiat de la *7.Kompanie* avec 15 chars et son ralliement au régiment. Les quartiers prévus pour la *7.Kompanie* se situaient à Ouezy-Cesny.

La *7.Kompanie* commandée par le *SS-Obersturmführer* **Albert Gasch** se met en route à 00h15. Elle atteint son objectif sans aucun combat ni événement notable et fera office de *Regiments-Reserve*.

Un autre ordre arrivé simultanément prévoit que le *SS-Hauptsturmführer* Dr. Oskar Jordan est réaffecté provisoirement au *Divisionsstab* en tant que *Chef* de la *Kompanie* convalescente (4) qui doit être reconstituée. Le *Stabsarzt* Gustav Busse, arrivé au sein de l'*Abteilung* le 20.07 à 22h00, le remplace et doit en priorité s'occuper des *1.* et *4.Kompanien*. Il établira ses quartiers au sein de la *4. Kompanie*.

(4) *Kompanie* formée à partir de soldats blessés plus ou moins rétablis et renvoyés des hôpitaux de terrain.

Annexe n°10 au journal de guerre

20.07 1944, 16h00

Apporté à 21h00 par le *SS-Untersturmführer* **Horst Borgsmüller**, *Ordonnanz-Offizier* du *SS-Panzer-Regiment 12*

Au commandant de la *II./SS-Panzer-Regiment 12*

1) Par ordre de la division, la *Kompanie* de *Panzer IV* doit rejoindre le régiment dans la nuit du 20.07.1944.

2) La *Kompanie* doit monter sur Ouezy-Cesny via Mezidon. Son *Chef* doit rejoindre le poste de commandement à Ingouville/Moult. Le positionnement doit être organisé avec précision.

3) Le *Regimentskommandeur* ordonne que quinze *Panzer IV* soient détachés vers l'avant. Deux *Panzer IV* restent sur place et serviront à l'entraînement.

4) La *Kampfgruppe* est déployée des deux côtés de la route principale à l'ouest de Bellengreville de manière à empêcher toute tentative ennemie de percée. Aucune perte pour l'instant.

5) On s'attend à une attaque massive.

Signé Isecke
SS-Hauptsturmführer et *Adjutant*

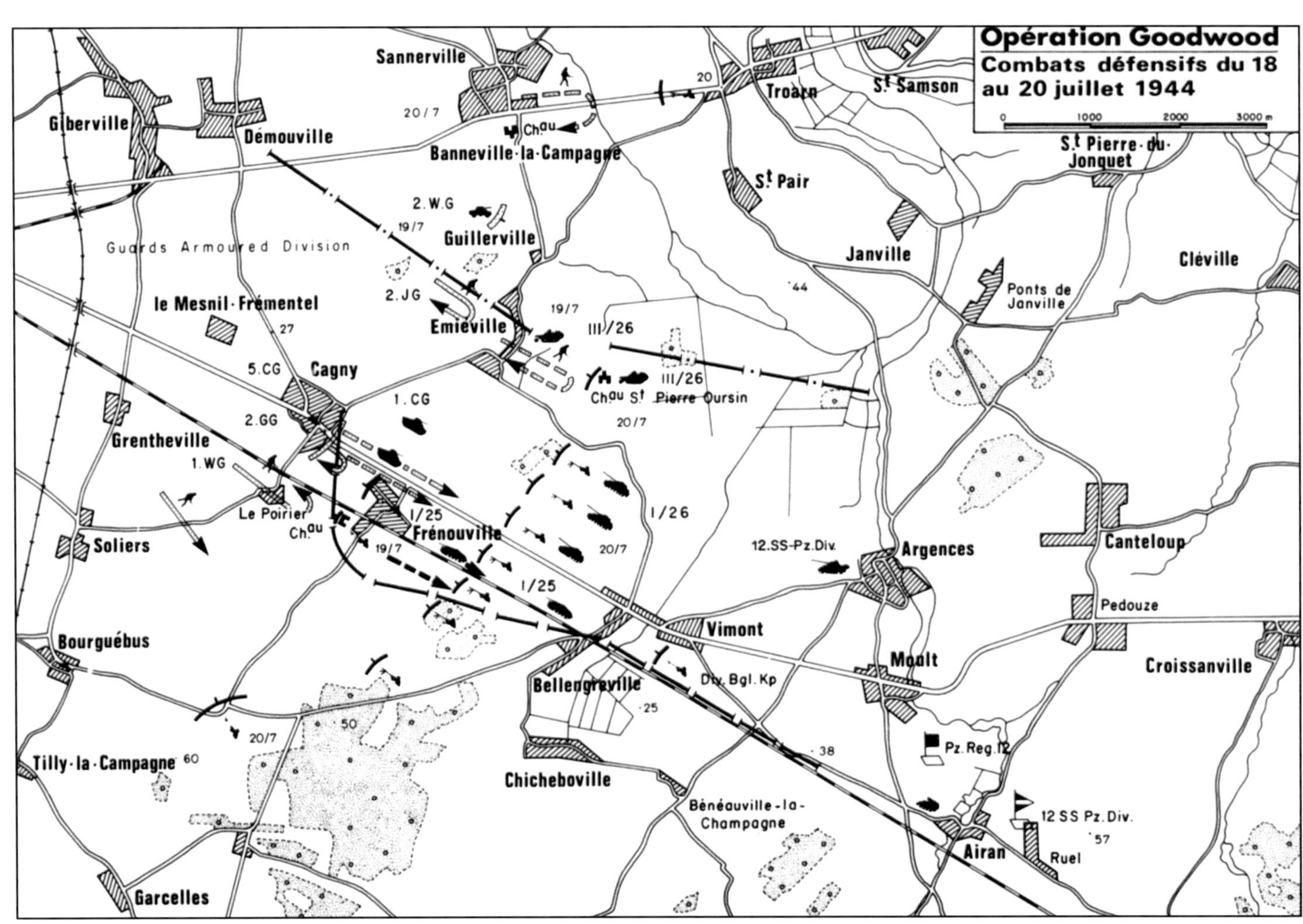

Du 18 au 20 juillet 1944

Carte montrant les positions défensives prises par la *Division HJ* à l'est de Cagny, le **19 juillet à midi**, lors de l'opération *Goodwood*. Nous remarquons le PC du *SS-Panzer-Regiment 12 (Kampfgruppe Wünsche)* autour d'Airan. La *8.Panzerkompanie*, sous les ordres de l'*Ostuf.* Herbert Höfler, s'installe à droite de la route Cagny/Vimont, entre l'allée menant au château de Saint-Pierre et le hameau de Franqueville. La Ie section (sous le commandement de l'*Ustuf.* Willi Kändler) s'installe sur la route nationale (RN13), les deux autres sections sont étagées en arrière sur la droite. Avec la *Kampfgruppe Wünsche*, arrive aussi la 1re compagnie du groupe de chasseurs de chars *(SS-Panzerjäger-Abteilung 12)* sous le commandement de l'*Ostuf.* Hurdelbrink. Cette compagnie n'avait pas encore rejoint le front, elle vient juste de recevoir ses nouveaux blindés, des *Panzerjäger IV*. (Heimdal.)

Addendum

Sur ordre de la division, le *SS-Hauptsturmführer* Dr. Oskar Jordan est jusqu'à nouvel ordre réaffecté au *Divisionsstab* comme *Chef* de la *Kompanie* convalescente en voie de constitution. Il doit se rendre le 21.07.1944 à Patteville à côté de Laigle précédents quartiers de la *Sanitätsabteilung*) pour y faire son rapport. Réunion tenue par le *SS-Obersturmbannführer* Schulz. Pour l'instant le *Stabsarzt* Busse est affecté à la *II.Abteilung*.

Signé Isecke

21 juillet 1944

I./SS-Panzer-Regiment 12

L'*Abteilung* se trouve dans son précédent secteur – de temps en temps tirs de harcèlement qui s'intensifient au cours de la soirée.

II./SS-Panzer-Regiment 12

Le 21.07, le cours d'entraînement pour *Unteroffiziere* (dirigé par le *SS-Untersturmführer* Herbert Walther) et l'école de pilotage de char (dirigée par le *SS-Hauptscharführer* Speuser) commencent. Arrivant de Paris, le *SS-Hauptsturmführer* Josef Pezdeuscheg, qui devait ramener d'hôpitaux parisiens le *SS-Hauptsturmführer* Hans Siegel et plusieurs sous-officiers et soldats, a eu un accident. Souffrant d'une fracture au genou, il a dû être conduit à l'hôpital. D'après les médecins, il en a pour deux mois.

Le *SS-Untersturmführer* Freitag, est nommé *Chef* de la *Stabskompanie*. Le *SS-Hauptsturmführer* Siegel est rentré dans son unité et a pris en charge la direction du cours pour les sous-officiers. Le *SS-Obersturmführer* Jürgen Chemnitz de la *I./SS-Panzer-Regiment 12* est affecté au cours d'entraînement des sous-officiers en tant qu'officier d'entraînement et expert des chars.

22 juillet 1944

I./SS-Panzer-Regiment 12

Les hommes du Génie posent des mines près de nos lignes. Le *Sturmpanzer IV* (5) affecté à l'*Abteilung* (6) tire 250-270 obus de 150 mm sur Frénouville. Activité de l'artillerie dans les deux camps aux premières lueurs de l'aube. Vers 10h00, tirs de l'artillerie lourde sur le secteur à défendre. La *Einheit « Hurdelbrink »* (7) a détruit la tourelle d'un char ennemi dans l'après-midi mais le char a pu se replier.

II./SS-Panzer-Regiment 12

Le 22.07.1944 le *SS-Obersturmführer* Bernhard Meitzel de l'état-major de la *12.SS-Panzer-Division « Hitlerjugend »* et le *SS-Untersturmführer* Leopold Spranz de la *schwere SS-Panzer-Abteilung 101* signalent leur réaffectation à l'*Abteilung* (8).

Dans le courant de la soirée du 22.07 ces membres de la *II.Abteilung* (*cf.* annexe en pièce jointe (9)) rentrent de l'hôpital. Les soldats blessés sont en général placés dans les quartiers des convalescents de la *II.Abteilung* à La Saussaye. Ce n'est qu'après leur complet rétablissement qu'ils seront renvoyés dans leurs *Kompanien* respectives. Aucune activité aérienne au-dessus des quartiers

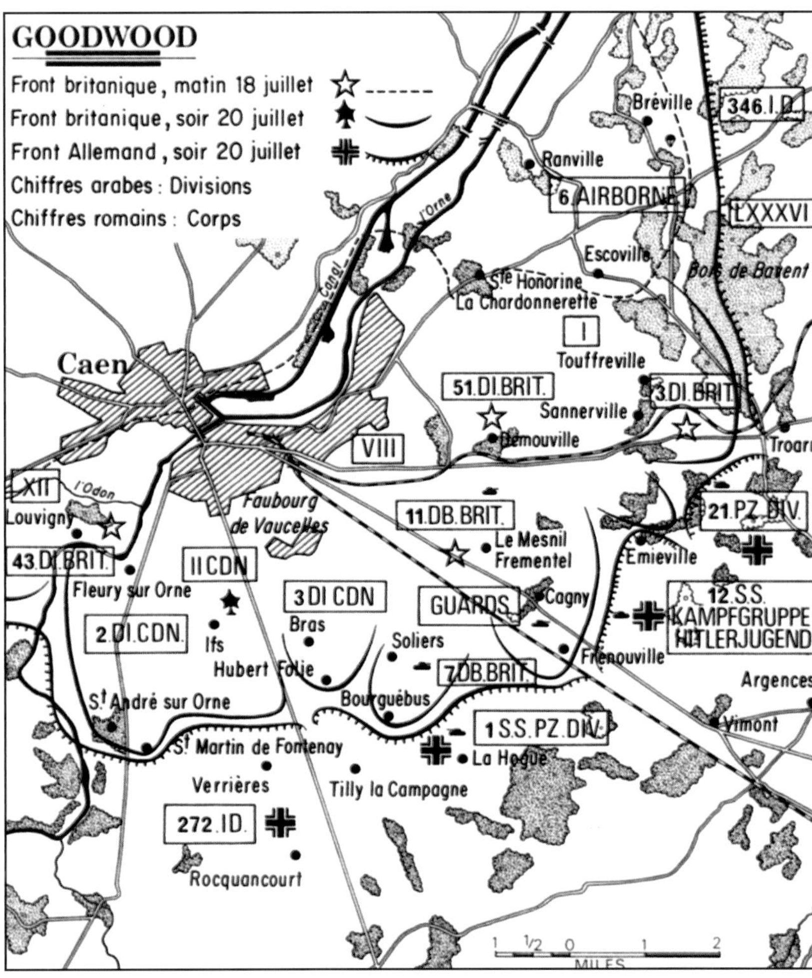

de la *II.Abteilung* dans les huit derniers jours. Quelques appareils de chasse allemands ont survolé notre cantonnement tous les jours.

23 juillet 1944

I./SS-Panzer-Regiment 12

Tirs de harcèlement ennemis. Hier, la *2.Kompanie* a détruit un char ennemi qui s'était montré dans la périphérie sud-ouest de Frénouville. La *3. Kompanie* a déployé trois chars pour la première fois sur la route du Château de Saint-Pierre.

II./SS-Panzer-Regiment 12

Sur la base des directives de l'*Abteilungskommandeur* l'entraînement a repris au niveau de la formation des sous-officiers et l'école de pilota-

Arnold Jürgensen en uniforme noir des *Panzer* alors qu'il était dans la *Leibstandarte*. Il commanda la *I./SS-Panzer-Regiment 12* en Normandie (*cf.* annexe II). (Mark C. Yerger)

Hstuf. Pezdeuscheg

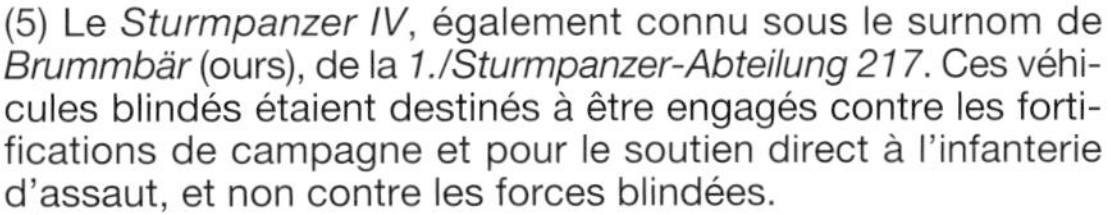

(5) Le *Sturmpanzer IV*, également connu sous le surnom de *Brummbär* (ours), de la *1./Sturmpanzer-Abteilung 217*. Ces véhicules blindés étaient destinés à être engagés contre les fortifications de campagne et pour le soutien direct à l'infanterie d'assaut, et non contre les forces blindées.

(6) La *I./SS-Panzer-Regiment 12* disposait de vingt-six chars opérationnels ce jour-là.

(7) La *1./SS-Panzerjäger-Abteilung 12* (*Kompanie-Chef : SS-Obersturmführer* Georg Hurdelbrink) équipée de *Jagdpanzer IV*. (*Cf.* annexe XVIII pour les données sur *Hurdelbrink*).

(8) La *II./SS-Panzer-Regiment 12* disposait de 43 chars *Panzer IV* opérationnels ce jour-là. Meitzel avait servi comme *Ordonnanz-Offizier* (O1) auprès de l'état-major de la division. Il survivra à la guerre et il est mort le 28 avril 1951 à Hambourg. Spranz a été tué le 18 mars 1945 alors qu'il combattait au sein de la *II.Abteilung*.

(9) Au total 26 soldats sont revenus à la *II./SS-Panzer-Regiment 12*. Ne fait pas partie des annexes du présent ouvrage.

ge des chars a démarré avec un grand enthousiasme au sein des *Kompanien*. L'entraînement se concentre sur le tir au canon de char et à la mitrailleuse coaxiale.

Comme cela a été fixé par ordre du régiment, la réorganisation de la *II.Abteilung,* conformément à la nouvelle structure organisationnelle et d'équipement du 01.04.1944, doit être effectuée immédiatement. Dès lors, l'ordre de bataille de la *II. Abteilung* s'établit comme suit :

Stab

Stabskompanie

Versorgungskompanie

4 *Kompanien* moyennes (*5.*, *6.*, *7.* et *8.Kompanien*)

24 juillet 1944

I./SS-Panzer-Regiment 12

Forte activité de l'artillerie dans les deux camps. Pendant la nuit, des chars factices ont été installés sur la ligne de front. La *7.Kompanie* est rattachée à l'*Abteilung* avec quatorze chars.

II./SS-Panzer-Regiment 12

Néant

25 juillet

I./SS-Panzer-Regiment 12

Tirs d'artillerie lourde en particulier au moment du repli de la *3.Kompanie*, dont le secteur a été repris en charge par la *7.Kompanie*. Nos propres avions larguent des bombes sur nos positions, mais nous n'enregistrons aucune perte. A 09h00, des chasseurs-bombardiers attaquent le secteur de Waldmüller (10) sur la ligne de front avec des bombes, en particulier les positions où se trouvent des chars factices. Intense activité de l'aviation et de l'artillerie ennemies toute la journée. A 22h00, concentration de nos tirs avec toutes les armes disponibles sur le secteur du front où se trouve Krause (11). La *3.Kompanie* se trouve sur les anciennes positions d'attaque de la *7.Kompanie*.

II./SS-Panzer-Regiment 12

Le 25.07 arrivée de douze sous-officiers et 188 soldats de la « *LSSAH* ». Répartition de ces réserves par l'*Abteilungskommandeur* parmi les *Kompanien* des *I.* et *II.Abteilungen* et la *Werkstatts-Kompanie*. Plus d'une fois, le cantonnement de la *II.Abteilung* est survolé par des chasseurs-bombardiers ennemis.

26 juillet 1944

I./SS-Panzer-Regiment 12

De temps en temps, intenses tirs de l'artillerie ennemie. Un avion ennemi détruit un camion de la *7. Kompanie* et prend feu. Pas d'autres événements.

II./SS-Panzer-Regiment 12

Néant

27 juillet 1944

I./SS-Panzer-Regiment 12

Tirs nourris de l'artillerie ennemie. Le *Panzer IV* ***537*** est touché par un tir direct sur sa tourelle. Un membre de l'équipage est grièvement blessé tandis que deux autres sont légèrement blessés. Les tirs d'artillerie continuent le soir et toute la nuit. Intense activité aérienne dans les parages pendant les heures avant et après minuit.

II./SS-Panzer-Regiment 12

Néant.

28 juillet 1944

I./SS-Panzer-Regiment 12

Les tirs d'artillerie de la veille ont endommagé les chars ***235*** et ***335*** de la *2.Kompanie* et le char ***474*** de la *8.Kompanie*. Sinon la journée s'est déroulée tranquillement.

II./SS-Panzer-Regiment 12

A 09h40 le 28.07, visite du *Regimentskommandeur*. Inspection du ravitaillement livré, des *Kompanien*, de la formation des sous-officiers et de l'école de pilotage de chars. Discussion sur la réorganisation de l'*Abteilung* en fonction de la nouvelle structure d'organisation et d'équipement.

15h00 : des Croix de fer de 1re et de 2e classe sont décernées aux soldats de la *II.Abteilung* par le *Regimentskommandeur*. Vers 22h30, le commandant rentre à son poste de commandement du régiment.

29 juillet 1944

I./SS-Panzer-Regiment 12

Les tirs d'artillerie augmentent pratiquement sans cesse. Les chars suivants (12) sont endommagés : ***229*** et ***135*** (13), et ont dû être envoyés en réparation. A 22h00, le secteur de la *2.Kompanie* est pris en charge par la *9.Kompanie*. Au cours de cette manœuvre, forts tirs d'artillerie sur le secteur à contrôler.

II./SS-Panzer-Regiment 12

A 11h00 discussion des commandants dans le quartier des officiers. Problèmes évoqués : réorganisation de la *II.Abteilung* (14) conformément à la structure d'organisation et d'équipement définie le 01.04.1944. Les officiers suivants sont affectés aux commandants des différentes unités :

(10) Le *SS-Sturmbannführer* Hans Waldmüller avait commandé le *I./SS-Panzer-Grenadier-Regiment 25* à partir de novembre 1943. Comme *SS-Hauptsturmführer* à la tête du *I./SS-Panzer-Grenadier-Regiment 1* de la « *Leibstandarte* » il avait obtenu la Croix allemande en or le 6 mai 1943. Waldmüller a été décoré de la Croix de chevalier pour son commandement du *I./Panzer-Grenadier-Regiment 25* le 27 août 1944 avant d'être tué à la tête de la même unité le 10 septembre 1944.

(11) Le *SS-Sturmbannführer* Berhard Krause commandait le *I./SS-Panzer-Grenadier-Regiment 26*.

(12) Cette nuit-là, 22 Panther étaient opérationnels au sein de le *II./SS-Panzer-Regiment 12*.

(13) En fait, 153 dans le document original, mais il ne peut que s'agir d'une erreur de frappe car ce type de nombre ne correspond pas au système de numérotation du *SS-Panzer-Regiment 12*.

(14) Cette nuit-là, 39 *Panzer IV* étaient opérationnels au sein de la *II./SS-Panzer-Regiment 12*.

(15) L'offensive des troupes soviétiques déclenchée le 22 juin 1944 déstabilisa complètement la *Heeresgruppe* « *Mitte* » vers la mi-juillet. Tous les moyens disponibles furent alors utilisés pour colmater le front de l'Est.

A la *5.Kompanie* (ex-*9.Kompanie*),
SS-Obersturmführer Wolf Buettner

A la *6.Kompanie,*
SS-Hauptsturmführer Hermann Tirschler

A la *7.Kompanie,*
SS-Obersturmführer Albert Gasch

A la *8.Kompanie,*
SS-Obersturmführer Herbert Höfler

A la *Stabskompanie,*
SS-Untersturmführer Herbert Walther

A la *Versorgungskompanie,*
SS-Hauptsturmführer Götz Grossjohann

Les sous-officiers et simples soldats arrivés du *SS-Feldersatz-Bataillon 12* et du *SS-Panzer-Ausbildungs-und Ersatz-Regiment* sont rassemblés dans l'*Ausbildungskompanie* sous le commandement du *SS-Hauptsturmführer* Hans Siegel (cantonnements à Le Gros-Theil et La Haye-du-Theil).

Sont inclus dans l'*Ausbildungskompanie* :

- Le cours d'entraînement des sous-officiers
- L'école de pilotage de chars

Sont réaffectés à la *Kompanie* en tant que *Zugführer* :

- *SS-Obersturmführer* Gaspard Gillis
- *SS-Obersturmführer* Fritz Eggers
- *SS-Untersturmführer* Hans Joachim Boske
- *SS-Untersturmführer* Günther Deutscher

Le *SS-Hauptsturmführer* Götz Grossjohann, qui est allé à Metz et Berlin le 23.07 pour prendre connaissance des attributions de blindés, est rentré à 14h00 le 29.07. Personne n'est au courant de ces nouvelles attributions, ni à Metz ni à Berlin.

Toutes les armes dont la fabrication est achevée ont été envoyées sur le front de l'Est jusqu'à nouvel ordre (15). Berlin nous tiendra au courant de l'arrivée de nouveaux chars destinés à la *II.Abteilung*.

Annexe n°12 au journal de guerre

12.SS-Panzer-Division « Hitlerjugend »

SS-Panzer-Regiment 12 poste de commandement régimentaire, 29.07.1944

la *Is. Schm.13/44.g.Kdos*

Copie

Ordre de réorganisation de la *Kampfgruppe*

1. Le *I.SS-Panzerkorps « LSSAH »* a ordonné la constitution d'un groupe d'intervention à partir du *Stab* du *SS-Panzer-Regiment 12*, d'éléments de la *12.Panzer-Division « Hitlerjugend »* et de la *1.SS-Panzer-Division « LSSAH »*, et à partir d'unités du *Korps*.

2. Transfert de la *Kampfgruppe* vers le secteur de Conteville-Saint-Aignan-de-Cramesnil dans la nuit du 30.07.1944 pour être à la disposition du *I.SS-Panzerkorps « LSSAH »*.

3. Cette *Kampfgruppe* est commandée par le commandant de la *II./SS-Panzer-Regiment 12* à partir du 30.07.1944 et se compose des éléments suivants :

Stab, II./SS-Panzer-Regiment 12

II./SS-Panzer-Regiment 12

III./SS-Panzer-Grenadier-Regiment 26

Le *SS-Sturmbannführer* Hans Waldmüller, commandant du *I.SS-Panzergrenadier-Regiment 25* (*cf.* page ci-contre note 10). (Mark C. Yerger)

I./Sturmpanzer-Abteilung 217

La *Kampfgruppe « Prinz »* est rattachée à la *12. Panzer-Division « Hitlerjugend »*.

4. La *2.Kompanie* doit être transférée sur les positions de la *9.Kompanie* dans la nuit du 29.07.1944. La *2.Kompanie* doit rester en alerte comme réserve d'intervention dans le secteur de Moult.

5. Toutes les unités de l'*Abteilung* à La Saussaye-Saint-Aubin sont immédiatement subordonnées au *SS-Hauptsturmführer* Hermann Tirschler.

6. Transmissions :

a. La *Kampfgruppe « Prinz »* prendra en charge le réseau de la *Kampfgruppe « Wünsche »*.

b. Le réseau du précédent secteur doit être démantelé par la *II./SS-Panzer-Regiment 12* à l'exception des liaisons indispensables.

c. La *II./SS-Panzer-Regiment 12* doit remettre huit téléphones de campagne et douze jeux de câbles au *Regimentsstab* le 30.07.1944.

7. Etablissement de stations de réparation :

a. le groupe de maintenance de la *I./SS-Panzer-Regiment 12* doit achever son travail et se repositionner dans le secteur choisi par la *I./SS-Panzer-Regiment 12*.

b. La *Werkstattskompanie* (sauf un de ses *Züge*) doit se repositionner dans le secteur de Saint-Pier-

Le *SS-Ostuf.* Bernhard Meitzel, 1er officier d'ordonnance de la division. (Coll. H. Meyer/G. Bernage.)

re. La recherche du site doit commencer immédiatement.

c. La *1./Werkstattskompanie* devra se repositionner sur le précédent secteur du groupe de maintenance de la *I./SS-Panzer-Regiment 12* et se tient à la disposition de la *II./SS-Panzer-Regiment 12*.

8. Approvisionnement

a. La *Regiments-Stabskompanie* se repositionnera sur ordre dans la région de Magny-la-Campagne-Condé. La recherche du terrain doit commencer immédiatement.

b. Toutes les unités de ravitaillement de la *I./SS-Panzer-Regiment 12* seront transférées dans la région de Maizières-Soignolles-Le Bû-sur Rouvres. Faire un rapport sur l'état d'avancement de la recherche du terrain !

c. La *I./SS-Panzer-Regiment 12* rendra à la *II./SS-Panzer-Regiment 12,* dix des quinze camions à restituer.

9. Au matin du 30.07.1944, la *II./SS-Panzer-Regiment 12* sera transférée au poste de commandement régimentaire avec son état-major. Le *Regimentskommandeur* la précédera.

10. Dans la nuit du 30.07.1944, il faudra transférer des éléments de la *Stabskompanie* de la *II./SS-Panzer-Regiment 12* pour l'approvisionnement de la *Kampfgruppe*.

11. Service de santé: la *II./SS-Panzer-Regiment 12* laissera un officier médical dans son précédent secteur. Le *SS-Hauptsturmführer* Jordan est à nouveau réaffecté à la *II./SS-Panzer-Regiment 12*.

12. Le cours de formation des sous-officiers continue.

13. La supervision technique de l'école de pilotage de chars et l'entraînement des groupes de maintenance au sein de ces éléments à La Saussaye sont sous la responsabilité du *SS-Untersturmführer* Langreiter.

Kommandeur/SS-Panzer-Regiment 12
Signé *SS-Obersturmbannführer* Wünsche

30 juillet 1944

I./SS-Panzer-Regiment 12

A 02h30 ordre du régiment en vue du rassemblement immédiat de l'*Abteilung* (16) avec les *2.* et *3.Kompanien* dans la région de Bray-la-Campagne. Rassemblement accompli avec tous les éléments à 05h30. Les *Kompanien* prennent position derrière d'épaisses haies. Les *7., 8.* et *9.Kompanien* se retirent de la *I.Abteilung* et sont à nouveau rattachées à la *II.Abteilung*.

II./SS-Panzer-Regiment 12

A 04h00 ordre du régiment d'envoyer douze équipages de chars à Linz pour récupérer douze *Panzer IV*. Cette attribution provient de la *Panzergruppe « West »* (17) via la division.

Le *SS-Untersturmführer* Karl Pucher, le *SS-Oberscharführer* Seiwert et 60 sous-officiers et simples soldats partent immédiatement avec deux camions pour Linz.

Le *SS-Hauptsturmführer* Götz Grossjohann qui, durant son séjour en Allemagne, a eu des discussions préliminaires avec le *Transportführer* de la SS à Paris rapporte que les 230 sous-officiers et simples soldats sont partis de Riga pour servir de renforts au *SS-Panzer-Regiment 12*. L'officier SS des transports à Paris informera la *II.Abteilung* de leur arrivée de cet approvisionnement sur le front de l'Ouest. Les officiers suivants sont réaffectés à la *II.Abteilung* :

- *SS-Obersturmführer* Bernard Meitzel
- *SS-Obersturmführer* Fritz Eggers
- *SS-Obersturmführer* Gaspard Gillis
- *SS-Untersturmführer* Hans-Joachim Boske
- *SS-Untersturmführer* Leopold Spranz
- *SS-Untersturmführer* Hans Deutsch

Au cours de la première partie de la semaine, faible activité aérienne dans les deux camps. Dans la seconde moitié de la semaine, augmentation de l'activité de l'aviation ennemie. Aucune attaque de chasseurs-bombardiers n'est confirmée dans le secteur des quartiers de la *II.Abteilung*. Augmentation de l'activité de notre propre aviation pendant la soirée et la nuit. Bombardiers bimoteurs dans la direction de la ligne de front.

A 04h00, ordre du régiment : le *Stab*, la *Stabskompanie* et la *Versorgungskompanie* sont transférés dans le secteur précisé dans l'ordre reçu au cours de la journée du 30.07.

13h00 : le *SS-Sturmbannführer* Karl-Heinz Prinz prend le commandement de la *Kampfgruppe « Wünsche »* (18). La force rebaptisée *Kampfgruppe « Prinz »* comprend les unités suivantes :

Stab, II./SS-Panzer-Regiment 12
II./SS-Panzer-Regiment 12 (19)
III./SS-Panzer-Grenadier-Regiment 26
1./Sturmpanzer-Abteilung 217
12.SS-Panzer-Division Sicherungskompanie.

Le *Stab* de la *II.Abteilung* prend le commandement de la *Kampfgruppe « Wünsche »*. Les unités subordonnées – en dehors de la *8.Kompanie* – sur leurs positions précédentes. La *8.Kompanie* a reçu l'ordre d'abandonner ses positions tenues jusque dans la nuit du 30.07. Ses nouvelles positions sont un secteur boisé à 1500 m à l'ouest de Valmeray.

Le *Vierlings-Zug* de la *II./SS-Panzer-Regiment 12* a reçu l'ordre de changer de position. Le *Flak-Zug* se trouve maintenant à 1000 m à l'ouest du poste de commandement de *« Prinz »*. Le changement de position doit commencer dans la nuit du 30.07.

Les unités subordonnées font état d'une forte activité de l'aviation allemande dans la nuit du 29.07.

13h30 : La *Sicherungskompanie* arrête un espion ennemi derrière nos lignes. L'espion est remis à la *Ic-Abteilung* de la division (20).

16h00 : feu nourri de l'artillerie ennemie sur la région à l'ouest d'Argences. La journée se déroule sans événement notable.

Le secteur du cantonnement de la *Stabskompanie, II./SS-Panzer-Regiment 12* se trouve directement à l'est d'Ingouville. Le secteur du cantonnement de la *Versorgungsskompanie* de la *II./SS-Panzer-Regiment 12* est à Boissey, à l'est de Saint-Pierre-sur-Dives.

23h00 : au poste de commandement de la *Kampfgruppe « Prinz »,* les commandants des unités subordonnées sont informés que le *SS-Stumbannführer* Karl-Heinz Prinz a pris le commandement de la *Kampfgruppe*. Fixation des directives de coordination à l'intérieur de la *Kampfgruppe* ; définition de la préparation et envoi des rapports (21) quotidiens du *Ia*.

Météo : temps sec, chaud, légèrement nuageux, idéal pour des attaques de chasseurs-bombardiers.

31 juillet 1944

I./SS-Panzer-Regiment 12

Journée sans événements notables. Travaux de maintenance et de réparation dans les *Kompanien*. A 23h00, tirs sur le cantonnement de l'*Abteilung*, aucune perte.

II./SS-Panzer-Regiment 12

La *8.Kompanie* fait état de l'abandon des positions occupées jusque-là et de l'occupation d'un nouveau secteur. Le *Vierlings-Zug* de la *II.Abteilung* rapporte que le changement de positions est terminé. Pendant la nuit, l'arrivée de nouvelles unités de la *Stabskompanie* et de la *Versorgungskompanie* de la *II.SS-Panzer-Regiment 12* vers les secteurs stipulés dans l'ordre.

Le soir et pendant la nuit, tirs de harcèlement de l'artillerie sur les positions de « Olboeter » (22) et dans les alentours. Dans la journée, harcèlement de l'artillerie sur le carrefour à 150 m au nord-est de la gare de Moult et des positions de la *II.Abteilung*. Légère activité aérienne au-dessus du secteur de la *Kampfgruppe*.

Annexe n°13 au journal de guerre

A la *Kampfgruppe « Prinz »*

En raison de la découverte par les forces alliées de nos positions offensives près de Navarve (23), la *Panzerkompanie « Höfler »* s'est regroupée dans la nuit du 31.07 dans le secteur au sud-ouest de Valmeray. Faites attention aux traces laissées par les chenilles ! Veillez à ne pas rester trop groupés. Le 01.08 des chars factices vont être mis en place dans les bois près de Navarve.

1. Generalstabsoffizier
12./SS-Panzer-Regiment « HJ »
Signé Meyer (24)

Annexe n°14 au journal de guerre

12./SS-Panzer-Regiment 12 « Hitlerjugend »

Abt. Ia Tgb n°912/44 g.Kdos

31.07.1944

Copie !

Ordre de la division

1. Dans la nuit du 31.07.1944, le *II./SS-Panzergrenadier-Regiment 25* sera remplacé sur ces positions par un bataillon de la *711.Infanterie-Division*. L'artillerie légère d'infanterie et les canons antiaériens tractés de 20 mm seront laissés là où ils sont.

Le *SS-Sturmbannführer* Hubert Meyer fut le seul *1.Generalstabsoffizier (Ia)* de la division « *Hitlerjugend* » (*cf.* note 24, cidessous). (Mark C. Yerger)

(16) La *I./SS-Panzer-Regiment 12* disposait de vingt-deux chars opérationnels ce jour-là.

(17) Ce niveau de commandement fut créé le 24 janvier 1944 à partir du *Stab* du *General der Panzertruppe* en coopération avec l'*Oberbefehlshaber « West »*. Son commandant fut le *General der Panzertruppe* Leo Freiherr Geyr von Schweppenburg jusqu'au 2 juillet 1944, puis Heinrich Eberbach du 3 juillet au 5 août 1944. Le 5 août, ce commandement fut renommé état-major de la *5.Panzerarmee*.

(18) La *SS-Panzergruppe « Wünsche »* constituait la réserve du *I. SS-Panzerkorps*. Elle était composée du *Stab* du *SS-Panzer-Regiment 12* et des éléments opérationnels de la *II./SS-Panzer-Regiment 12*. La « *Leibstandarte* » fournissait la *I./SS-Panzer-Regiment 1* et le *III./ SS-Panzergrenadier-Regiment 2* avec le *I./ SS-Panzerkorps* qui comprenait la *schwere SS-Panzer-Abteilung 101*.

(19) La *II.Abteilung* déclarait disposer de 39 *Panzer IV* opérationnels ce jour-là.

(20) Cette *Abteilung* du *Divisionsstab* s'occupait de la collecte des informations et donc de l'interrogatoire des prisonniers.

(21) Il s'agit des rapports quotidiens décrivant les événements opérationnels/tactiques.

(22) Le *SS-Sturmbannführer* Erich Olboeter commandait le *III./SS-Panzer-Grenadier-Regiment 26* équipée de transports de troupes blindés. Cf. la date du 28 juin 1944.

(23) Il n'a pas été possible de localiser ce lieu.

(24) Hubert Meyer était le seul *I.Generalstabsoffizier (Ia)* de la « *Hitlerjugend* ». Diplômé en 1936 de la *Junkerschule* de Bad Tölz, il devient *SS-Untersturmführer* le 9 novembre 1938. Affecté au *III.SS-Leibstandarte* puis ultérieurement *Kompanie Chef* de la *12./Leibstandarte*. Après le passage de la *Leibstandarte* d'un format de brigade à celui de division, il commande le *III./SS-Panzer-Grenadier-Regiment 1* et il est décoré de la Croix allemande en or le 6 mai 1943. Reçoit une formation d'officier d'état-major avant d'être affecté à la *Hitlerjugend*, promu *SS-Sturmbannführer* le 20 avril 1943 et *SS-Obersturmbannführer* le 9 novembre 1944. Après que Kurt Meyer a été fait prisonnier le 6 septembre 1944, Hubert Meyer commande aussi la division jusqu'à l'arrivée du *SS-Standartenführer* Hugo Kraas en novembre. Meyer a écrit l'histoire officielle de la division « *Hit-*

2. Le *III./SS-Panzergrenadier-Regiment 26* (sans son *Pak Zug*) sera subordonné à la *Kampfgruppe « Wünsche » (Korpsreserve)* et le 31.07 après la tombée de la nuit sera regroupée dans le secteur où se trouvent les quartiers de la *Kampfgruppe Wünsche*. Le *Pak-Zug* doit rester sur ses positions et est rattaché au *II./Panzergrenadier-Regiment 25*.

3. Après avoir procédé à la relève le *II./SS-Panzergrenadier-Regiment 25* occupera les positions du *III./SS-Panzergrenadier-Regiment 26* et sera subordonnée à la *Kampfgruppe « Prinz »*. Les unités suivantes sont rattachées au *II./SS-Panzergrenadier-Regiment 25* : la *Divisionsbegleitkompanie* et le *Pak-Zug* du *III./SS-Panzergrenadier-Regiment 26*.

4. La relève à effectuer devra faire l'objet d'un rapport à la division à 06h00 le 01.08.1944.

Erster Generalstabsoffizier
12./SS-Panzer-Regiment 12 «HJ»
Signé Meyer

1er août 1944

I./SS-Panzer-Regiment 12

Continuation du travail de maintenance par les *Kompanien*. La journée se déroule calmement. Nouveaux tirs de l'ennemi sans pertes de nôtre côté.

II./SS-Panzer-Regiment 12

Le *III./SS-Panzer-Grenadier-Regiment 26* (sans son *Pak-Zug*) s'est regroupée dans la nuit du 31.07 dans les quartiers de la *Kampfgruppe « Wünsche »*. Sa subordination à la *Kampfgruppe « Prinz »* prend fin.

Aux premières heures du 01.08 le *II./SS-Panzer-Grenadier-Regiment 25* occupe les positions du *III./SS-Panzer-Grenadier-Regiment 26*. Le *II./SS-Panzer-Grenadier-Regiment 25* est immédiatement subordonné à la *Kampfgruppe « Prinz »* .

Dans la nuit du 31.07, la *5./SS-Panzer-Regiment 12* se repositionne au sud-ouest de Valmeray.

La *1./Sturmpanzer-Abteilung 217* reste dans ses positions précédentes. La *8./SS-Panzer-Regiment 12* installe trois chars factices dans les bois de Navarve conformément aux ordres donnés.

Tirs de harcèlement d'artillerie et de lance-roquettes sur les positions de la *5./SS-Panzer-Regiment 12* et de la *7./Panzer-Regiment 12* : un mort et deux blessés graves ainsi que deux blessés légers au sein de la *II./SS-Panzer-Regiment 12*.

D'importantes formations aériennes ennemies ont survolé le secteur de la *Kampfgruppe « Prinz »*. Sinon aucun événement notable pendant la journée.

La *9.Kompanie* est immédiatement renommée *5.Kompanie*.

Annexe n°15 au journal de guerre

12. SS-Panzer-Division « Hitlerjugend »

Abt. Ia n° 914/44 g.Kdos
1er août 1944

Ordre de la division

1. malgré le repli des divisions blindées ennemies, il nous faut anticiper la répétition d'attaques ennemies, en particulier des attaques de diversion et celles qui ont des objectifs limités qui fixent nos troupes.

2. La division prendra en outre en charge le secteur du *II./SS-Panzergrenadier-Regiment 25*. Zone limite gauche : Saint-Sylvain (ouest)-La Hougue (est).

3. Dans la nuit du 01.08, le *II./Grenadier-Regiment 731* remplacera le *I./SS-Panzergrenadier-Regiment 26*. La *schwere Kompanie* du *I.Bataillon, SS-Panzergrenadier-Regiment 26* restera en position et sera subordonnée au *II./Grenadier-Regiment 731*. Le *II./Grenadier-Regiment 731* sera subordonné au *SS-Panzergrenadier-Regiment 26*. Le *I./SS-Panzergrenadier-Regiment 26* reprendra les positions du *II./SS-Panzergrenadier-Regiment 25*.

Le *Panzerjäger-Zug* (25) du *III./SS-Panzergrenadier-Regiment 26* est subordonné au *I./SS-Panzergrenadier-Regiment 26*. Le *I./SS-Panzergrenadier-Regiment 26*, en tant que *Divisions-Reserve* sera directement subordonnée à la division.

La *Divisionsbegleit-Kompanie* sera subordonnée à la *Kampfgruppe « Prinz »* reste dans ses positions actuelles.

4. Dans la nuit du 01.08, le *II./SS-Panzergrenadier-Regiment 25* remplacera le *II./SS-Panzergrenadier-Regiment 2* dans les positions qu'il aura pu continuer à occuper. Le *Leichte Infanterie-Geschütz-Zug* du *II./SS-Panzergrenadier-Regiment 25* lui est à nouveau subordonné (sans ses deux canons). Les deux pelotons doivent pouvoir faire feu devant le secteur du *III./Grenadier-Regiment 731*.

La *9./SS-Panzer-Regiment 12* doit être déployée comme instrument mobile antichar sur le secteur du *II./SS-Panzergrenadier-Regiment 25*. Le *II./SS-Panzergrenadier-Regiment 25* est subordonné au *SS-Panzergrenadier-Regiment 26*.

5. Un ordre séparé sera envoyé le moment venu pour que le *SS-Panzer-Artillerie-Regiment 12* déploie son artillerie.

6. Les *14./SS-Panzergrenadier-Regiment 25*, *SS-Panzergrenadier-Regiment 26* et les pelotons antiaériens opérationnels de la *Divisionsbegleit-Kompanie* avec son personnel, son armement et ses véhicules sont subordonnés à la *Flak-Abteilung 12*. Le ravitaillement et le déploiement sont à effectuer par le commandant de la *SS-Flak-Abteilung 12*, en accord avec le commandant du *SS-Panzergrenadier-Regiment 26*. Le ravitaillement doit être assuré par la *14./SS-Panzergrenadier-Regiment 26* ou la *Batterie* comme unité de ravitaillement.

Les officiers, sous-officiers et simples soldats sont réaffectés à la *SS-Flak-Abteilung 12* ; en cas de rétablissement des *Kompanien* antiaériennes des régiments, il leur faudra les réintégrer.

7. Les communications radio et téléphoniques demeurent inchangées. La *SS-Panzer-Nachrichten-Abteilung 12* traite les demandes qui lui sont adressées par le *SS-Panzer-Grenadier-Regiment 26*.

8. Le poste de commandement divisionnaire inchangé.

Standartenführer Meyer (26)

2 août 1944

I./SS-Panzer-Regiment 12

Travaux de réparation dans les *Kompanien*. La journée se déroule calmement. A 18h00, la *2.Kompanie,* commandée par le *SS-Obersturmführer* Gaede, avec des éléments du *Bataillon « Olboeter »* (27) est déployée dans la direction de Vire, dans le cadre d'une mission de reconnaissance contre l'ennemi qui avait réalisé une percée. Dans la nuit, l'*Abteilung* a mis en place des chars factices (28).

II./SS-Panzer-Regiment 12

La subordination du *II./SS-Panzergrenadier-Regiment 25* à la *Kampfgruppe « Prinz »* prend fin. Le *II./SS-Panzergrenadier-Regiment 25* occupe les positions tenues jusque-là par le *II./SS-Panzergrenadier-Regiment 2* (29) dans la nuit du 01.08.

La *5./SS-Panzer-Regiment 12* (30) a été déployée comme unité mobile antichar sur la ligne de front du *II./SS-Panzergrenadier-Regiment 25*. Le changement de positions a été effectué dans la nuit du 01.08.

A 04h00, la *5.Kompanie* occupe les positions précisées dans l'ordre (secteur boisé à l'est de La Hougue) sans incident notable.

La *Divisionbegleit-Kompanie* est subordonnée à la *Kampfgruppe « Prinz »*.

La *Divisionsbegleit-Kompanie* reste sur ses positions.

Pendant la nuit, tirs d'artillerie lourde et de lance-roquettes sur les positions de la *7./SS-Panzer-Regiment 12* : un blessé (qui reste dans son unité). Un tir d'artillerie atteint directement un canon antiaérien : le *Vierling* (quadruple affût antiaérien) et la radio sont endommagés.

Attaque d'un chasseur-bombardier sur la voiture de la *Stabskompanie, II./SS-Panzer-Regiment 12*, deux blessés transportés au poste de secours.

Faible activité aérienne ennemie.

3 août 1944

I./SS-Panzer-Regiment 12

Faibles tirs de harcèlement de l'artillerie ennemie, pas d'événements notables (31). L'unité de Gaede détruit cinq *Sherman* et un transport de troupe blindé en position verrouillée à l'est de Vire (32).

II./SS-Panzer-Regiment 12

Les *Kompanien* de chars et les unités subordonnées restent sur leurs positions de la veille. Le poste de commandement de la *5./SS-Panzer-Regiment 12* a été transféré avec le poste de commandement de Schrott (33), vers la sortie nord-ouest de Chicheboville.

Tirs nourris d'artillerie et de lance-roquettes toute la journée et toute la nuit sur les positions des *5.* et *7./SS-Panzergrenadier-Regiment 12*. Tirs destructeurs sur les positions de la *Divisionsbegleit-Kompanie* : trois blessés dont deux restent au sein de leur unité.

Pendant la nuit, tirs nourris d'artillerie lourde sur les quartiers de la *1./Sturmpanzer-Abteilung 217* : un blessé très grave.

Le *SS-Standartenführer* Kurt Meyer est devenu *Divisionführer* après la mort de Fritz Witt (*Cf.* note 26, ci-dessous). (Photo SS-KB W.Woscidlo/Coll. G. Bernage.)

Activité aérienne : la nuit a été calme, faible activité le matin, l'après-midi intense activité des avions de chasse et de reconnaissance ennemis. L'après-midi, un chasseur-bombardier britannique est abattu devant nos yeux.

lerjugend» et a également été porte-parole de la *HIAG* (*Hilfsgemeinschaft auf Gegenseitigkeit der ehemaligen Angehörigen der Waffen-SS*).

(25) Le *Pak-Zug* du bataillon.

(26) Le *SS-Standartenführer* Meyer était le *Divisionsführer* de la *12. SS-Panzer-Division*. Décoré de la Croix de chevalier le 18 mai 1941 en tant que *SS-Sturmbannführer* commandant l'*Aufklärungsabteilung* de la *« Leibstandarte »* et des Feuilles de chêne le 23 février 1943 alors qu'il commande la même unité avec le grade de *SS-Obersturmbannführer*. C'est comme commandant de la *12.SS-Panzer-Division « Hitlerjugend »* que Meyer fut décoré des Glaives le 27 août 1944. Il est mort à Hagen le 23 décembre 1961.

(27) La *Kampfgruppe* de reconnaissance *« Olboeter »* commandée par le *SS-Sturmbannführer* Erich Olboeter fut constituée ce jour-là. La *2./SS-Panzer-Regiment 12* avec 13 Panther, la *10./SS-Panzergrenadier-Regiment 26*, la *1./SS-Panzer-Artillerie-Regiment 12* (avec six Wespen, pièces d'artillerie automotrices et six véhicules blindés de reconnaissance de la *1./Panzer-Aufklärungsabteilung I* avec des radios de 80 watts sont alors subordonnés à la *Kampfgruppe*. Cette dernière est subordonnée au *II.SS-Panzerkorps* et regroupée dans le secteur à l'est de Vire.

(28) D'après le *KTB* de la *Panzergruppe West* (renommé ensuite *5.Panzerarmee*) 65 chars factices seront au total mis en place au nord et au nord-est de Saint Sylvain.

(29) Ce bataillon constituait une partie de la *1.SS-Panzer-Division « Leibstandarte »*.

(30) Nouvelle dénomination de l'ex-*9./SS-Panzer-Regiment 12*.

(31) D'après le *KTB* de la *Panzergruppe West*, le *Flak-Zug* du *SS-Panzer-Regiment 12* abattit un P-47 *Thunderbolt* au sud-est de Fierville vers 14h15.

(32) La *Kampfgruppe Olboeter* et le *Pionnier-Bataillon 600* indépendant *(Heer)* étaient en action principalement autour de Chênedollé. La *2./SS-Panzer-Regiment 12* était en embuscade sur une large portion du front au sud de la route Vire-Vassy, s'appuyant sur Viessoix avec son flanc gauche. Leur faisait face une grande partie de la 11e division blindée britannique.

(33) Le *SS-Hauptsturmführer* Heinz Schrott était le *Bataillonsführer* du *II./SS-Panzer-Grenadier-Regiment 25*. Il fut tué à la tête de son unité le 2 septembre 1944.

La *Flak* de la *HJ* en action

La division *Hitlerjugend* dispose de pièces de *Flak* automotrices et blindées qui seront redoutées par l'aviation alliée.

1 et **2.** La 4ᵉ batterie du groupe de *Flak* de la division, la *4./SS-Flak-Abteilung 12* est équipée de neuf pièces de *Flak* de 3,7 cm automotrices. Celles-ci sont montées sur des tracteurs moyens de 8 tonnes semi-chenillés. A l'avant, la cabine et le radiateur sont protégés par un blindage léger. Sur ces deux vues, nous voyons bien le poste de combat et l'équipage de six hommes. (Photo Paul Baier et Coll. H. Meyer/ Heimdal.)

1

3

2

3. L'un de ces engins détruit par un chasseur-bombardier. Le groupe de *Flak* est en outre équipé de huit pièces de 2 cm et de douze redoutables pièces de 8,8 cm - état théorique. (Coll. P. Baier/Heimdal.)

4. Ce *Flakvierling*, pièce quadruple de 2 cm, est monté sur un tracteur semi-chenillé avec cabine blindée. Il est affecté au régiment d'artillerie de la division. (*SS-KB* Woscidlo/Coll. G.B.)

4

Annexe 16 au journal de guerre *12.SS-Panzer-Division Hitlerjugend*

16 copies, 5e copie

3 août 1944

Ordre de la division

1. Il convient d'anticiper des attaques renouvelées de l'ennemi sur la ligne de front du *I.SS-Panzerkorps « LSSAH »* à tout moment ;

2. La division, en tant que *Korpsreserve,* se regroupe dans le secteur Bissières-Saint-Sylvain-Sassy-Escures et est prête à se déployer vers le nord-est et le nord-ouest.

3. Pour pouvoir exécuter la manœuvre susmentionnée, pendant la nuit, des éléments de la *272. Infanterie-Division* prendront la relève sur sa ligne de front. La *Kampfgruppe « Wünsche »* (avec des éléments de la *1.SS-Panzer-Division« LSSAH »*) est à nouveau subordonnée à la division. Les *II.* et *III./Grenadier-Regiment 731* sont rattachés à la *272.Infanterie-Division*. Le rattachement de la *schwere Artillerie-Abteilung 555* prend fin, son nouveau rattachement sera précisé le moment venu.

4. Regroupement :

a. Le *SS-Panzergrenadier-Regiment 26* (*Regimentsstab, I./SS-Panzergrenadier-Regiment 25* et *I./SS-Panzergrenadier-Regiment 26* avec les unités régimentaires subordonnées) à la tombée de la nuit, et après la relève par des parties de la *272. Infanterie-Division* dans les secteurs de Cures-Magny la Campagne-Condé-Ernes (en dehors de la zone de combat) et Sassy (à l'intérieur de la zone de combat) ;

b. La *Kampfgruppe « Wünsche »* (*Stab, SS-Panzer-Regiment 12, I./SS-Panzer-Regiment 12* sans l'une de ses *Kompanien, II./SS-Panzer-Regiment 12* sans l'une de ses *Kompanien, III./SS-Panzergrenadier-Regiment 26* sans son *Stab* et l'une de ses *Kompanien* et la *1.Sturmpanzer-Abteilung 217* dans le secteur Condé-sur-Ifs-Vieux Fumé-Bray-la-Campagne-Saint-Sylvain-Maizières-Ernes ; (jusque dans la nuit du 04.08, la *5./SS-Panzer-Regiment 12* restera sur les positions qu'elle tient encore. La *8.Kompanie* et la *1.Sturmpanzer-Abteilung 217* se regrouperont le 03.08 à la tombée de la nuit. Le repli de la *7./SS-Panzer-Regiment 12* devra être effectué le 04.08, de manière à pouvoir rejoindre ses nouveaux quartiers avant le lever du jour).

c. *Stab, SS-Panzer-Artillerie-Regiment 12, la I./SS-Panzer-Artillerie-Regiment 12* (sans ses *1.* et *2. Batterien*) et la *SS-Werfer-Abteilung 12* vers le secteur boisé à 1,5 km de Ouezy-Magny-la-Campagne (à l'intérieur du secteur de combat) - Cauvigny - Vaux-la-Campagne - Le Rouilly (à l'extérieur du secteur de combat) ; (la *III.Abteilung* restera sur ses positions. La *6.Batterie* se positionnera de manière à pouvoir faire feu devant la ligne de front antérieure de la division. Le *SS-Panzer-Artillerie-Regiment 12* doit être prêt à tout moment à appuyer les combats défensifs de la *272.Infanterie-Division* sur la ligne de défense précédente de la *12.SS-Panzer-Division Hitlerjugend* si nécessaire.)

d. La *SS-Panzerjäger-Abteilung 12* (sans sa *1. Kompanie*) sur le secteur Maizières - Rouvres (à l'intérieur du secteur de combat) - Le Bû-sur-Rouvres (à l'extérieur du secteur de combat) ; (la *1.Kompanie* doit se retirer de ses positions précédentes dans la nuit du 04.08).

e. La *Divisionsbegleit-Kompanie* sur la partie ouest de Vieux-Fumé (sa subordination à la *Kampfgruppe « Prinz »* cessera immédiatement) ;

f. La *SS-Panzer-Nachrichten-Abteilung 12* sur la partie est de Vieux-Fumé.

5. La *SS-Panzer-Aufklärungs-Abteilung 12* et la *3./SS-Panzer-Pionier-Abteilung 12* resteront sur leurs positions.

6. La *SS-Flak-Abteilung 12* maintiendra ses positions antiaériennes conformément aux instructions du *Korps-Flak-Führer* du *I.SS-Panzerkorps « LSSAH »*.

7. L'exécution des relèves et les changements de commandement doivent être rapportés par le *SS-Panzergrenadier-Regiment 26* à la *Ia-Abteilung* de la division.

8. La *9./SS-Panzer-Regiment 12* et la *1./SS-Panzerjäger-Abteilung 12* devront coopérer avec le *Grenadier-Regiment 982* tout en restant sous le commandement direct de la division.

9. Les liaisons par câble avec les régiments, les *Bataillon/Abteilung* indépendants, le *Stabsquartier* et la *272.Infanterie-Division* doivent être réinstallées et maintenues. Alerte radio !

10. Poste de commandement divisionnaire : Cauvigny (1 km sud-ouest de Canon). Pas soucis d'exactitude : signé au brouillon par Meyer. *1.Generalstaboffizier Standartenführer* Meyer

signé : Meyer *1. Erster Generalstabsoffizier Standartenführer* Meyer

Addendum : la *1.SS-Panzer-Division* et des éléments du *I.SS-Panzerkorps « LSSAH »* resteront subordonnés à la *Kampfgruppe « Wünsche »* dans leurs quartiers pour l'instant.

Signé Meyer

4 août 1944

I./SS-Panzer-Regiment 12

Travaux de réparation dans les *Kompanien*. Pas d'événements notables.

II./SS-Panzer-Regiment 12

Par ordre de la division, la *II./SS-Panzer-Regiment 12* (sans la *5.Kompanie* ; avec la *Sturmpanzer-Abteilung 217*) transférée dans la nuit du 03.08 sur Condé-sur-Ifs-Maizières-Ernes (tous en dehors de la zone de combat). La *5.Kompanie* reste sur ses positions précédentes jusqu'à la nuit du 04.08.

Le retrait des *Kompanien* de leurs positions précédentes et l'occupation de nouveaux cantonnements se poursuivent sans événements notables.

La subordination de la *Divisionsbegleit-Kompanie* à la *Kampfgruppe « Prinz »* est suspendue.

Nouveau poste de commandement de la *II.Abteilung* à la sortie nord d'Ernes (petit château sur la route de Condé-Ernes).

Activité aérienne : nos formations de bombardiers étaient en mission de 00h30 à 05h00. Pendant la matinée et dans l'après-midi, activité occasionnelle contre les forces ennemies.

Faible activité de l'artillerie ennemie.

Conçus avant la guerre pour la *SS-Verfügungstruppe* par le *SS-Hauptsturmführer* Dr. Ing. Wilhelm Brandt, les tenues et les casques camouflés donnent un avantage certain aux troupes de la *Waffen-SS* pendant la bataille de Normandie. (Mark C. Yerger)

5 août 1944

I./SS-Panzer-Regiment 12

La *2.Kompanie* à Vire ; travaux de maintenance et de réparation au sein des autres parties de l'*Abteilung*. Un char ennemi a détruit complètement un *Panzer V* de la *2.Kompanie*. Celle-ci a détruit quatre autres *Sherman*.

II./SS-Panzer-Regiment 12

La *5.Kompanie* s'est repliée de ses positions précédentes à La Hougue dans la nuit du 04.08 et a été regroupée dans les quartiers de la *II./SS-Panzer-Regiment 12*. Le regroupement s'est effectué sans incident notable.

La *Stabskompanie* et les *7.* et *8.Kompanien* demeurent dans les quartiers occupés deux nuits auparavant. La journée se déroule sans incident notable, travaux de réparation et de nettoyage des armes.

Activité aérienne : occasionnelle le matin, rien dans l'après-midi.

6 août 1944

I./SS-Panzer-Regiment 12

La *2.Kompanie* à Vire. Les réparations sont transférées dans une autre partie de *l'Abteilung.* Tirs occasionnels de canons de gros calibre sur le secteur de l'*Abteilung*.

II./SS-Panzer-Regiment 12

La *II./SS-Panzer-Regiment 12* avec la *Sturmpanzer-Abteilung 217* qui lui est rattachée restent dans les quartiers de la veille.

La journée est passée à assurer des travaux de réparation et de nettoyage des armes, et à faire des examens médicaux. Rien à signaler. Le matin, activité de l'aviation ennemie en matinée et dans l'après-midi.

7 août 1944

I./SS-Panzer-Regiment 12

Par ordre du régiment, le regroupement de l'*Abteilung* (*3.Kompanie, Nachrichtenzug, Kradschützen Aufklärungszug*, trois chars de la *2.Kompanie* et les véhicules du *Stab*) à 8 km au sud-est de Grimbosq. Départ de Fierville-Bray et Bray-la-Campagne à 01h45 via Saint-Sylvain, Bretteville-le-Rabet, Grainville-Langannerie et Monlatn (34). Regroupement effectué à 04h30.

La *3.Kompanie* avec dix chars commandée par le *SS-Untersturmführer* Rudolf Alban, partie à 05h00 avec la mission de faire un rapport à un poste de commandement de bataillon à Château le Montier (35) et, en coopération avec les forces qui s'y trouvent, d'éliminer la tête de pont (36) ennemie à Grimbosq à l'est de l'Orne.

A 10h30, des éléments du *III./SS-Panzergrenadier-Regiment 26*, subordonné à l'*Abteilung,* ont reçu pour mission de marcher vers Le Montier, de prendre le contrôle de la zone et de se préparer à l'assaut.

II./SS-Panzer-Regiment 12

Dans la nuit du 06.08, la *II./SS-Panzer-Regiment 12,* avec la *1./Sturmpanzer-Abteilung 217* qui lui est rattachée, se regroupent dans le secteur à l'est de Thury-Harcourt. Regroupement effectué sans incident notable.

Nouveau poste de commandement de l'*Abteilung* : Puant, à l'est d'Acqueville.

1./Sturmpanzer-Abteilung 217 : Fontaine-Halbout ;

5.Kompanie : château de La Motte au sud d'Acqueville

7.Kompanie : Acqueville

8.Kompanie : Bois-Halbout

Stabskompanie : Puant

Activités des avions de reconnaissance et des chasseurs-bombardiers toute la journée.

8 août 1944 (37)

I./SS-Panzer-Regiment 12

Tirs nourris d'artillerie lourde toute la nuit sur les positions. A 04h00, le *SS-Untersturmführer* Kurt Bogensperger a relevé quatre *Tiger* (38) placés à la sortie ouest de Le Bas Brieux par deux *Panther*. Un *Panther* supplémentaire a pris position vers 07h00 au carrefour directement à l'est de Le Haut Brieux. Le char du *SS-Untersturmführer* Mathis (39) est détruit par quatre canons antichars et il a péri dans son char en feu en même temps que son canonnier.

Le *SS-Untersturmführer* Kurt Bogensperger a reçu pour mission de prendre la relève des *Tiger* à Le Haut Brieux et d'empêcher à tout prix que l'ennemi n'y franchisse le pont à l'ouest du village.

Le *SS-Oberscharführer* Mende a pris position avec son peloton au nord-est de Grimbosq. Sa mission : donner l'alerte en cas d'attaque ennemie venant de Grimbosq dans les directions est ou nord-est. Tirs nourris de l'artillerie ennemie toute la journée obligeant l'infanterie à décrocher à plusieurs reprises des premières lignes. Mais les chars de la *3.Kompanie* et l'intervention personnelle des commandants d'unité ont permis de les tenir.

A 15h00, le *SS-Sturmbannführer* Arnold Jürgensen est chargé par le *Regimentskommandeur* de tenir les positions à Le Haut Brieux en utilisant l'ensemble des chars et véhicules blindés.

L'après-midi du même jour, le *SS-Untersturmführer* Rudolf Alban a soutenu l'un des assauts des grenadiers avec le « *Mende* » *Zug* et, alors qu'il progressait au sud de Grimbosq (40), a repoussé la contre-attaque de l'ennemi avec des obus explosifs et des mitrailleuses. Cette fois-ci, nous avons pu gagner du terrain. Un char a reçu un obus d'artillerie qui a endommagé sa radio. Sur le chemin du retour, il s'est immobilisé dans un profond cratère causé par l'artillerie lourde, ne parvenant pas à s'en extraire. Dépouillé de son armement et de sa radio il est finalement sabordé par ordre du commandant. Le *SS-Untersturmführer*

(34) Aucun village ne portant ce nom en Normandie, il s'agit probablement d'une faute de frappe.

(35) Il s'agit probablement du poste de commandement du *I./SS-Panzergrenadier-Regiment 26*.

(36) La tête de pont tenue par deux bataillons de la 176e brigade d'infanterie de la 59e division d'infanterie britannique *(Staffordshire)* et deux compagnies de chars *Churchill* du 107e régiment royal blindé de la 34e brigade blindée.

(37) L'opération *Totalize* de la 21e armée anglo-canadienne commença ce jour-là et dura jusqu'au 11 août. Son objectif était de percer les défenses allemandes et d'atteindre Falaise. Au centre du dispositif offensif se trouve le IIe corps canadien. Lui était rattachées les 2e et 3e divisions d'infanterie canadiennes, la 2e brigade blindée canadienne, la 4e division blindée canadienne arrivée récemment, la 51e division d'infanterie britannique *(Highland),* la 33e brigade blindée britannique, et la 1re division blindée polonaise également tout fraîche. Une partie de l'infanterie de soutien suivait les chars sur des « Kangourous », des véhicules blindés de transport de troupe obtenus en désarmant des canons d'assaut M7 *Priest*.

(38) Des chars lourds *Tiger I Ausf. E* de la *2.Kompanie* appartenant à la « *Leibstandarte* ». *Cf.* Wolfgang Schneider, *Tiger im Kampf*, vol. II, Uelzen : Schneider Armour Research, 2001, p. 273.

(39) Le *SS-Untersturmführer* Peter Mathis (né en 1921) a servi dans la *8./SS-Panzer-Grenadier-Regiment 26*.

(40) L'annexe 12 au rapport du *KTB* stipule que les chars de la *3./SS-Panzer-Regiment 12* avançaient au nord du village.

(41) Le *SS-Untersturmführer* Rudolf August Berthold Alban était né en 1922. La date de sa mort est le 7 août 1944, comme cela est indiqué à la fois dans l'histoire de la *12.SS-Panzer-Division* et dans la banque de données des cimetières militaires allemands (*Deutsche Kriegsgräberfürsorge*).

(42) Le *SS-Untersturmführer* Kurt Bogensperger était né en 1924 et rejoignit la « *Hitlerjugend* » après avoir servi dans le *SS-Panzer-Regiment 1*.

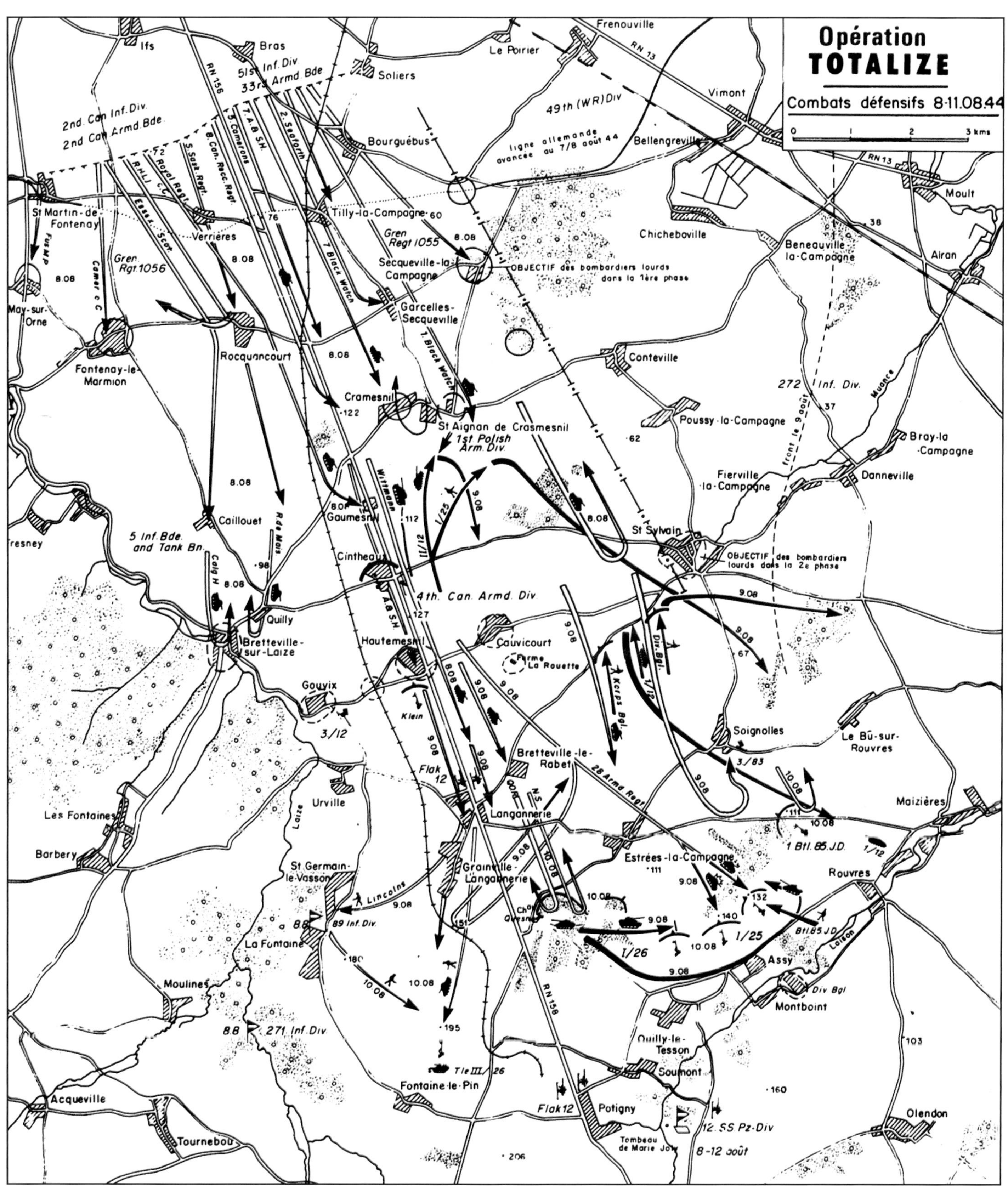

Alban (41) est tué dans le char du *SS-Oberscharführer* Mende au moment de se rendre à bord du char pour y transmettre un ordre du régiment. Le *SS-Untersturmführer* Kurt Bogensperger (42) est également tué par un tir de char ennemi.

Le soir, ordre à l'*Abteilung* de rejoindre le sud-est de Cintheaux pour repousser l'ennemi qui a réussi à percer. Tirs d'artillerie lourde pendant le repli.

La phase I de l'opération a permis aux Alliés d'atteindre la route perpendiculaire avec May, Fontenay-le-Marmion, Rocquancourt, Garcelles et Secqueville, et même Saint-Aignan qui va jouer un rôle important au début de la phase suivante. Au début de la phase II, la contre-attaque de la *HJ*, lancée avec les *Tiger*, les *Panzer IV (I./12)* et la *KG Waldmüller* va échouer. Mais, les deux jours suivants, la *4th Canadian Armoured Division* va subir un désastre sur la côte 140 (à l'est) et de lourdes pertes à l'ouest sur la cote 195. Ce désastre subi par les blindés canadiens marquera la fin de *Totalize*. (Heimdal, d'après H. Meyer.)

Tapfer, treu und in Erfüllung edelster Soldatenpflicht brachte unser über alles geliebter, unvergeßlicher Sohn und Bruder

Kurt Bogensperger

Untersturmführer und Zugführer in einer ##-Division

Inhaber des EK. 1. u. 2. Kl., des Panzersturm- u. des Verw.-Abz. sowie vieler Sportabzeichen sein hoffnungsvolles Leben im Alter von 20 Jahren im Daseinskampf unseres Vaterlandes zum Opfer. Sein Leben sei uns Vorbild, sein Heldentod Verpflichtung.

Familie **Bogensperger**, ##-Ustuf. und Bez.-Obltn. d. Gend., und die Verwandten.

Saalfelden am Stein. Meer, 30. August 1944.

Ci-contre, de gauche à droite : les *SS-Ustuf.* Kurt Bogensperger et Rudolf Alban photographiés à Harcourt pour la Pentecôte de 1944 (ils portent encore ici le grade de *SS-Oberscharführer*). Côte à côte sur cette photo, ils seront tués le même jour, ce 8 juin 1944. (Coll. G. Bernage.)

Ci-dessus : le faire-part de décès de Kurt Bogensperger. Nous y lisons qu'il fut *Untersturmführer* et chef de section dans une *« SS-Division »*, *« titulaire des croix de fer de 1re et 2e classes, des insignes d'assaut des panzers, des blessés et de nombreux insignes sportifs »*. Mort à 20 ans, il était aussi lieutenant de réserve de la gendarmerie. Ce faire-part est daté du 30 août 1944, à Saalfelden-am-Stein. (Coll. G. Bernage.)

II./SS-Panzer-Regiment 12

La *II./SS-Panzer-Regiment 12* est subordonnée au *SS-Panzergrenadier-Regiment 26*. Poste de commandement régimentaire dans le poste de commandement du *SS-Panzergrenadier-Regiment 26* à Urville.

Rapport sur les mouvements de l'ennemi : ce dernier avance dans la direction sud-est avec d'importantes forces blindées. D'après les soldats de la Wehrmacht, l'ennemi a déjà atteint Cintheaux et Saint-Sylvain.

A 06h30 : départ de la *5.Kompanie* (avec cinq *Panzer IV*), de la *7.Kompanie* (douze *Panzer IV* (43)) et des *Tiger* (44) de la *« Wittmann Abteilung »* (45) via Grainville et Hautmesnil vers Cintheaux.

A 09h00, la *Tiger-Kompanie* (*SS-Hauptsturmführer* Franz Heurich) (46) rapporte : *« Nous avons atteint Cintheaux, pas d'ennemi dans le village »*.

Les chars *Panzer VI* (47) prennent position sur la périphérie nord de Cintheaux, à côté de l'*Einheit « Gasch »* (48) sur la droite ; aucune liaison radio avec *l'Einheit « Buettner »* (49) qui devait occuper les positions à gauche de la *Panzer VI Kompanie*.

10h45 : tout est calme au niveau de la *Kompanie « Heurich »* et de la *Kompanie « Gasch »*. Toujours pas de liaison radio avec l'*Einheit « Buettner »*. Pour l'instant, rien à signaler au niveau des mouvements de l'ennemi ou ses éventuels plans.

A partir de midi, raids aériens constants de quadrimoteurs britanniques. Urville, Hautmesnil et Cauvicourt sont soumis à un tapis de bombes (50).

(43) Soit seulement dix-sept chars *Panzer IV* opérationnels au total. Toutefois, dans de nombreux ouvrages – dans la mesure où le *KTB* de la *I./SS-Panzer-Regiment 12* n'était pas encore accessible – les 39 *Panzer IV* opérationnels évoqués dans le rapport du 6 août sont considérés comme le nombre de chars disponibles, et ce nombre est considéré comme le nombre de chars encore opérationnels le 8 août. *Cf.* entre autres : Patrick Agte, *Michael Wittmann und die Tiger der Leibstandarte SS Adolf Hitler*, Deutsche Verlangsgesellschaft, 1995, p. 258 (cité ci-après sous la référence Agte) et Reynolds p. 276.

(44) Dix chars lourds *Tiger Ausf. E* de la *3./SS-Panzer-Abteilung 101* subordonnée à la *II./SS-Panzer-Regiment 12* sous le commandement du *SS-Hauptsturmführer* Franz Heurich. Seuls huit chars Tiger prirent part à cette mission avec les *Panzer IV*.

(45) *Kampfgruppe* de la *schwere SS-Panzer-Abteilung* commandée par le *SS-Haupsturmführer* Michael Wittmann. Ce dernier avait servi au sein de la *Sturmgeschütz-Batterie* de la *Leibstandarte* d'origine en 1941 puis dans la *13./SS-Panzer-Regiment 1* de la même division. Il commanda ensuite la *2./schwere SS-Panzer-Abteilung 101* avant de commander cette *Abteilung*. Wittmann fut décoré de Croix de chevalier le 14 janvier 1944, des Feuilles de chêne le 30 janvier 1944 et des Glaives le 22 juin 1944. Voir ci-après le texte de l'ouvrage pour les détails concernant la période normande de l'as des as des chars de la *Waffen-SS*. Wittmann ne rejoignit pas le *Kommando* dans son propre char (numéro de tourelle ***205*** alors en réparation) mais dans le ***007*** de l'*Abteilungskommandeur*, vers 11h00, à Cintheaux. L'*Abteilungsführer* de la *schwere SS-Panzer-Abteilung 101* à cette époque était le *SS-Obersturmbannführer* Heinz von Westernhagen. D'abord commandant de la *SS-Sturmgeschütz-Abteilung 1* de la *« Leibstandarte »*, il revint ensuite commander la *schwere SS-Panzer-Abteilung 101* (rebaptisée ultérieurement 501) et fut tué le 20 mars 1945 à Veszprém alors qu'il avait le grade de *SS-Obersturmbannführer*.

(46) Dans le document original le nom a été retranscrit par erreur en « Heurig ».

(47) Dans l'original allemand, les chars de la *Tiger-Kompanie* sont présentés comme des *Panzer IV* au lieu de *Panzer VI*.

(48) La *7.SS-Panzer-Regiment 12*.

(49) La *5.SS-Panzer-Regiment 12*.

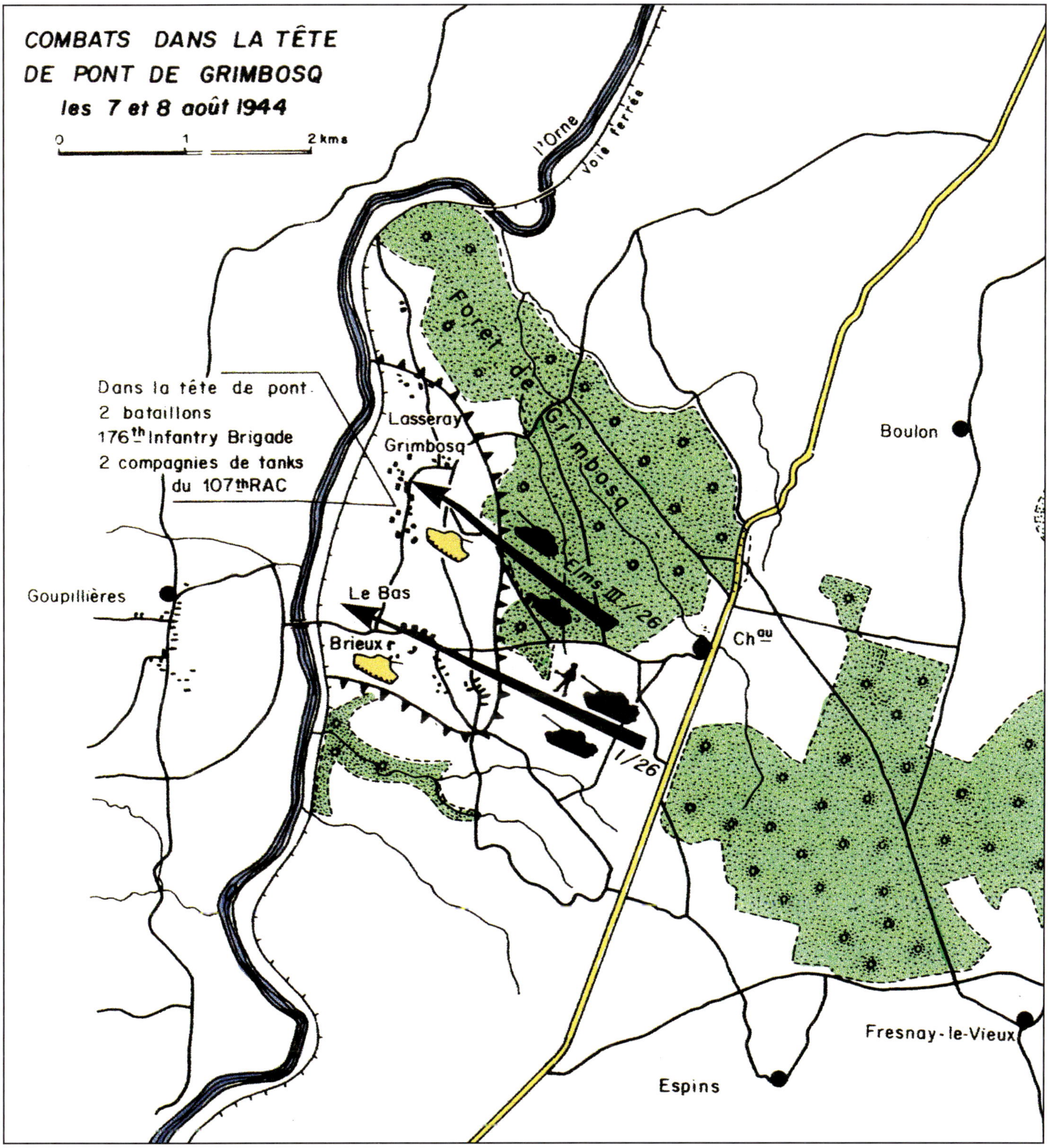

Les combats pour la tête de pont de Grimbosq. (Heimdal d'après H. Meyer.)

La liaison radio avec les *Kompanien* a été interrompue. Nous avons recueilli l'infanterie de la Wehrmacht (51) en train de battre en retraite et qui a installé ses positions au sud de Hautmesnil ; deux *Panzer IV* et cinq *Panzer V* (52) sont également arrivés ici.

Sur la base des observations du champ de bataille, l'ennemi venant du nord-est a réussi à se glisser entre Cintheaux et Hautmesnil, et il y a donc une menace imminente d'encerclement des *Kompanien* blindées. Trois *Panzer VI* ont réussi à se replier de Cintheaux à temps (53). Aucune information sur les *Kompanien* de *Panzer IV* (54).

H. Freiberg. (Coll. G.B.)

(50) D'après certaines sources, Kurt Meyer (promu *SS-Oberführer* le 1er août 1944) ordonna une attaque immédiate, prévue sinon à 12h30 pour la *Kampfgruppe « Waldmüller »* (qui comprenait les *Tiger* de la *schwere SS-Panzer-Abteilung 101* et des *Panzer IV* ainsi que des *Panther* rattachés à la *II.SS-Panzer-Regiment 12*), c'est-à-dire avant que ne survienne l'attaque aérienne annoncée par le survol d'un appareil allié d'observation isolé. Meyer retira donc ses forces de la zone qui allait être écrasée sous les bombes. Le plan d'attaque fut approuvé le matin même par le *General der Panzertruppen* Heinrich Eberbach, *Oberbefehlshaber* de la *5. Panzerarmee* qui arriva à Urville. *Cf.* aussi Meyer, p. 304.

(51) Probablement des éléments du *Grenadier-Regiment 1055* de la *89. Infanterie-Division*.

(52) Ces chars étaient de retour après réparation de la *Werkstattskompanie* du *SS-Panzer-Regiment 12*.

Ci-contre à droite : Willi Fischer (ici avec le grade d'*Unterscharführer*), encore marqué au visage par les brûlures subies lors de l'incendie du *Panther* ***337*** devant Norrey le 9 juin. Sorti de l'hôpital militaire (voir page 99), il rejoint le front comme pointeur dans un nouveau Panther et participe au combat dans le secteur de Grimbosq avec son *Kommandant,* l'*Uscha.* Manfred Seifert, qui s'illustre ce 9 août (voir ci-contre) et aussi le 15 août. (Coll. G. Bernage.)

Ci-dessous : tous deux, Manfred Seifert (à gauche) et Willi Fischer en 1991. (Photo G. Bernage.)

Nouveau poste de commandement régimentaire dans une petite zone boisée au sud de la route Maizières-le-Val.

9 août 1944

I./SS-Panzer-Regiment 12

Dans la nuit du 08.08, regroupement effectué avec la totalité des effectifs des unités (55). Les cinq derniers chars opérationnels sont commandés par le *SS-Untersturmführer* Fritz Fiala. Un char reste pour défendre nos positions, les autres attaquent les chars ennemis par le flanc. L'arbre de transmission du char du *SS-Unterscharführer* Seifert est endommagé par le tir d'un blindé. Trois chars

Dans la nuit du 08.08 la *II./SS-Panzer-Regiment 12* avec les chars *Panzer VI* (*Tiger*) qui lui ont été affectés a été retirée de ses positions au sud de Hautmesnil de manière à établir de nouvelles positions à l'est de Soignolles.

A 2 km de Soignolles, les restes de la *5.* et de la *7.Kompanien* ont rencontré des éléments de la *II./SS-Panzer-Regiment 12* au cours de leur changement de positions. Les restes de la *5.* et de la *7.Kompanien* sont parvenus à se replier à la faveur de la nuit en direction du sud-est et à établir la liaison avec la *II.Abteilung*. Pendant la nuit, les *Kompanien* de panzers sont allées s'installer sur la périphérie nord de Soignolles.

(53) Dans l'original, ces chars de la *Tiger-Kompanie* sont indiqués comme étant des *Panzer IV* au lieu de *Panzer VI*. Il s'agit de trois des huit *Tiger* dont cinq commandés par le *Hauptsturmführer Wittmann*, qui se mirent en embuscade pour attaquer des éléments de la 33ᵉ brigade blindée britannique vers 12h39. Entre 12h40 et 12h52 un char *Firefly (3 SS-Trop/A Squadron/ 1 Northamptonshire Yeomanry)* arborant le numéro de tourelle 12 – surnommé « *Velikye Luki* » d'après certaines sources – détruisit trois *Tiger I Ausf. E* d'une distance d'environ 730 à 800 m en faisant feu sur leurs flancs. Au même moment, les chars lourds allemands furent également attaqués par les chars Firefly du 144ᵉ régiment royal blindé britannique à partir de la cote 122 (d'une distance d'environ 1300 m), et les chars Firefly du 27ᵉ régiment blindé *(the Sherbrooke Fusiliers)* de la 2ᵉ brigade blindée canadienne tirèrent de leurs positions à l'ouest de la route de Cintheaux dans le secteur de Gaumesnil (d'environ 450 m de distance) à travers des trous dans un mur en pierre. *Cf.* aussi Stephen A. Hart, *Sherman Firefly vs Tiger, Normandie 1944*, Oxford 2007, p. 62-63 (cité ci-après sous la référence Hart). Vers 13h00, les *Firefly* du *A Squadron/ 1 Northamptonshire Yeomanry* touchèrent deux *Panzer IV* de la *II./SS-Panzer-Regiment 12*, non loin des *Tiger* qui venaient d'être détruits. D'après ces informations, notre opinion est que le char *Firefly* n°12 de cette unité détruisit trois *Tiger* tandis que deux furent détruits par les *Firefly* dans la 3ᵉ Troupe, escadron A, 1ᵉʳ du 27ᵉ régiment blindé canadien. L'un d'entre eux était probablement le ***007*** de Wittmann qui fut détruit à 12h48 et dont la tourelle fut projetée en l'air.

prennent position loin sur le flanc droit. Le *SS-Untersturmführer* Fiala a attaqué les chars ennemis à partir d'une position avantageuse et détruit les quatre *Sherman* qui menaçaient le flanc gauche, mais un canon antichar est ensuite parvenu à détruire son char à partir du flanc droit. Quatre hommes sont blessés, le *SS-Untersturmführer* Fiala est indemne. Le char a été remorqué dans la soirée.

L'*Abteilung* avec ses *Tiger* a détruit plus de 30 chars ennemis (56) ce jour-là. Pendant le briefing du *SS-Untersturmführer* Fiala le *SS-Sturmbannführer* Arnold Jürgensen a été blessé sur la cote 114 à Ouilly-le-Tesson. Dans la nuit du 09.08, toutes les unités combattantes ont été rattachées à la *2.Kompanie* arrivant du secteur de Vire avec quatre chars, et la dernière a été de nouveau rattachée à la *II.Abteilung*. Les restes de la *3.Kompanie*, l'*Abteilungsstab*, les *Stabs-* et *Versorgungskompanien* ont été regroupées dans le secteur de Le Neubourg pour se réorganiser car la *1.* et la *4.Kompanien* s'y trouvent toujours.

II./SS-Panzer-Regiment 12

Pendant la nuit, la *II.Abteilung* et ses unités subordonnées sont transférées de Bretteville-le-Rabet vers l'est dans le secteur de Soignolles.

Les *Kompanien « Buettner »* et *« Gasch »* toujours encerclées par l'ennemi au sud de Saint-Aignan-de-Cramesnil ont pu se replier sans plus de pertes avec le *Bataillon « Waldmüller »* (57) et à rejoindre Soignolles. Les *Kompanien* sont déployées des deux côtés de Soignolles. Poste de commandement à 200 m au sud-sud-ouest de la cote 111.

Les positions stipulées dans l'ordre sont occupées à 06h00. Une attaque surprise ennemie aux premières heures du jour a pris le poste de commandement au dépourvu, il a donc dû se replier vers l'ouest de manière à rester en liaison avec les unités déployées.

Les trois *Tiger* et sept *Panther* qui y ont été envoyés sont rattachés à l'*Abteilung* (58) et les cotes 140 (59) et 132 prises par l'ennemi ont été reprises grâce à une contre-attaque.

Les unités déployées à Soignolles sont menacées de toutes parts, et ont donc dû décrocher pendant la nuit dans la direction de Le Bû-Maizières pendant la nuit après avoir détruit 56 chars (60) et mis hors de combat de nombreux fantassins.

Le soir, l'ennemi qui tenait le point 111 a fini par être détruit par deux *Tiger*, deux *Panther* et deux *Panzer IV* tandis que nous détruisions 22 autres

(54) Les forces restantes de la *Panzergruppe « Prinz »* rattachée à la *Kampfgruppe « Waldmüller »* (avec vingt *Panzer IV*, *Panther* et *Jagdpanzer IV* avec le soutien d'environ 400 *SS-Panzergrenadiere*) engagèrent des éléments de la *1st Northamptonshire Yeomanry* de la 33e brigade blindée britannique à Le Petit Ravin vers 12h55. La bataille se poursuivit jusqu'à 16h00. D'après les rapports britanniques seize des vingt chars allemands attaquants furent détruits dont sept par des *Firefly* : sept *Panzer IV*, quatre *Panther* et quatre *Jagdpanzer IV*. La *1st Northamptonshire Yeomanry* perdit treize *Sherman*, dont quatre *Firefly*. *Cf.* aussi Hart, p. 67 et 72. Ce dernier ouvrage, notamment consacré à la *SS-Panzerjäger-Abteilung 12*, détaille l'engagement des Jagdpanzer IV qui prirent part à cet engagement.

(55) D'après l'ordre donné précédemment, le regroupement fut exécuté au sud-est de Cintheaux.

(56) Huit *Tiger Ausf. E* de la *schwere SS-Panzer-Abteilung 101* et sept de la *schwere SS-Panzer-Abteilung 102* furent déployés dans le secteur. Les chars allemands détruisirent 44 *Sherman* au total, deux *Stuart* et un *Crusader* ; la plupart appartenant au 28e régiment blindé canadien. La plupart des chars alliés détruits le furent par des Tigre. *Cf.* Schneider, *Tiger im Kampf*, vol. II, p. 273.

(57) Le *SS-Sturmbannführer* Hans Waldmüller commandait le *I./SS-Panzergrenadier-Regiment 25*.

(58) La *II./SS-Panzer-Regiment 12* disposait de dix *Panzer IV* opérationnels ce soir-là. La *1. Sturmpanzer-Abteilung 101* qui lui était rattachée, disposait aussi de dix *Sturmpanzer IV* opérationnels. Huit *Tiger I* de la *schwere SS-Panzer-Abteilung 101* étaient également subordonnés à l'*Abteilung*.

(59) Autour de la cote 140 des éléments du *SS-Panzer-Regiment 12* et les autres unités blindées rattachées au *Regiment* encerclèrent puis détruisirent totalement la *Worthington Force* du 28e régiment blindé de la 4e division blindée canadienne qui venait de réaliser une percée. Les Canadiens eurent 250 tués, blessés ou disparus et 47 de leurs 52 chars furent détruits ce jour-là, ainsi qu'un grand nombre de transports de troupe blindés. En outre, le lieutenant-colonel Dog G. Worthington, commandant de cet équivalent d'une *Kampfgruppe* allemande, et tous ses chefs d'unité furent tués.

(60) Ces chars étaient en partie des *Sherman* et des *Cromwell* de la 4e division blindée canadienne, et en partie de la 1re division blindée polonaise attaquant vers Soignolles et La Croix. D'après le rapport opérationnel de la division polonaise, celle-ci perdit 656 soldats au total (dont 121 tués et 36 portés disparus) et 88 chars entre le 7 et le 12 août. En outre, les Polonais perdirent cinq chars *Destroyers* et un canon automoteur. En dehors des dix chars, les autres véhicules blindés furent presque immédiatement remplacés.

Un camion de munitions brûle dans la plaine lors de l'avancée vers Falaise, aux environs de Cintheaux. Photo en couleur réalisée par un correspondant de guerre canadien. (PAC.)

Rare photo en couleurs prise par le *SS-KB* Woscidlo, correspondant de guerre de la *Hitlerjugend* montrant le *SS-Sturmbannführer* Hans Waldmüller, chef du *I./25* qui le rassemble maintenant sous son autorité, au sein de la *Kampfgruppe Waldmüller* (voir note 57 page précédente. (Coll. Heimdal.)

chars. Nous avons fait plus de 200 prisonniers qui ont été remis à l'infanterie. Nombre de tués : 150.

Avons établi avec les unités restantes un nouveau système de défense qui va de la lisière de la forêt au nord de la cote 140 jusqu'à la cote 111.

Un bataillon supplémentaire, celui de Krause (61), le *II./SS-Panzergrenadier-Regiment 25* a été déployé pendant la nuit sur notre flanc gauche.

Météo : temps sec, clair et chaud.

Consommation de munitions (y compris journée du 08.08) : 450 obus explosifs, 190 obus perforants, 7 000 balles de mitrailleuses, 700 obus explosifs antiaériens, 500 obus perforants antiaériens.

10 août 1944

I./SS-Panzer-Regiment 12

Marche des unités repliées vers le secteur déterminé. Rien à signaler.

Annexe n°12 au journal de guerre

12. SS-Panzer-Division « Hitlerjugend », 25 septembre 1944

3./SS-Panzer-Regiment 12

Objet : rapport après action.
Référence : date : 25 septembre 1944, 18h00.

Annexe : -

A la *I./SS-Panzer-Regiment 12 Ia*

06.08.1944 : l'*Abteilung* se trouve dans le secteur de Bray-la-Campagne en tant que *Korpsreserve*. Le soir, l'ordre est donné par le régiment de faire mouvement vers le secteur de Grimbosq près de l'Orne de manière à empêcher l'ennemi d'avancer vers l'est alors que ce dernier avait déjà franchi l'Orne, et donc de défendre le flanc gauche de nos troupes dans le secteur de Cintheaux.

07.08.1944 : dans la nuit du 06.08, l'*Abteilung* marche avec la *3.Kompanie* vers Espin via Saint-Sylvain-Bretteville. La *3.Kompanie* commandée par le SS-Untersturmführer Alban est déployée des deux côtés de Grimbosq de la manière suivante :

Zug « Mende » au nord de Grimbosq ;

Züge « Bogensperger » et *« Matthis »* au sud de Grimbosq.

Le secteur de la ligne de front se trouve sous un tir nourri d'artillerie lourde. Le *SS-Untersturmführer* Matthis a tiré à grande distance sur des blindés ennemis. Un char ennemi a été touché et dégage de la fumée mais a pu se mettre à couvert dans un verger dense.

08.08. 1944 : le soir, la *Kompanie* a reçu pour mission de lancer une attaque contre l'ennemi à partir de Grimbosq et de détruire la tête de pont sur l'Orne. Pendant la contre-attaque du *Bataillon « Krause »* (62), soutenu par des *Panther* et un *Tiger*, le char du *SS-Untersturmführer* Peter Matthis a été touché et a pris feu. Une partie de l'équipage est parvenu à s'échapper mais le *SS-Untersturmführer* Matthis a péri dans son char.

Le *SS-Untersturmführer* Kurt Bogensperger a reçu pour mission de prendre la relève des *Tiger* à Le Haut-Brieux et d'empêcher à tout prix que l'ennemi n'y franchisse le pont. Je l'ai personnellement briefé sur le terrain. La mission du *Bogensperger Zug* était la suivante : empêcher à tout prix que les chars ne continuent à franchir le pont construit par l'ennemi sur l'Orne à l'ouest du village. Le *SS-Oberscharführer* Mende a pris position avec son peloton au nord-est de Grimbosq. Sa mission : donner l'alerte en cas d'attaque ennemie venant de Grimbosq dans les directions est ou nord-est. Tirs extrêmement nourris d'artillerie toute la journée obligeant l'infanterie à décrocher à plusieurs reprises des premières lignes. Mais les chars de la *3.Kompanie* et l'intervention personnelle des commandants d'unité ont permis de les tenir.

Vers 15h00, le commandant de l'*Abteilung*, le *SS-Sturmbannführer* Arnold Jürgensen est chargé par le *Regimentskommandeur* de tenir les positions à Le Haut-Brieux en utilisant l'ensemble des chars et véhicules blindés. A midi, le même jour le *SS-Untersturmführer* Rudolf Alban a soutenu l'un des assauts des grenadiers avec le *« Mende » Zug* et, alors qu'il progressait au sud de Grimbosq, a repoussé la contre-attaque de l'ennemi avec des obus explosifs et des mitrailleuses. Cette fois-ci, nous avons pu gagner du terrain. Un char a reçu un obus d'artillerie qui a endommagé sa radio et la rendait inutilisable. Sur le chemin du retour il s'est immobilisé dans un profond cratère causé par l'artillerie lourde, et il est impossible de sauver le véhicule car il n'y avait pas d'équipement de remorquage sur place. Il n'est donc pas possible de l'empêcher de s'embourber davantage et de s'enfoncer dans le sol mou. Une fois que la ligne principale de bataille a été recapturée, le char

Ces deux photos ont été prises à Soumont-Saint-Quentin, village situé à l'est de Potigny (voir cartes pages 173 et 181) et de la N158. Elles montrent deux chars Panther appartenant probablement à la *I.SS-Pz.Rgt. 12*. L'un d'eux est un char de commandement, reconnaissable à son antenne parapluie. Sur la seconde photo nous voyons les restes d'un panneau indiquant le QG du *Brigadeführer* Walter Staudinger qui commande l'artillerie de la *Panzergruppe West*. Les freins de bouche sont couverts mais les chars présentent des impacts dus aux combats. (ECPAD.)

immobilisé est dépouillé de son armement et de sa radio, pour être finalement sabordé par explosifs, sur ordre de son commandant. Le *SS-Untersturmführer* Alban a été tué dans le char du *SS-Oberscharführer* Mende au moment de se rendre à bord du char pour y transmettre personnellement un ordre de l'*Abteilung*. Le *SS-Untersturmführer* Kurt Bogensperger a également été tué par un tir de blindé ennemi cet après-midi-là à Le Haut-Brieux.

Le *SS-Unterscharführer* Freiberg du *Zug «Bogensperger»* a détruit deux canons antichars ennemis.

Le même matin, le *SS-Unterscharführer* Freier a détruit deux *Churchill*, un *Sherman* et deux canons antichars près de Le Haut-Brieux.

Le soir, ordre à l'*Abteilung* de faire mouvement vers le secteur sud-est de Cintheaux de manière à repousser l'ennemi en progression vers le sud.

09.08.1944 : dans la nuit du 08.08, le regroupement est effectué. L'*Abteilung* prend en charge la défense de la cote 114 au nord d'Ouilly-le-Tesson. L'*Abteilungskommandeur* a été blessé.

Le *SS-Unterscharführer* Freiberg a détruit deux canons antichars

Le *SS-Unterscharführer* Freiberg a détruit deux *Churchill*, un *Sherman* et un canon antichar, Le

SS-Unterscharführer Seifert a détruit deux *Sherman* et un canon antichar.

10.08 : dans la nuit du 09.08 toutes les unités combattantes de l'*Abteilung* ont été subordonnées à la *2. Kompanie* et celle-ci subordonnée à la *II./SS-Panzer-Regiment 12*. Les éléments restants de la *3. Kompanie*, l'*Abteilungsstab*, les *Stabs-* et les *Versorgungskompanien* sont rentrés à Le Neubourg.

Nom illisible

SS-Hauptsturmführer (63) et *Kompanie-Chef*

II./SS-Panzer-Regiment 12

La ligne occupée pendant la nuit a été tenue même contre les attaques ennemies et des renforts y ont

(61) Le *SS-Sturmbannführer* Bernhard Krause commandait la *I./SS-Panzergrenadier-Regiment 26*. Il est possible qu'il ait pu prendre temporairement le commandement du *II./SS-Panzergrenadier-Regiment 25* dont les effectifs avaient diminué considérablement et qui avaient été intégrés dans la *Kampfgruppe « Krause »*.

(62) Le *I./ SS-Panzer-Grenadier-Regiment 26.*

(63) Il s'agit probablement du *SS-Haupsturmführer* Kurt Brödel, Chef de la *3./SS-Panzer-Regiment 12*. Brödel était en fait un transfuge de la Wehrmacht et avait auparavant servi comme *Oberleutnant* au sein de la *Panzerjäger-Abteilung 743*. Il fut tué le 18 décembre 1944 à Krinkelt.

été envoyés. Tirs nourris d'artillerie, raids aériens constants de chasseurs-bombardiers.

Nous avons détruit trois blindés ennemis sur le flanc droit au nord de la cote 111.

La *Kompanie « Buettner »* (*5.Kompanie*) et la *Kompanie « Gasch »* (*7.Kompanie*) ont été regroupées car seuls six de leurs chars sont opérationnels.

Les éléments restants de la *I.Abteilung* sont subordonnés à la *II.Abteilung*.

Chars opérationnels au soir du 10.08 : trois *Panzer VI*, neuf *Panzer V*, sept *Panzer IV*.

La veille, la *Kompanie « Höfler »* (*8.Kompanie*) avec cinq chars a été déployée en dehors de la force de l'*Abteilung* au nord de la cote 195 et au nord-ouest de Fontaine-le-Pin.

11 août 1944

I./SS-Panzer-Regiment 12

Poste de commandement de l'*Abteilung* à Saint-Aubin. La *1.Kompanie* à Villez, la *3.Kompanie* et l'*Ausbildungskompanie* (64) à Tremblay, la *4.Kompanie* à Saint-Aubin, la *Stabskompanie* à Quittebeuf, la *Versorgungskompanie* à Bernienville, l'unité de maintenance à Feugerolles. Les 17 membres d'équipage de chars de la *1.Kompanie* à Paris, les huit membres d'équipage de chars de la *4.Kompanie* en Allemagne pour les chars.

II./SS-Panzer-Regiment 12

Les *Kompanien* et les unités subordonnées restent sur les mêmes positions que la veille.

07h30 : rapport du régiment d'après lequel l'ennemi a percé le secteur boisé au nord-ouest de Le Bû-sur-Rouvres. L'*Abteilung* a dû utiliser les trois Tiger qui lui ont été affectés et a ainsi pu empêcher la percée vers Le Bû. Deux *Tiger* ont été déployés. La progression vers Le Bû et la percée n'ont pas eu lieu.

La journée s'est déroulée sans événements notables.

Tirs d'artillerie lourde dans les deux camps, et notamment sur le poste de commandement de l'*Abteilung* au château près d'Assy. Compte tenu des dommages considérables infligés au char de commandement et au char ***784***, il a fallu les amener à la *Werkstattskompanie*.

12 août 1944

I./SS-Panzer-Regiment 12

Les *Kompanien* sont à l'entraînement et se réorganisent : la *4.Kompanie* sera opérationnelle avec ses effectifs complets dans quelques jours et a réceptionné quinze *Panzer V* qui sont en partie déjà arrivés dans l'unité.

II./SS-Panzer-Regiment 12

Le poste de commandement de l'*Abteilung* a été transféré à 09h00 le 12.08. Nouveau poste de commandement à Sassy.

La subordination de *l'Einheit « Gaede »* (65) à la *Kampfgruppe « Prinz »* a pris fin. Les chars de la *Kompanie* ont été retirés de leurs positions pendant la nuit du 11.08. Le nombre de chasseurs de chars affectés à la *Kampfgruppe* a été augmenté pendant la nuit de trois à cinq (66) et ils ont été placés sous le commandement du *SS-Obersturmführer* Wachter. Ces cinq chars étaient commandés par le *SS-Obersturmführer* Erich Krauth après que le *SS-Obersturmführer* Wachter ait été grièvement blessé dans la nuit du 11.08.

A 12h45, après une préparation d'artillerie, l'ennemi lance une attaque sur Le Bû avec deux blindés accompagnés d'infanterie. Les deux blindés sont détruits par un *Panzer VI* de la *Einheit « Wendorff »* (67), après quoi l'attaque sur Le Bû s'est arrêtée.

Tirs d'artillerie lourde toute la journée dans les deux camps.

Le *SS-Obersturmführer* Gaede a été grièvement blessé au bras par des éclats d'obus alors qu'il se trouvait au poste de commandement.

Forte activité des chasseurs-bombardiers ennemis.

Météo : temps sec, clair et chaud.

Consommation de munitions : 730 obus explosifs ; 2300 balles de munitions normales, 500 traçantes, et 400 balles à noyau d'acier.

Annexe n°17 au journal de guerre

07h30 à la *Kampfgruppe « Prinz »*

1. L'ennemi est rentré dans le secteur boisé au nord-ouest de Le Bû.

2. La *Kampfgruppe « Prinz »* s'est immédiatement mise en contact avec son voisin de droite via *l'Ordonnanz-Offizier* et lui a demandé un rapport détaillé sur la situation.

3. Le *SS-Sturmbannführer* Prinz doit faire monter trois Tiger vers Assy de manière à empêcher la percée vers Le Bû.

4. D'ici à leur arrivée, le *SS-Obersturmführer* Helmut Wendorff doit partir immédiatement pour le secteur de la cote 83.

Signé
Wünsche

13, 14, 15, 16 août 1944

I./SS-Panzer-Regiment 12

L'entraînement et la réorganisation des *Kompanien* continuent.

(64) Malheureusement, nous n'avons aucune donnée concernant l'origine de la *Kompanie* dans le *KTB*. Elle fut probablement constituée pour l'entraînement des renforts pendant la réorganisation de la *I./SS-Panzer-Regiment 12* à bout de force.

(65) Nom de la *2./SS-Panzer-Grenadier-Regiment 12*.

(66) Les Jagdpanzer IV de la *2./SS-Panzer-Grenadier-Regiment 12*.

(67) Helmut Wendorff était le *Kompanie Chef* de la *2./schwere SS-Panzer-Abteilung 101*. Il est tué deux jours plus tard. Il arrive dans l'unité lourde du *I./SS-Panzerkorps*, équipée de Tigre, après avoir servi au sein de la *« Leibstandarte »* dans la *SS-Sturmgeschütz-Abteilung 1* puis dans la *13./SS-Panzer-Regiment 1*.

(68) Ces chars lourds furent subordonnés uniquement à l'*Abteilung* et ne faisaient pas partie des effectifs de l'unité.

(69) L'opération *Tractable* du 21e groupe d'armée anglo-canadien, qui commence ce jour-là (14.08) et dura jusqu'au 16 août, devait permettre d'atteindre les objectifs que l'opération *Totalize* n'avait pas permis d'obtenir. Le IIe corps canadien lança une nouvelle attaque vers Falaise avec sensiblement le même ordre de bataille que quelques jours auparavant.

(70) Le *SS-Sturmbannführer* Karl-Heinz Prinz, commandant de la *II./SS-Panzer-Regiment 12*. *Cf.* la section sur les officiers décorés.

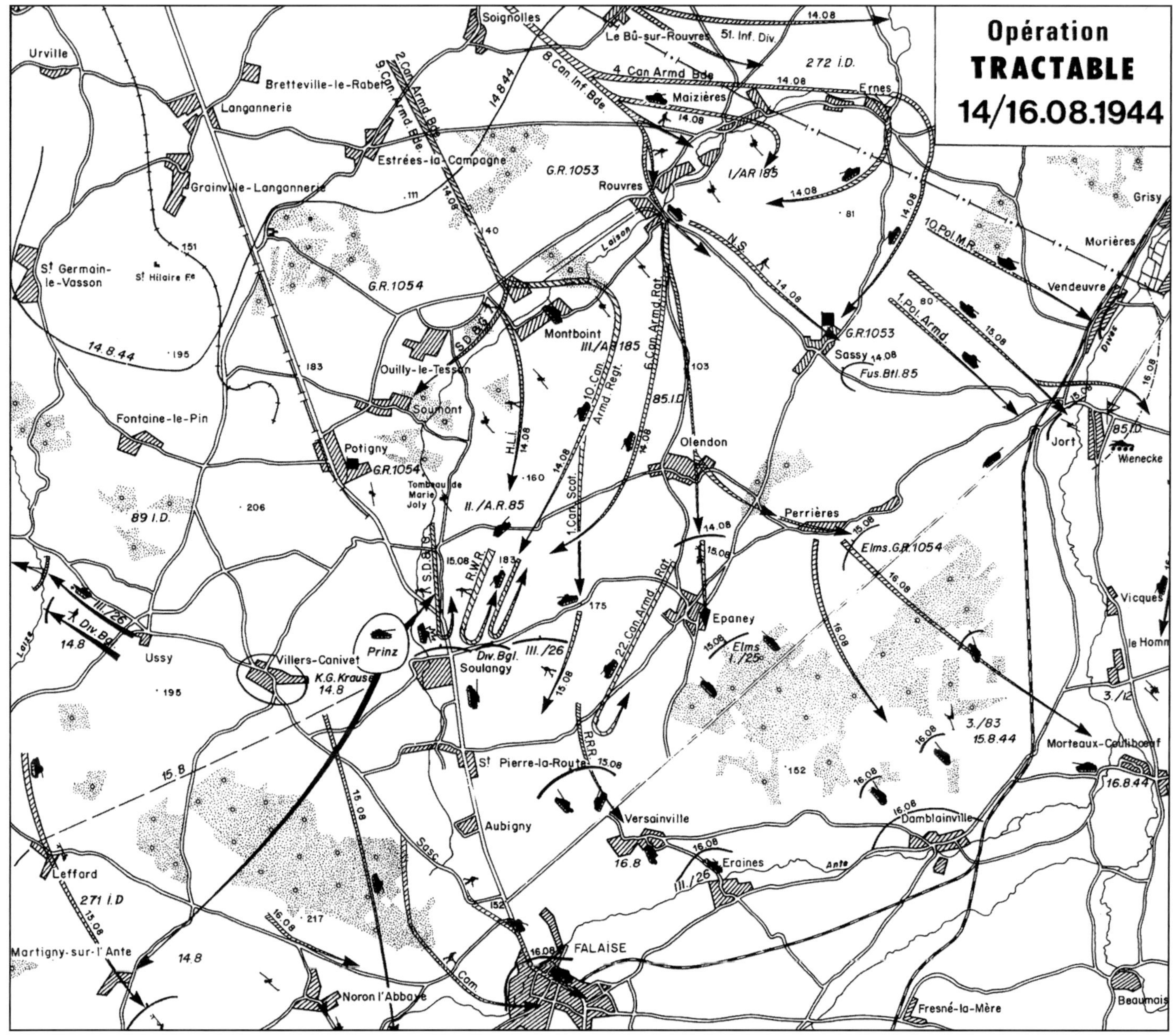

(Heimdal.)

13 août 1944

I./SS-Panzer-Regiment 12

La *II.Abteilung* et les unités subordonnées sont restées sur leurs positions précédentes. Avec trois *Panzer VI* en plus, le *SS-Obersturmführer* Wendorff a rejoint les *Tiger* déjà en position amenant les effectifs de la *Kampfgruppe* à huit *Tiger* (68).

Tirs de harcèlement de l'artillerie ennemie dans la journée. Le véhicule transportant le matériel téléphonique a été atteint d'un tir direct et a été détruit.

Intense activité des chasseurs-bombardiers et bombardiers ennemis.

15h45 : ordre du régiment. La *Kampfgruppe « Prinz »* (sans sa *Panzerjäger-Kompanie*) se regroupe dans le secteur de Potigny.

Le nouveau poste de commandement de l'*Abteilung* probablement à Glatigny.

Tués : *SS-Unterscharführer* Schlug

Blessés : *SS-Oberscharführer* Witzel
SS-Oberscharführer Will
SS-Sturmmann Steinheimer
SS-Sturmmann Zeidler
SS-Sturmmann Ruske
SS-Rottenführer Fritsche (reste dans l'unité)
SS-Oberschütze Hau

Météo : temps sec, clair et chaud.

Consommation de munitions : 15 obus explosifs de 88 mm.

14 août 1944 (69)

II./SS-Panzer-Regiment 12

Le poste de commandement de l'*Abteilung* et du régiment s'installent tous deux à Saint-Quentin.

12h30 : le commandant (70) est tué à Le Torp suite à tir direct d'artillerie.

C'est le *SS-Obersturmbannführer* Wünsche au sein de la *Kampfgruppe « Wünsche »* qui prend le commandement des chars restants de la *II./SS-Panzer-*

Regiment 12. Le commandement temporaire de la *II.Abteilung* a été confié au *SS-Hauptsturmführer* Hermann Tirschler, *Chef* de la *6.Kompanie*.

Pendant la nuit du 14.08.1944, repli de la *Kampfgruppe «Wünsche»* des cotes 160 et 165 vers le sud. Nouveau poste de commandement régimentaire entre Versonville et Damblainville. L'ennemi est actif avec d'importantes forces blindées. La *Kampfgruppe «Wünsche»* a considérablement ralenti la progression de ces forces. Les combats qui ont suivi ont conduit à l'encerclement de la *Kampfgruppe «Wünsche»* avec son poste de commandement à Fresné-la-Mère.

Avant que l'encerclement ne soit complet, le *SS-Hauptsturmführer* Tirschler a reçu l'ordre de rassembler son état-major et de procéder à tout prix et au plus vite à l'envoi des *Panzer IV* et *V* de la *Kampfgruppe* à cet endroit.

Le poste de commandement de la *II.Abteilung* est installé à Friardel sur la route de Vimoutiers-Orsec, dans les quartiers de la *Versorgungskompanie* de la *II./SS-Panzer-Regiment 12*.

Dans l'intervalle, le cercle s'est refermé sur la *Kampfgruppe* qui a néanmoins essayé de briser l'encerclement. Si l'on en croit ce qu'en ont rapporté les officiers et les soldats qui sont parvenus à s'échapper, le *Regimentskommandeur*, son *Adjutant* et le *Regimentsarzt* ont été faits prisonniers par les Anglais à Brieux.

Le *SS-Hauptsturmführer* Tirschler a essayé d'entrer en contact avec les éléments restants de la *I.* et *II.Abteilung* qui sont en train d'essayer d'empêcher l'avance ennemie en formant divers groupes tactiques.

15 et 16 août 1944

Néant pour les deux *Abteilungen*.

17 août 1944

I./SS-Panzer-Regiment 12

La *4.Kompanie* a reçu un ordre de marche pour Damville de manière à barrer le passage à l'ennemi au sud de ce secteur, qui avance en provenance du sud, c'est-à-dire du Mans.

II./SS-Panzer-Regiment 12

Néant

18 août 1944

I./SS-Panzer-Regiment 12

Les *Kompanien* se mettent en marche pour atteindre la rive est de la Seine. Début de la marche de l'*Ausbildungskompanie*.

II./SS-Panzer-Regiment 12

Néant

19 août 1944

I./SS-Panzer-Regiment 12

La *4.Kompanie* en action (*cf.* le rapport de combat en pièce jointe !).

La *1.Kompanie* fait mouvement vers la rive est de la Seine dans la région d'Etrepagny.

Création de la *Kampfgruppe «Mohnke»*. Les chars des *«Jürgensen Kompanien»* (71), quatre *Panzer IV* et trois *Panzer V* sont affectés ici. Poste de commandement de l'*Abteilung* à Acquigny-Louviers (72). Les chars bloquent la route à partir du sud. Ils ne rencontrent pas de forces ennemies.

Annexe n°13 au journal de guerre

12.SS-Panzer-Division «Hitlerjugend»,
19. sept. 1944

4. Kompanie/SS-Panzer-Regiment 12

La *Kompanie* contrôle le sud de Damville. Vers 03h00, un agent de liaison apporte les ordres selon lesquels la *Kompanie* devait rejoindre tout de suite Pacy-sur-Eure via Damville-Saint-André de l'Eure. La première localité pourrait être sur le point d'être occupée par l'ennemi. En outre, l'ordre stipule que l'ennemi a coupé la route d'Evreux-Mantes à l'est de Pacy et avance vers Vernon. La *Kompanie* est chargée de retenir l'ennemi qui avance vers le nord-ouest, et donc d'empêcher un encerclement. Le sort de deux armées dépend du déploiement rapide de la *Kompanie*.

La *Kompanie* atteint le village de Pacy avec dix *Panzer V* vers midi ; le village est sous le feu de l'artillerie. La *Kompanie* reçoit de la *Kampfgruppe «Fick»* (73) la mission de défendre le nord-est de Pacy.

Lorsque l'ennemi a pris note du déploiement de forces blindées, il a tiré des obus fumigènes sur le secteur et s'est replié sur les collines à l'est de Pacy. Comme on partait du principe que l'ennemi avait progressé plus au nord sur la route Pacy-Vernon, la *Kompanie* a eu pour mission de progresser sur la route de Vernon et d'établir des positions à La Heunière qu'il fallait tenir à tout prix. Après reconnaissance la *Kompanie* a atteint son objectif vers 17h00. Le véhicule de tête a alors rencontré des forces de reconnaissance légère sur la route. Après avoir atteint leurs objectifs de position, sept *Panzer V* (74) de la *2.SS-Panzer-Division «Das Reich»* ont été rattachés à la *Kompanie* comme renforts. A 19h00, la *Kompanie* a reçu l'ordre du commandant de la *Kampfgruppe* de lancer une attaque de représailles (75) sur Blaru car des terroristes (76) y avaient engagé nos unités de reconnaissance. Après l'exécution efficace et dynamique de l'attaque, la *Kompanie* a atteint très rapidement les positions assignées et progressé de plus de 3 km et s'est donc retrouvée directement sur la Seine. L'ennemi y a rassemblé ses forces et s'est ardemment défendu. Face aux tirs nourris d'artillerie, de chars et de canons antichars, la *Kompanie* a dû se replier sur Maulu. Là-bas nous avons perdu un de nos chars qui a pris feu. Vers 21h00, la *Kompanie* a atteint son point de départ où elle a pris position. Tirs d'artillerie sur nos positions toute la nuit.

Nous avons détruit six camions

Pertes humaines : un mort, sept blessés

Pertes matérielles : un *Panzer V*

Pas d'autres pertes

Pohl
Leutnant et *Kompanieführer*

II./SS-Panzer-Regiment 12

Néant

1. Le *SS-Brigadeführer* Theodor Wisch, décoré de la Croix de fer avec glaives commandait la *I.SS-Panzer-Division « Leibstandarte »* en Normandie jusqu'au moment où il fut grièvement blessé lors des combats de Falaise. (Mark C. Yerger)

2. Le *Hauptsturmführer* Jakob Fick (*cf.* note 73). (Mark C. Yerger)

20 août 1944

I./SS-Panzer-Regiment 12

La *Kampfgruppe « Mohnke »* se trouve sur ses positions précédentes. Dans les dernières heures de la nuit, la *Kampfgruppe* est allée s'installer à Arambrai (77) près de l'Eure. Tous nos chars sont rattachés à la *Kampfgruppe* blindée *« Jürgensen »*. En outre trois *Jagdpanzer IV* (78) de la *116.Panzer-Division*, trois canons antichars automoteurs de 75, quatre *Panzer IV* de la *2.Panzer-Division* et ? (79) *Panzer V* de la *9.Panzer-Division* ont aussi été affectés à la *Kampfgruppe*. Ils n'ont pour l'instant rencontré aucune force ennemie.

Rapport de bataille de la *4.Kompanie* sur les combats dans le secteur Vernon-Pacy (en pièce jointe).

Annexe n°14 au journal de guerre

12.SS-Panzer-Division « Hitlerjugend », 19. sept. 1944

4. Kompanie/SS-Panzer-Regiment 12

Rapport du 20.08.1944

La *Kompanie* contrôlait le nord-est du village de Le Heunière avec dix-sept *Panzer V* ayant pour mission de tenir la route Pacy-Vernon à tout prix. Nous savions que l'ennemi avait avancé ses chars et son infanterie à 1 500 m dans le secteur boisé pendant la nuit. Tirs d'artillerie constants sur nos positions. Vers 09h00, l'ennemi (80) tente d'effectuer une attaque surprise et de percer avec des chars et de l'infanterie mécanisée. L'attaque est immédiatement repérée et repoussée grâce au feu concentré de toute la *Kompanie* qui détruit cinq chars ennemis (81). Suite à quoi, les positions de la *Kompanie* qui ne sont pas à couvert sont soumises à un déluge d'artillerie. En même temps, les chars ennemis font une percée qui traverse la *Luftwaffen-Feld-Division* (82) sur la droite pour prendre la *Kompanie* à revers. Cette attaque est également repérée immédiatement et

(71) Les chars opérationnels résiduels des effectifs initiaux du *SS-Panzer-Regiment 12* sous le commandement de la *I./SS-Panzer-Regiment 12*.

(72) Deux villages différents situés l'un à côté de l'autre.

(73) La *Kampfgruppe* de la *17.SS-Panzer-Grenadier-Division « Götz von Berlichingen »* commandée par le *SS-Obersturmbannführer* Jakob Fick, commandant du *SS-Panzergrenadier-Regiment 37*. Fick commanda la première unité antiaérienne de la *SS-Verfügungstruppe* et fut décoré de la Croix de chevalier le 23 avril 1943 comme *SS-Sturmbannführer*. Il assuma le commandement du premier *I./Langemarck* de la *« Das Reich »* en avril 1943, juste au moment où le *Kradschützen-Bataillon* a été absorbé par l'*Aufklärungsabteilung* du *« Das Reich »*. Fick passa ensuite dans la *« Götz von Berlichingen »* après avoir été formé au commandement du *SS-Panzergrenadier-Regiment 37*. Promu *SS-Obersturmbannführer* le 30 janvier 1944 il a survécu à la guerre et il est mort le 22 avril 2004.

(74) Les chars de la *2.SS-Panzer-Division « Das Reich »*.

(75) Dans l'original : *« Vergeltungsangriff »*.

(76) Terme désignant les résistants français. D'après le *KTB* de la *5.Panzerarmee*, la *Kampfgruppe Mohnke* a tué 41 « terroristes » dans le secteur, entre le 20 et le 24 août. Il est possible que la mission susmentionnée de la *4./SS-Panzer-Regiment 12* ait été en partie liée à ça.

(77) Ce village ne correspond cependant à aucun nom de village de la région.

(78) Dans l'original il est fait mention d'un *« Panzerjäger* P.4 ».

(79) La *II./Panzerjäger-Regiment 33* (*9.Panzer-Division*) le 12 août 1944, disposait de 25 *Panther* opérationnels rattachés à la *116.Panzer-Division* jusqu'au 20 août. Le texte du *KTB* laisse penser qu'à ce moment-là un seul *Panther* opérationnel était rattaché à la *Kampfgruppe Mohnke*.

(80) Probablement des éléments du groupe de bataille « A » de la 5e division blindée américaine.

(81) Le groupe de bataille « A » de la 5e division blindée américaine perdit trois M4 *Sherman* et trois M10 chasseurs de chars.

(82) Probablement des éléments de la *17.Feld-Division* de la *Luftwaffe*.

repoussée par le *Reservezug* positionné au sud-est et qui parvient à détruire quatre chars. Des avions ennemis en patrouille se sont joints aux combats avec leurs bombes, mitrailleuses et tirs de canons et ont mis trois de nos chars hors de combat. L'ennemi (83) effectue des tentatives répétées de percée mais est repoussé à chaque fois par notre résistance acharnée qui leur cause de lourdes pertes. Ces combats durent jusqu'au soir.

L'ennemi parvient à neutraliser les grenadiers déployés en soutien de la *Kompanie* en concentrant des tirs d'artillerie et des bombardements de chasseurs-bombardiers qui finissent par neutraliser sept de nos chars : quatre sont incendiés et trois autres sont immobilisés par des pannes moteur. Malgré tout, l'attaque suivante est également repoussée dans les pires conditions et trois autres chars ennemis sont détruits ainsi que deux canons antichars et un véhicule.

Vers 19h30, l'ennemi attaque la *Kompanie* à revers à partir de l'ouest avec d'importantes forces blindées. En même temps, des manœuvres de flanc sont lancées à partir du nord-est précédant une percée sur le flanc gauche. Après quoi, la *Kompanie* a exécuté les ordres qui lui sont parvenus de se replier sur Saint-Marcel via Saint-Vincent et d'y établir une nouvelle ligne de défense et de poursuivre sa retraite pendant la nuit vers Saint-Pierre.

Nous avons détruit douze chars, deux canons antichars, un véhicule tout-terrain.

Pertes humaines : neuf blessés

Pertes matérielles totales : trois *Panzer V*, sept *Panzer V*

Pohl
Leutnant et *Kompanieführer*

II./SS-Panzer-Regiment 12

Néant

21 août 1944

I./SS-Panzer-Regiment 12

Annexe n°15 au journal de guerre

Rapport sur le déploiement des *2.* et *3.Kompanien* sur la période du 13-21 août 1944

J'ai pris en charge les éléments des 2. et *3.Kompanien* rassemblées en une seule *Kompanie* du *SS-Obersturmführer* Gaede qui a été grièvement blessé la veille, le 13 août 1944 (84). Nous disposons en l'occurrence de quinze chars au total.

La *Kompanie* se trouve alors en position offensive dans un secteur boisé à 2 km au nord d'Ussy, rattachée à la *Kampfgruppe* du *SS-Sturmbannführer* Erich Olboeter.

Le *SS-Standartenoberjunker* Ulrich Ahrens (*2. Kompanie*) et le *SS-Oberscharführer* Richard Mende (*3.Kompanie*) sont disponibles comme *Zugführer*. Tout est calme en ce matin du 13.08 ; le poste de commandement d'Olboeter commence à recevoir des nouvelles alarmantes d'après lesquelles les unités de l'armée (85) rattachées à la *Kampfgruppe « Olboeter »* n'arrivaient plus à tenir leurs positions. Dès lors, par ordre du *Panzer-Regiment*, vers 14h00, j'ai déployé un *Zug* de trois chars commandé par le *SS-Unterscharführer* Helmle, qui a fait mouvement d'Ussy au sud-ouest de Tizon. Vers 20h00, j'ai reçu un ordre du régiment selon lequel il fallait déployer la *Kompanie* de la manière suivante : cinq chars des deux côtés de Martainville, quatre des deux côtés du village de La Val Légère, et le reste de la *Kompanie* des deux côtés de la route d'Ussy-Tizon, directement sur la cote 170. La mission de la *Kompanie* est la suivante : « empêcher la percée attendue de l'ennemi ». Après une action de reconnaissance nocturne nous occupons les positions pour les *Züge*. Tirs nourris d'artillerie sur la ligne de front de temps en temps. Je donne des instructions au *Zug « Mende »* et j'en profite pour reconnaître ce terrain extrêmement accidenté.

14 août 1944

A l'issue de cette reconnaissance j'établis personnellement la liaison avec le *SS-Standartenoberjunker* Ulrich Ahrens à Martainville et me familiarise avec les positions des différents chars. Tirs d'artillerie lourde sur la ligne de front du *Zug* du *SS-Standartenoberjunker* Ahrens. La principale ligne de combat est occupée par les faibles forces du *Bataillon « Olboeter »* (86). Vers 07h00, je rentre à Ussy et j'entends que l'ennemi est en train d'attaquer avec de l'infanterie dans le secteur du *SS-Oberscharführer* Mende. Toutefois, l'attaque est repoussée et la percée de l'ennemi empêchée. Vers 08h00, l'ennemi attaque à partir de Tizon avec des chars et de l'infanterie au sud de la route Ussy-Tizon, tandis que les *Tiger* positionnés plus au sud détruisent plusieurs blindés. Le char du *Kompanie-Chef* détruit un canon antichar qui tirait sur les flancs des *Tiger*. Vers 11h00, l'ennemi attaque à nouveau avec des chars et de l'infanterie dans le secteur du *SS-Oberscharführer* Mende. Cette attaque est elle aussi repoussée. Une attaque avec un soutien d'infanterie est lancée immédiatement et permet de reprendre la principale ligne de combat perdue par l'infanterie. Le *SS-Unterscharführer* Seifert détruit deux chars ennemis à cet endroit. Le char du *SS-Unterscharführer* Mende a été endommagé après avoir été touché par un tir au niveau de la tourelle ; il en va de même pour le *SS-Unterscharführer* Pietsch dont le char est immobilisé après avoir été touché au niveau du moteur. Deux de nos chars, qui tiennent la principale ligne de combat malgré un terrain compliqué, éliminent presque complètement deux compagnies attaquantes utilisant obus explosifs et mitrailleuses. Une unité, envoyée comme renfort et sur le point d'abandonner la ligne de front, est menacée de mesures disciplinaires et stoppée par nos chars, pour continuer à occuper la ligne de front précédente.

Vers 11h00, je parle à la radio avec le *SS-Standartenoberjunker* Ulrich Ahrens qui a lui-même pu à nouveau parler avec le *SS-Untersturmführer* Helmle. A partir de 12h00, la communication avec Ahrens a été interrompue et il s'est avéré que ce dernier avait reçu un tir direct d'artillerie qui a endommagé sa radio. Le *Zug « Mende »* et l'unité du *Kompanie-Chef* restent en position jusqu'à 14h00, lorsque je reçois l'ordre du régiment – transmis par l'*Ordonnanz-Offizier* – qui a envoyé la *Kompanie* vers le secteur d'Olendon de manière à pouvoir contenir l'avancée ennemie du nord vers le sud. Lorsque le char du *Kompanie-Chef* a été emmené en réparation après les dégâts subis au niveau de la radio et du moteur, trois chars sont opérationnels dans le *Zug « Mende »* et l'unité du *Kompanie-Chef,* qui a été retirée de ses positions et envoyée via Ussy sur les lieux de son nouveau déploiement. C'est à peu près à ce moment que l'ennemi a attaqué le secteur Ussy-Aubigny-Soulangy-Ouilly-Potigny à l'aide d'importantes forces aériennes qui ont tapissé le secteur de bombes. Aussi les trois chars n'ont-ils pu partir que vers 16h00 de manière à éviter d'être touchés. J'ai alors voulu entrer en contact avec les *Züge « Ahrens »* et *« Helmle »* et informer le *Zugführer* de la nouvelle situation car il n'y avait plus aucune liaison radio. J'ai seulement pu joindre le poste de commandement de Krause qui, dans l'intervalle, a pris en charge le secteur ouest de la ligne de front. Le *SS-Sturmbannführer* Krause ne m'a pas laissé aller plus loin car il n'y avait plus aucune liaison radio, ni avec nos propres forces ni avec celles du *SS-Sturmbannführer* Olboeter, ni non plus avec les *Züge « Ahrens »* et *« Helmle »* car l'ennemi avait réussi à les encercler à l'issue d'une attaque d'encerclement. Nous n'avons pas pu rétablir la communication, que ce soit par téléphone ou par radio avec aucune de ces unités encerclées et je n'ai donc pas pu parler aux pelotons. Aux dernières informations, le *SS-Standartenoberjunker* Ahrens a été tué à peu près à ce moment-là par un obus d'artillerie tombé à côté de lui et son peloton privé de commandement. L'unité du *SS-Unterscharführer* Helmle a combattu alors dans le secteur boisé avec de l'infanterie, et perdu deux chars embourbés. Comme l'ennemi les suivait de près et en l'absence de *Bergepanzer* (chars de dépannage), les chars ont dû être sabordés. Un autre char a par contre réussi à trouver un autre chemin, à traverser l'encerclement et à rejoindre nos lignes avec une unité d'infanterie. Un rapport spécial (87) a été envoyé à l'*Abteilung* (par les *SS-Unterscharführer* Tinnenfeld, Schnartendorff et Nowarra) qui détaille le déploiement, le score et le sort des chars du *SS-Standartenoberjunker* Ahrens.

Le char du *SS-Standartenoberjunker* Ahrens a été incendié par une arme de combat rapproché. Vers 19h00, les trois chars de la *Kompanie* se sont mis en position dans les faubourgs ouest d'Olendon et y sont restés jusqu'à minuit environ.

15 août 1944-joint les

Par ordre du régiment la *Kompanie* (trois chars) fait mouvement vers le sud et prend position à environ 600 m au sud d'Epaney, des deux côtés de la cote 117. Le secteur à contrôler par les trois chars s'étend sur près de 2 km dans un terrain en partie accidenté. Le char du *SS-Unterscharführer* Zund se trouve près de la ferme de Le Val (88) (...) et a participé à d'âpres combats contre l'infanterie et des blindés britanniques (89) le matin. Le SS-*Unterscharführer* Zund a détruit un camion remorquant un canon antichar puis un Sherman. Après quoi Zund, sur terrain accidenté avec son faible soutien d'infanterie, s'est retrouvé encerclé par quatre chars ennemis sans qu'il s'en soit rendu compte. J'ai ordonné au *SS-Unterscharführer* Zund de briser l'encerclement, ce qu'il est parvenu à faire après que les quatre chars aient disparu dans le nuage fumigène qu'ils avaient eux-mêmes déclenché et se sont ainsi retrouvés aveuglés. Après avoir brisé avec succès l'encerclement, le *SS-Unterscharführer* Zund a en outre pu détruire un char à une distance de 50-60 m. Le char du *Kompanie-Chef* a pris position au centre de la ligne de front d'où il lui était aisé de contrôler la plus grande partie du secteur. Tirs d'artillerie lourde sur ce secteur toute la journée. Un char Tiger qui a pris position juste à droite du char du *Kompanie-Chef,* s'est replié dans l'après-midi sans en informer le char du *Kompanie-Chef* ; et le soir venu mon char s'est retrouvé sous un feu ennemi venant de tous les côtés. Prenant alors contact avec le *Tiger*, ce dernier m'a confirmé que j'étais seul dans le secteur. J'ai alors demandé au *Tiger* un appui-feu pour me libérer de cet encerclement. Mais le *Tiger* s'était replié trop loin et j'ai donc dû m'en sortir sans le soutien du *Tiger*. Nous avons donc foncé à toute allure en zigzag le long de notre ligne de front principale et avons pu nous mettre à couvert dans le bois à la stupéfaction des chars ennemis. Un canon antichar qui a ouvert le feu sur nous à partir d'Epaney a immédiatement été neutralisé du premier coup par le *Tiger* qui se trouvait loin à droite. Revigoré par notre manœuvre, j'ai détruit un char ennemi situé à 2000 m et qui avait ouvert le feu.

Le char du *SS-Unterscharführer* Seifert se trouvait à 1 km à droite de ma position. Toute la journée, nos positions ont été soumises à des tirs nourris. Depuis l'après-midi, il n'y a plus d'infanterie allemande dans ce secteur de 2 km de long défendu par les trois chars de la *Kompanie*. Le soir, la ligne de combat antérieure est toujours entre nos mains. Le poste de commandement du régiment ne s'y attendait pas, connaissant les positions de l'ennemi occupées par l'ennemi plus tôt dans la journée. L'ennemi (90) a progressé toute la journée avec d'importantes forces blindées au nord d'Olendon dans la direction de Falaise. Ces manœuvres se sont faites sous le couvert de fumigènes. Deux chars ont été laissés en arrière pour la nuit afin de tenir la ligne de front tandis qu'un troisième char a pris position sur la route à environ 1200 m au sud d'Epaney. La nuit a été calme.

16 août 1944

Au matin du 16.08, l'ennemi soumet nos positions à un tir d'artillerie lourde tout en continuant à faire mouvement avec autant de chars qu'hier, toutefois non plus dans la direction de Falaise mais vers l'est, progressant au nord d'Olendon. Vers 10h00,

(83) Un chasseur-bombardier allié.

(84) Bien que ce rapport ne soit pas signé, son auteur est probablement le *SS-Obersturmführer* Kurt Brödel qui était aussi *Kompanie Chef* de la *3./SS-Panzer-Regiment 12* en septembre 1944 en tant que *SS-Hauptsturmführer*.

(85) Il s'agit probablement d'éléments de la *85. Infanterie-Division*.

(86) La *III./SS-Panzergrenadier-Regiment 26*.

(87) Malheureusement ce rapport n'a pas été sauvegardé dans les archives de la *I./SS-Panzer-Regiment 12*.

(88) Ici le document original est illisible.

(89) Des unités de la 4e division blindée canadienne, et non britanniques, combattaient dans ce secteur.

(90) Des unités de la 4e division blindée canadienne.

(91) To *schwere SS-Panzer-Abteilung 102*.

j'ai reçu l'ordre du *Regimentskommandeur* qui m'a affecté, moi et mes trois chars à la *(Tiger) SS-schwere Panzer-Abteilung 102* (91) (*SS-Obersturmbannführer* Hans Weiss (92)). Deux chars restent sur la route pour contrôler une position à environ 1200 m au sud d'Epaney tandis que le troisième char est envoyé à Versainville au poste de commandement de l'*Abteilung* du *SS-Obersturmbannführer* Weiss. Tirs nourris de l'artillerie ennemie sur nos positions toute la journée. Vers 18h00, j'ai reçu l'ordre du *Regimentskommandeur* selon lequel la *Kompanie* devait changer de position immédiatement pour rejoindre Les Croix et retenir l'ennemi qui avançait au nord d'Olendon via Jort-Tivos à la sortie nord-est de Beaumais (93). Les trois chars de la *Kompanie* sont partis tout de suite et se sont installés avant minuit sur leurs nouvelles positions dans le secteur de la cote 65 pour empêcher à tout prix une percée ennemie vers le sud.

17 août 1944

Aux premières heures du matin, l'ennemi avance en face de nos positions, à approximativement 3000 m avec d'importantes forces en provenance du nord-est vers le sud-est dans la direction de Trun. Pendant sa manœuvre, l'ennemi a couvert son flanc droit avec des tirs d'artillerie lourde sur nos positions. Nous avons immédiatement ouvert le feu sur les véhicules blindés en progression vers nos lignes de défense et nous avons éliminé deux Sherman et un blindé de reconnaissance dans la journée. Nous avons aussi ouvert le feu à une distance de 2600-2800 m sur un char et l'avons touché. Le char s'est mis à dégager de la fumée mais a pu se mettre à couvert en marche arrière, et il n'a plus été possible de l'observer. Les échelons blindés, véhicules blindés et camions ennemis emportant de l'infanterie progressaient sans cesse face à nous à environ 3500 m, dans la direction de Trun. Notre voisin de droite, la *Kompanie* de *l'Obersturmführer* Albert Gasch, a détruit quelques véhicules blindés supplémentaires dans la journée. L'ennemi s'est ensuite orienté vers l'ouest et a essayé de nous couper du reste de nos forces dans la direction de Les Moutiers-en-Auge ; pour les en empêcher, les forces du *SS-Obersturmführer* Gasch et mes chars se sont repliés sur la cote 113 au sud-est de Fresné-la-Mère pendant la nuit, sur ordre du régiment.

18 août 1944

A l'aube, les positions étaient prêtes et nous avons organisé nos défenses vers le nord de manière à retenir et éliminer l'ennemi qui exerçait une forte pression sur nous. Au matin, trois chars supplémentaires revenant de réparation sont venus compléter nos effectifs. La *Kompanie* avait donc à nouveau six chars opérationnels. Vers 13h00, j'ai reçu l'ordre du *Regimentskommandeur* d'occuper la cote 135 immédiatement avec quatre chars et de repousser l'ennemi qui y attaquait la principale ligne de combat. Je suis parti immédiatement avec quatre chars via Pertheville-Ners et j'ai atteint la route à la cote 135 sans rencontrer l'ennemi ; le *Regimentskommandeur* m'a sur place donné personnellement un nouvel ordre d'attaque. Sur la cote 143 se trouvait encore une *Kampfgruppe* de la *Luftwaffe* disposant de quatre canons antiaériens de 88 mm et de 12 de 20 mm, dont l'équipage avait en partie été tué ou blessé et qui s'était partiellement replié face à l'attaque des chars et blindés ennemis sur la cote 143 jusqu'à la voie ferrée à environ 500 m à l'ouest de Pertheville-Ners. La mission que le *Regimentskommandeur* m'a confiée était la suivante : « occuper la cote 143 avec quatre chars, relever notre propre *Kampfgruppe* sur la colline et avec son armement le ramener sur la nouvelle ligne de combat principale sur la voie ferrée à l'ouest de Pertheville ». L'attaque contre la cote 143 a bien avancé malgré les tentatives de l'ennemi de contenir la manœuvre à partir des flancs à l'aide de véhicules blindés de reconnaissance et des canons antichars. L'infanterie et les équipages de Flak qui s'étaient échappés m'ont été subordonnés et nous avons atteint la cote 143 où se trouvaient quelques-uns des hommes de la *Kampfgruppe* de la *Flak* de la *Luftwaffe*. A part deux canons de 88 mm et deux canons de 20 mm, tout l'armement de la *Flak Kampfgruppe* a été détruit par des chars ennemis ou sabordés par les hommes eux-mêmes. Le repli de la petite *Kampfgruppe* vers la voie ferrée a été à nouveau perturbé par des tirs de canons antichars et d'artillerie. Malgré cela, la *Kampfgruppe* a atteint les positions prévues sans subir d'autres pertes ; le long de la ligne de chemin de fer, les chars se sont mis en position de défense. Pendant la nuit, la *Kompanie* a reçu l'ordre de changer de positions et de rejoindre Saint-Nicolas via Vignats. La *Kompanie* est allée jusqu'à Bierre et s'est installée sur la cote 117 au nord-ouest de Bierre.

19 août 1944

Ce matin, la *Kompanie* a appris que le *Regimentskommandeur*, le *Regimentsadjutant* et le *Regimentsarzt* sont portés disparus et ont probablement été blessés et faits prisonniers par les Britanniques (94). Le *SS-Obersturmbannführer* Olboeter est arrivé au poste de commandement de la *Kompanie* et a fait savoir qu'il avait pris le commandement du régiment. Face à nous, sur notre gauche et derrière nous, forts bruits de combats pendant l'après-midi. La situation est extrêmement incertaine et le régiment ne peut nous fournir plus d'informations. A 02h00, réunion au poste de commandement régimentaire. Le *SS-Regimentsführer* nous informe de la situation et des ordres de la division d'après lesquels la division se prépare à briser l'encerclement à Saint-Lambert à l'aube du 20 août. Deux mots de passe sont communiqués, c'est-à-dire « si les unités face à nous parviennent à percer, il faudra utiliser le mot de passe «*Freiheit*» (liberté), ce qui signifie que nous prendrons tous les éléments du régiment, y compris les véhicules à roues ». Si les unités marchant devant nous ne parviennent pas à passer, le mot de passe sera «*Scheisse*» (merde), ce qui signifie que tous les véhicules non blindés doivent être sabordés et qu'il nous faudra combattre avec les véhicules blindés autant que possible en fonction de la situation de l'ennemi et de nos réserves de carburant. Si, en cas de résistance ennemie plus forte que prévue, nos faibles forces blindées ne parviennent pas à passer, ou si pour quelque

Le *SS-Gruppenführer* Walter Krüger remet, le 6 avril 1943, des croix de chevalier de la Croix de fer à plusieurs officiers, dont (tout à fait à droite), le *SS-Stubaf.* Hans Weiss, voir texte page ci-contre et note 92. (Mark C. Yerger.)

raison que ce soit les véhicules blindés sont neutralisés, alors ces véhicules doivent également être sabordés et les équipages devront emporter autant d'armes et de munitions que possible et percer les lignes ennemies de nuit ou de jour jusqu'à Rouen sur la Seine, et atteindre le point de rassemblement de la division à Fleury à l'est de Rouen.

Le régiment blindé m'a été affecté avec l'ordre de bataille suivant pour percer l'encerclement : quatre chars de ma *Kompanie* formeront le fer de lance, derrière eux le *Flak-Zug* du régiment, le *Bataillon* (95) de transports de troupe blindés, le *Sturmpanzer-Bataillon* (96), la *Panzerjäger-Abteilung* (97) et la *Kompanie* de *Panzer IV*.

20 août 1944

Rassemblement du régiment effectué à 03h00 du matin. Après que les unités aient pris l'essence des camions des autres unités et d'autres véhicules immobilisés, elles ont fait le plein de leurs propres véhicules. Deux chars de la *Kompanie* sont sabordés car il n'était pas possible de les remorquer, il avait été signalé la veille qu'ils avaient été endommagés la veille et devaient être réparés. La *Kampfgruppe* du régiment démarre à 05h00 sous le commandement du *SS-Sturmbannführer* Olboeter vers Saint-Lambert via Bailleul et Tournai-sur-Dive. A Saint-Lambert, nous avons essuyé un puissant tir défensif ennemi. La *Kampfgruppe* du régiment, avec trois Panther comme fer de lance, nos forces et celles d'autres divisions qui nous suivent ont foncé à travers Saint-Lambert pour traverser les défenses ennemies le long de la route menant à Coudehard. Directement au nord-est de Saint-Lambert, des tirs défensifs extrêmement nourris de chars lourds, de canons antichars, antiaériens, de mitrailleuses et d'artillerie nous obligent à plusieurs reprises à nous replier. Au cours de ces combats, le *SS-Unterscharführer* Zwangsleitner détruit un Sherman mais il est immédiatement après détruit par un tir de canon antichar, et son char prend feu.

Après ces tentatives infructueuses de percée, des éléments du régiment se sont regroupés en une seule force constituée d'autres unités SS et de la *Wehrmacht*, pour effectuer une nouvelle tentative. Cette fois-ci nous avons réussi à passer le premier cordon ennemi. Toutefois, nous nous sommes heurtés ensuite à une forte résistance enne-

(92) Hans Weiss commandait la *Stabskompanie* du *Regiment « Deutschland »* lors de la campagne de Pologne avant de devenir *Nachschubführer* de la *Division « Das Reich »* jusqu'en avril 1940. *Kompanie-Chef* de la *4./Aufklärungsabteilung* pendant la campagne de France, il devint commandant du *Kradschützen-Bataillon* en février 1942. Commandant adjoint de la *Kampfgruppe « SS-Reich »* en 1942, puis commandant de l'*Aufklärungsabteilung « SS-Reich »* à partir de juin de la même année. A la mi-avril 1943, il prit le commandement de la *I.SS-Panzer-Regiment « SS-Reich »* après avoir été décoré de la Croix de chevalier le 6 avril. Le 20 mars 1944, il est nommé commandant de la *schwere SS-Panzer-Abteilung 102*. Promu *SS-Obersturmbannführer* le 20 juin 1944, il obtient la Croix Allemande en or le 23 avril 1944. Il est promu *Obersturmbannführer* le 21 juin 1944, il est capturé grièvement blessé le 19 août. Hans Weiss meurt d'une crise cardiaque le 2 octobre 1978 alors qu'il rentrait d'une réunion de vétérans.

(93) Aucun village du nom de Tivos n'est référencé en Normandie.

(94) Le *SS-Obersturmbannführer* Max Wünsche, commandant du *SS-Panzer-Regiment 12*, et le *SS-Hauptsturmführer* Dr. Rudolf Stiawa (*Regimentsarzt*) ont été blessés. Le *SS-Hauptsturmführer* Georg Isecke, *Adjutant* du *SS-Panzer-Regiment 12*, était sain et sauf lorsqu'il fut fait prisonnier par les forces alliées, cependant non pas le 19 août, mais le 24, après avoir essayé pendant plusieurs jours de se cacher afin de pouvoir traverser les lignes ennemies. Wünsche et Stiawa ont été faits prisonniers par les Canadiens, et Isecke par les Américains.

(95) Le *III./SS-Panzergrenadier-Regiment 26*.

(96) Des éléments de la *Sturmpanzer-Abteilung 12*.

(97) Des éléments de la *SS-Panzerjäger-Abteilung 12*.

mie sur la route de Coudehard-La Coury de Bosy où ils avaient positionné des chars dans des positions bien protégées sur une forte pente. Certains des véhicules blindés ont été neutralisés par les *Fallschirmjäger* (98) en combat rapproché, de sorte que nous avons pu continuer notre progression sur ce terrain extrêmement accidenté. Nos conducteurs de chars ont fait preuve de capacités exceptionnelles sur les routes étroites et montantes avoisinantes encombrées de véhicules détruits. Alors que nous étions presque arrivés à la colline, mon char a pris un obus d'artillerie mais sans subir de dommage. Vers 17h00, nous sommes enfin parvenus à notre objectif, notre fer de lance a passé les lignes de défense ennemies et rejoint l'avant-garde de la *2.SS-Panzer-Division « Das Reich »* (99).

Le deuxième char du *SS-Unterscharführer* Zund parti de Saint-Lambert a été endommagé pendant le trajet et a pris feu suite à une panne mécanique survenue pendant son ascension de la forte pente. Attaqués par l'infanterie ennemie nous n'avons pas pu éteindre l'incendie. L'équipage a quand même pu traverser les lignes ennemies de nuit et rejoindre la *Kompanie* à Le Neubourg. Seul un des quatre chars ayant participé à la manœuvre de percée est arrivé indemne quelques jours plus tard à Le Neubourg via Orbec-Bernay et, de là, a pu traverser la Seine pour rejoindre la *II. Abteilung* à Poses.

Annexe n°16 au journal de guerre

12. SS-Panzer-Division « Hitlerjugend », 19 sept. 1944

4. Kompanie/SS-Panzer-Regiment 12

Rapport d'activité du 21.08.1944

Suite au mouvement de repli à partir de La Heunière la *Kompanie* s'est déplacée à Saint-Pierre avec sept *Panzer V* opérationnels et sept autres en panne. Vers 12h00, le *SS-Sturmbannführer* Arnold Jürgensen a conduit la *Kompanie* avec sept chars sur de nouvelles positions à Buisson, à environ 6 km au sud de Gaillon.

Nous avons découvert que l'ennemi s'avançait du sud vers le nord en longeant la Seine et à partir de La Chapelle dans la direction de Gaillon.

La *Kompanie* s'est mise en position sur une ligne d' 1,5 km vers le sud et le sud-est, dans la direction de Saint-Pierre avec pour mission d'y stopper l'ennemi et de n'abandonner cette position que sur ordre. La journée et la nuit se sont déroulées sans incident notable. La *Kompanie* n'a eu aucun contact avec l'ennemi.

Aucun char ennemi détruit, aucune perte dans nos rangs.

Pohl
Leutnant et *Kompanieführer*

II./SS-Panzer-Regiment 12

Le 21.08, la *II./SS-Panzer-Regiment 12* dispose des chars suivants :

6 *Panzer IV*

3 *Panzer V*

1 véhicule blindé antiaérien

Ces chars ont été rattachés à la *Kampfgruppe* du *SS-Sturmbannführer* Gustav Knittel (100) pour une mission sur Fervaques. La *Kampfgruppe* a été renforcée par deux canons d'assaut. Les chars ont été dirigés sur le lieu de l'assaut à Cernay sous le commandement du *SS-Obersturmführer* Eggers.

16h00 : Le poste de commandement de l'*Abteilung* part s'installer dans la zone industrielle à 500 m au nord-est de l'église de Cernay.

16h15 : Les positions d'attaque de la *Kampfgruppe* blindée sont atteintes. Le *SS-Hauptsturmführer* Tirschler, commandant de la *II./SS-Panzer-Regiment 12,* tient une réunion sur la position d'attaque. Le groupe blindé a pour mission de soutenir l'attaque de la *12.SS-Panzer-Division « Hitlerjugend »* et des grenadiers et des pionniers de la *21.Panzer-Division*.

A l'issue d'une courte préparation d'artillerie, à 16h30, lancement de l'attaque contre l'ennemi à l'est de Fervaques. Ce dernier est repoussé sur Fervaques. Cependant la configuration du terrain, très accidenté, rend extrêmement difficile le déploiement de chars.

A 22h00, la *II./SS-Panzer-Regiment 12* reçoit l'ordre d'abandonner ses positions et de faire mouvement vers les positions de rassemblement de la *12.SS-Panzer-Division « Hitlerjugend »* à La Barre-en-Ouche.

22h30 : Repli de la *II./SS-Panzer-Regiment 12* et départ pour La Barre-en-Ouche. Des éléments de la *Stabskompanie* sont envoyés en avant pour reconnaître le terrain et placer des panneaux de signalisation sur la route.

(98) Un groupe fort des effectifs d'une compagnie et appartenant à la *3.Fallschirmjäger-Division*.

(99) La *2. SS-Panzer-Division « SS-Reich »* constituait une étape de carrière pour de nombreux officiers qui ont ensuite dirigé des unités en lien avec la *« Hitlerjugend »*, dont Jakob Fick et Hans Weiss.

(100) Le *SS-Sturmbannführer* Gustav Knittel commandait la *SS-Panzer-Aufklärungsabteilung* 1 de la *« Leibstandarte »*. Il avait antérieurement servi comme *Kompanie-Chef* des *4.* et *3. Kompanien* de la même unité et avait été décoré de la Croix de chevalier comme commandant le 4 juin 1944. Il a survécu à la guerre et il est décédé à Ulm le 30 juin 1976.

Les combats entre la Touques et la Seine, 22-29 août 1944

9

22 août 1944

I./SS-Panzer-Regiment 12

Annexe n°17 au journal de guerre

12. SS-Panzer-Division «Hitlerjugend»,
19 sept. 1944

4. Kompanie/SS-Panzer-Regiment 12

Rapport du 22.08.1944

La *Kompanie* a été rattachée à la *Kampfgruppe Jürgensen* et installe ses positions à Le Buisson (1) avec sept *Panzer V* qui ont pour mission de contenir l'ennemi et de n'abandonner leurs positions que sur ordre.

Nous découvrons que l'ennemi avance du sud vers le nord dans la direction de Gaillon. Vers 09h00, une unité ennemie de reconnaissance blindée (2) s'approche de la *Kompanie*. Des tirs bien ajustés viennent à bout de trois chars ennemis et obligent les autres à rebrousser chemin. Une heure plus tard, six chars ennemis arrivent, cinq d'entre eux sont incendiés par nos tirs et le dernier est immobilisé. L'ennemi réplique en amenant des canons antichars à la lisière de la forêt et tire sur nos chars l'un après l'autre. Trente chasseurs-bombardiers viennent se joindre à l'attaque. Nos positions essuient des tirs nourris d'artillerie qui finissent par détruire l'un de nos chars et par en immobiliser un autre.

Vers 14h00, nous découvrons des chars ennemis à l'est qui s'avèrent ensuite constituer une importante force blindée. L'ennemi attaque ici par une manœuvre enveloppante vers l'ouest et le nord-ouest avec 70 chars, 50 transports de troupe et 100 camions transportant de l'infanterie. Dans l'intervalle, la *Kompanie* est soumise à des tirs d'artillerie constants et à ceux des chasseurs-bombardiers.

A 14h30, la *Kompanie* reçoit le renfort d'un *Panzer V*.

Malgré les circonstances, en un court laps de temps, nous parvenons à éliminer huit chars, cinq blindés de transport de troupe et deux camions. L'ennemi subit des pertes des plus sanglantes et des plus lourdes. Les tirs ennemis de chars, d'artillerie, de canons antichars et de chasseurs-bombardiers détruisent trois de nos chars tandis qu'un autre est immobilisé.

Maintenant, la *Kompanie* n'a plus que deux chars opérationnels qui n'ont pas été en mesure de tenir nos positions car ils essuyaient des tirs de toutes parts et, la situation empirant, risquaient l'encerclement.

(1) Aucun village ne correspond à ce nom dans la région de Gaillon.

(2) Des éléments d'un *Combat Command* de la 5ᵉ division blindée américaine.

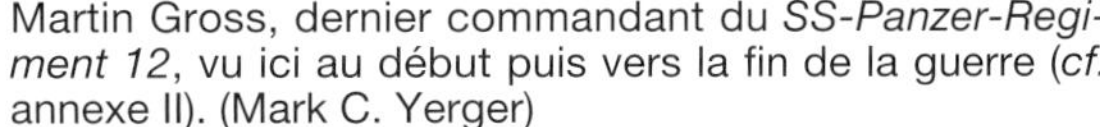

Martin Gross, dernier commandant du *SS-Panzer-Regiment 12*, vu ici au début puis vers la fin de la guerre (*cf.* annexe II). (Mark C. Yerger)

L'infanterie s'était déjà repliée et toute résistance était devenue inutile.

Le soir, la *Kompanie* s'installe sur de nouvelles positions au sud-ouest de Heudebouville et reçoit le renfort de deux *Panzer V*.

Pertes ennemies : 16 chars ; 5 transports de troupe blindés ; 2 camions, une cinquantaine de tués

Pertes dans nos rangs : 1 tué, 8 blessés

Pertes matérielles : 7 chars

Pohl
Leutnant et *Kompanieführer*

II./SS-Panzer-Regiment 12

Arrivée de l'*Abteilungsstab* à La Barre-en-Ouche. Cantonnement préparé pour les unités de la *II.Abteilung* à Thevray. Le poste de commandement de l'*Abteilung* est installé dans le château à côté de Thevray.

D'après les rapports qui nous parviennent, les positions de rassemblement de *la 12.SS-Panzer-Division « Hitlerjugend »* se trouvent à Grancamps. Le *SS-Hauptsturmführer* Tirschler s'est personnellement rendu à Grancamps, mais il ne l'a pas trouvée là-bas, ni d'ailleurs aucun autre commandement de la *12./SS-Panzer-Division « Hitlerjugend »*.

D'après le *SS-Obersturmführer* Eggers qui a pris le commandement de tous les chars de l'*Abteilung*, l'ennemi a déjà réussi à percer à Orbec. Les collines qui se trouvent juste à l'est d'Orbec ne sont tenues que par de faibles forces.

Après avoir considéré la situation, le commandant de la *II./SS-Panzer-Regiment 12* décide que la *II.Abteilung* doit faire mouvement vers ses anciens quartiers à La Saussaye. Le peloton de reconnaissance est immédiatement envoyé en reconnaissance et pour installer des panneaux de signalisation sur la route. Il est accompagné par :

La *Versorgungskompanie* et *la Kampfstaffel* ;

L'*Abteilungsstab* ferme la colonne.

23 août 1944

I./SS-Panzer-Regiment 12

Annexe n°18 au journal de guerre

***12. SS-Panzer-Division « Hitlerjugend »*,**
19 sept. 1944

4. Kompanie/SS-Panzer-Regiment 12

Rapport du 23.08.1944

La nuit dernière, la *Kompanie* a pris position avec ses quatre *Panzer V* opérationnels au sud-ouest de Heudebouville. Dans la journée, la *Kompanie* a reçu deux autres *Panzer V* en renfort ; La *Kompanie* a ainsi pris le contrôle du secteur de 2 km avec six chars. Une unité de *Pioniere* (3) s'est installée à environ 300 m devant la *Kompanie*.

L'ennemi veut occuper la colline et le carrefour tenus par la *Kompanie*. La position de l'ennemi est inconnue.

En dehors de courts épisodes de tirs d'artillerie, la journée s'est déroulée dans le calme. Vers 20h30, un message est arrivé via les *Pioniere* et selon lequel l'ennemi est en train d'attaquer avec des chars. Peu après, l'ennemi a submergé les *Pioniere* et une dizaine de chars ont pris position sur la colline. Malgré l'obscurité et la pluie, la *Kompanie* a pu détruire quatre chars ennemis et repoussé l'attaque. L'ennemi n'a pas renouvelé l'attaque à cet endroit. Vers minuit, l'ordre parvient à l'*Abteilung* par agent de liaison de se replier au sud-ouest de Vironvay et l'ordre est exécuté pendant la nuit.

Pertes ennemies : 4 chars

Pertes humaines dans nos rangs : aucune

Pertes totales en chars : 1

Pohl
Leutnant et *Kompanieführer*

II./SS-Panzer-Regiment 12

Arrivée de la *II.Abteilung* à La Saussaye aux premières heures du jour et dans la matinée.

Lieu : poste de commandement de l'*Abteilung* dans les quartiers du commandant à La Saussaye, *Versorgungskompanie* et *Stabskompanie* dans les anciens quartiers de la *Stabskompanie*, les unités de combat à Iville, entre Amfreville et Le Neubourg.

A 13h00, les forces blindées ennemies suivantes ont été repérées :

- six chars ont atteint Iville, dont quatre ne sont que partiellement opérationnels ;

- trois chars sont en train d'être remorqués sur la route d'Iville.

Tout a été fait pour que les neuf chars soient préparés afin d'être complètement opérationnels dans les meilleurs délais.

Le *SS-Hauptsturmführer* Siegel, qui commande la base à Saussaye, fait savoir au commandant que la base a été transférée à Le Thil-Riberpré, à l'est de la Seine, et qu'on avait l'intention de la déplacer encore plus à l'est, en l'occurrence dans le village de Rethel, au nord-ouest de Reims. Le *SS-Obersturmbannführer* Höfler a été envoyé pour reconnaître la nouvelle base.

La *IIb-Abteilung* rassemble les données sur le personnel de la *II./SS-Panzer-Regiment 12*. D'après ce service, les officiers, sous-officiers et simples soldats appartenant à la *II.Abteilung* se trouvent sur la liste jointe (4).

15h00 : Le *SS-Hauptsturmführer* Tirschler s'est rendu au poste de commandement du régiment à Louviers pour apporter de nouveaux ordres à l'*Abteilung*.

A 17h00, rapport du *SS-Hauptsturmführer* Walter Bormuth : d'après deux officiers de la *LSSAH* les chars ennemis sont déjà à Neubourg et Vernon, l'ennemi avance sur la route Le Neubourg-Iville et a déjà ouvert le feu sur Iville.

Un agent de liaison apporte des ordres pour le *SS-Obersturmführer* Eggers : ce dernier doit envoyer les chars à Iville sur des positions de blocage et empêcher l'ennemi d'avancer. Envoi d'une unité de reconnaissance dans le secteur d'Iville-Vernon sous le commandement du *SS-Untersturmführer* Gunnar Johnson de manière à évaluer le terrain conquis par l'ennemi.

A 18h00, le *SS-Obersturmführer* Eggers fait savoir qu'il a pris position avant même l'arrivée du rapport du poste de commandement de l'*Abteilung*. Quatre des six chars sont opérationnels, les canons de deux chars sont endommagés et ils ne peuvent donc pas être utilisés. Ces deux derniers chars se sont immédiatement repliés. Au cours des combats, l'ennemi a réussi à détruire trois de nos chars. Un char prend position sur la route Le Neubourg-Elbeuf.

17h30 : ordre à la *Versorgungskompanie* et à tous les autres éléments restants de l'*Abteilung* de faire mouvement vers Le Thil-en-Vexin après avoir traversé la Seine.

A 18h00, les premiers véhicules quittent la Saussaye.

19h00 : le *SS-Hauptsturmführer* Tirschler, et le *SS-Untersturmführer* Walther qui l'escortait, ne sont toujours pas rentrés. Peu après 19h00, un *SS-Obersturmführer* de la *LSSAH* vient nous informer que le *SS-Hauptsturmführer* Tirschler et le *SS-Untersturmführer* Walther ont été attaqués par l'ennemi dans le secteur de La Vallée, entre Elbeuf et Louviers et que tous deux ont été blessés. Le *SS-Hauptsturmführer* Tirschler a demandé l'envoi immédiat d'un véhicule. Le *SS-Untersturmführer* Bock est envoyé sur place immédiatement pour retrouver les deux officiers blessés.

Le *SS-Hauptsturmführer* Hans Siegel a pris le commandement de l'*Abteilung* dans l'après-midi, le chef de char d'un *Panzer V* a fait savoir au poste de commandement que son moteur a des problèmes et que son char n'est que partiellement mobile. Sur ordre du *SS-Hauptsturmführer* Siegel, ce char avait été envoyé pour prendre position sur la route de Elboeuf-Louviers à la sortie nord de Louviers.

Le dernier char d'Iville et les 12 canons d'assaut de l'*Einheit «Rettlinger»* (5) se sont repliés vers 23h00 sur les faubourgs sud d'Elbeuf au croisement de chemin de fer de manière à défendre la route Elbeuf-Le Neubourg. L'*Abteilung* fournit de l'essence aux canons d'assaut de *l'Einheit «Rettlinger»*.

24 août 1944

I./SS-Panzer-Regiment 12

Annexe n°19 au journal de guerre

12. SS-Panzer-Division «Hitlerjugend»,
19 sept. 1944

4. Kompanie/SS-Panzer-Regiment 12

Rapport du 24.08.1994

Avec quatre chars opérationnels, la *Kompanie* prend position au sud-ouest de Vironvay conformément aux ordres. Deux *Panzer V* et deux *Panzer IV* de la Wehrmacht sont affectés à la *Kompanie* ; ces chars prennent eux aussi position.

Dans la journée, l'ennemi occupe le village de Heudebouville que nous venons d'abandonner, puis poursuit lentement sa progression.

La journée s'est déroulée calmement et sans attaque ennemie. L'un de nos chars a roulé sur l'une de nos propres mines avant d'être touché par un canon antichar ennemi.

Vers 22h00, ordre de se replier et de franchir la Seine, la manœuvre s'opère sans aucun incident.

Matériel ennemi détruit : aucun (6)

Pertes dans nos rangs : 1 blessé

Pertes totales : 1 *Panzer V*

II./SS-Panzer-Regiment 12

A 02h00, le *SS-Hauptsturmführer* Hans Siegel affecte un *Panzer IV* et un *Panzer V* au commandant (7) pour qu'ils soient déployés ou utilisés pour la logistique.

Dans la journée du 24.08. 1944, les unités de la *II. Abteilung* ont traversé la Seine à Rouen et Poses et se sont rassemblées à Le Thil-en-Vexin. Le *SS-Hauptsturmführer* Tirschler est également arrivé là-bas. Malgré sa blessure à la jambe, il est parvenu à franchir les lignes ennemies et à atteindre les ponts sur la Seine. Toujours pas de nouvelles du *SS-Untersturmführer* Walther. D'après le *SS-Hauptsturmführer* Tirschler, le *SS-Untersturmführer* Walther a probablement été blessé et fait prisonnier par les Anglais. Le *SS-Hauptsturmführer* Tirschler n'a aucune nouvelle du *SS-Untersturmführer* Bock et de son Volkswagen.

Dans l'après-midi, ordre est donné à la *II.Abteilung* de se regrouper dans la région de Conty dans la journée du 25.08. Le transfert a commencé par celui de la *Stabskompanie* dans la nuit du 25.08.

25 août 1944

I./SS-Panzer-Regiment 12

Néant

II./SS-Panzer-Regiment 12

Arrivée de l'*Abteilung* dans la région de Conty. Cantonnements :

Poste de commandement de l'*Abteilung* à Louilley

Stabs et *Versorgungskompanie* à Louilley

La *7.Kompanie* à Wailly

L'*Ausbildungskompanie* avec les restes des *5.*, *6.* et *8.Kompanien* à Forsemanant (8)

29 août 1944

I./SS-Panzer-Regiment 12

12. SS-Panzer-Division «Hitlerjugend»,
10 sept. 1944

I./SS-Panzer-Regiment 12

Rapport de la *Panzergruppe «Berlin»* à l'intérieur de la *Kampfgruppe «Milius»* du *SS-Panzergrenadier-Regiment 25*

Les sept *Panzer V* arrivés au régiment le 29.08.44 m'ont été affectés avec leur équipage incomplet

(3) Probablement des éléments du *SS-Panzer-Pionier-Bataillon 12*.

(4) La liste contient les noms de 288 personnes. Cette liste de noms n'est pas publiée ici.

(5) Le *SS-Sturmbannführer* Karl Rettlinger commandait la *SS-Sturmgeschütz-Abteilung 1* de la *«Leibstandarte»*. Il a été décoré de la Croix de chevalier comme *Kompanie-Chef* de la *3./SS-Sturmgeschütz-Abteilung 1* le 20 décembre 1943 et de la Croix allemande en or au sein de la même unité le 28 mars 1943. Il est mort à Gunzenhausen le 14 juin 1990.

(6) D'après le KTB de la *5.Panzerarmee*, la *Kampfgruppe Mohnke* détruisit au total 46 *Sherman*, un *Churchill*, 10 *Bren Gun* et trois canons antichars entre le 20 et le 24 août. Les *Panther* de la *4./SS-Panzer-Regiment 12* rattachés à la *Kampfgruppe* détruisirent 36 blindés alliés entre le 20 et le 23 août 1944.

(7) Probablement le *SS-Obersturmführer* Fritz Eggers.

(8) La dernière annexe au *KTB* de la *II./SS-Panzer-Regiment 12*, numérotée 19, qui détaille le transfert vers le lieu désigné pour procéder à sa remise en état, est reproduite dans l'annexe XVII du présent ouvrage.

dans les quartiers du régiment à Vervins ; ils ont été immédiatement déployés. Pour rétablir leur niveau opérationnel, j'ai dû faire la demande de sept canonniers, cinq chargeurs et de trois opérateurs radio issus de la *1.Kompanie*.

Le 29.08.44 vers 19h00, j'ai fait mon rapport au *SS-Obersturmbannführer* Milius (9). Les chars ont été répartis de telle sorte que le *III./SS-Panzergrenadier-Regiment 26* puisse recevoir trois chars, les quatre chars restants étant affectés dans le secteur du *I./SS-Panzergrenadier-Regiment 25* à Montcornet et dans ses environs pour contrôler les carrefours. Pendant ce temps, les chars de la *III./SS-Panzergrenadier-Regiment 26* doivent assurer la défense des routes autour de Rozoy. Le 29.08, il n'y avait aucun signe d'activités ennemies dans ce secteur.

Bernhard Siebken, voir note 11 page ci-contre. (NA Coll. G.B.)

Découverte vers midi le 30.08 d'une présence ennemie dans le secteur de Rozoy. L'ennemi est venu du sud avec des chars et des blindés de transport de troupes dans la direction des unités de soutien. Plus tard, présence ennemie également dans le secteur sur la droite à Montcornet où des chars sont arrivés en avançant en coin (*Keil*) de Laon, progressant vers Montcornet pour atteindre Hirson.

L'ennemi amène de l'artillerie et des renforts pendant la nuit à Montcornet. Conformément à l'ordre du commandant de la *Kampfgruppe*, nous avons établi de nouvelles positions sur un terrain propice, sur les collines au nord de Montcornet. Les chars se sont placés derrière ces positions au centre, faisant office de réserve. Dans la matinée du 30.08, après une préparation d'artillerie, l'attaque est lancée dans la direction de Magny-la-Campagne, à l'est de Montcornet. Les chars positionnés à cet endroit ont immédiatement stoppé l'avancée des forces ennemies sur ce terrain ondulant entrecoupé de cours d'eau, et couvert le repli des grenadiers. Nous avons détruit un Sherman et un transport de troupes blindé. Nous n'avons subi aucune perte, en dépit des attaques de chasseurs-bombardiers. Le train de roulement d'un char a été endommagé par une bombe d'avion.

Sur ordre de la division et face à une pression de plus en plus forte, la *Kampfgruppe* s'est repliée sur Plomion dans le secteur de la rivière La Brune. Les chars ont pris position sur les ponts détruits ou fermés de La Brune. Les chars ont réussi à empêcher l'ennemi de poursuivre sa progression et de traverser la rivière. Mais, dans la nuit, la division nous a de nouveau demandé de nous replier sur la ligne Buire-Hirson car l'ennemi a commencé à encercler la *Kampfgruppe* par la droite via le flanc découvert près de Vervins.

Dans la matinée du 01.09.44, chaque unité de la *Panzergruppe* a atteint le secteur qu'il leur fallait atteindre. Nous avons immédiatement pris position car l'ennemi est sur nos talons même pendant notre retraite nocturne. Un char contrôle la route Vervins-Hirson. Deux autres chars contrôlent des champs au sud-est de Buire, un char se place devant le pont de La Hérie pour bloquer le franchissement de la rivière. Il s'est en effet avéré impossible de faire sauter le pont par manque d'explosifs.

Pendant ce temps, la *Gruppe « Olboeter »* (10) a perdu un *Panzer IV*, qui m'avait été attribué le 30.08, ainsi qu'un *Panzer V*. Le *Panzer IV* a été détruit à 25 m de distance après que ce char a laissé trois *Sherman* s'approcher à moins de 50 m, et à ce moment-là son canon s'est enrayé. Le *Panzer V* a été détruit lors d'un combat contre des forces supérieures en nombre (chars et blindés de transport de troupes) après avoir lui-même détruit deux *Sherman*. Les deux équipages de chars ont pu se sauver à l'exception d'un radio qui a été tué (celui du *Panzer IV*) et a dû être laissé sur place. L'ennemi qui a progressé vers Origny-en-Thiérache dans l'après-midi a été repoussé après une contre-attaque. Le secteur gauche étant menacé et risquant un encerclement, deux *Panzer V* commandés par le *SS-Untersturmführer* Walther Blank ont dû protéger le flanc gauche ouvert à la sortie est d'Hirson.

Pour empêcher une nouvelle manœuvre de débordement et d'encerclement, l'ordre a été donné de prendre position dans le secteur de Trélon. Mais d'autres ordres au cours de la même nuit indiquaient de prendre position plus en arrière dans le secteur sud de Beaumont. La *Panzergruppe* est rattachée à la *Kampfgruppe « Siebken »* (11) qui prépare déjà la traversée de la rivière Helpe à Liessies. Après avoir fait mon rapport dans la nuit, j'ai été escorté jusqu'aux positions du *II./SS-Panzergrenadier-Regiment 26* et j'ai pu escorter les chars jusqu'à leurs positions au lever du jour. Maintenant, deux chars contrôlent les routes menant à Liessies à partir du sud et de l'ouest, tandis que les trois autres chars faisant office de réserve de la *Kampfgruppe* contrôlent vers l'ouest à partir d'Avesnelles à proximité du poste de commandement de Felléries.

Nous n'avons pas pu contenir l'avance ennemie sur le flanc droit ouvert de sorte qu'un mouvement de débordement s'est produit lorsque la *5./SS-Panzer-Grenadier-Regiment 26*, dont un char Tiger qui m'avait été alloué, a été encerclé par l'ennemi. La pression de l'ennemi vers Felléries n'a cessé de croître et la situation est devenue critique avec l'encerclement des *6.* et *8./SS-Panzergrenadier-Regiment 26*, et j'ai donc déployé les chars de réserve pour couvrir la retraite de mes *Kompanien*. Pendant la nuit, deux *Panzer V* qui étaient en maintenance ont été envoyés à la *Kompanie*. Au cours des combats, nous avons détruit quatre Sherman tandis que deux de nos *Panzer V* étaient endommagés par des tirs ennemis.

Une fois notre repli effectué, la *Kampfgruppe* s'est repliée au sud de Philippeville sur des positions préparées par le *SS-Panzergrenadier-Regiment 25*. Un *Panzer V* (du *SS-Untersturmführer* Blank) a dû être envoyé en réparation à cause de sa boîte de vitesse, et seul un char est encore opérationnel. Le dernier char disponible au sein de la *Kampfgruppe « Olboeter »* a dû être sabordé sur la route Mons-Beaumont alors qu'on tentait de le remorquer après que des tirs ennemis aient endommagé son train de roulement et son moteur. Immobilisé, il risquait d'être capturé par l'ennemi lancé à nos trousses.

Le 04.09.44 vers 14h00, il nous a été ordonné de nous replier sur Philippeville. Alors qu'il se trouvait en troisième position de tir pendant que l'ennemi encerclait le village sur trois côtés, l'arbre de transmission et la boite de vitesse du char du *SS-Unterscharführer* Voigt ont cédé et le char s'est

24 et 25 août 1944

Ci-dessus : au PC de la *5. Panzerarmee* au nord de la Seine le 24 ou le 25 août. Les restes des armées allemandes de Normandie sont sauvés. Ils passent au nord du grand fleuve normand. De gauche à droite : le *SS-Oberstgruppenführer* Sepp Dietrich ; le colonel von Gersdorff, chef d'état-major de la 3e armée ; le maréchal Model, chef de l'*OB. West* et de la *Heeresgruppe B* ; le général Gause, chef d'état-major de la 5e Panzerarmee ; le général Eberbach. Von Gersdorff vient d'être décoré du *Ritterkreuz*, comme on le voit sur cette photo. Malgré le repli, la bonne humeur montre que la situation semble difficile mais pas désespérée. La retraite allemande en Normandie n'est pas un « Stalingrad » mais un « Dunkerque » allemand qui favorisera dans quelques mois l'offensive des Ardennes. (KB.)

Ci-contre : un jeune motocycliste de la section de reconnaissance du *SS-Panzer-Regiment 12* (voir le panneau *Wünsche* et l'indication de la direction de Vernon), lors de la retraite sur la Seine. Son moral semble intact. (Coll. H. Wontorra/Heimdal.)

(9) Le *SS-Obersturmbannführer* Karl-Heinz Milius commandait la *III./SS-Panzergrenadier-Regiment 25*, et commandait aussi vers cette période-là, la *Kampfgruppe* basée sur le *SS-Panzergrenadier-Regiment 25*. Il commanda ultérieurement le *SS-Panzergrenadier-Regiment 25* et finit la guerre avec le grade de *SS-Standartenführer*. Milius est mort le 31 mars 1990.

(10) La *Kampfgruppe* basée sur le *III./SS-Panzergrenadier-Regiment 25*.

(11) Le *SS-Sturmbannführer* Bernhard Siebken commandait le *II./SS-Panzergrenadier-Regiment 26*.

immobilisé. Compte tenu de la progression ennemie, il a fallu saborder le char sur ordre du *SS-Obersturmbannführer* Karl-Heinz Milius. L'ordre est ensuite arrivé de se replier immédiatement sur la Meuse car des éléments du *II./SS-Panzergrenadier-Regiment 26* et du *I./SS-Panzergrenadier-Regiment 26* étaient déjà encerclés.

Au cours de ces combats nous avons détruit dix Sherman et un blindé de transport de troupe, et subi la perte de sept chars au total.

Berlin
SS-Hauptsturmführer

Ci-contre : sur cette photo prise en 1990, nous lisons sur la façade d'une maison du Neubourg, où se trouvait, en mai 1944, le PC du *SS-Panzer-Regiment 12*, l'inscription *Meldekopf HJ/Div.*. C'était un bureau d'orientation du *Panzer-Regiment* devant lequel ont dû passer les éléments en retraite en août 1944. (Photo S. Varin/Heimdal.)

Très belle photo d'un *Panther* du *SS-Panzer-Regiment 12* dont le numéro est malheureusement illisible. (Coll. P. Tiquet.)

Deuxième partie
Histoire des combats de la *SS-Panzerjäger-Abteilung 12* en Normandie

Organisation, équipement et entraînement de la *SS-Panzerjäger-Abteilung 12* (6 février-9 juillet 1944)

1

Les pourparlers concernant la création d'une division SS constituée de jeunes membres de la *Hitlerjugend* sont amorcés en février 1943 entre les représentants de la *Waffen-SS* et l'organisation de jeunesse du parti national-socialiste. Sur leur recommandation commune du 24 juin 1943, Adolf Hitler ordonne la création d'un centre d'entraînement à Beverloo en Belgique, au nord de Bruxelles.

Les officiers et sous-officiers de la nouvelle unité sont pris sur les effectifs de leur division d'origine : la *1.SS-Panzergrenadier-Division « Leibstandarte SS Adolf Hitler »*. Les hommes de troupe sont essentiellement de jeunes hommes nés dans la première moitié de 1926 et ayant déjà reçu une formation paramilitaire. Plus tard, 50 officiers issus de l'armée, dont certains sont passés par la *Hitlerjugend*, seront réaffectés à cette division.

La structure principale de l'unité est constituée selon le système des *Panzergrenadiere* et est composée du *I.SS-Panzerkorps* avec la *« Leibstandarte»*. Dans la mesure où Hitler souhaitait que le *Korps* rassemble deux divisions (blindées), on procède à la fin de 1943 à la réorganisation des divisions *« Hitlerjugend »* et *« Leibstandarte »* sous forme de divisions blindées. Début janvier 1944, les effectifs de la *« Hitlerjugend »* sont pour l'essentiel constitués de jeunes soldats ayant effectué un entraînement de 18 semaines.

Le 6 février 1944, sur ordre du *SS-Oberstgruppenführer und General der Waffen-SS* Josef (Sepp) Dietrich, la *SS-Panzerjäger-Abteilung 1* de la *« Leibstandarte »* est réaffectée à la *12.SS-Panzer-Division « Hitlerjugend »*. Cette unité constituée de trois officiers, 39 sous-officiers et 83 simples soldats auxquels s'ajoutent treize autres personnels non-combattants des pays de l'Est, et commandée par le *SS-Obersturmführer* Karl aus der Wiesche, monte à bord d'un train en gare de Volochisk. Le lendemain, le train quitte le front de l'Est. L'*Abteilungsführer* de cette nouvelle *Panzerjäger-Abteilung*, le *SS-Sturmbannführer* Jakob Hanreich, reste d'abord au sein de la Division *« Leibstandarte »*.

Le trajet via Tarnopol, Lemberg, Cracovie, Liegnitz, Dresde, Leipzig, Francfort, Coblence, Trèves et Metz les conduit à Leopoldsburg en Belgique. Avant d'arriver à destination le train déraille le 12 février entre Spincourt et Arrency, causant la mort de deux soldats, tandis que huit sont blessés (dont quatre hospitalisés à Verdun). Dix-sept camions sont irrémédiablement détruits et le train ne peut poursuivre sa route que le 15 février, après deux jours de réparation.

Après l'arrivée du convoi à Leopoldsburg le 16 février, l'*Abteilungsstab* va s'installer à Merhout, la *1.Kompanie* à Qostham, la *2.Kompanie* à Quadmecheln et la *3.Kompanie* à Gestel. (1)

Le 20 février, les 110 soldats participant au cours de formation pour sous-officiers de chasseurs de chars sont réaffectés à la *SS-Panzerjäger-Abteilung 12.* Ces hommes en cours de formation avaient tout d'abord stationné auprès de la *SS-Panzer-Aufklärungs-Abteilung 12* en tant que *Panzerjäger-Lehr-Kompanie.*

Les effectifs de l'*Abteilung* sont considérablement étoffés suite à l'arrivée de 315 simples soldats du *SS-Panzer-Regiment 12*, de 23 simples soldats du *SS-Panzer-Pionier-Bataillon 12* et de 100 simples soldats de chacun des deux *Panzergrenadier-Regimenter* de la division.

La structure organisationnelle et d'équipement des *Kompanien* combattantes de la *SS-Panzerjäger-Abteilung 12* est, à cette époque, réglée par la directive n°1148/b (2). Celle-ci fait état de trois *Kompanien*, chacune étant équipée de 14 canons antichars lourds automoteurs du type *Nashorn*.

Toutefois, à cette époque, l'unité ne dispose d'aucun véhicule de combat. De manière à lancer la phase d'entraînement aussi rapidement que possible, deux hommes sont envoyés à Olmütz le 20 février pour en ramener deux chasseurs de chars du type *Marder III* armés de canons de 75 mm antichars. Ces deux véhicules arrivent à l'*Abteilung* le 2 mars. (3)

Le 29 mars, le *SS-Obersturmbannführer* Hanreich rentre du front avec huit de ses hommes et prend le commandement de l'unité, assumé jusque-là par le commandant adjoint, le *SS-Hauptsturmführer* Hermann Tirschler, qui devient le *Chef* de la *2.Kompanie*.

Dans l'intervalle, le 30 mars, arrive l'ordre de transfert de la *SS-Panzerjäger-Abteilung 12* vers le secteur de Nogent-le-Roi. La troupe part le 2 avril à 05h45, par le train, pour atteindre le nouveau cantonnement, via Bruxelles, Amiens, Vernon, arrivant le 5 avril à 22h30.

Le poste de commandement du *Stab* de l'*Abteilung* est établi à Nogent-le-Roi. La *1.Kompanie* est cantonnée à Villiers-le-Morhier, la *2.Kompanie* à Chaudon, et la *3.Kompanie* à Villemeux-sur-Eure. (4)

Le 14 avril, le dernier contingent arrive du front de l'Est avec certains éléments du *Stab* et l'essentiel de la *3.Kompanie*.

Cependant, début mai, la *SS-Panzerjäger-Abteilung 12* doit envoyer 367 de ses simples soldats à la *1.SS-Panzer-Division*, réduisant à 516 hommes l'effectif de l'*Abteilung* et la *3.Kompanie* à celui d'un *Kompanienstab*.

Il y a également des changements au niveau de l'ordre de bataille de l'*Abteilung*. A présent, l'unité doit être équipée de *Jagdpanzer IV* tirant des canons antichars de 75 mm en lieu et place des chasseurs de chars initialement prévus. Les *1.* et *2.Kompanien* et l'*Abteilungsstab* attendent respectivement la fourniture de deux fois dix *Jagdpanzer*. La *3.Kompanie* devient l'*Unterabteilung* et est équipée de canons antichars tractés.

L'effectif de chacune des *Kompanien* de *Jagdpanzer* comporte trois officiers, 44 sous-officiers et 72 simples soldats. En dehors des véhicules, elles disposent de 29 pistolets, 59 fusils, 31 pistolets-mitrailleurs et de deux mitrailleuses. Chaque *Kompanie* est équipée de 26 véhicules et de quatre sidecars. (5) Le prototype du *Jagdpanzer IV* est achevé en décembre 1943 dans les usines de montage de Vomag (Vogtländische Maschinen-Fabrik AG).

Au début de la production, le *Jagdpanzer* est équipé d'un canon L/48 de 75 mm *PaK* 39. Il peut être orienté de 20° sur les côtés et incliné de 5° vers le bas et de 15° vers le haut. Il emporte 79 obus pour son armement principal et dispose en outre de deux mitrailleuses de 7,92 mm approvisionnées à 600 coups.

Le véhicule pèse 24 tonnes avec un blindage de 80 mm pour le mantelet, de 60 mm pour le glacis avant et de 30 mm latéralement. Il peut atteindre 40 km/h sur route et dispose d'un rayon d'action de 210 km.

Son équipage est de quatre hommes : chef de char, tireur, chargeur et conducteur.

Quelque 769 *Jagdpanzer IV* ont été construits entre janvier et novembre 1944, ainsi que 26 modèles en version dépannage (6).

Les premiers *Jagdpanzer IV* sont envoyés à la *SS-Panzerjäger-Abteilung* de la *Panzer-Lehr-Division* en mars 1944 et déployés pendant l'occupation de la Hongrie. Toutefois, leur vrai baptême du feu a lieu en Italie au sein de la *Panzer-Division « Hermann Göring »*.

Les dix premiers *Jagdpanzer IV* affectés à la *SS-Panzerjäger-Abteilung 12* le 26 avril 1944, arrivent le 24 mai à la gare de Nogent-le-Roi au bout de quatre semaines de transport. Cinq des dix *Jagdpanzer* sont versés dans la *1.Kompanie* et cinq autres dans la *2.Kompanie*.

A cette époque, les canons ne disposent pas encore de frein de bouche et les *Jagdpanzer* sont livrés sans pièces de rechange. L'un des chars, endommagé lors du déchargement, a une panne de frein alors qu'il quitte son cantonnement ; sa réparation prend trois jours.

D'une manière générale, les problèmes mécaniques ne sont pas rares sur les nouveaux Jagdpanzer. Le 3 juin, les *Jagdpanzer* utilisés pour l'entraînement des conducteurs mettent en évidence des vices de construction : ainsi, au bout de 300 km, il n'est plus possible de passer la troisième. Le peloton de maintenance la *Panzerjäger-Abteilung* parvient néanmoins à venir en bout de cette panne.

Le lendemain, un *SS-Unterscharführer* est envoyé à Plauen à l'usine Vomag afin de s'y procurer l'équipement (7) nécessaire à la modification des Jagdpanzer.

Dans la nuit du **6 juin**, à 02h45, la *SS-Panzerjäger-Abteilung 12* est informée par la division de l'augmentation considérable de l'activité aéroportée dans le secteur de la *711. Infanterie-Division*. Au même moment, la *12.SS-Panzer-Division* est placée en état d'alerte : les forces alliées viennent de déclencher l'opération *Overlord*.

A 13h00, la *12.SS-Panzer-Division* se met en marche vers le secteur prévu pour son déploiement, en l'absence toutefois de la *SS-Panzerjäger-Abteilung 12*, de la *SS-Werfer-Abteilung 12* et du *SS-Panzer-Feld-Ersatz-Bataillon 12*. Ces trois unités sont maintenues sur leurs positions précédentes. (8)

Tandis que la division est engagée dans les combats intenses qui se déroulent autour de Caen, la *Panzerjäger-Abteilung* reprend son entraînement dans la perspective de son déploiement devenu inévitable.

Le **9 juin** les *Jagdpanzer* de la *2. Kompanie* (son nouveau *Kompanie-Chef* est le *SS-Obersturmführer* Johann Wachter) s'entraînent au tir au canon et à la mitrailleuse. Les canons de char s'avèrent impropres au combat dans la mesure où leur optique de tir souffre de vices de construction et qu'ils ne sont pas ajustés comme il le faudrait.

Les deux *Marder III* appartenant à l'*Abteilung* doivent être envoyés au poste de commandement de la division le **16 juin**. En route, ils tombent en panne pour des raisons de vices de construction et doivent rentrer deux jours plus tard dans leur unité. Le peloton atelier (*Werkstattszug*) les répare mais l'un des deux tombe à nouveau en panne le **19 juin** et est immobilisé. (9)

Le **20 juin**, la division donne l'ordre à la *SS-Panzerjäger-Abteilung* de tenir l'une de ses *Kompanien* prête à être déployée et l'affecte dans les unités combattantes. Le commandant de l'*Abteilung*, le *SS-Sturmbannführer* Hans-Jakob Hanreich a prévu la *1.Kompanie* pour cette mission ; en même temps, il maintient l'exercice de tir pour tous les Jagdpanzer pour le 22 juin.

Le **21 juin**, dix hommes partent pour Breslau pour en ramener les *Jagdpanzer IV* affectés à l'unité. Trois hommes sont envoyés à Magdebourg pour en ramener un *Berge-Panzer*. (10)

Le **22 juin**, onze des *Jagdpanzer IV* (des 21 évoqués dans la structure organisationnelle et d'équipement) sont finalement alloués à l'*Abteilung* (11).

Le même jour, l'exercice de tir des *Jagdpanzer* reprend à 09h30. Les Jagdpanzer s'avèrent défectueux avec les obus explosifs mais confirment leur excellence avec les obus perforants.

Les canons ne sont toujours pas équipés de freins de bouche. Les officiers de la *Panzerjäger-Abteilung* sont chargés de sillonner toute la France pour en trouver, ainsi que pour se procurer le nombre nécessaire de véhicules et l'essence et les munitions nécessaires au prochain déploiement. Pour l'instant, ils ne rencontrent guère de succès. Le **23 juin**, l'unité apprend avec soulagement que l'équipement nécessaire pour les modifications des *Panzer IV* se trouve auprès de la *Panzerjäger-Abteilung* de la *2.Panzer-Division* à Bremoy.

Au soir du **26 juin**, le seul chasseur de char *Marder III* (commandant : *SS-Unterscharführer* Elsässer) de la *Panzerjäger-Abteilung,* déjà sur la ligne de front comme réserve du *Divisionsstab,* reçoit l'ordre de rejoindre la *15./SS-Panzergrenadier-Regiment 25*. Mais le chasseur de char ne parvient pas à retrouver la *Kompanie* qui s'est repliée dans l'intervalle.

Dès lors, le *Marder III* esseulé reçoit de nouveaux ordres. Il lui faut maintenant se diriger vers la *9./SS-Panzer-Regiment 12*. Le chasseur de char finit par trouver la *Kompanie* dont il doit protéger le flanc droit. Mais il tombe à nouveau en panne. La *Kompanie* de chars, confrontée à des tirs nourris d'artillerie, doit se replier. L'équipage du *Marder* doit les suivre à pied. Le *Marder* finit par être remorqué par un *Panzer IV* le 29 juin jusqu'à la *SS-Panzerjäger-Abteilung 12* à laquelle le blindé doit être remis.

Le **2 juillet**, l'autre *Marder III*, gardé en réserve auprès du poste de commandement de la division, est réaffecté à la *SS-Panzerjäger-Abteilung 12* et son équipage rentre donc dans son unité d'origine. (12)

A partir de 10h30 le **6 juillet**, la *1./SS-Panzerjäger-Abteilung 12* (*Kompanie Chef* : *SS-Obersturmführer* Georg Hurdelbrink) doit se préparer à être déployée et se met en place pour un exercice de tir avec six *Jagdpanzer IV*. Au cours de l'exercice, 30 obus explosifs sont tirés. Les résultats sont satisfaisants dans la mesure où les canons sont correctement ajustés et que les freins de bouche ont fini par arriver.

A 22h30, les ordres de la division sont arrivés qui stipulent que la *1.Kompanie* doit rejoindre la ligne de front.

Dans la matinée du **1er juillet**, le *SS-Sturmbannführer* Hans-Jakob Hanreich discute les détails du départ et du trajet avec le *Kompanie-Chef* de la *1.Kompanie*. La *Kompanie* ne peut en principe se déplacer que pendant la nuit mais, dès lors que le ciel est nuageux, le risque d'une attaque de chasseurs-bombardiers alliés est faible. Acon, sur la route Dreux-Verneuil, constitue la première étape de l'unité. Les *Jagdpanzer* maintiennent une distance suffisante entre eux pour ne pas offrir de cible concentrée en cas d'attaque aérienne.

La colonne, composée de huit *Jagdpanzer IV* et d'un camion-citerne de la *1./SS-Panzerjäger-Abteilung 12* s'ébranle à 15h00 vers la ligne de front. (13)

Le lendemain, quatre Jagdpanzer atteignent Acon mais trois autres sont bloqués en route pour des pannes mineures. Le huitième chasseur de char est par contre obligé de rejoindre le peloton de réparation.

Le **9 juillet** un *Jagdpanzer IV* (commandant : *SS-Unterscharführer* Helmut Zeiner) est à nouveau en panne. Le soir, le *SS-Sturmbannführer* Hanreich rejoint la *1.Kompanie* qu'il trouve après minuit à 4 km au nord-ouest de Falaise. (14)

(1) *Tätigkeitsbericht* (rapport d'activité) *der SS-Panzerjäger-Abteilung 12 « Hitlerjugend »* à partir du 6 février 1944, p.1, conservé aux Archives d'Histoire militaire de Prague (Vojensky Historicky, Praha).

(2) *Idem*, p.3.

(3) *Idem*, p.4.

(4) *Idem*, p.6.

(5) Voir le *K.St.N.* 1149 (du 1er février 1944).

(6) *Cf.* Peter Chamberlain et Hilary Doyle, *Encyclopedia of German Tanks of World War Two*, London : Arms&Armour Press, 1999, p.102-103.

(7) *Tätigkeitsbericht der SS-Pz.Jäg.Abt. 12 « HJ »* à partir du 6 février 1944, p.10, Archives d'Histoire militaire de Prague.

(8) *Idem*, p.10.

(9) *Idem*, p.11.

(10) *Idem*, p.12.

(11) *Cf.* Nevenkin, p.905.

(12) Rapport d'activité de la *SS-Pz.Jäg.Abt. 12 « HJ »* à partir du 6 février 1944, pages 16 et 17, Archives d'Histoire militaire de Prague.

(13) *Idem*, p.18.

(14) *Idem*, p.19.

2

Les combats de la *SS-Panzerjäger-Abteilung 12* dans la bataille de Normandie, 10 juillet-26 août 1944

Le **10 juillet** le *Kompanie-Chef* de la *1. Kompanie* reçoit sa mission auprès du poste de commandement de la *12.SS-Panzer-Division « Hitlerjugend »* situé à Garcelles-Secqueville : son unité est subordonnée au *SS-Panzergrenadier-Regiment 25* doté de sept *Jagdpanzer IV* opérationnels et doit prendre le contrôle d'Ifs à partir du nord. Les *Jagdpanzer* doivent occuper leurs positions avant la tombée de la nuit dans le secteur indiqué. (1)

Mais le lendemain, un nouvel ordre arrive. La *1. Kompanie* a été retirée du secteur d'Ifs et redirigée sur Conteville. Il n'a été possible d'exécuter l'ordre que le soir venu. (2)

Le **12 juillet**, la *SS-Panzerjäger-Abteilung 12* – subordonnée au *SS-Panzer-Regiment 12* – est informée de l'arrivée de onze *Jagdpanzer IV* à Versailles pour lui être remis. Les Jagdpanzer ont voyagé par train et ont été déchargés.

Ce jour-là, cinq officiers et 50 soldats SS ont été appelés à Dreux pour y obliger des civils français à reprendre leur travail. (3)

Le **13 juillet**, neuf *Jagdpanzer* arrivent à la *2.Kompanie* qui dans l'intervalle, a été transférée à Villiers-le-Morhiers. Deux véhicules se sont immobilisés en cours de route alors qu'ils se rendaient à la *2.Kompanie*, mais ont quand même fini par l'atteindre ce jour-là. Ces *Jagd*panzer ont déjà été équipés des dispositifs de camouflage.

Le lendemain, **14 juillet**, vers 13h00, l'un des camions de l'*Abteilung* a été attaqué à Larouillie par la résistance française. Un soldat SS a été tué d'une balle dans la tête, un autre est blessé. (4)

Le **17 juillet**, la *1.Kompanie* se trouvait dans le secteur de Renemesnil à 12 km au sud de Conteville. Ses huit *Jagdpanzer* sont opérationnels, un *Jagdpanzer IV* supplémentaire a reçu un nouveau moteur. Le *Divisionsstab* souhaite en envoyer un de plus à la *Kompanie* pris sur l'*Abteilung* afin de porter ses effectifs à leur maximum. (5)

La *1.Kompanie* a été rapidement attaquée par les forces alliées lorsque, le **19 juillet**, à Frénouville, après qu'un *Jagdpanzer IV* a détruit le premier char ennemi dans l'histoire de la *SS-Panzer-Abteilung 12*, probablement un *Sherman* de la division blindée britannique des *Guards* (6).

Le **20 juillet**, un *Jagdpanzer* (commandé par le *SS-Oberscharführer Kussmaul*) s'est immobilisé après une panne moteur à 6 km à l'ouest de Dreux. Le véhicule a été réparé sur place. (7)

Le **21 juillet**, six canons antichars tractés de 75 mm ont été affectés à la *3.Kompanie* par la division ; ils ont été tractés par des véhicules semi-chenillés *Maultier*.

Dans l'intervalle, la *1.Kompanie* a de nouveau été transférée, cette fois-ci dans le secteur de Mézidon au sud-est de Caen. L'ensemble de ses huit *Jagdpanzer IV* sont opérationnels. Ce jour-là, la *Kompanie* a détruit quatre chars alliés et deux camions à Frénouville occupé par la division blindée des *British Guards*.

Après 19h00, deux *Jagdpanzer* réparés (commandés par les *SS-Oberscharführer* Kussmaul et *Unterscharführer* Pusch) sont partis rejoindre la *1.Kompanie*. (8)

Le **22 juillet**, inscription officielle dans le journal de guerre de l'unité de l'ordre de réorganisation de la *SS-Panzerjäger-Abteilung 12* conformément à l'ordre de bataille modèle 1944.

Le **23 juillet** à 21h00, des éléments de la *3.Kompanie* (*SS-Hauptsturmführer* Günther Wöst) partent sur la ligne de front avec des véhicules Maultier mais sans les canons antichars qui leur ont été alloués. (9)

Le lendemain, **24 juillet**, la *1.Kompanie* fait état lors de son étape à Vimont sur la route Caen-Lisieux, à 14 km de Caen, que neuf de ses dix *Jagdpanzer* sont opérationnels, tandis qu'un véhicule doit être remorqué à la *Werkstattskompanie* de la *SS-Panzerjäger-Abteilung 12* en raison de problèmes de moteur.

Au soir du **27 juillet**, le *1.Generalstabsoffizier* de la *12.SS-Panzer-Division,* le *SS-Sturmbannführer* Hubert Meyer, informe la *Panzerjäger-Abteilung* via un officier de liaison, qu'il souhaite voir la *3.Kompanie*, toujours à l'entraînement, opérationnelle dans trois jours. Ce matin, un chargement de pièces de rechange pour *Jagdpanzer IV* est arrivé de Breslau, ce qui augmente les chances de pouvoir déployer la *2.Kompanie*. (10)

La *3.Kompanie* a pris en charge ses canons antichars à Nécy et a commencé à les mettre en batterie entre minuit et le matin entre Argences et Moult. (11)

Dans la soirée du **29 juillet**, douze *Jagdpanzer IV* sont opérationnels au sein de la *SS-Panzerjäger-Abteilung 12*. (12)

Le **1er** et le **2 août**, le *Stab* de la *SS-Panzerjäger-Abteilung 12*, la *2.Kompanie* et d'importantes unités de la *Versorgungskompanie* partent pour le front. La *2.Kompanie* reçoit pour mission de relever la compagnie de chars combattant sur la principale ligne de front et subordonnée à la *Kampfgruppe « Schrott »* (la *II./SS-Panzergrenadier-Regiment 25*) dans la nuit du **4 août**. Cette nuit-là le poste de commandement de l'*Abteilung* a dû être transféré dans les faubourgs nord de Beneauville (13).

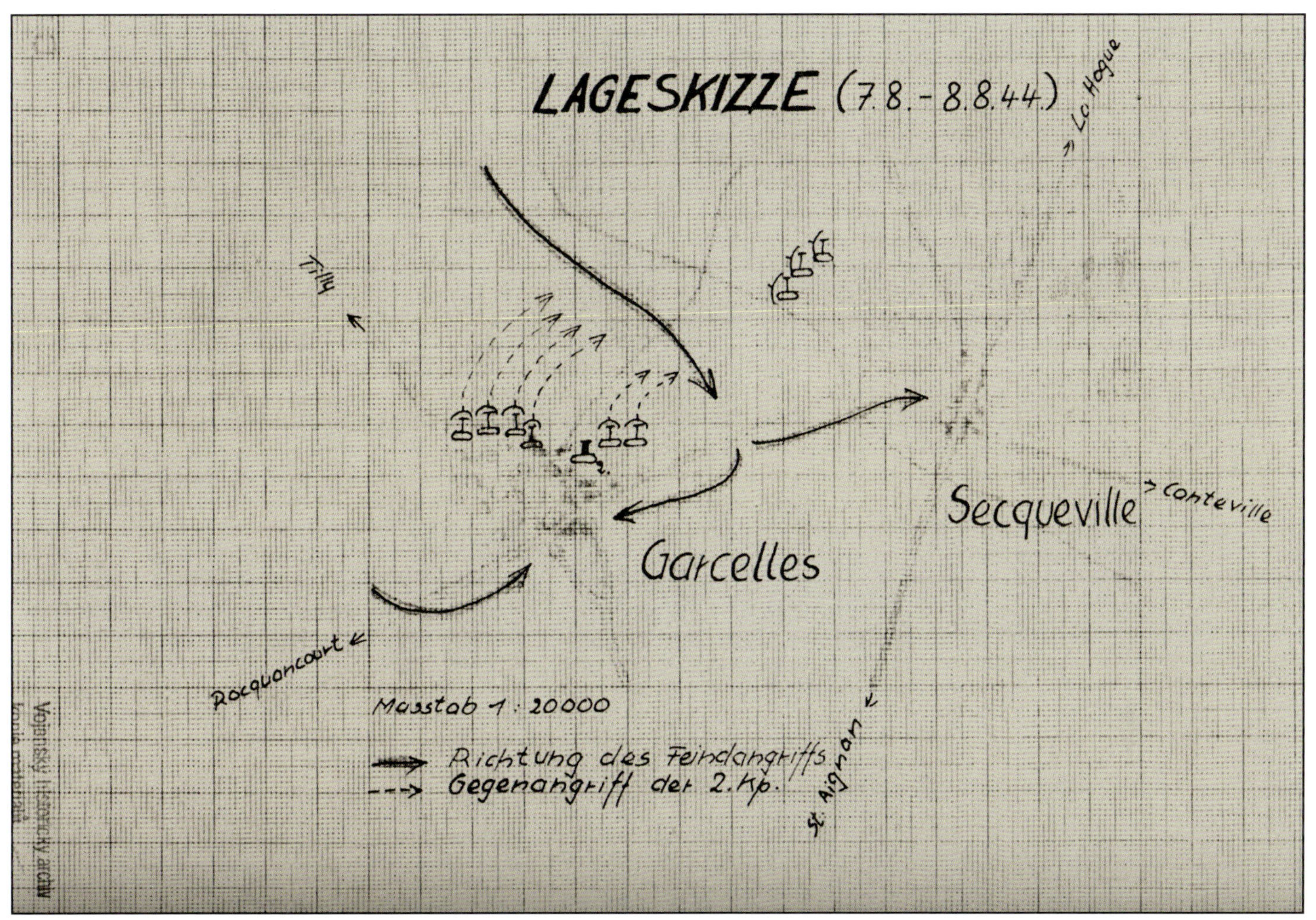

Les actions de combat des *Jagdpanzer IV* de la *2.Kompanie/SS-Panzer-jäger-Abteilung 12* dans la région de Garcelles-Secqueville, 7-8 août 1944. Attaques ennemies et contre-attaque de la 2e compagnie. (Arch. d'Hist. mil. de Prague.)

Cependant, le 4 août, tous les événements évoqués mentionnés ci-dessus sont terminés. D'après un nouvel ordre, la *SS-Panzerjäger-Abteilung 12* doit s'installer dans les villages de Maizières et Rouvres, et le poste de commandement à Cauvigny. Dans l'après-midi, il est demandé à la *1.Kompanie* de venir dans ce nouveau cantonnement (elle y arrive le lendemain matin). La *3.Kompanie*, équipée de canons antichars, se trouve alors à Escures. (14)

Le **5 août**, la *2.Kompanie* a dû se préparer à faire mouvement sur ordre de la division. Les *Jagdpanzer* du *SS-Obersturmführer* Wachter se sont mis en route à minuit pour rejoindre ses nouvelles positions d'attaque situées au nord-est de Garcelles-Secqueville.

La *Kompanie* (avec six *Jagdpanzer IV* opérationnels pour un effectif total de neuf) atteint les positions requises le **6 août** à 05h30. Cependant, la *SS-Panzerjäger-Abteilung 12* et le *Stab* de la *12.SS-Panzer-Division* ignorait tout du sort de la *Kompanie* entre minuit et 13h30 après l'interruption provisoire des liaisons. (15)

Jusqu'à 06h30 le 6 août, la *2./SS-Panzerjäger-Abteilung 12* a tenu ses positions défensives sur la périphérie nord-est et nord-ouest de Garcelles-Secqueville et établit la liaison avec le *Grenadier-Bataillon* (16) du *Hauptmann* Körner. Peu après 23h00, un nouvel ordre de la *12.SS-Panzer-Division* demande à toutes les unités de se préparer à faire mouvement dans la nuit. (17)

L'ordre est exécuté le **7 août**. L'*Abteilungsstab* s'est regroupé à Le-Hamel, les *1.* et *3.Kompanien* dans le secteur de Villiers-Le Morhier. L'*Abteilung* n'est confrontée à rien d'autre qu'à des tirs d'artillerie lourde. (18)

(1) *KTB Nr.1 der SS-Panzerjäger-Abteilung 12* du 10 juillet 1944, Archives d'Histoire militaire de Prague.

(2) *Idem*, du 11 juillet 1944.

(3) *Idem*, du 12 juillet 1944.

(4) *Idem*, du 14 juillet 1944.

(5) *Idem*, du 18 juillet 1944.

(6) *Cf.* Reynolds p. 214.

(7) *KTB Nr.1 der SS-Panzerjäger-Abteilung 12* du 20 juillet 1944, Archives d'Histoire militaire de Prague.

(8) *Idem*, du 21 juillet 1944.

(9) *Idem*, du 23 juillet 1944.

(10) *Idem*, du 27 juillet 1944.

(11) Annexes au *KTB* de la *SS-Panzerjäger-Abteilung 12 « Hitlerjugend »*, rapports de combats d'éléments de la *3./SS-Pz.Jäg.12 « HJ »*.

(12) D'après le rapport journalier de la *Panzergruppe « West »* (ultérieurement *Panzerarmee 5*) du 29 juillet 1944.

(13) La *Kampfgruppe* (et le *II.Bataillon*) était commandée par le *SS-Hauptsturmführer* Karl-Heinz Schrott tué le 2 septembre 1944 *(KTB Nr.1 der SS-Panzerjäger-Abteilung 3.8.1944)*.

(14) *KTB Nr.1 du SS-Panzerjäger-Abteilung 12* du 4 août 1944, Archives d'Histoire militaire de Prague.

(15) *Idem*, du 5 août 1944.

(16) Il pourrait s'agir d'un bataillon du *Grenadier-Regiment 1055* de la *89. Infanterie-Division* de la Wehrmacht.

(17) *KTB Nr.1 der SS-Panzerjäger-Abteilung 12* du 6 août 1944, Archives d'Histoire militaire de Prague.

(18) *Idem*, du 7 août 1944.

Toutefois, à 22h00, les bombardiers lourds des forces alliées ont largué des tapis de bombes pendant 2 heures et demie sur le secteur de Garcelles-Secqueville où se trouvait la *2.Kompanie* qui a ensuite essuyé des tirs d'artillerie lourde.

Puis, le **8 août**, la *SS-Panzerjäger-Abteilung 12* s'est retrouvée au milieu des combats en Normandie. A 01h30, les chars alliés ont attaqué dans la direction de **Garcelles-Secqueville**. Les Jagdpanzer IV de la *2./SS-Panzerjäger-Abteilung 12* ont riposté et détruit neuf *Sherman* (19) alors qu'il faisait encore nuit. Mais les Allemands n'ont toutefois pas pu repousser l'attaque blindée nocturne.

Les combats se sont poursuivis jusque vers midi le 8 août, c'est-à-dire jusqu'à ce que les *Jagdpanzer IV* de la *Kompanie* parviennent à rompre l'encerclement. La *2.Kompanie* a fait savoir à 11h10 qu'elle avait perdu en tout trois *Jagdpanzer*, irrémédiablement endommagés, et que les autres se rassemblaient à Vieux-Pont.

A 05h00, le *1.Generalstabsoffizier* de la division donne l'ordre au commandant de la *SS-Panzerjäger-Abteilung 12* d'envoyer immédiatement dix *Jagdpanzer IV* de la *1.Kompanie* à Garcelles-Secqueville, les canons antichars de la *3.Kompanie* devant quant à eux partir pour Hautmesnil.

La *1.Kompanie* s'est rassemblée à 06h00 et, après une réunion tactique, va s'installer à Cintheaux à partir du secteur de Saint-Pierre-Potigny. Le commandant de la *89. Infanterie-Division* a lui-même désigné les positions des Jagdpanzer à droite de la route Falaise-Caen.

A 09h00 la *1.Kompanie* fait savoir à la *SS-Panzerjäger-Abteilung 12* qu'elle a pris position à Cintheaux entre le carrefour et la cote 103.

Les *Jagdp*anzer étaient initialement subordonnés directement à la *Begleitkompanie* de la *12.SS-Panzer-Division*, elle-même rattachée au *I./SS-Panzergrenadier-Regiment 25* (*SS-Sturmbannführer* Hans Waldmüller). Leur mission était à l'origine d'avancer sur Estrées-la-Campagne et d'y occuper la colline à l'ouest de Saint-Sylvain (20).

Cependant, dans l'intervalle, la mission a changé. A 11h30, la *I./SS-Panzerjäger-Abteilung 12* est rattachée au *SS-Sturmbannführer* Karl-Heinz Prinz, *Kampfgruppe « Prinz »* (21), sous le commandement de la *II./SS-Panzerjäger-Abteilung 12* équipée de *Panzer IV* et reçoit pour mission d'occuper Saint-Aignan-de-Cramesnil et Garcelles-Secqueville. Le principal objectif de l'attaque étant d'occuper Tilly-la-Campagne.

Les bombardiers lourds B-17 avaient préalablement soumis le secteur à un bombardement massif avant que la *Panzergruppe* passe à l'attaque à 11h50.

La *1./SS-Panzerjäger-Abteilung 12* a contourné la ferme de Le Mesnil-Robert par la droite puis a progressé rapidement avant d'entrer dans **Saint-Aignan-de-Cramesnil** par l'est. Les *Jagdpanzer* ont fait savoir qu'ils avaient détruit six *Sherman*. Ces derniers appartenaient probablement à l'escadron C du *Northamptonshire Yeomanry* (de taille d'un bataillon) de la 33e brigade blindée équipée de chars *Sherman*. D'après le journal de guerre du bataillon blindé britannique les pertes totales pour cette journée ont été de 20 blindés et 63 soldats (le chef de bataillon a été aussi blessé) (22).

Peu après les soldats de la *1./SS-Panzerjäger-Abteilung 12* découvrent un groupe de chars ennemis (environ 22) à 1,5 km à l'est du village. Les Jagdpanzer les engagent à partir de la colline proche et d'un secteur en contrebas, et font rapidement savoir qu'ils ont détruit 18 chars. Les autres chars alliés se sont rapidement repliés. Il s'agissait probablement de chars polonais du 2e régiment blindé de la 1ère division blindée. D'après le journal de guerre de la division polonaise, le 2e régiment blindé a été pris sous un feu nourri à 14h25 à 2 km au sud-est de Saint-Aignan-de-Cramesnil (23).

Les deux *Jagdpanzer IV* de la *1.Kompanie* (commandée par le *Kompanie-Chef SS-Obersturmführer* Georg Hurdelbrink et le *SS-Oberscharführer* **Rudolf Roy** *Zugführer* de l'un des pelotons) a poursuivi sa progression dans le village. Au niveau du périmètre nord du village, Hurdelbrink a détruit cinq autres chars, un blindé de reconnaissance et deux véhicules de remorquage. Il s'agissait probablement d'éléments de la 1ère division blindée polonaise (24).

Les deux *Jagdpanzer* ont tenu la périphérie nord de Saint-Aignan jusqu'à 22h00. Les *Jagdpanzer* attaquants n'ont été soutenus par aucune infanterie.

Les chars *Tiger* et *Panzer IV* attaquant à gauche de la *1./SS-Panzerjäger-Abteilung 12* n'ont pas réussi à rentrer dans le village pendant la journée en raison de la très forte résistance alliée. Les *Jagdpanzer* sur leur gauche ont bénéficié d'un tir de flanc par des armes antichars et d'infanterie. Il y avait également des chars alliés dans le village. L'un d'eux a détruit l'un des *Jagdpanzer* de la *1.Kompanie*. Finalement la *Kompanie*, de concert avec les soldats du *I./SS-Panzergrenadier-Regiment 25,* a fait sortir ses blessés et ses véhicules et s'est repliée sur Soignolles.

La *1./SS-Panzerjäger-Abteilung 12* a au total ce jour-là détruit 29 chars (presque tous polonais), deux remorqueurs de chars, trois camions et un blindé de reconnaissance. D'après les rapports, le tireur du *Jagdpanzer* de Hurdelbrink en a détruit 11, celui de Roy huit (25) et celui de Theo Rabe six (26). Les pertes de la *Kompanie* se sont soldées, en dehors du *Jagdpanzer* détruit, par trois tués et douze blessés.

La *3.Kompanie* a pris position à 09h00 à Haut-Mesnil à gauche de la route Caen-Falaise avec des éléments pré-positionnés vers le nord-est et le nord-ouest.

La *Kompanie,* qui reçoit le renfort de deux canons antichars de la *SS-Panzer-Aufklärungsabteilung 12,* est attaquée entre 12h30 et 14h15 : environ 300 bombardiers alliés attaquent alors Daville où se trouvent des positions de l'artillerie et antichars allemandes.

La *Kompanie* a eu quatre tués et un blessé. Deux canons antichars ont été endommagés par des tirs d'artillerie ; il a fallu les saborder. Deux *Maultier* ont été détruits, et deux autres endommagés.

Compte tenu de la perte des véhicules semi-chenillés, il a été impossible de partir avec les autres

Rudolf Roy, décoré de la Croix de chevalier (*cf.* annexe XVIII). (Mark C. Yerger)

Ci-contre : les actions de combat de la *1.Kompanie/SS-Panzerjäger-Abteilung 12* près de Saint-Aignan-de-Cramesnil, 8 août 1944. (Arch. Hist. mil. de Prague.)

(19) Il s'agissait probablement des chars de la 33e brigade blindée britannique. Le *1st Northamptonshire Yeomanry* de la brigade perdit quatre de ses 59 chars *Sherman* (dont douze *Firefly*) au cours de cet engagement. Trois furent détruits par les quatre Jagdpanzer de la *12./SS-Panzerjäger-Abteilung 12* et un par l'infanterie allemande au Panzerfaust. Lors de ces combats le *Firefly* baptisé *« 8 Balaclava »* du *2nd Troop/A Squadron* de l'unité britannique détruisit deux *Jagdpanzer*. *Cf.* aussi Hart, p. 58 et 72.

(20) *Cf.* Meyer p. 302.

(21) La *Kampfgruppe « Prinz »* restait subordonnée à la *Kampfgruppe « Waldmüller »*.

(22) *Cf.* Reynolds, p. 278. Un *Firefly* du *3rd Troop/A Squadron* de l'unité britannique avait détruit trois chars *Tiger* de la *schwere SS-Panzer-Abteilung 101* peu de temps auparavant.

(23) *Cf.* Reynolds p. 278.

(24) La première division blindée polonaise perdit 40 chars en 15 minutes exactement. *Cf.* aussi K. Barbarsky, *Polish Armour, 1939-1945*, London : Osprey, 1982, p. 17 et Hart p. 75. Sept des 40 chars détruits le furent par trois *Tiger* de la *schwere SS-Panzer-Abteilung 101* à l'est de Saint-Aignan-de-Cramesnil. *Cf.* Schneider, *Tiger im Kampf*, Band II, p. 273.

(25) Dans le *Jagdpanzer* de Roy, le tireur était le *SS-Rottenführer* Fritz Eckstein qui fut décoré de la Croix de chevalier de 1re classe pour avoir détruit ces huit chars.

(26) Annexes au *KTB* de la *SS-Panzerjäger-Abteilung 12 « Hitlerjugend »*, rapport de combat du 8.8.1944/*1.(schw.)/SS-Pz.Jäg.-Abt. 12 « HJ »*.

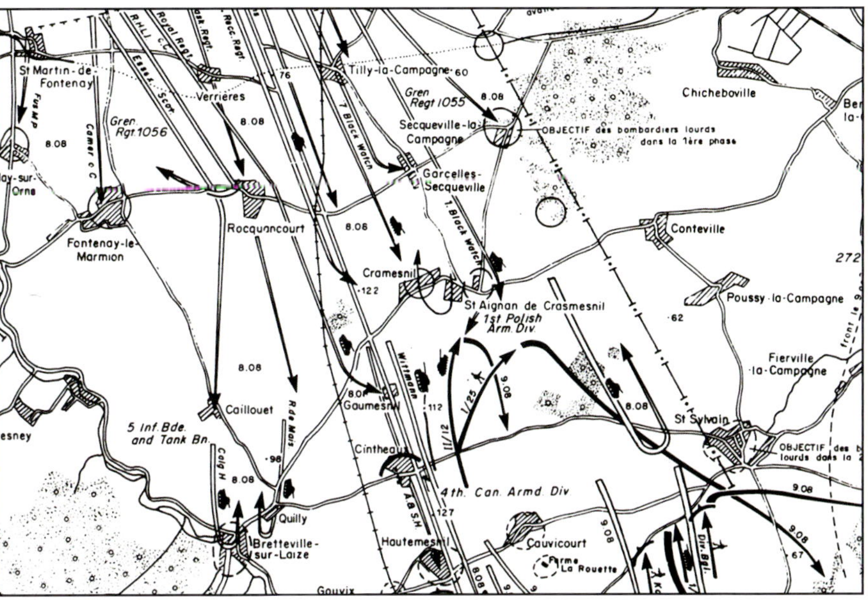

Détail de la carte générale. (Heimdal.)

canons antichars. Les équipages voulaient remorquer les canons de leurs positions de Cintheaux à Urville en empruntant des transports de troupe blindés. A 20h00, deux des cinq canons antichars ont été affectés à la *Begleitkompanie* de la *12.SS-Panzer-Division* et deux à la *Begleitkompanie* du *I./SS-Panzerkorps* ; le dernier a été attribué le lendemain à la *Versorgungskompanie* de la *SS-Panzerjäger-Abteilung 12* (27).

Le **9 août**, vers 05h30, la *1.Kompanie* – subordonnée au *I./SS-Panzergrenadier-Regiment 25* – a inspecté les collines au sud de Renémesnil pour y repérer des positions de tir.

Lorsque les *SS-Panzergrenadiere* sont montés vers leurs positions, ils ont été attaqués par des chars *Sherman* de la 1re division blindée polonaise. Certains chars attaquants ont été détruits par l'infanterie avec des armes de combat rapproché antichar ; les *Jagdpanzer* de la *1./SS-Panzerjäger-Abteilung 12* n'ont pas tardé à se joindre aux combats.

C'est à ce moment qu'ont surgi neuf chars *Cromwell* du 10e régiment blindé de reconnaissance (*10th Mounted Rifles*, ou *10 Pulk Strzelcow Konnych*) qui se sont heurtés au *I./SS-Panzergrenadier-Regiment 25* sur la route Maizières-Estrées-la-Campagne, coupant ainsi les lignes d'approvisionnement de l'unité. Le tireur du Jagdpanzer du *SS-Obercharführer* Roy, le *SS-Rottenführer* **Eckstein**, a détruit la totalité de ces chars en très peu de temps autour de la cote 111, ce qui a permis le réapprovisionnement du bataillon.

Tout au long de la journée, tirs nourris d'artillerie lourde, de mortiers et d'armes d'infanterie. Le *I./SS-Panzergrenadier-Regiment 25* a opéré son repli à 22h00 bien que la *1./SS-Panzerjäger-Abteilung 12* avait déjà commencé à se replier face à un feu ennemi toujours plus intense.

Au beau milieu de cette manœuvre de repli, les chars *Sherman* du 1er régiment blindé polonais (28) ont attaqué soudainement le village de **Soignolles**. Les *Jagdpanzer* de Hurdelbrink et Roy, qui contrôlaient les faubourgs du village, les prennent par le flanc et les mettent tous hors de combat sauf deux. Le *SS-Rottenführer* Fritz Eckstein, le tireur de Roy, élimine quatre autres chars ennemis lors de ces combats.

Après avoir repoussé ces attaques blindées alliées, les *SS-Panzergrenadiere* poursuivent leur retraite car les chars ennemis ne progressent plus.

Soignolles est évacué vers 22h30 par la *1./SS-Panzerjäger-Abteilung 12* faisant office d'arrière-garde et qui atteint Maizières dans la nuit. Ce jour-là, la *Kompanie* a éliminé au total 22 chars polonais *Sherman* et *Cromwell*. Le *Jagdpanzer* de Roy en a détruit 13 à lui tout seul, et celui de Hurdelbrink six (29). L'armurier de la *1.Kompanie*, le *SS-Unterscharführer* Ortlep, en a détruit deux, et le *SS-Untersturmführer* Helmut Zeiner – *Zugführer* de l'un des pelotons de la *Kompanie* – en a détruit un (30).

Deux des canons antichars tractés de la *3./SS-Panzerjäger-Abteilung 12* sont placés sur des positions d'infanterie le 9 août, conjointement avec la *Begleitkompanie* du *I./SS-Panzerkorps* à Château du Fosse, deux autres canons sont rattachés à la *Begleitkompanie* de la *12.SS-Panzer-Division* entre Château du Fosse et Soignolles. Les deux canons antichars de 75 mm de la *3.Kompanie* affectés à la *Begleitkompanie* de *la 12.SS-Panzer-Division* détruisent au moins trois chars (31).

A 14h00, les positions de la *Kompanie* sont attaquées par des chars polonais et leur infanterie de soutien. Au bout d'une demi-heure, les chars polonais réussissent à percer les lignes allemandes *du I./SS-Panzergrenadier-Regiment 25* dont tout le flanc gauche est éliminé. La bataille de chars mentionnée ci-dessus fait rage autour des positions des canons antichars. Vers 15h00, les chars canadiens atteignent Château du Fosse. Un canon est mis hors de combat par un obus explosif, un autre par un tir direct. Un troisième explose avec le véhicule de traction *Maultier* au cours du repli sur Rouvres. Au cours des combats des 8 et 9 août, la *Kompanie* a perdu en tout cinq tués, six blessés et six portés disparus. (32)

Au matin du **10 août**, la *1./SS-Panzerjäger-Abteilung 12* fait mouvement de Maizières via Potigny et **Fontaine-le-Pin vers la cote 195** car des chars ennemis y ont été signalés. Atteignant les carrefours à 1,5 km au nord de Fontaine-le-Pin, la *Kompanie* ne peut aller occuper la colline vers le nord-ouest comme prévu car elle y a aperçu des chars ennemis (probablement deux escadrons blindés du 22e régiment blindé canadien (les *Canadian Grenadier Guards)*, de la taille d'un bataillon et les forces de la *10th Infantry Brigade* qui tiennent la colline avec des canons antichars de 17 livres (76,2 mm) et 6 livres (57 mm) (33).

A 11h30, le *SS-Obersturmbannführer* Max Wünsche rend visite à la *1.Kompanie* rattachée au *SS-Panzer-Regiment 12* qu'il commande et ordonne d'attaquer immédiatement la cote 195.

L'attaque est exécutée à 11h55 par la *1./SS-Panzerjäger-Abteilung* du *SS-Obersturmführer* Hurdelbrink, renforcée par une *Kompanie* de chars pilotés à distance (34) (six *Sturmgeschütz III* et six véhicules blindés de démolition pilotés à distance B IV (35)).

Ces engins pilotés à distance forment le fer de lance de l'ordre de bataille, derrière eux, sur le flanc gauche, les canons d'assaut et les *Jagdpanzer*, sur le flanc droit.

Les Allemands atteignent les premières bordures de haie sans que l'ennemi ouvre le feu. Les *Jagdpanzer* exploitent néanmoins la situation et parviennent de là où ils sont à mettre hors de combat trois *Sherman*. Mais à ce moment-là, l'artillerie alliée effectue un tir de couverture tellement nourri qu'il est devenu impossible de poursuivre une attaque frontale.

(27) *KTB* n° 1 de la *SS-Panzerjäger-Abteilung* 12 du 8.8.1944/ *1.(schw.)/SS-Pz.Jäg.-Abt. 12 « HJ »* et annexes au *KTB* de la *SS-Panzerjäger-Abteilung 12 « Hitlerjugend »*, rapports de combat d'éléments de la *3./SS-Pz.Jäg.-Abt. 12 « HJ »*.

(28) Unité de chars de la taille d'un bataillon.

(29) Annexe au *KTB* de l'unité, rapport de combat du 9.8.1944. Le journal de guerre de la 1re division blindée polonaise confirme la perte de 22 chars. *Cf.* Reynolds p. 284 et la note 38 p. 291. *Cf.* aussi l'annexe XVIII.

(30) Meyer, p. 315-316. Meyer cite le *SS-Sturmmann* Walter Gönemann qui précisa en 1974 que ces victoires à Ortlep eurent lieu le 10 août. D'après le rapport de la *1.Kompanie* celle-ci combattait déjà ailleurs le 10 août. Zeiner devint ultérieurement *Kompanie-Chef* de la *1.SS-Panzerjäger-Abteilung 12*.

(31) *Cf.* Meyer, p. 312.

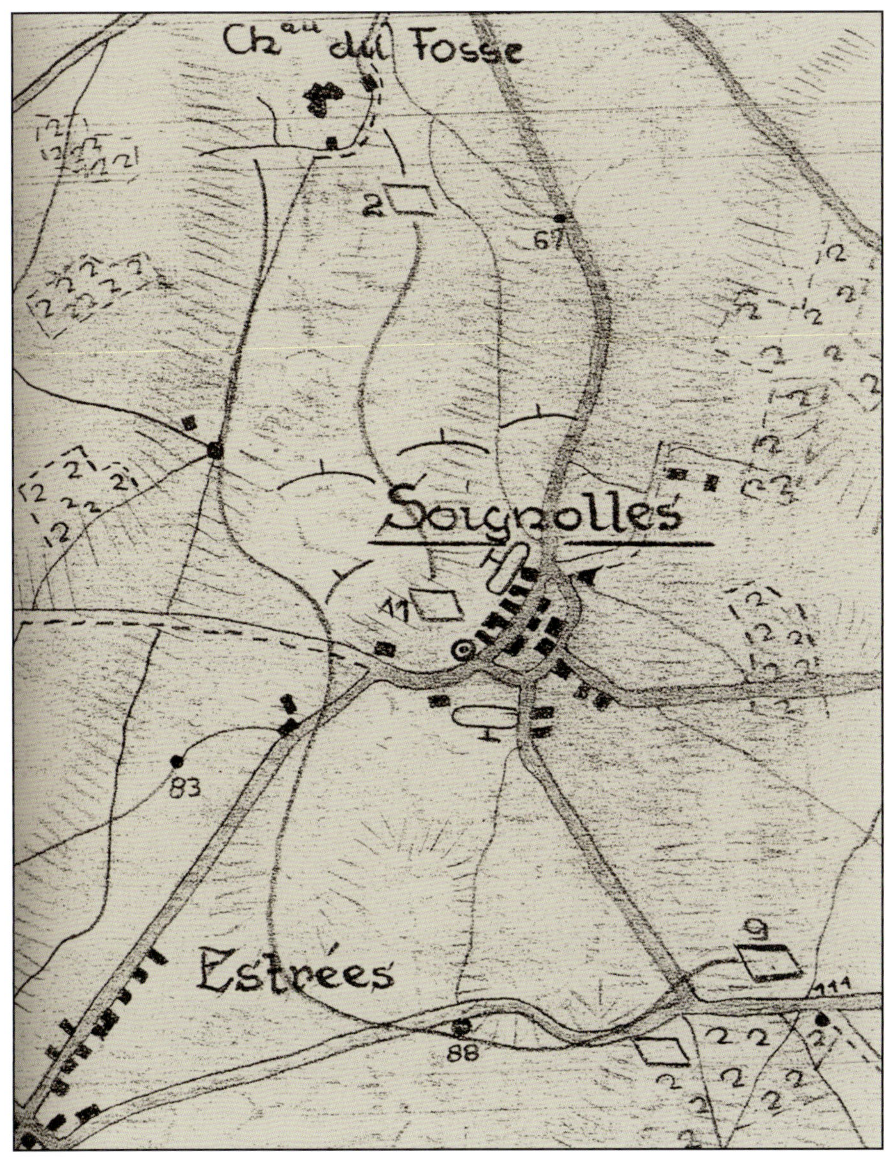

Ci-dessus : Fritz Eckstein, décoré de la Croix de chevalier (*cf.* annexe XVIII). (Mark C. Yerger)

Ci-contre : actions de combat de la *1.Kompanie* de la *SS-Panzergrenadier-Abteilung 12* près de Soignolles, le 9 août 1944. (Arch. Hist. mil. de Prague.)

Ci-dessous : détail de la carte générale. (Heimdal.)

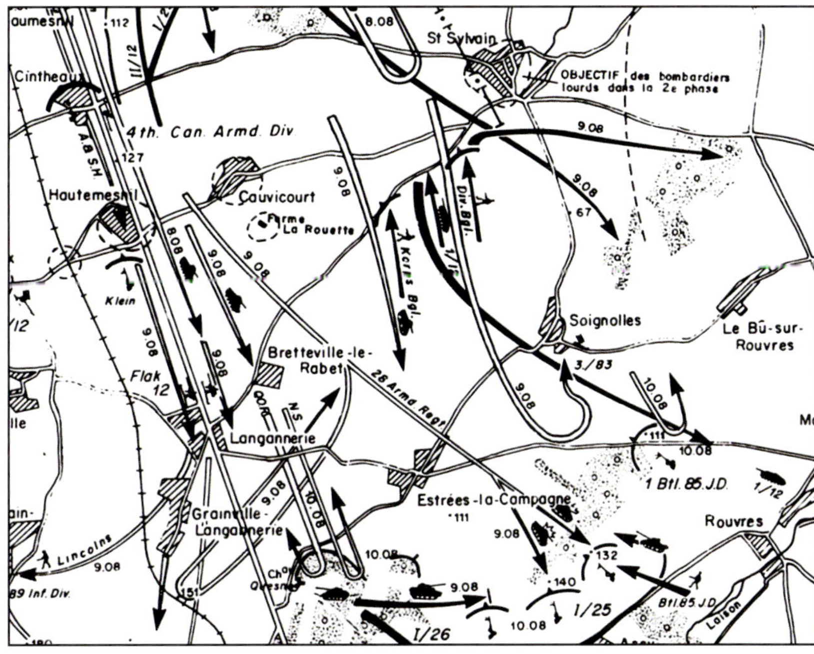

Le commandant de la *Kampfgruppe*, le *SS-Obersturmführer* Hurdelbrink, décide que les canons d'assaut doivent contenir l'ennemi jusqu'à ce que deux *Jagdpanzer* (qui d'autre d'ailleurs que Hurdelbrink et Roy ?) débordent par la droite et foncent vers l'avant.

Les deux *Jagdpanzer* prennent bientôt les chars alliés à revers et ces derniers tentent de se replier. Ils n'y parviennent pas car deux *Jagdpanzer IV* les mettent tous hors de combat. Hurdelbrink détruit dlx *Sherman* et Roy en détruit trois au cours de cette bataille de chars (36).

(32) Annexes au *KTB* de la *SS-Pz.Jäg.Abt.12*, rapports de combat de la *3./SS-Pz.Jäg.Abt. 12 « HJ »*.

(33) Cf. Reynolds, p. 286.

(34) Probablement *la 4.Kompanie* de la *Panzer-Abteilung 301* de chars pilotés à distance, rattachée à la *1./SS-Panzerjäger-Abteilung 12*.

(35) Reynolds, p. 287, évoque les « chars » *Goliath* pilotés à distance, bien qu'en l'occurrence la notion de « char » soit inappropriée. Le type B IV était beaucoup plus gros que le *Goliath*. Le *Goliath*, d'un poids de 370 kg, pouvait emporter 60 kg d'explosifs, tandis que le B IV pouvait emporter plus de 500 kg d'explosif.

(36) Annexe au *KTB der SS-Panzerjäger-Abteilung 12 « Hitlerjugend », Gefechtsbericht für 10.8.1944/1.(schw.)/SS-Pz.Jäg. Abt.12 « HJ »*, archives militaires de Prague. Les unités canadiennes et polonaises perdirent 142 blindés dans ce secteur le 10 août. *Cf.* aussi Russell A.Hart, *Clash of Arms : How the Allies won in Normandy*, Boulder, 2001 (cité ensuite sous la référence R.A.Hart).

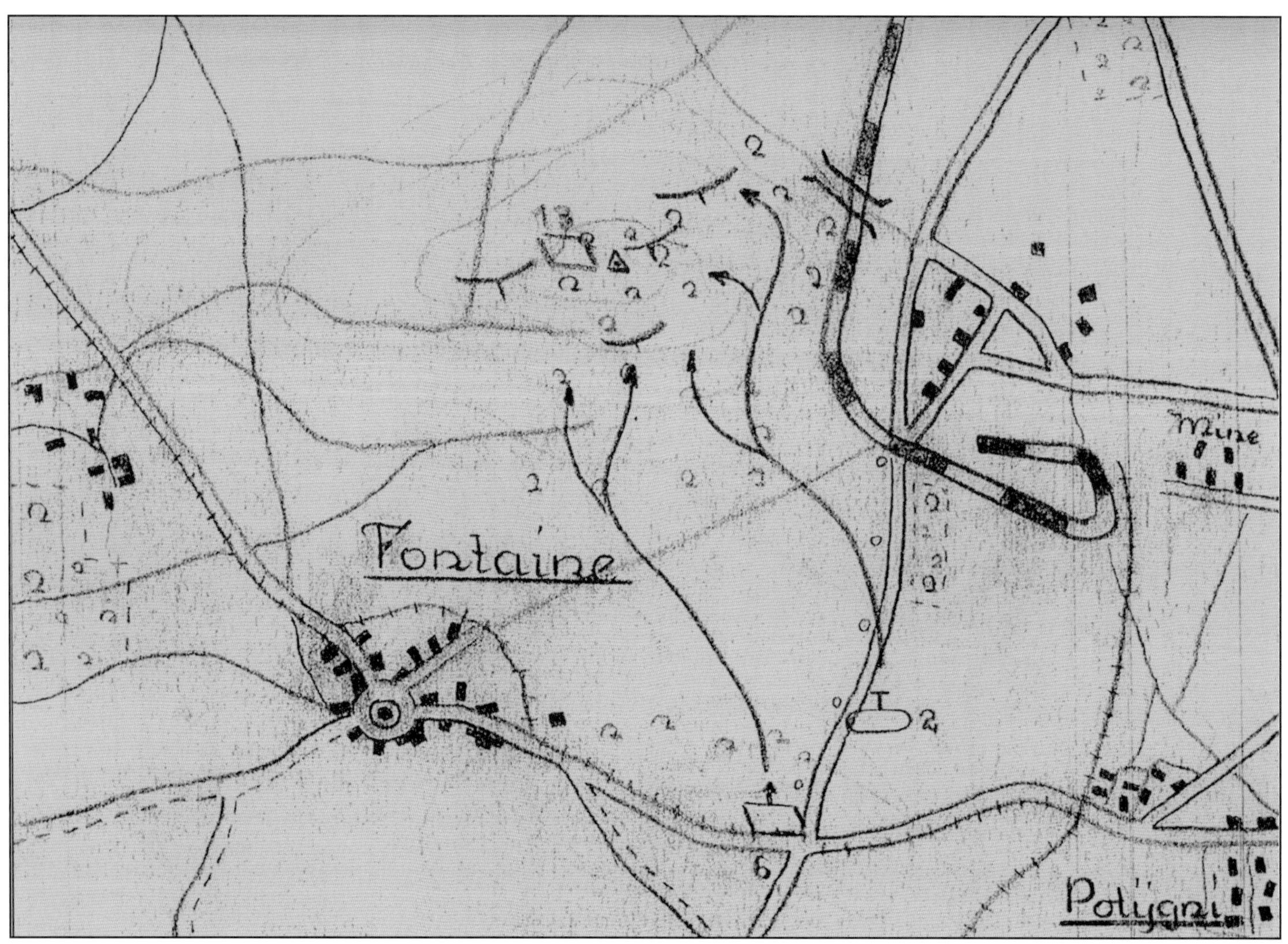

Les actions de combat de la *1.Kompanie/SS-Panzerjäger-Abteilung 12* près de Fontaine-le-Pin, 10 août 1944. (Arch. Hist. mil. de Prague.)

Vers 14h00, la colline est de nouveau sous contrôle allemand. La bordure de haie qui s'étend derrière la cote 195 est tenue par une importante formation d'infanterie alliée (canadienne) soutenue par des canons antichars de 17 et 6 livres. La *Panzergruppe « Hurdelbrink »* ne peut donc pas poursuivre son attaque et préfère se préparer à consolider ses positions sur le secteur qu'elle occupe.

Des *Tiger* de la *schwere SS-Panzer-Abteilung 101* et *102* combattent également dans ce secteur à côté des *Jagdpanzer IV* de la *1.Kompanie*.

La *2./SS-Panzerjäger-Abteilung 12* – avec trois Jagdpanzer opérationnels – fait mouvement en direction d'**Assy** vers 15h00. D'après le rapport envoyé à 20h00, la *Kompanie* a déjà perdu de manière irrémédiable ses quatre Jagdpanzer ; deux véhicules et une moto sont également endommagés. Il y a en outre cinq blessés graves et un blessé léger. (37)

D'après l'ordre verbal du commandant du *SS-Panzer-Regiment 12*, le **11 août** au soir, les chars opérationnels de la *2.Kompanie* doivent occuper des positions au nord d'Ouilly-le-Tesson et contrôler la route avec une avant-garde positionnée dans les bois au nord-ouest du village.

Le *I./SS-Panzergrenadier-Regiment 26* du *SS-Obersturmbannführer* Bernhard Krause procure le soutien d'infanterie aux *Jagdpanzer*. Les autres véhicules de combat de la *2.Kompanie,* toujours en mouvement, doivent se rassembler à Assy. Vers 17h00, seuls deux *Jagdpanzer* sont arrivés sur leurs positions à Ouilly-le-Tesson.

Pendant la nuit du 11 août, le commandement de la *2.Kompanie* a été repris par le *SS-Obersturmführer* Erich Krauth depuis que le *SS-Obersturmführer* Wachter a été blessé par un éclat d'obus au bras droit. Vers 05h00, tous les cinq Jagdpanzer restants de la *Kompanie* sont opérationnels.

Au soir du **13 août**, le *SS-Sturmbannführer* Hanreich donne l'ordre de déployer aussi les dix *Jagdpanzer IV* qui se trouvaient en réparation dans les *Nachschubtruppen* de la *SS-Panzerjäger-Abteilung 12* à Nogent-le-Roi. Les chars sont dirigés par le *SS-Obersturmführer* Günther Gornik vers la ligne de front (38). Ces *Jagdpanzer* seront intégrés à la *Kampfgruppe « Wöst »* trois jours plus tard.

Le **14 août**, les *Jagdpanzer* des *1.* et *2.SS-Panzerjäger-Abteilung 12* (environ dix *Jagdpanzer* opérationnels) se mettent en embuscade, en petites unités disséminées, au nord-nord-est de Falaise sur la pente nord-ouest des Monts d'Eraine et dans les bois au sud-est d'Epaney. Ces *Jagdpanzer IV* fournissent un support blindé aux *Grenadiere* de la *85.Infanterie-Division* qui y est déployée.

Les chars du *SS-Panzer-Regiment 12* se mettent également en embuscade sur la cote 159 à 3 km au nord-est de Falaise. (39)

Dans la matinée, le flanc droit de la *2.SS-Panzerjäger-Abteilung 12* est attaqué par les forces alliées. Les *Jagdpanzer* détruisent trois Sherman puis se replient ensuite avec le *SS-Panzer-Regiment 12* en livrant des combats d'attente.

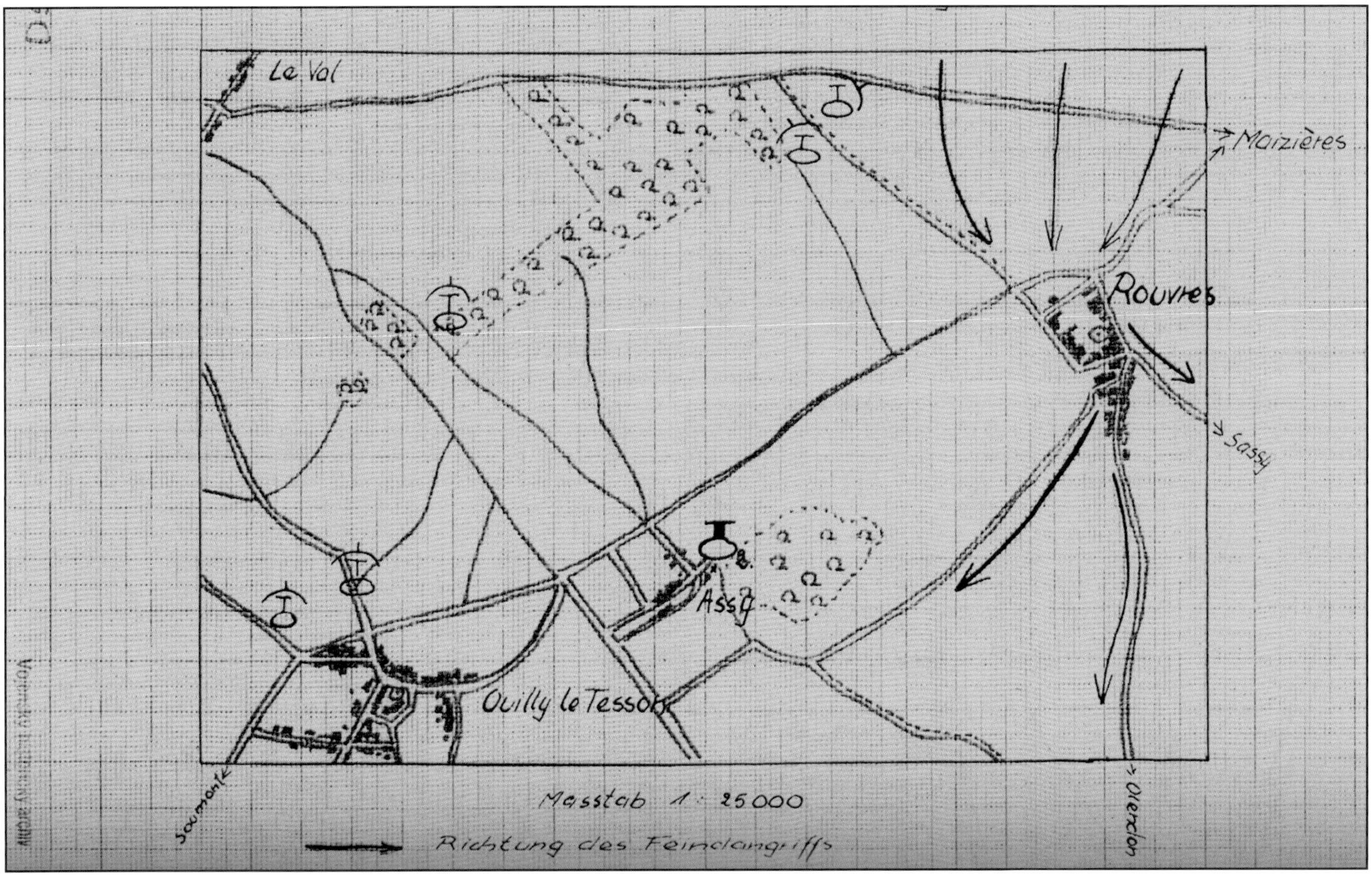

A 13h40, la *Kompanie* fait savoir que les Alliés ont percé dans la direction d'Assy et poursuivent les combats vers Rouvres avec 50 chars et de l'infanterie.

A 15h00, l'infanterie ennemie pénètre aussi les positions allemandes à **Ouilly-le-Tesson**. Tous les véhicules opérationnels du *SS-Panzer-Regiment 12* – y compris les *Jagdpanzer IV* des deux *Kompanien* de la *SS-Panzerjäger-Abteilung 12* – combattent autour de la cote 159. Pendant les combats, la *1.Kompanie* rapporte avoir détruit douze chars alliés mais avoir perdu un *Jagdpanzer* (celui du *SS-Oberscharführer* Kussmaul).

D'après un rapport envoyé après 20h00, les trois *Jagdpanzer* de la *2.Kompanie* avec des éléments du *SS-Panzer-Regiment 12* contrôlent des positions en direction du nord-est à 4 km au nord-ouest d'Ouilly-le-Tesson, entre les faubourgs nord du village et les bois qui se trouvent au nord-ouest du village. Les chars *Tiger* de la *schwere SS-Panzer-Abteilung 102* combattent sur le flanc gauche de la *Kompanie*. (40)

A partir de 11h30, le **15 août**, la *1.Kompanie* prend le contrôle de la route Falaise-Jort dans le secteur de la cote 120 sur ordre du *SS-Obersturmbannführer* Max Wünsche.

D'après un rapport envoyé à 14h00, la *2.Kompanie,* avec ses quatre *Jagdpanzer IV* opérationnels, contrôle la lisière de forêt au sud-est de Perrières. Dans la journée, les deux *Kompanien* sont réapprovisionnées en essence et en munitions. (41)

Ci-dessus : les actions de combat de la *2.Kompanie/SS-Panzerjäger-Abteilung 12*.

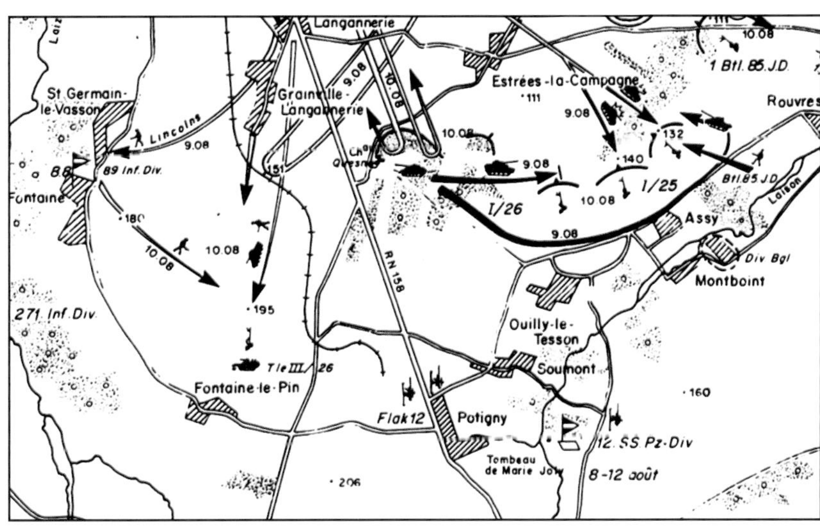

Détail de la carte générale. (Heimdal.)

Le **16 août**, la *1. Kompanie* est regroupée à Versainville où les *Jagdpanzer IV* qui contrôlent le village avec un peu d'infanterie font savoir qu'ils ont

(37) Annexes au *KTB* de la *SS-Pz.Jäg.Abt.12*, rapports de combat de la *3./SS-Pz.Jäg.Abt.12 « HJ »*.

(38) *Idem*, du 13 août 1944.

(39) Meyer, p.324.

(40) *KTB Nr.1 der SS-Panzerjäger-Abteilung 12,* du 14 août 1944, Archives d'Histoire militaire de Prague.

(41) *Idem*, du 15 août 1944.

détruit huit *Sherman* de la 4e division blindée canadienne ; ils ont ainsi empêché la progression des chars canadiens vers Damblainville. (42)

Vers minuit, la *Kompanie* reçoit de nouveaux ordres stipulant qu'elle devait occuper la cote 95 à environ 2 km de Damblainville.

Entre-temps, la *2.Kompanie* se replie sur la lisière de la forêt de Damblainville dans la journée.

Le soir du **17 août**, le *Jagdpanzer* du Chef de la *1.Kompanie* est immobilisé suite à une panne de frein et doit être emmené en maintenance à Fresné-la-Mère, près de l'église. Le *Jagdpanzer* du *SS-Hauptscharführer* Rautenbacher doit être abandonné au cours de la retraite. Seul le char du *SS-Unterscharführer* Rothaug atteint la cote 95 vers 03h45 de l'après-midi où il s'installe pour mettre en œuvre un véhicule blindé piloté à distance. Après 04h00, le *Jagdpanzer IV* de Rautenbacher atteint lui aussi la cote 95. (43)

Ensuite les deux *Jagdpanzer* occupent le secteur de La Balanderie et sont subordonnés à la *Begleitkompanie* de la *12.SS-Panzer-Division*. En dehors des *Jagdpanzer*, la *Kompanie* ne compte plus que 15 hommes et deux transports de troupe blindés (44).

A 03h00 du matin le **18 août**, la *1.Kompanie* se replie à l'ouest de la voie ferrée sur la colline boisée à 2 km au sud de Fresné-la-Mère. A 10h40, la *Kompanie* est redirigée vers la zone boisée à l'ouest de Vignats, et le *Kompanie-Chef* est appelé pour rendre compte de la situation au poste de commandement de l'*Abteilung* avec son *Jagdpanzer* réparé.

La *2.Kompanie* change de position à 04h00 et prend le contrôle des collines au nord-est de Les-Creux. Vers 12h00, la *Kompanie* repousse une attaque de chars, puis un assaut d'infanterie le soir. Les *Jagdpanzer* détruisent un *Sherman* et trois véhicules blindés d'infanterie.

A midi le même jour, il ne reste plus que cinq *Jagdpanzer* opérationnels au sein de la *SS-Panzerjäger-Abteilung 12*. (45)

Le *SS-Obersturmbannführer* Hans Weiss est gravement blessé le 19 août 1944 ; il est alors capturé. (Coll. M. Yerger.)

Ci-contre à droite : le *SS-Sturmbannführer* Erich Olboeter, *Kommandeur* du *III./26* prend le commandement de la *Kampfgruppe « Wünsche »* ce 19 août. (Coll. M. Yerger.)

A 05h20 le **19 août**, alors que le *SS-Panzer-Regiment 12* et la colonne de véhicules du *Stab* de *la SS-Panzerjäger-Abteilung 12* rattachée au *SS-Panzer-Regiment 12* font mouvement de Fourches à Bierre en direction de la voie ferrée, ils sont attaqués par les Alliés. Le *SS-Obersturmbannführer* Wünsche, commandant du *SS-Panzer-Regiment 12* et le *SS-Sturmbannführer* Hans-Jakob Hanreich sont portés disparus (il s'avérera par la suite qu'ils ont été tous deux faits prisonniers (46)) ; le *SS-Obersturmbannführer* Hans Weiss, commandant de la *schwere SS-Panzer-Abteilung 102*, est capturé grièvement blessé.

Finalement, le commandement du *Stab* de la *Panzer-Abteilung* a été assuré par le *SS-Untersturmführer* Hans-Egon Schmid, *Adjutant* auprès de l'*Abteilung*, qui a fait diversion au sud-ouest de Fresnay-le-Samson. Seuls une moto et un camion Opel de 3 tonnes ont été perdus, endommagés par des éclats d'obus.

Vers 14h00, le *Jagdpanzer* du *SS-Hauptscharführer* Rautenbacher est touché par l'artillerie ennemie. Le chef de char est blessé et, avec d'autres, il est transporté à un poste de secours dans le véhicule d'infanterie blindé de la *1.Kompanie* via Saint-Lambert-sur-Dives. L'équipage du *Jagdpanzer* a ramené le véhicule de la ligne de front en l'absence de son commandant.

Le soir le *SS-Sturmbannführer* Erich Olboeter, commandant du *III./SS-Panzergrenadier-Regiment 26*, prend le commandement du reste de la *Kampfgruppe « Wünsche »* (*SS-Panzer-Regiment 12, SS-Panzerjäger-Abteilung 12, SS-Panzer-Aufklärungsabteilung 12*, et le reste des *Tiger* des *schweren SS-Panzer-Abteilung 101* et *102*) et ordonne de réaliser une percée vers l'est, entre la forêt au sud de Dron et le bourg de Trun. La *3.Fallschirmjäger-Division* attaque à droite, les unités épuisées de la *1.SS-Panzer-Division « Leibstandarte »,* sur la gauche de la *Kampfgruppe*. Ce qui reste de la *12.SS-Panzer-Division* les suit.

Le *SS-Sturmbannführer* Olboeter décide de mettre en place l'ordre de marche suivant pour sa *Kampfgruppe* : deux chars *Tiger* et deux *Panther* en tête de colonne, suivis par deux canons automoteurs *Hummel*, puis les *Jagdpanzer* (au moins trois), derrière eux cinq véhicules blindés antiaériens, à l'arrière les véhicules blindés d'infanterie et les autres véhicules sont protégés par au moins six *Panzer IV*. La percée est planifiée pour 01h00 le lendemain 20 août.

Au matin du 19 août, la *2./SS-Panzerjäger-Abteilung 12* fait mouvement vers un secteur à 1 km au sud de Beaumais. Les *Jagdpanzer* reçoivent vers 15h00 l'ordre de s'emparer de la cote 85 à l'ouest de Crocy. Mission accomplie avant minuit. Puis ils font mouvement vers les collines à 2 km au sud d'Ommoy. Ils sont informés sur place que les forces restantes de la *12.SS-Panzer-Division* se rassemblent au sud de Fresnay-le-Samson pour percer la poche de Falaise. La *2./SS-Panzerjäger-Abteilung 12* – ou ce qu'il en reste – se joint aux unités qui se rassemblent.

Le **20 août**, la manœuvre de percée commence avec un peu de retard. A 05h30, la *Kampfgruppe « Olboeter »* traverse Tournai-sur-Dive en direction de Lambert-sur-Dives. Les unités essaient de traverser ce terrain accidenté vers le nord-est dans la direction de Numberville où ils sont accueillis par des tirs de canons antichars et de l'infanterie canadiens. Comme l'a dit l'un des soldats du *SS-Panzergrenadier-Regiment 26* :

« *Nous avons foncé à travers les positions d'infanterie des Canadiens, dont certains se sont rendus et ont continué le trajet avec nous. Les positions d'infanterie et des canons antichars ont été anéanties par les* Jagdpanzer. *Deux heures plus tard, nous avons percé les positions ennemies* » (47).

Mais la *Kampfgruppe* perd quand même un certain nombre de chars et de véhicules blindés et la colonne finit par se disloquer.

Pendant les combats, le Jagdpanzer du *Chef* de la *1.Kompanie*, le *SS-Obersturmführer* Hurdelbrink est détruit ainsi que celui du *SS-Oberscharführer* Blum de la *2.Kompanie*.

Vers 11h00, la *Kampfgruppe* atteint Numberville via un détour. L'artillerie alliée ouvre le feu sur la route qui mène par le nord à Coudehard, et qui est également arrosée par les tirs de chars et de mitrailleuses.

La *Kampfgruppe* réussit à percer en traversant la colline au nord du village où elle établit la liaison avec d'autres *Panzer IV* de la *2.SS-Panzer-Division « Das Reich »*. La *Kampfgruppe « Olboeter »* continue son chemin vers Bruyère-la-Fresnée où ses unités éparpillées pendant la nuit sont en train de se rassembler. (48)

A 05h30 le lendemain **21 août**, les unités qui ont réussi à percer font mouvement vers le poste de commandement à 8 km au sud d'Orbec où d'autres forces de la *12.SS-Panzer-Division* se regroupent (49). Ceux qui atteignent ce point à 10h00 du matin réussissent à s'extraire de la poche de Falaise et, pour eux, la bataille de Normandie est aussi terminée. Néanmoins, certains éléments de la *SS-Panzerjäger-Abteilung 12* sont pour leur part confrontés à de terribles défis.

La *Kampfgruppe* « *Wöst* », 16-26 août 1944

Le **16 août**, des éléments de la *2.* et de la *3./SS-Panzerjäger-Abteilung 12* qui n'avaient toujours pas été déployés en raison d'un manque de munitions, sont cantonnés à Villiers-le-Morhier. Le *SS-Obersturmführer* Günther Kornik était arrivé ici avec huit *Jagdpanzer IV* (50) ramenés de Nogent-le-Roi, mais ces derniers ont été capturés par l'ennemi dans l'intervalle. Les officiers et sous-officiers de la *2.* et *3.Kompanie* rassemblent les véhicules disponibles et constituent une *Kampfgruppe* commandée par le *SS-Hauptsturmführer*, commandant de la *3.Kompanie*.

Vers 18h00, la *Kampfgruppe « Wöst »*, dotée de huit *Jagdpanzer* fait mouvement de Villiers vers l'est parallèlement à la route qui mène à Condé. Vers 22h00, trois *Jagdpanzer IV* effectuent une mission de reconnaissance de combat vers Nogent-le-Roi, même si, en raison de l'obscurité et de la pluie, ils doivent se contenter de constater que le village est tenu par d'importantes forces ennemies qui tiennent le village.

Un des *Jagdpanzer* (dont le commandant est le *SS-Unterscharführer* Preckner) a dû être remorqué à Versailles suite à une panne moteur.

Le **17 août** vers 07h00, la *Kampfgruppe « Wöst »* se déplace parallèlement aux chars ennemis en direction de Faverolles dans le but de les prendre par le flanc lorsqu'ils arriveront à la colline près du village.

Vers 08h00, l'avant-garde de la *Kampfgruppe* tombe brusquement sur l'infanterie britannique longeant la forêt à 3 km au sud de Faverolles. Les Jagdpanzer lancent alors une attaque. Naturellement, les chars alliés qui se rassemblent au sud du village se joignent aux combats.

A l'issue d'une bataille de 45 minutes, la *Kampfgruppe « Wöst »* se replie sur Saint-Léger. Les Jagdpanzer détruisent deux *Sherman* et un certain nombre de camions blindés avec leur infanterie sans subir la moindre perte.

La *Kampfgruppe* se réapprovisionne en essence et en munitions à Saint-Léger puis un *Jagdpanzer-Zug* (trois véhicules) effectue une mission de reconnaissance vers Condé puis vers le sud jusqu'à Faverolles. Les *Jagdpanzer* identifient la présence d'importantes forces blindées en train de se rassembler à l'est de Faverolles.

La *Kampfgruppe « Wöst »* fait alors mouvement vers Condé où elle prend position avec les chars de *la Sturmgeschütz-Brigade* (51) rattachée à la *Kampfgruppe « Seidel »* (*SS-Untersturmführer* Seidel).

Au soir du 18 août les *Kampfgruppen « Wöst »* et *« Seidel »* font mouvement sur Houdan. Les canons d'assaut et la *Kampfgruppe « Seidel »* prennent le contrôle du village, les *Jagdpanzer* du *SS-Hauptsturmführer Wöst* faisant office de réserve. Après l'arrivée des camions de la logistique, les *Jagdpanzer* sont réapprovisionnés en essence et en munitions et les soldats reçoivent leur ration alimentaire.

A 10h00, deux *Jagdpanzer* effectuent une mission de reconnaissance vers le sud-ouest. Au bout de 7 km ils tombent sur des véhicules de reconnaissance alliés sur lesquels les Jagdpanzer ouvrent le feu, obligeant les véhicules alliés à se replier vers le sud-ouest. Les *Jagdpanzer* rentrent ensuite sur Houdan.

Les chars, l'infanterie à bord de camions et les véhicules de reconnaissance blindés des Alliés s'approchent de Houdan en venant de l'ouest vers 14h00.

(42) *Idem*, du 16 août 1944.

(43) *Idem*, du 17 août 1944.

(44) *Cf.* Meyer, p. 337.

(45) *KTB Nr.1*, du 18 août 1944.

(46) D'après les Anglais, « à plusieurs reprises l'arrogance flagrante et les remarques personnelles agaçantes de Hanreich auraient pu entraîner sa mise à mort immédiate », mais finalement il fut transféré dans un camp de prisonniers de guerre sans qu'on lui ait fait quoi que ce soit. *Cf.* Meyer p. 342.

(47) Cité dans Meyer p. 348.

(48) *KTB Nr.1 der SS-Pz.Jäg.Abt.12*, du 20 août 1944, Arch. d'Hist. mil. de Prague.

(49) *Idem*, du 21 août 1944.

(50) Le groupe de Gornik disposait de dix *Jagdpanzer* au début mais ils en perdirent probablement deux en cours de route.

(51) Les *Sturmgeschütz-Brigaden 341* et *342* de la *Wehrmacht* et la *Sturmgeschütz-Brigade 12* de la *Luftwaffe* furent déployées en Normandie. Mais nous ignorons quelles unités combattaient dans le secteur mentionné.

Pour leur faire face, trois *Jagdpanzer* prennent position à 4 km au sud-ouest du village. L'avant-garde des unités alliées se replie à l'ouest de l'endroit où se trouvent les *Nebelwerfer* de la *Kampfgruppe « Seidel »*. Les *Jagdpanzer* peuvent ainsi faire mouvement sur Houdan.

L'*Oberst* Seidel envoie vers minuit un ordre stipulant que les unités doivent se replier jusqu'à La Queue sur la route de Paris.

Le **19 août** les *Jagdpanzer* prennent position à La Queue à l'ouest et au sud en compagnie de la *Sturmgeschütz-Brigade*. Vers 15h00, on peut entendre le bruit des combats à 5 km à l'est du village, mais les *Jagdpanzer* n'affrontent toujours pas les forces alliées (52).

A 17h00, la *Kampfgruppe* fait mouvement vers Gevanoires, Thoiry, Antouillette et Auteuil avant d'atteindre la ferme de Chambel. Deux *Jagdpanzer* prennent position sur la route de Le Pontel. Le gros de la *Kampfgruppe* passe la nuit dans la ferme.

Le **20 août**, la *Kampfgruppe* fait mouvement vers Le Pontel, à la sortie duquel quatre *Jagdpanzer* ont pris position avec de l'infanterie de soutien. Ce groupe est pris sous le feu de l'artillerie à 12h30. Deux heures plus tard, l'un des *Jagdpanzer* reçoit un obus antichar au niveau du glacis ; l'obus ne perce pas le blindage mais l'équipage abandonne le char. Lors de l'évacuation, le conducteur du char est blessé à l'épaule par un éclat d'obus tandis que le tireur est blessé, touché à l'œil droit par une balle. Les autres *Jagdpanzer* abandonnent alors leur position.

Le Pontel est également pris sous le feu de l'artillerie allemande. La *Kampfgruppe* dénombre 15 à 20 chars ennemis qui bifurquent vers le nord à 4 km avant Le Pontel sur la route de Paris.

Vers 17h00, des chars ennemis sont repérés dans une forêt à 100 m devant le pont de chemin de fer et ouvrent le feu sur les *Jagdpanzer* qui se replient derrière les quais de gare. Toutefois, de la position qu'ils occupent, les *Jagdpanzer* ouvrent le feu sur les chars attaquants qui se replient maintenant sur Neauphle-le-Château. Aucun des deux camps ne subit de pertes.

Le **21 août** à 11h00 nous parvient un ordre émanant de la *Kampfgruppe « Seidel »* stipulant que les unités doivent faire mouvement vers Pontchartrain. En cours de route, deux *Jagdpanzer* prennent position au nord de Brechell et trois autres le long de la route menant de l'ouest vers le village. A 18h00, la *Kampfgruppe* se replie de Trappes sur Bois d'Arcy sans avoir à combattre. Trois *Jagdpanzer* et un *Grenadier-Bataillon* contrôlent le village à partir de l'ouest pour se prémunir d'une attaque surprise.

Le **23 août** à 15h00, trois *Jagdpanzer* effectuent une reconnaissance vers Plaisir et confirment qu'aucune troupe ennemie n'occupe le village. Un ordre nous parvient après 21h00 demandant que deux *Jagdpanzer* soient déployés pour couvrir la sortie ouest de Les Gâtines avec un peu d'infanterie. Leur flanc gauche est renforcé par trois autres *Jagdpanzer* et par la *Sturmgeschütz-Brigade*.

Le **25 août** à 11h00, les deux *Jagdpanzer* avec leur soutien d'infanterie font mouvement vers Bois d'Arcy à partir de Les Gâtines. Une heure plus tard trois Jagdpanzer se rendent à Versailles où se trouve le poste, de commandement de la *Kampfgruppe « Seidel »*, avant de revenir vers 15h00. Dans l'intervalle, l'un des *Jagdpanzer* doit être remorqué à Bois d'Arcy suite à une panne moteur.

Suite à un ordre de l'*Oberst* Seidel, tous les véhicules de combat de la *Kampfgruppe « Wöst »* doivent rentrer dans Versailles à 16h30.

La résistance française accueille les *Jagdpanzer* rentrant dans la ville par des tirs nourris. Après avoir atteint le poste de commandement de l'*Oberst* Seidel, les Jagdpanzer prennent position au sud de la ville avec tous leurs véhicules de combat. A 1 km de la sortie sud-est de la ville, un *Jagdpanzer* est détruit par un char allié. Le conducteur et le chef de char sont blessés.

A 22h00, la *Kampfgruppe « Wöst »* reçoit l'ordre de se replier sur Saint-Germain. Au début de la phase de repli, un *Jagdpanzer* doit être sabordé à 4 km au nord de Versailles suite à des problèmes techniques.

Finalement la *Kampfgruppe « Wöst »* traverse la Seine le **26 août**, à 05h30. Un *Jagdpanzer* doit être remorqué et ne traverse le pont que vers 11h30. La *Kampfgruppe « Wöst »* prend ensuite la direction de la banlieue nord de Paris, se dirigeant vers Gorges. (53)

C'est ainsi que se termine la première mission opérationnelle de la *Panzerjäger-Abteilung* de la *12.SS-Panzer-Division*.

(52) D'après le *KTB* de la *SS-Panzerjäger-Abteilung 12,* les Jagdpanzer de la *Kampfgruppe « Wöst »* détruisirent néanmoins un char *Sherman* ce jour-là à 2 km de Manfourt. (Arch. d'Hist. mil. de Prague.)

(53) Annexes du *KTB der SS-Pz.Jäg.Abt.12*, rapport de combat d'éléments de la *3./SS-Pz.Jäg.Abt.12*. (Arch. d'Hist. mil. de Prague.)

Conclusion
L'efficacité des blindés de la *12.SS-Panzer-Division* « *Hitlerjugend* » en Normandie

SS-Panzer-Regiment 12

Au début de la bataille de Normandie, le *SS-Panzer-Regiment 12* dispose de 87 *Panzer IV* et de 66 Panther, de 12 *Flak-Panzer* 38(t) et de trois *Panzer IV Vierling* (quadruple affût antiaérien de 20 mm sur châssis *Panzer IV*). Au cours de la campagne, il va en outre recevoir une dotation de remplacement et de renfort de 17 *Panzer IV* et de 35 Panther. Le régiment a donc disposé au total de **205 chars** de combat, 104 *Panzer IV* et 101 *Panther* entre le 6 juin et le 31 août 1944.

Malheureusement, les archives disponibles ne contiennent aucun rapport d'époque sur les pertes du régiment. D'après les documents des deux *Abteilungen*, nous sommes toutefois en mesure de confirmer la perte de 65 *Panther* et de 59 *Panzer IV*. Toutefois, les pertes totales effectives sont certainement très supérieures à ces chiffres. Le 4 septembre, la division reçoit l'ordre de transférer l'ensemble de ses chars et chasseurs de chars – à condition qu'ils soient opérationnels ou réparables dans un délai de deux semaines – aux autres unités allemandes. Le régiment fut ainsi dépouillé du reste de ses blindés rescapés des combats.

La plupart des pertes du *SS-Panzer-Regiment 12* en Normandie sont survenues lors des combats. Si l'on en croit les rapports, seuls huit *Panther* et un *Panzer IV* ont été détruits par leurs équipages. L'essentiel des pertes résulte des tirs de canons antichars (parmi eux les chasseurs de chars, c'est-à-dire des canons antichars automoteurs), les chars alliés ont en effet rencontré un moindre succès. Malgré la domination aérienne quasi-totale des Alliés, dans le cas du *SS-Panzer-Regiment 12*, **seuls** trois *Panther* et un *Flak-Panzer* ont été mis hors de combat par des chasseurs-bombardiers alliés (1). L'efficacité de la *Flak* du régiment y a manifestement contribué puisque les canons aériens de 20 mm automoteurs de trois *Flak-Züge* ont abattu un total de quinze appareils pendant la bataille de Normandie.

Début octobre 1944, le *SS-Panzer-Regiment 12* a fait un bilan du nombre de blindés détruits par les deux *Abteilungen* en Normandie (2). Il en ressort qu'ils en ont détruit **690** dont 601 chars et chasseurs de chars. Toutefois, d'après le journal de guerre des deux *Abteilungen* on dénombre 211 blindés détruits par les *Panther*, et 183 par les *Panzer IV*, soit un total de **394**. La différence de plus de 200 blindés s'explique par le fait qu'en octobre 1944 les résultats de blindés ennemis détruits par les autres unités allemandes provisoirement rattachées au régiment étaient aussi imputés au régiment (par exemple les *Tiger* de la *schwere SS-Panzer-Abteilung 101*, les *Panther* de la *1./Panzer-Regiment 3* ou les *Jagdpanzer IV* de la *1./SS-Panzerjäger-Abteilung 12*).

L'édition d'août 1944 du journal de l'inspecteur en chef de la troupe blindée, le *Nachrichtenblatt der Panzertruppe*, fait le bilan suivant de l'emploi tactique de l'arme blindée en Normandie :

(...)

III. Combat

1) Ce terrain est défavorable aux chars ; dès lors le déploiement concentré de forces blindées, d'habitude si efficace, doit être abandonné. On devrait envoyer les chars au combat sous forme de commandos de chasseurs de chars ou de détachements blindés !

2) Ces détachements blindés doivent être constitués de quelques chars regroupés juste derrière la ligne de front. Leur mission consistant à lancer immédiatement des contre-attaques contre les forces ennemies qui percent les lignes.

3) Les détachements blindés doivent étroitement coopérer avec les *Panzergrenadiere* et les *Grenadiere* qui doivent les diriger !

4) L'ordre de bataille espacé prive l'ennemi de la capacité à observer d'avion les mouvements de troupes. Le camouflage des véhicules les protège des raids aériens. Les chefs de chars et les tireurs déterminent des objectifs d'avance et préparent des cartes de distance de tir.

5) Il faut préparer des changements de position pour les chars pour qu'ils puissent se mettre derrière des inclinaisons de terrain (comme positions défensives offrant une couverture à partir de laquelle l'ennemi peut être battu à partir de courtes distances de combat par des attaques surprises). A partir de ces positions derrière des inclinaisons de terrain les chars ennemis qui réalisent une percée peuvent être attaqués avec succès par les flancs.

(1) Sur les 110 chars allemands capturés et examinés par les Britanniques en Normandie entre le 6 juin et le 7 août 1944, seuls 10 avaient été mis hors de combat par des attaques aériennes (sept par des roquettes et trois au canon). Au cours des examens du même type menés entre le 8 et 31 août seuls 10 des 223 chars capturés avaient été détruits par des avions (sept par des roquettes, deux au canon et un seul à la bombe). *Cf.* Thomas L. Jentz, *Die deutsche Panzertruppe,* Band 2, Wölfersheim-Berstadt, Podzun-Pallas Verlag, 1999, p. 189 à 193 (cité ensuite sous la référence Jentz). D'après ces constats, on peut établir que **6% seulement** des pertes blindées allemandes ont été le fait d'appareils alliés dans le secteur anglo-canadien.

(2) Les chars, chasseurs de chars, canons automoteurs et véhicules blindés d'infanterie sont tous intégrés dans la catégorie des blindés.

6) La vulnérabilité des lignes ennemies concernant le combat rapproché et les attaques de flanc devrait être exploitée par de courtes contre-attaques intervenant juste après la fin des tirs d'artillerie sur la ligne de front principale.

7) Après le début de la contre-attaque, les grenadiers doivent défendre les chars sur les flancs et combattre directement avec eux.

Résumé :

L'ordre le plus impératif à toutes les unités et à toutes les troupes est d'exploiter toutes les opportunités qu'offrent le terrain, les positions protégées, les retranchements, et d'observer les consignes de sécurité concernant les contacts radio et téléphoniques. Il faut impérativement empêcher les civils de communiquer avec l'ennemi.

Au regard des expériences qui viennent d'être faites il est possible de tirer les leçons suivantes qui confirment en fait ce que nous savions déjà :

1) le moral et l'entraînement de nos équipages de char est supérieur à celui de l'ennemi. La domination de l'ennemi est uniquement imputable au nombre de ses chars.

2) Le moral de l'infanterie britannique est bas. Il en résulte que, jusqu'à présent, nous n'avons rencontré que des unités antichars britanniques à quelques reprises.

3) Malgré l'épaisseur de leur blindage, les *Tiger* sont obligés de se conformer aux prescriptions tactiques valables pour les *Kompanien* de chars légers (camouflage, exploitation du terrain, positions couvertes), en raison de la supériorité aérienne de l'ennemi, d'une artillerie efficace sur des objectifs identifiés et des canons antichars et antiaériens de 92 mm ! (3)

En raison du terrain accidenté en Normandie et de la supériorité aérienne alliée, le *SS-Panzer-Regiment 12* (comme la plupart des régiments blindés allemands) n'a pas été déployé avec un effectif régimentaire. Pour les mêmes raisons les *Kampfgruppen* utilisées sur le front de l'Est (composées d'une *Panzer-Abteilung*, d'un *Panzergrenadier-Bataillon* équipé de blindés d'infanterie, d'une *Panzer-Artillerie-Abteilung* et d'une *Panzer-Pionier-Kompanie* mécanisée) n'ont pas rencontré davantage de succès. Les Allemands ont donc fini par renoncer à ce type de formation tactique.

Par la suite, les chars ont surtout été déployés (à l'échelle de la *Kompanie*) pour soutenir des *Panzer-Grenadier-Bataillonne*. Les chars de la SS ont ainsi combattu les chars et chasseurs de chars alliés attaquant sous la forme de réserves antichars mobiles.

Le *SS-Sturmbannführer* Jürgensen, décoré de la Croix de chevalier pour son commandement de la *I./SS-Panzer-Regiment* en Normandie (il fut le seul récipiendaire de la Croix de chevalier au sein de l'*Abteilung*), prépara le rapport suivant début août 1944 sur l'expérience faite avec les Panther dans cette *Abteilung* (4) :

« *La* I./SS-Panzer-Regiment *était en ordre de bataille à partir du troisième jour du Débarquement. Il s'est avéré que les combats des forces blindées en Normandie ont été très différents de ceux que nous avons connus en terrain ouvert en raison du type de végétation et du terrain accidenté qui ont empêché un déploiement normal des chars. La posture offensive est en effet extrêmement défavorable eu égard à l'épaisseur de la végétation du bocage normand. L'attaque à l'échelle de l'*Abteilung *est très difficile, sinon impossible, en raison de la végétation dense. Le déploiement de groupes de type canons d'assaut est la tactique la plus judicieuse, en coopération étroite avec les* Panzergrenadiere. *Dans ce but, une bonne coopération et une très bonne connaissance des unités blindées au moins au niveau des officiers et des sous-officiers des Panzergrenadiere est essentielle. Il en ressort globalement que les grenadiers ne comprennent pas l'ordre de bataille des chars. D'un côté, ils demandent l'impossible, de l'autre, ils ne savent pas même exploiter les meilleures opportunités (positions de tir).*

La coopération avec l'artillerie est quant à elle vraiment trop mauvaise. Pas une seule fois tout au long de cette campagne, il n'aura été possible de trouver un exemple de coopération ne serait-ce qu'acceptable. Les raisons premières en sont : le poids de l'équipement radio qui n'est donc pas assez mobile, et surtout qui est insuffisant et utilisé inadéquatement. Les attaques à objectifs limités ont toutes échoué l'une après l'autre avec au final de lourdes pertes car l'artillerie n'était pas prête, ou trop tard et tirait trop peu.

Les deux côtés doivent avoir une connaissance et une compréhension de l'armement et de son fonctionnement. Une préparation minutieuse est essentielle de tout temps. Il est préférable de partir une demi-heure plus tard, mais d'être bien préparé (discussion préalable de l'attaque des grenadiers et de l'artillerie) plutôt que d'attaquer sans préparation et de manière dispersée.

L'avantage que présente le Panzer V *(Panther), en raison de son optique et de son canon, ne peut pas être exploité sur un terrain à végétation épaisse comme c'est le cas en Normandie, en raison de la portée effective trop courte de leurs tirs et du fait qu'il n'est pas possible de voir loin. Les canons antichars et les chars ennemis ne peuvent pas être repérés dans ce type de végétation ou dans les dénivellations sur les pourtours des villages, ou seulement à faible distance c'est-à-dire quand il est trop tard : les canons antichars et les chars ennemis peuvent donc facilement mettre hors de combat le* Panzer V *(coopération étroite avec les chars, les* Panzergrenadiere *et l'artillerie).*

Le Panzerkampfwagen V *s'est avéré fiable sur le plan mécanique, au niveau de son moteur comme de son armement, et ce dans un contexte où la maintenance était rare ou insuffisante. Les échappements (flamme et fumée) sont de nuit facilement repérables (et doivent impérativement être recouverts).*

*Pour le type de combat qui s'est imposé dans le contexte de l'*Invasionsfront (Front de Normandie, ndt), *les chars sont surtout utiles comme chasseurs de chars, bien camouflés et sous couverture, directement derrière la ligne de front principale en raison de la domination de l'artillerie ennemie et du déploiement d'importantes formations blindées ennemies.*

Les contre-offensives effectuées par les unités blindées déployées comme réserves se sont avérées inefficaces. Les raisons : terrain accidenté avec végétation dense, domination de l'artillerie ennemie, déploiement rapide de chars et de canons antichars sur la périphérie des villages, derrière des arbustes ou des dénivellations, en embuscade qui laissent les contre-attaques s'approcher et ripostent ensuite à courte distance.

L'utilisation tactique des chars ennemis : éviter les terrains ouverts, se faufiler à travers les vallées, les dénivellations et les ravins ; le camouflage et les positions de tir abritées sur les pourtours de village, dans la végétation, derrière des pentes ou sur les flancs ; le tir à longue distance, utilisation fréquente de fumigènes. »

Le célèbre as allemand de la *Panzerwaffe*, le *SS-Hauptsturmführer* Michael Wittmann, aurait pu se faire lui-même l'écho de pareilles conclusions. Bien que les circonstances tactiques de la mort de Wittmann et de ses camarades le 8 août 1944 ne constituent pas un élément essentiel de l'histoire des combats du *SS-Panzer-Regiment 12* en Normandie, il nous faut néanmoins évoquer le sujet dans la mesure où cet événement s'est déroulé alors qu'il était subordonné à la *II./SS-Panzer-Regiment 12*.

Avant d'examiner plus à fond ce spectaculaire épisode des combats de la bataille de Normandie, il nous faut d'abord battre en brèche une croyance qui voudrait que le *SS-Hauptsturmführer* Michael Wittmann aurait été le meilleur chef de char de la Seconde Guerre mondiale au regard de son score final. Au 8 août 1944, Wittmann était crédité de 138 chars ennemis détruits. Si l'on s'en tient au critère de son score au moment de sa mort, Wittmann demeure effectivement l'as des as de la *Panzerwaffe*. Mais la guerre a continué à faire rage en Europe pendant encore neuf mois. Dans ce laps de temps, trois autres chefs de chars (5) de la Wehrmacht ont dépassé le score de Wittmann qui n'aura pas eu l'occasion d'augmenter son propre score.

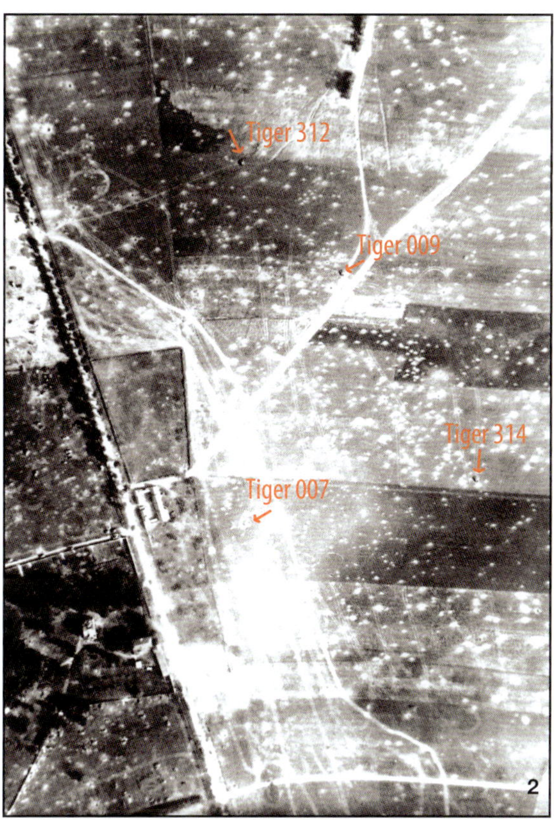

Cintheaux, la fin de Wittmann, le 9 août 1944 :

1. Carte du champ de bataille établie sur les bases des recherches sur le terrain de la famille Samson avec l'emplacement de toutes les épaves. (Heimdal.)

2. Photo aérienne d'août 1944 montrant l'emplacement des *Tiger*. On notera leurs traces et que la tourelle du *Tiger* de Wittmann était encore au niveau de la caisse. Des études locales, autour de la famille Samson, montrent que les *Tiger* ont été avancés pour la récupération des chenilles.

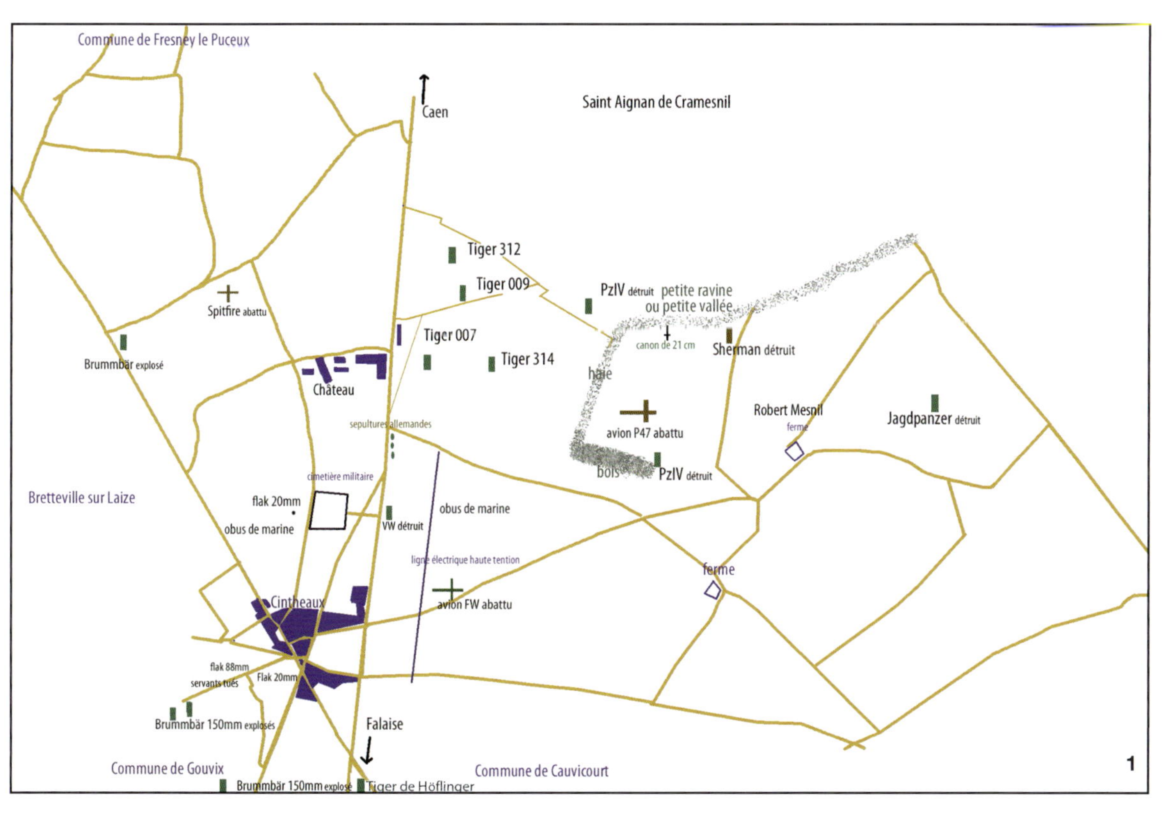

(3) Cité dans Jentz, p.189-190.

(4) Ce rapport constitue l'annexe n°11 du *KTB* de la *I./SS-Panzer-Regiment 12*.

(5) Le *Feldwebel* Kurt Knispel (*schwere Panzer-Abteilung 503* puis *Feldherrnhalle*) avec 162 victoires confirmées, l'*Oberleutnant* Otto Carius *(schwere Panzer-Abteilung 502)* avec 150 victoires confirmées et le *Hauptmann* Johannes Bölter *(schwere Panzer-Abteilung 502)* avec 144 victoires confirmées.

Le 8 août le *SS-Hauptsturmführer* Michael Wittmann fut empêché de partir en mission parce que son char *Tiger* (*I Ausf E*, n° de tourelle 205) était en réparation. Certains *Tiger* encore opérationnels de la *schwere SS-Panzer-Abteilung 101* (la plupart de la *3.Kompanie*, commandée par le *SS-Hauptsturmführer* Franz Heurich) étaient affectés à la *II./SS-Panzer-Regiment 12* du *SS-Sturmbannführer* Karl-Heinz Prinz.

Comme on le voit bien en prenant connaissance du journal de guerre du régiment, à 06h30 ce jour-là les *Tiger* de Heurich sont envoyés à Cintheaux via Grainville et Hautmesnil sur ordre de l'*Abteilung* (il ne s'agissait donc pas d'un ordre émanant de Wittmann).

Wittmann était en colère, vexé de ne pas être celui qui donne l'ordre à Heurich. L'*Ordonnanz-Offizier* de la *schwere SS-Panzer-Abteilung 101*, le *SS-Hauptscharführer* Josef Höflinger est envoyé aux trousses de la *3.Kompanie* de Heurich pour la stopper et lui demander d'attendre d'autres ordres. Wittmann rattrape les *Tiger* de Heurich vers 11h00 à Cintheaux (6). Alors que le *SS-Divisionsführer* de la *12.SS-Panzer-Division*, le *SS-Oberführer* Kurt Meyer, discute des détails de l'attaque projetée avec le *SS-Hauptsturmführer* Michael Wittmann et le *SS-Sturmbannführer* Hans Waldmüller, commandant du *I./SS-Panzergrenadier-Regiment 25*, on peut en conclure que Wittmann a certainement repris le commandement des *Tiger* de Heurich à partir de ce moment-là.

Le *SS-Oberführer* Meyer venait de décider que l'inévitable assaut des divisions blindées canadiennes et polonaises placées au devant du IIe corps canadien devait être anticipé avec une contre-attaque rapide permettant à l'unité de reprendre l'initiative. Pour ce faire, Meyer dispose vers midi de huit *Tiger*, cinq *Panther* et 19 *Panzer IV* plus dix *Jagdpanzer IV*, soit 42 chars opérationnels au total. Leur font face – si l'on ne prend que les unités blindées en considération – deux divisions blindées (de 381 chars chacune) et deux brigades blindées (avec 220 chars environ). On comprend mal en fait comment Meyer envisageait

Le *Tiger* **007**.
(Profil de Th. Vallet.)

Seule photo connue du *Tiger* **007** de Wittmann avec sa tourelle arrachée. (Coll. S. Varin/ Heimdal.)

Le Tiger 314 d'Iriohn, photo de Paul Samson faite en 1945. (Coll. M. Samson.)

Ci-dessous : le Tiger 009, de Dollinger, des éléments de porcelaine typiques d'une embase d'antenne d'un Tiger de commandement. Photo faite par Paul Samson en 1945. (Coll. M. Samson.)

de reprendre l'initiative avec 42 chars contre 1200 chars alliés, même dans les circonstances les plus propices.

D'après nous, il aurait été beaucoup plus judicieux tactiquement pour la *SS-Kampfgruppe « Waldmüller »*, soutenue par un renfort de *Tiger*, d'attendre les chars alliés au sud-sud-est de Cintheaux et d'y exploiter la confusion créée par les pertes initiales pour ensuite lancer une contre-attaque. Le repérage précis des positions ennemies aurait au moins pu être des plus utiles aux chefs de char allemands participant à ces combats.

Au lieu de cela, Meyer choisit d'attaquer et d'envoyer la *Kampfgruppe « Waldmüller »* dans l'inconnu sans aucune information de reconnaissance détaillée. A notre avis, Meyer aurait envoyé ses chars à l'assaut même s'il n'avait pas repéré les appareils alliés de marquage. Mais il se trouve que, par pur hasard, Cintheaux ne figurait pas sur la liste des objectifs à bombarder par les B-17 ce jour-là. Mais Meyer ne pouvait de toute manière pas le savoir.

A partir de ce moment-là, c'est Wittmann qui commande les combats des *Tiger* partis à l'assaut. D'après nous, il commet alors un certain nombre de graves erreurs tactiques.

Premièrement, il fragmente son potentiel de chars qui est déjà très limité. C'est ainsi que trois de ses huit *Tiger* se trouvent à gauche pour consolider la défense de Cintheaux avec pour mission d'empêcher les chars canadiens de s'approcher. Dans la mesure où il y avait déjà plusieurs canons antiaériens de 88 mm autour du village, on comprend mal l'intérêt du dispositif de Wittmann : les trois *Tiger* auraient été plus judicieusement employés à couvrir les flancs découverts.

Deuxièmement, bien que Wittmann devait lancer une attaque immédiate en terrain ouvert sans soutien d'infanterie, et ce sans avoir la moindre idée des positions ennemies, il ne choisit pas pour ce faire une formation d'attaque très pertinente. D'après le journal de guerre du régiment blindé *Northamptonshire Yeomanry*, les *Tiger* de Wittmann, à la grande surprise des Anglais, se présentèrent en formation en colonne, l'un derrière l'autre, laissant ainsi leur flanc gauche et la partie la moins épaisse de leur blindage complètement exposés. La formation en colonne n'était normalement utilisée que pour le déplacement en convoi et jamais en situation tactique offensive. Pour ce faire, au contraire, un peloton de chars se mettait en « coin » *(Keil)* : deux chars en tête côte à côte et deux autres sur les flancs échelonnés vers l'arrière.

D'après certaines interprétations, Wittmann n'anticipait probablement des tirs ennemis que de la cote 122 au nord de sa position. Mais cela n'explique nullement le caractère inadéquat de la

L'épave d'un *Tiger*, celui de Höflinger, détruit en arrière des quatre autres, à gauche de la route en allant vers Falaise au carrefour de l'ancienne voie romaine, allant vers l'église de Cauvicourt, dont on devine le clocher au fond à gauche. Ce *Tiger* était sur la commune de Cauvicourt. Michel Samson a retrouvé une roquette de *Typhoon* à proximité de ce char. Une autre roquette avait été retrouvée à côté d'un *Panzer IV* et du *Tiger* de Wittmann. (Coll. M. Samson.)

(6) *Cf.* Agte, p. 258.

configuration tactique de son attaque. On ne peut pas non plus exclure que le combat (réussi) qu'il engage alors avec les chars canadiens découverts à 1800 m au nord-ouest ait tellement monopolisé son attention que ses chars aient perdu de vue leur flanc droit.

Troisièmement, Wittmann aurait beaucoup mieux couvert son flanc droit s'il avait attendu les *Panzer IV*, *Jagdpanzer IV* et *SS-Panzergrenadiere* attaquant vers l'est pour rejoindre le verger (où les chars anglais étaient en embuscade) et s'il avait ordonné aux *Tiger* d'attaquer en ligne avec ces derniers en coopération étroite. Mais il fit un autre choix qui conduisit directement ses chars lourds vers les canons des chars anglais. Ces événements sont ensuite devenus une page d'histoire.

A notre avis, Wittmann est tué le 8 août 1944 pour les raisons suivantes : d'abord il prend abusivement le commandement des *Tiger* rattachés à la *II./SS-Panzer-Regiment 12* eux-mêmes engagés par le *SS-Oberführer* Meyer pour une charge effectuée sans aucune préparation. Wittmann commet l'imprudence de fragmenter ses forces et de les engager dans une configuration tactique inadéquate. Si l'on s'en tient au fait qu'il a chargé avec ses seuls *Tiger*, on peut en tirer la conclusion qu'il a mal évalué les forces et capacités à la fois de l'adversaire et de la *Kampfgruppe « Waldmüller »*.

SS-Panzerjäger-Abteilung 12

D'après les données en date du 1er octobre 1944, la *SS-Panzerjäger-Abteilung 12* ne dispose plus alors que de deux *Jagdpanzer IV* (un dans la *1.* et un dans la *2.Kompanie*). Toutefois cela ne signifie pas que dix-neuf *Jagdpanzer* aient été perdus en Normandie.

D'après les documents originaux de la *Panzerjäger-Abteilung* deux Jagdpanzer ont été détruits dans la *1. Kompanie*, cinq dans la *2.Kompanie* et un dans la *Kampfgruppe « Wöst »* (huit en tout), par les Alliés au combat. En dehors de ceux-là un *Jagdpanzer IV* est porté disparu (aucune information sur le sort du char et de son équipage), et au moins un est sabordé par son équipage en raison de problèmes techniques. Dans la mesure où l'on ne connaît le sort que de deux des huit *Jagdpanzer* de la *Kampfgruppe « Wöst »*, et que le groupe a évité le secteur le plus dangereux de l'endroit où a eu lieu la percée, il est possible que six de ses chars, remorqués ou par leurs propres moyens, aient fini par traverser la Seine. Les trois *Jagdpanzer* restants ont probablement été abandonnés par leurs équipages ou été sabordés au moment de la sortie de la poche de Falaise.

Au cours du mois de septembre 1944, la *SS-Panzerjäger-Abteilung 12* a fait un bilan du nombre de chars alliés et autres blindés mis hors de combat en Normandie. Les *Jagdpanzer* de l'unité font alors état de **102 chars**, un blindé d'infanterie, un véhicule blindé de reconnaissance, quatre véhicules de remorquage et cinq camions. Les canons antichars tractés de 75 mm de la *3.Kompanie* ont détruit au moins **trois** autres chars alliés, mais comme leurs équipages ont été tués ou grièvement blessés, il n'y a personne pour faire état de ces résultats.

Les *Jagdpanzer* de la *1.Kompanie* font état de 86 blindés détruits en sept jours. Ce chiffre ne constituerait-il pas une exagération ? Ce n'est pas le cas. Le journal de guerre de leurs adversaires (anglais, canadiens et polonais) confirme ces données qui peuvent se déduire aussi des scores réalisés par les autres unités allemandes (par exemple les deux *schweren SS-Panzer-Abteilungen* équipées de *Tiger*) et combattant dans le même secteur.

Dès lors rien d'étonnant à ce que trois membres de la *1./ SS-Panzerjäger-Abteilung* aient été décorés de la Croix de chevalier en raison de leurs faits d'armes en Normandie : le *SS-Obersturmführer* Georg Hurdelbrink, *Kompanie-Chef* de la *1.Kompanie* et le *SS-Oberscharführer* Rudolf Roy, *Zugführer* de la *1.Kompanie*, le 16 octobre 1944, et le *SS-Rottenführer* Fritz Eckstein, le tireur du Jagdpanzer de Roy, le 18 novembre 1944 (7).

Un certain nombre de livres et de sites internet parlent de Rudolf Roy, qui a mis hors de combat 36 blindés (8), comme de l'un des as de la *Panzerwaffe*. Bien que Roy ait été incontestablement un éminent *Zugführer* de Jagdpanzer et chef de char, son mérite incombe en grande partie au *SS-Rottenführer* Eckstein, son tireur qui se trouvait derrière l'optique de visée de leur *Jagdpanzer IV*. En outre, ce dernier ne détruisit que 26 chars alliés en Normandie (tous avec Eckstein) et comme Roy mourut d'une balle dans la tête deux jours après le début de l'offensive des Ardennes, le 17 décembre 1944, il est hautement improbable qu'il ait pu rajouter 10 blindés à son palmarès avant sa mort.

Pourtant, d'après le rapport d'activité de la *1.Kompanie*, Hurdelbrink avait bel et bien 36 victoires confirmées au 16 août 1944. Il est néanmoins vrai qu'il était aussi chef de char et pas tireur au moment d'éliminer les chars ennemis ; malgré cela, Hurdelbrink ne figure habituellement pas sur ces listes d'as de la *Panzerwaffe*.

Le nouveau commandant de la *SS-Panzerjäger-Abteilung 12*, le *SS-Hauptsturmführer* Karl Brockschmidt, fit en 1977 le commentaire suivant concernant l'unité lorsqu'elle fut réorganisée en décembre 1944 dans la perspective de l'offensive des Ardennes :

*« L'*Abteilung *en tant que* Panzerjäger-Abteilung *avait répondu à nos attentes et fut décorée en conséquence. Cependant cette fois-ci il s'agissait de constituer une* Sturmgeschütz-Abteilung *à partir de cette* Panzerjäger-Abteilung. *Cela signifie que la posture des chasseurs de chars (attendre, se placer en embuscade, puis détruire des blindés) devait maintenant se fondre dans le mouvement tactique dynamique d'une* Sturmgeschütz-Abteilung. *La mission de l'*Abteilung *était de faire sauter tout ce qui se trouvait au centre pour entraîner l'infanterie dans son sillage. »* (9)

Cependant Brockschmidt n'avait que partiellement raison. La *SS-Panzerjäger-Abteilung 12* ne disposait en Normandie que de deux chasseurs de chars *Marder III* qui avaient un compartiment de combat ouvert au sommet et à l'arrière et dont le blindage était mince, aussi attendaient-ils l'ennemi en embuscade, et après avoir procédé à un tir direct, ils devaient changer de position dès que possible. Cependant, deux *Kompanien* de l'*Abteilung* étaient équipées non pas de *Marder III* mais de *Jagdpanzer IV* à compartiment de combat fermé, à glacis incliné au blindage plus épais et à la silhouette plus basse. Ce qui signifie qu'ils n'avaient plus à être confinés en embuscade mais qu'ils pouvaient participer directement aux combats comme canons d'assaut sous la protection de l'infanterie. Les audacieux assauts de Hurdelbrink et Roy sont en effet emblématiques de ce que le *Jagdpanzer IV* était capable de faire même sur le difficile terrain normand.

Presque tous les obus allemands perforants de 75 et de 88 mm perçaient le blindage des *Sherman* et dans 62 % des cas les mettaient hors de combat (10).

Dans le cas du *Panzer-Regiment 12* les deux *Abteilungen* équipées de *Panther* et de *Panzer IV* ont rapporté avoir fait **3,5 fois** plus de destructions qu'elles ne subissaient de pertes (11). Dans la plupart des cas, leurs pertes sont confirmées par les journaux de guerre des unités britanniques, canadiennes et polonaises. Si nous essayons d'obtenir une image fidèle de l'efficacité du régiment pendant les campagnes majeures des Alliés en Normandie, nous pouvons affirmer, avec peu de marge d'erreur, que tous les blindés allemands perdus du côté allemand (indépendamment du type de matériel) avaient trois chars ou chasseurs de chars alliés pour contrepartie. Ce rapport est même encore plus étonnant pour ce qui est des *Jagdpanzer IV* de la *SS-Panzerjäger-Abteilung 12* : pour chaque blindé de ce type perdu au combat par cette unité, les Alliés ont subi la perte de **15 blindés** !

D'après une étude alliée, les tireurs allemands avaient besoin en moyenne de 1,63 obus perforants pour détruire un *Sherman*, là où les Alliés devaient utiliser 2,55 obus pour venir à bout d'un Panther et 4,2 pour avoir raison d'un *Tiger*. D'après un autre rapport, si un *Sherman* ou un *Cromwell* devenait la cible d'un canon antichar allemand à une distance d'environ 450 m ou moins, la probabilité pour un char allié de survivre diminuait de 50% toutes les six secondes (12).

Le ratio de destruction des *Sherman* était extrêmement élevé. Une étude anglaise a mis en évidence le fait que 37 des 45 *Sherman* détruits entre le 6 juin et le 10 juillet avaient pris feu (dont 33 perdus suite à des tirs perforants). 94 des 166 chars perdus par les 29e et 8e brigades blindées ont été détruits par incendie. Les Américains constatèrent dans une étude que 65% de leurs *Sherm*an détruits par des tirs directs avaient brûlé (13).

Il n'est par ailleurs pas inintéressant de savoir qu'en dépit du terrain normand particulièrement obstrué et donc terriblement peu propice aux tactiques de chasse de blindés – seulement 15% des pertes alliées de blindés résultèrent de combat rapproché. Et dans cette catégorie de combats, seulement 6% des pertes de blindés alliées furent causées par des armes antichars d'infanterie (du type *Panzerschreck* ou *Panzerfaust*). En même temps, près de la moitié des pertes blindées des Alliés en Normandie ont été causées par des chars, des canons d'assaut ou des *Jagdpanzer* (14).

D'après les documents d'époque encore existants utilisés pour le présent ouvrage, les chars et les Jagdpanzer de la *12.SS-Panzer-Division* illustrent parfaitement ces données : ils détruisirent au total près de **500 blindés alliés** au cours de la bataille de Normandie.

Mais cela n'empêche pas qu'au final la *12.SS-Panzer-Division* (avec ses *Panzer-Regimenter* et

Octobre 1944, le *Kommandeur* du Ier bataillon du *SS-Panzer-Regiment 12*, le *SS-Sturmbannführer* Arnold Jürgensen (en uniforme noir), vient de recevoir la Croix de Chevalier. Il en est de même pour l'*Ostuf.* Georg Hurdelbrink (au centre), chef de la *Panzerjäger-Abteilung*. Ils passent en revue les hommes du *Panzer-Regiment* en compagnie du *Kommandeur* de la Division par intérim, le *SS-Sturmbannführer* Hubert Meyer, à gauche. (Photo Coll. H. Meyer/GB.)

Remise de la Croix de Chevalier au *Kommandeur* du Régiment 26, le *Stubaf.* Bernhard Krause, et au *SS-Rottenführer* Fritz Eckstein, pointeur à la 1re compagnie de la *SS-Panzerjäger-Abteilung 12*. Au premier et deuxième rang de gauche à droite : Fritz Eckstein, le *SS-Brigadeführer* Fritz Kraemer, chef d'état-major de la *6.SS-Panzerarmee* ; le *SS-Oberstgruppenführer* Sepp Dietrich, commandant en chef de cette armée ; le *Stubaf.* Bernhard Krause ; le *SS-Standartenführer* Hugo Kraas, *Kommandeur* de la Division « *HJ* ». (Photo prise en novembre 1944. (Coll. privée.)

Abteilungen), au même titre que d'autres unités allemandes, ont été vaincues et presque complètement anéanties en Normandie par les troupes alliées.

(7) Hurdelbrink et Eckstein survivront à la guerre. Roy sera par contre tué d'une balle dans la tête par un sniper américain le 17 décembre 1944 au cours de l'offensive des Ardennes.

(8) *Cf.* entre autres S.Hart et R.Hart, *Weapons and Fighting Tactics of the Waffen-SS*, Debrecen : Hajja, 1999, p. 222.

(9) Cité dans Meyer, p. 408.

(10) *Cf.* John Buckley, *British Armour in the Normandy Campaign*, London, Franck Caas, 2004, p. 125 (cité ensuite sous la référence Buckley).

(11) *Cf.* annexe XIII.

(12) *Cf.* Buckley p. 107.

(13) *Idem* p. 127.

(14) *Idem* p. 123.

Annexes

Annexe I
Table des grades

SS	armée allemande (*Heer*)	armée américaine	armée française
Oberst-Gruppenführer	*Generaloberst*	*Colonel General*	Général d'armée
Obergruppenführer	*General*	*General*	Général de corps d'armée
Gruppenführer	*Generalleutnant*	*Lieutenant General*	Général de division
Brigadeführer	*Generalmajor*	*Major General*	Général de Brigade
Oberführer	*pas d'équivalent*	*Brigadier General*	Pas d'équivalent
Standartenführer	*Oberst*	*Colonel*	Colonel
Obersturmbannführer	*Oberstleutnant*	*Lieutenant Colonel*	Lieutenant-colonel
Sturmbannführer	*Major*	*Major*	Commandant
Hauptsturmührer	*Hauptmann/Rittmeister*	*Captain*	Capitaine
Obersturmführer	*Oberleutnant*	*1st Lieutenant*	Lieutenant
Untersturmführer	*Leutnant*	*2nd Lieutenant*	Sous-lieutenant
Sturmscharführer	*Stabsfeldwebel*	*Sergeant Major*	
Stabsscharführer	*Hauptfeldwebel*	*Senior NCO post*	
Hauptscharführer	*Oberfeldwebel*	*Master Sergeant*	Adjudant chef
Oberscharführer	*Feldwebel/Wachtmeister*	*Technical Sergeant*	Adjudant
Scharführer	*Unterfeldwebel*	*Staff Sergeant*	Sergent-chef
Unterscharführer	*Unteroffizier*	*Sergeant*	Sergent
Rottenführer	*Stabsgefreiter/Obergefreiter*	*Corporal*	Caporal chef
Sturmmann	*Oberschütze*	*Private 1st Class*	Caporal
Mann	*Schütze*	*Private*	Soldat

Annexes II (1)
Les officiers du *SS-Panzer-Regiment 12*

Voici la liste des officiers du *SS-Panzer-Regiment 12* telle qu'elle se présente juste avant le Débarquement. Ces listes sont nécessairement incomplètes compte tenu du mode de gestion de ces listes au quotidien et des changements de postes. Les personnes de rang inférieur n'étaient souvent pas enregistrées et le *Regiment* avait d'autres hommes commandant au niveau du peloton. Toutes les personnes portées disparues et dont le sort reste inconnu ainsi que celles qui ont été tuées mais jamais identifiées rendent ces listes encore moins exhaustives. On trouvera ailleurs dans la présente annexe une autre liste couvrant la même période jusqu'à la fin de la guerre et comportant les pertes de la bataille des Ardennes et des derniers combats jusqu'à la capitulation de la « *Hitlerjugend* » en 1945.

SS-Panzer-Regiment 12

Regimentskommandeur :
Obersturmbannführer Max Wünsche

Adjutant : Hauptsturmführer Georg Isecke

Ordonnanz-Offizier :
Untersturmführer Rudolf Nerlich

Nachrichtenoffizier :
Hauptsturmführer Helmut Schlauss

TFK I : Hauptsturmführer Wilhelm Sammann

Verwaltungsoffizier :
Hauptsturmführer Hermann Lüttgert

Regimentsarzt :
Hauptsturmführer Dr Rudolf Stiawa

Zahnarzt : Untersturmführer Walter Schaffert

Werkstattskompanie Chef (2) :
Untersturmführer Konrad Wörz

I./SS-Panzer-Regiment 12 (Panther)

Abteilungskommandeur :
Sturmbannführer Arnold Jürgensen

Adjutant :
Untersturmführer Heinz Hubertus Schröder

Ordonnanz Offizier :
Untersturmführer Hans Hogrefe

TFK : Untersturmführer Helmut Kloos
TFW : Obersturmführer Anton Stark
Nachrichtenoffizier : Untersturmführer Rolf Jauch
Abteilungsarzt : Obersturmführer Dr. Wilhelm Daniel
Chef de la 1.Kompanie : *Hauptsturmführer* Kurt-Anton Berlin
Chef de la 2.Kompanie : *Obersturmführer* Helmut Gaede
Chef de la 3.Kompanie : *Obersturmführer* Rudolf von Ribbentrop
Chef de la 4.Kompanie : *Hauptsturmführer* Hans Pfeifer
Werkstatt Zugführer : *Untersturmführer* Robert Maier

II./SS-Panzer-Regiment 12 (Panzer IV)

Abteilungskommandeur : Sturmbannführer Karl-Heinz Prinz
Adjutant : Obersturmführer Friedrich Hartmann
Ordonnanz Offizier : Untersturmführer Herbert Walther
Verwaltungsoffizier : Untersturmführer Sebastian Schweiger
TFK I : Obersturmführer Dieter Müller
TFK II : Untersturmführer Karl Pucher
Nachrichtenoffizier : Untersturmführer Hermann Komadina
Abteilungsarzt : Hauptsturmführer Dr. Oskar Jordan
Zahnarzt : Untersturmführer Dr. Benno Hofer
Chef de la 5.Kompanie : *Obersturmführer* Helmut Bando
Chef de la 6.Kompanie : *Hauptsturmführer* Ludwig Ruckdeschel
Chef de la 7.Kompanie : *Hauptsturmführer* Heinrich Bräcker
Chef de la 8.Kompanie : *Obersturmführer* Hans Siegel
Chef de la 9.Kompanie (3) : *Hauptsturmführer* Wolf Buettner
Werkstatt Zugführer : *Obersturmführer* Dieter Müller

Récipiendaires de la Croix de chevalier du *SS-Panzer-Regiment 12*

Avec glaives

Max Wünsche : 11 août 1944, *Obersturmbannführer, Kommandeur, SS-Panzer-Regiment 12*

Croix de chevalier

Arnold Jürgensen : 16 octobre 1944, *Sturmbannführer, Kommandeur, I./SS-Panzer-Regiment 12*

Karl-Heinz Prinz : 11 juillet 1944, *Sturmbannführer, Kommandeur, II./SS-Panzer-Regiment 12*

Richard Rudolf : 18 novembre 1944, *Oberscharführer, Zugführer, SS-Panzer-Regiment 12*

Hans Siegel : 23 août 1944, *Hauptsturmführer, Kompanie Chef, 8./ SS-Panzer-Regiment 12*

Photo dédicacée de **Max Wünsche**, ici encore avec le grade de *SS-Sturmbannführer*. (Coll. P. Tiquet.)

Max Wünsche : né à Kittlitz le 20 avril 1914, intègre la SS en octobre 1934. Formation d'officier aspirant à Jütebog du 11 novembre 1934 au 24 avril 1935. Intègre l'école des cadets de la *Junkerschule* de Bad Tölz, avant de suivre une formation de chef de peloton (*Zugführer Lehrgang*) à Dachau. *SS-Standartenoberjunker* du 25 février au 28 avril 1936, *Zugführer* au sein de la *9./LSSAH* en 1936 puis transféré à la *11.Kompanie* comme *Zugführer*. Officier d'ordonnance au sein du *Begleitkommando des Führers* à partir du 10 octobre 1938. *Zugführer* au sein de la *15./LSSAH* à partir du 24 janvier 1940. Réintègre le *Begleitkommando des Führers* comme *Adjutant*. Intègre la *LSSAH* en février 1942 comme commandant de la *Sturmgeschütz-Abteilung*. Suit du 1er juin au 31 août 1942 la formation d'officier d'état-major général à la *Kriegsschule* de Berlin, puis prend le commandement de la *Sturmgeschütz-Abteilung LSSAH*. Commande la *I.Abteilung* du *Panzer-Regiment* de la *LSSAH* à partir du 22 octobre 1942.

(1) Les lettres de recommandation pour l'octroi d'une décoration ont été traduites par F.P. Steinhardt. Cette annexe comprend aussi des données biographiques concernant plusieurs récipiendaires de décorations qui n'étaient pas officiers.

(2) Au sein d'une *Waffen-SS-Panzer-Division* le *Kompanie-Chef* de la maintenance était rattaché à l'état-major, chaque *Abteilung* ayant normalement un *Werkstattzug*.

(3) Une *Versorgungskompanie*, unité logistique acheminant sur la ligne de front toutes les fournitures nécessaires aux troupes et aux véhicules.

Couverture du document de recommandation de l'attribution des feuilles de chêne à **Max Wünsche**, avec la signature du commandant de la *Hitlerjugend* Kurt « *Panzer* » Meyer. Publié avec l'autorisation de Mark. C. Yerger.

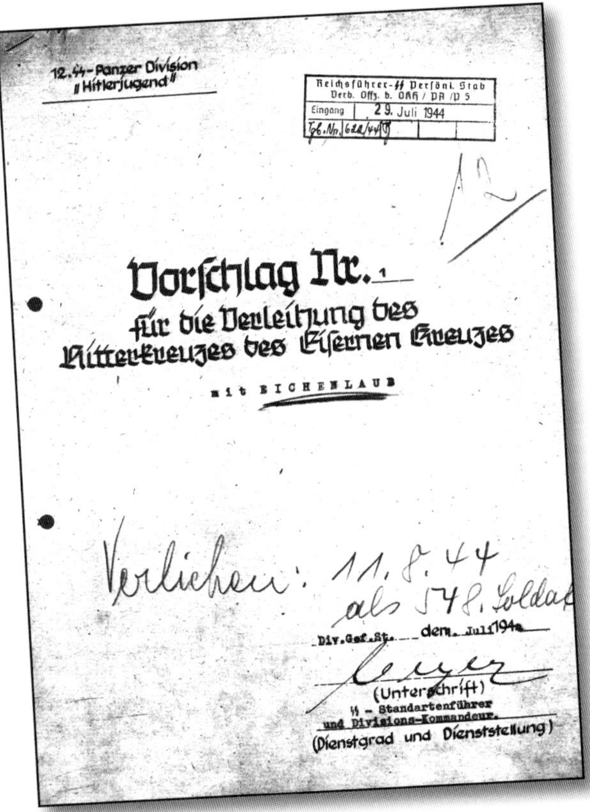

12. SS-Panzer Division „Hitlerjugend"

Reichsführer-SS Persönl. Stab
Verb. Offz. b. OKH / PA / P 5
Eingang 29. Juli 1944
Tgb.Nr. 622/44

Vorschlag Nr. 1

für die Verleihung des

Ritterkreuzes des Eisernen Kreuzes

mit Eichenlaub

Verliehen: 11.8.44
als 548. Soldat

Div.Gef.St. den. Juli 1944

(Unterschrift)
SS-Standartenführer
und Divisions-Kommandeur
(Dienstgrad und Dienststellung)

Begründung und Stellungnahme der Zwischenvorgesetzten

In den harten Angriffs- und Abwehrkämpfen der 12. SS-Pz.Div. "Hitlerjugend" westlich Caen hat das SS-Panzer-Rgt. 12 unter Führung seines Kommandeurs SS-Obersturmbannführer Max W ü n s c h e bisher 219 Feindpanzer vernichtet. Dieser Erfolg ist lediglich auf die wendige Führung und Entschlußkraft seines Kommandeurs zurückzuführen. Unter rücksichtslosem Einsatz seiner eigenen Person hat er die schwierigsten Lagen gemeistert. Durch den Einsatz des SS-Panzer-Rgt. 12 am 28./29. Juni 1944 südwestlich Caen wurde die feindliche Absicht, einen Brückenkopf bei Amayé und St. Andrée über die Orne zu bilden, vereitelt. Durch ständige Gegenangriffe und geschickt geführte Flankenstöße gelang es der Kampfgruppe Wünsche, die feindliche Panzerspitze zu zerschlagen. Ohne den Einsatz des SS-Panzer-Rgt.12 unter der Führung von SS-Obersturmbannführer Wünsche wäre es der Division nicht gelungen, die feindlichen Kräfte südwestlich Caen zu vernichten. Die Leistungen des SS-Panzer-Rgt.12 sind besonders hoch zu bewerten, weil es sich um ein junges Regiment mit einem sehr jungen Unterführerkorps und noch jüngeren Mannschaften handelt. Die eigenen Verluste des SS-Panzer-Rgt.12 stehen dabei in keinem Verhältnis zu den feindlichen Panzerverlusten. Im Nahkampf Mann gegen Mann wurde SS-Obersturmbannführer Wünsche bereits am 2. Tag verwundet. Trotzdem verblieb er bei seinem Regiment und führte es unter persönlichem tapferen Einsatz weiter.

Ich bitte, die persönliche Tapferkeit des Kommandeurs des SS-Panzer-Rgt.12, SS-Obersturmbannführer Max Wünsche und seine wendige Führung mit dem

Eichenlaub zum Ritterkreuz des Eisernen Kreuzes

auszeichnen zu wollen.

SS-Standartenführer
und Divisions-Kommandeur.

Lettre de recommandation en faveur du *SS-Obersturmbannführer* **Max Wünsche**, *Kommandeur*, *SS-Panzer-Regiment 12*, en vue de l'attribution de la Croix de chevalier. Publié avec l'autorisation de Mark. C. Yerger.

Nommé commandant du *Panzer-Regiment « Hitlerjugend »* le 7 juillet 1943. Du 28 juillet au 20 août 1943, formation pour les commandants d'*Abteilung* à la *Panzertruppenschule* de Wünsdorf. Blessé le 9 juin 1944, il reste commandant de son unité. *SS-Untersturmführer* depuis le 20 avril 1936, *SS-Obersturmführer* à partir du 9 novembre 1938, *SS-Hauptsturmführer* le 25 mai 1940, *SS-Sturmbannführer* le 1er septembre 1942, *SS-Obersturmbannführer* le 30 janvier 1944, Croix de fer de 2e classe le 25 mai 1940, Croix de fer de 1re classe le 20 juin 1940, médaille du front de l'Est le 6 juillet 1942, insigne des blessés en noir 1940, insigne de combat de l'infanterie en bronze le 30 octobre 1940, insigne des blessés en argent le 11 juin 1944, Croix allemande en or le 25 février 1943, Croix de chevalier le 28 février 1943. Fait prisonnier le 19 août 1944 dans la Poche de Falaise après avoir été blessé à la jambe, prisonnier de guerre jusqu'en 1948. Directeur d'usine à Wuppertal après la guerre, mort le 18 avril 1995 à Munich.

Alors commandant du *SS-Panzer-Regiment 12*, le *SS-Obersturmbannführer* Max Wünsche est recommandé pour la Croix de chevalier par le commandant de division Kurt Meyer. Soumis pour approbation en juillet et approuvé le 11 août 1944, le texte de Meyer est le suivant (4) :

Lors des difficiles combats offensifs et défensifs de la 12.SS-Panzer-Division « Hitlerjugend » *à l'ouest de Caen, le* SS-Panzer-Regiment 12 *commandé par le* SS-Obersturmbannführer *Max Wünsche a détruit jusqu'à présent 219 chars ennemis. Ce succès est entièrement dû à la souplesse de commandement et à la résolution de son commandant. Il est venu à bout des pires situations en faisant preuve d'un engagement sans la moindre retenue face au danger. L'intervention du* SS-Panzer-regiment 12 *le 28/29 juin 1944 au sud-est de Caen a permis de contrecarrer l'intention de l'ennemi de constituer une tête de pont dans le secteur d'Ayé et Saint-André-sur-Orne. Par des contre-attaques permanentes et des assauts de flanc adroitement menés, la* Kampfgruppe Wünsche *a réussi à repousser l'avant-garde blindée ennemie. La division ne serait pas parvenue à détruire les forces ennemies à l'ouest de Caen sans l'intervention du* SS-Panzer-Regiment 12 *commandé par le* SS-Obersturmbannführer *Max Wünsche. Il convient donc ici de souligner ses mérites exceptionnels dans la mesure où il s'agit d'un jeune régiment avec de très jeunes sous-officiers et avec des soldats encore plus jeunes. Les pertes de blindés subies par le* SS-Panzer-Regiment 12 *sont en outre sans commune mesure avec celles de l'adversaire. Dans les combats rapprochés au corps à corps le* SS-Obersturmbannführer *Max Wünsche a été blessé dès le deuxième jour. Il est quand même demeuré auprès de son régiment et a continué à le commander en faisant preuve d'un engagement courageux.*

Je demande donc de récompenser le courage personnel du commandant du SS-Panzer-Regiment 12, *le* SS-Obersturmbannführer *Max Wünsche, et son commandement énergique avec la Croix de chevalier de la Croix de fer avec feuilles de chêne.*

(Signé) (Kurt) Meyer

SS-Standartenführer *et commandant de division*

Arnold Jürgensen : né à Tellingstedt le 17 mai 1910. Intègre la SS en janvier 1932 au sein de la *2./I./53.SS-Standarte* avant d'être versé dans la *Leibstandarte* le 10 mai 1933. Promu *Zugführer* au sein de la *8./LSSAH* puis de la *6./LSSAH* à partir d'août 1935. Devient à la mi-septembre 1939 officier d'ordonnance de la *2./LSSAH* puis, en juin 1940, *Kompanie-Chef* de la *11./LSSAH*. *Kompanie Chef de la 13./LSSAH* en juillet 1940. En juillet 1942, *Kompanie-Chef* au sein du *SS-Infanterie-Regiment 1 « LSSAH »*. Le 15 septembre 1942, il devient *Chef* de la *1.Kompanie* au sein de la *Panzer-Abteilung LSSAH*. Décoré de la Croix allemande en or comme *SS-Hauptsturmführer* et *Kompanie-Chef* de la *1./SS-Panzer-Abteilung 1 « Leibstandarte »*, le 6 mai 1943. Promu commandant de la *I./SS-Panzer-Regiment 12* le 15 novembre 1943, et blessé le 9 août 1944. *SS-Untersturmführer* le 9 novembre 1938, *SS-Obersturmführer* le 30 janvier 1940, *SS-Hauptsturmführer* le 30 janvier 1942, *SS-Sturmbannführer* le 30 janvier 1943. Croix de fer de 2e classe le 16 octobre 1939, croix de fer de 1re classe le 22 juillet 1940, insigne de combat de l'infanterie en bronze le 9 mars 1942, médaille du front de l'Est le 25 août 1942. Recommandé pour la Croix de chevalier par Kurt *« Panzer »* Meyer le 29 août 1944. Grièvement blessé le 21 décembre 1944, il meurt deux jours plus tard dans un hôpital de campagne à Büttgenbach.

Arnold Jürgensen, alors *SS-Sturmbannführer* de la *I./Abteilung* du *SS-Panzer-Regiment « Hitlerjugend »*, est proposé par le commandant de division Kurt Meyer pour être décoré de la Croix de chevalier. Transmis le 29 août 1944, voici le texte de la proposition de Kurt Meyer (5) :

Le SS-Sturmbannführer *Jürgensen a participé jusqu'ici à toutes les premières campagnes de cette guerre. Commandant de la* I.(Panther)-Abteilung *du* SS-Panzer-Regiment 12 *de la* 12.SS-Panzer-Division « Hitlerjugend », *il a fait ses preuves et s'est illustré, lors des combats qui ont fait suite au Débarquement, par son courage exceptionnel et son commandement réfléchi. Sous son commandement, le bataillon a anéanti 321 chars ennemis.*

Mais c'est dans les combats du 08.08.1944 que Jürgensen a manifesté un courage exceptionnel. Après que la veille, le 7.8, l'ennemi était parvenu à percer les positions de la 89.Infanterie-Division dans le secteur de Garcelles-Laize au sud de Caen, le SS-Sturmbannführer *Jürgensen est sorti du secteur tenu par la division voisine à sa gauche avec quelques chars pour prendre position en vue d'effectuer une contre-attaque dans le secteur au nord de Rouvres. Mais il s'y est fait surprendre par une force blindée d'une soixantaine de chars ennemis. Jürgensen a aussitôt déclenché une attaque, s'est emparé de la cote 140 et a stoppé l'avance ennemie. Il a ainsi pu conquérir un terrain beaucoup plus propice et empêcher l'ennemi de percer vers Falaise au cours de ces combats. Les chars emmenés par Jürgensen ont détruit 32 chars ennemis au cours de cette action. Le* SS-Sturmbannführer *Jürgensen a été blessé lors de cette action mais a continué à commander son unité jusqu'au bout des combats.*

L'échec de l'ennemi à percer jusqu'à Falaise le 08/08/1944 incombe au commandement énergique et courageux du SS-Sturmbannführer *Jürgensen. C'est aussi au courage exemplaire de son commandant que nous devons le fait que la* Panther-Abteilung *de la* 12.SS-Panzer-Division « Hitlerjugend » *a détruit plus de 300 chars ennemis au cours des combats de dix semaines qui ont eu lieu après le Débarquement.*

J'estime que le SS-Sturmbannführer *Jürgensen mérite d'être décoré de la Croix de chevalier de la Croix de fer.*

(signé) : (Kurt) Meyer
SS-Oberführer et *Divisions-Komandeur*

Begründung und Stellungnahme der Zwischenvorgesetzten

SS-Sturmbannführer J ü r g e n s e n hat bisher an sämtlichen Feldzügen dieses Krieges teilgenommen. Er ist Kommandeur der I.(Panther)-Abteilung des SS-Panzer-Rgt.12 der 12.SS-Pz.Div. "Hitlerjugend" und hat sich als solcher in den Kämpfen an der Invasionsfront durch besondere Tapferkeit und umsichtige Führung bewährt und ausgezeichnet. Die Abteilung vernichtete unter seiner Führung in den Kämpfen an der Invasionsfront 321 feindliche Panzer.

Besonders aber zeichnete sich SS-Stubaf. Jürgensen in den Kämpfen am 8.8.44 durch besondere Tapferkeit aus. Nachdem am Vortage, dem 7.8.44, dem Feind der Durchbruch durch die Stellungen der 89.Inf.Div. im Abschnitt Garcelles - Laize-Mündung im Kampfraum südlich Caen gelungen war, trat am 8.8.44 SS-Stubaf. Jürgensen mit wenigen eigenen Panzern aus dem Abschnitt der linken Nachbardivision an, um sich zum Gegenangriff im Raum nördlich Rouvres bereitzustellen. In diesem Raum wurde er jedoch von plötzlich auftretendem starken Panzerfeind von etwa 60 Feindpanzern überrascht. SS-Stubaf. Jürgensen trat mit seinen Panzern unverzüglich zum Angriff an, brachte die beherrschende Höhe 140 wieder in eigenen Besitz und brachte den Gegner zum Stehen. Hierdurch wurde ermöglicht, daß die befohlenen geländemäßig günstigsten Stellungen wieder eingenommen werden konnten. Dadurch aber wurde dem Feind ein Durchbruch nach Falaise im Verlauf dieser Kampfhandlungen unmöglich gemacht. Die von SS-Stubaf. Jürgensen geführten eigenen Panzer konnten während dieser Kampfhandlungen 32 feindliche Panzer vernichten. SS-Stubaf. Jürgensen selbst wurde hierbei verwundet, führte aber seine Einheit bis zum Abschluß dieser Kämpfe weiter.

Der tatkräftigen, tapferen Führung des SS-Stubaf. Jürgensen ist es zuzuschreiben, daß der Feind am 8.8.44 nicht bis Falaise durchstoßen konnte. Der beispielhaften Tapferkeit ihres Kommandeurs ist es zuzuschreiben, daß die Panther-Abt. der 12.SS-Pz.Div. "Hitlerjugend" während des 10-wöchigen Kampfes an der Invasionsfront über 300 feindliche Panzer vernichten konnte.

Ich halte den SS-Stubaf. Jürgensen für die Verleihung des

Ritterkreuzes zum Eisernen Kreuz

würdig.

SS - Oberführer
und Divisions-Kommandeur.

Lettre de recommandation en faveur du *SS-Sturmbannführer* Jürgensen *Kommandeur* de la *I./SS-Pz.Rgt.12* en vue de l'attribution de la croix de chevalier. Publié avec l'autorisation de Mark C. Yerger.

Arnold Jürgensen en uniforme noir des Panzer alors qu'il était dans la *Leibstandarte*. Il commanda la *I./SS-Panzer-Regiment 12* en Normandie (*cf.* annexe II). (Mark C. Yerger)

Karl-Heinz Prinz : né le 23 février 1914 à Marburg. Intègre l'*Allgemeine SS* en février 1933. Rejoint la *SS-Verfügungstruppe* au sein du *Regiment « Germania »*. Promotion 1936 de la *Junkerschule* de Braunschweig en avril 1936 jusqu'à fin janvier 1937. *SS-Standartenjunker* le 28 septembre 1936, *SS-Standartenoberjunker* le 16 février 1937. Sert dans les *Totenkopfverbände* après avoir été promu officier. De septembre 1939 à mars 1940 ; *Adjutant* de la *SS-Totenkopfstandarte 7*. *Zugführer* au sein de la *14.SS-Infanterie-Regiment 1* de la *« Totenkopf » Division* fin mars 1940. De juin à fin août 1940 *Kompanieführer* dans cette même unité. Transféré dans la *Leibstandarte* comme

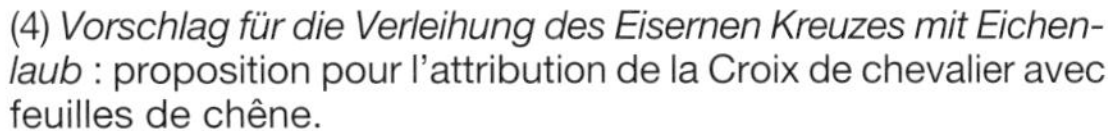

(4) *Vorschlag für die Verleihung des Eisernen Kreuzes mit Eichenlaub* : proposition pour l'attribution de la Croix de chevalier avec feuilles de chêne.

(5) *Vorschlag Nr 7 für die Verleihung des Ritterkreuzes des Eisernen Kreuzes*, avec l'approbation signée en date du 16 octobre 1944.

Cérémonie d'attribution de la Croix de chevalier au *SS-Sturmbannführer* **Arnold Jürgensen**. (Coll. Mark C. Yerger.)

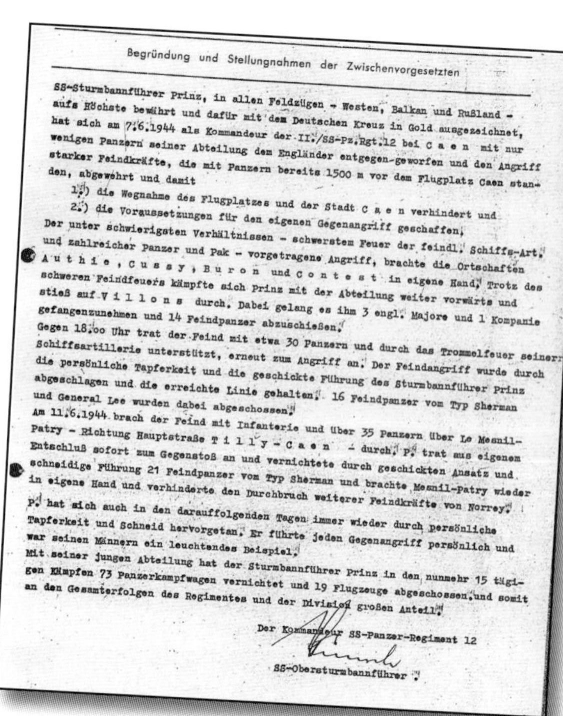

Begründung und Stellungnahmen der Zwischenvorgesetzten

SS-Sturmbannführer Prinz, in allen Feldzügen - Westen, Balkan und Rußland - aufs Höchste bewährt und dafür mit dem Deutschen Kreuz in Gold ausgezeichnet, hat sich am 7.6.1944 als Kommandeur der II./SS-Pz.Rgt.12 bei C a e n mit nur wenigen Panzern seiner Abteilung dem Engländer entgegen-geworfen und den Angriff starker Feindkräfte, die mit Panzern bereits 1500 m vor dem Flugplatz Caen standen, abgewehrt und damit

1.) die Wegnahme des Flugplatzes und der Stadt C a e n verhindert und

2.) die Voraussetzungen für den eigenen Gegenangriff geschaffen.

Der unter schwierigsten Verhältnissen - schwerstem Feuer der feindl. Schiffs-Art. und zahlreicher Panzer und Pak - vorgetragene Angriff, brachte die Ortschaften A u t h i e , C u s s y , B u r o n und C o n t e s t in eigene Hand. Trotz des schweren Feindfeuers kämpfte sich Prinz mit der Abteilung weiter vorwärts und stieß auf V i l l o n s durch. Dabei gelang es ihm 3 engl. Majore und 1 Kompanie gefangenzunehmen und 14 Feindpanzer abzuschießen.

Gegen 18.00 Uhr trat der Feind mit etwa 30 Panzern und durch das Trommelfeuer seiner Schiffsartillerie unterstützt, erneut zum Angriff an. Der Feindangriff wurde durch die persönliche Tapferkeit und die geschickte Führung des Sturmbannführer Prinz abgeschlagen und die erreichte Linie gehalten. 16 Feindpanzer vom Typ Sherman und General Lee wurden dabei abgeschossen.

Am 11.6.1944 brach der Feind mit Infanterie und über 35 Panzern über Le Mesnil-Patry - Richtung Hauptstraße T i l l y - C a e n - durch. P. trat aus eigenem Entschluß sofort zum Gegenstoß an und vernichtete durch geschickten Ansatz und schneidige Führung 21 Feindpanzer vom Typ Sherman und brachte Mesnil-Patry wieder in eigene Hand und verhinderte den Durchbruch weiterer Feindkräfte von Norrey.

P. hat sich auch in den darauffolgenden Tagen immer wieder durch persönliche Tapferkeit und Schneid hervorgetan. Er führte jeden Gegenangriff persönlich und war seinen Männern ein leuchtendes Beispiel.

Mit seiner jungen Abteilung hat der Sturmbannführer Prinz in den nunmehr 15 tägigen Kämpfen 73 Panzerkampfwagen vernichtet und 19 Flugzeuge abgeschossen und somit an den Gesamterfolgen des Regimentes und der Division großen Anteil.

Der Kommandeur SS-Panzer-Regiment 12

SS-Obersturmbannführer.

Lettre de recommandation du *SS-Sturmbannführer* Karl-Heinz Prinz, *Kommandeur*, *II./SS-Panzer-Regiment 12* pour la Croix de chevalier. Document publié avec l'autorisation de Mark C.Yerger.

Kompanie-Chef de la *1./SS-Panzerjäger-Abteilung «LSSAH»*, Croix allemande en or le 28 mars 1943. Commandant de la *II./SS-Panzer-Regiment 12* de la *«Hitlerjugend»*. Tué lors de l'attaque sur Falaise près de Le Torps le 14 août 1944. Promu *SS-Untersturmführer* le 20 avril 1937, *SS-Obersturmführer* le 9 novembre 1938, *SS-Hauptsturmführer* le 20 avril 1941 et *Sturmbannführer* le 21 juin 1943. Croix de fer de 2e classe le 21 juin 1940, Croix de fer de 1re classe le 24 septembre 1941, médaille du front de l'Est le 30 août 1942 et insigne de combat des blindés en argent 21 février 1942.

Le commandant du *Panzer-Regiment* Max Wünsche propose Karl-Heinz Prinz pour la Croix de chevalier pour son commandement de la *II.Abteilung*. Voici le texte de la recommandation de Wünsche, transmise le 20 juin 1944 (6) :

Le *SS-Sturmbannführer* Prinz a fait ses preuves lors de toutes les campagnes sur le front de

Le *SS-Sturmbannführer* **Karl-Heinz Prinz**. Photo ayant appartenu à son officier d'ordonnance, Herbert Walther qui l'a remise à G. Bernage. (Coll. G.B.)

l'Ouest, des Balkans et en Russie – et en a été récompensé par l'attribution de la Croix allemande en or. Le 7 juin 1944, alors commandant de la *II.Abteilung/SS-Panzer-Regiment 12* à Caen, avec seulement quelques chars de son *Abteilung*, il a attaqué d'importantes forces ennemies qui étaient déjà à 1500 m de l'aérodrome de Caen. Il a repoussé l'attaque et put ainsi empêcher la prise de l'aérodrome et la ville de Caen et établit les conditions d'une contre-attaque allemande.

Dans des circonstances extrêmement difficiles, et face à l'artillerie navale ennemie et à de nombreux chars et canons antichars, les villages d'Authie, Cussy, Buron et Contest sous passés sous contrôle allemand. Malgré l'intensité du tir ennemi, Prinz est parvenu à se frayer un chemin en combattant jusqu'à Villon. Il a ainsi pu faire prisonnier trois commandants anglais et une compagnie et détruit 14 chars ennemis.

Vers 18h00, soutenu par un tir de barrage de son artillerie navale, l'ennemi a renouvelé son attaque avec une trentaine de chars. Grâce à la bravoure personnelle et au commandement habile du *SS-Sturmbannführer* Prinz, l'attaque ennemie a été repoussée et la ligne atteinte a pu être tenue. 16 chars Sherman et General Lee ont été détruits.

Le 11 juin 1944, l'ennemi a percé les lignes avec de l'infanterie et 35 chars via Le Mesnil-Patry vers la route principale Tilly-Caen. De sa propre initiative, Prinz a immédiatement lancé une vive contre-attaque, commandée habilement, qui s'est soldée par la destruction de 21 chars *Sherman* et a permis de reprendre à l'ennemi Le Mesnil-Patry et d'empêcher la percée d'autres forces ennemies en provenance de Norrey.

Les jours suivants, Prinz a continué à faire preuve d'un courage et d'un zèle exceptionnels. Il a personnellement conduit les contre-attaques et a constitué pour ses hommes un brillant exemple.

Avec son jeune bataillon le *SS-Sturmbannführer* Prinz a détruit 73 chars ennemis en quinze jours de combat et abattu 19 appareils ennemis, et a ainsi largement contribué au succès global du régiment et de la division.

Richard Rudolf : né le 16 avril 1923 à Hermsdorf en Saxe. Intègre la *Waffen-SS* le 4 juillet 1940. Affecté à la «*Leibstandarte*» et promu *SS-Unterscharführer* le 1er août 1942. Chef de char au sein du *SS-Panzer Regiment «Leibstandarte»*. Affecté à la «*Hitlerjugend*» comme sous-officier *Zugführer* au sein du *SS-Panzer-Regiment 12* et décoré de la Croix de chevalier. Croix de fer de 1re et 2e classe, insigne des blessés en argent, insigne de combat des blindés en argent. Survit à la guerre, mort à Schönau le 13 décembre 2004.

Hans Siegel : né à Böckau le 25 juillet 1918. Sert dans la *15.SS-Totenkopf-Standarte* avant de rejoindre la «*Leibstandarte*» en 1938. En Pologne, il commande un peloton de mortiers lourds au sein de la *12./«Leibstandarte»*. Elève à la *Junkerschule* de Bad Tölz puis *Zugführer* dans la *4./Ersatz-Bataillon «Leibstandarte»*. Promu *1.Kompanie Chef* en 1941. En décembre 1941 *I.Zugführer* au sein de la *3.Batterie* de la *Sturmgeschütz-Abteilung « Leibstandarte »*. Passe l'automne 1943 au sein de la *SS-Sturmgeschütz-Ausbildungs-und Ersatz-Abteilung* au *Truppenübungsplatz «Heidelager»* près de Cracovie en Pologne. Affecté le 10 jan-

Richard Rudolf, décoré de la Croix de Chevalier. On aperçoit ses bandes de bras (*cf.* annexe II). (Mark C. Yerger)

Le *SS-Obersturmführer* **Hans Siegel**. (Mark C. Yerger.)

(6) *Vorschlag für die Verleihung des Ritterkreuzes des Eisernen Kreuzes*, avec l'approbation signée en date du 11 juillet 1944.

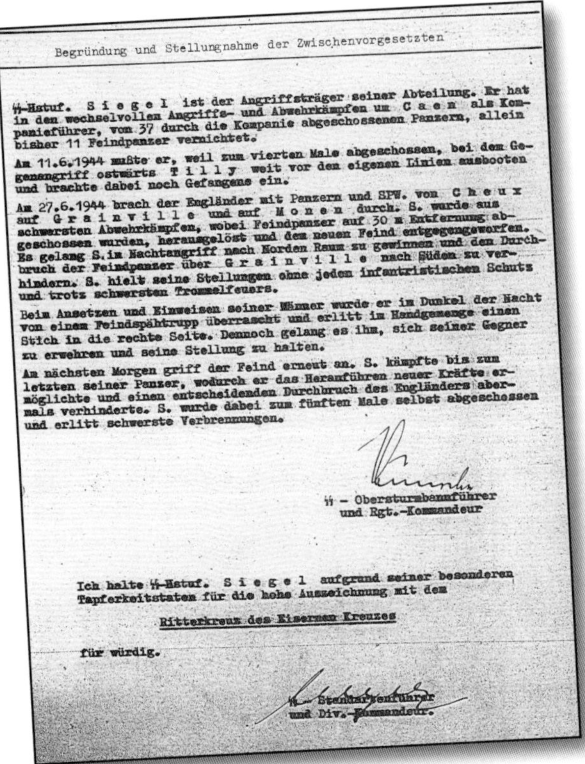

Begründung und Stellungnahme der Zwischenvorgesetzten

SS-Hstuf. S i e g e l ist der Angriffsträger seiner Abteilung. Er hat
in den wechselvollen Angriffs- und Abwehrkämpfen um C a e n als Kompanieführer, von 37 durch die Kompanie abgeschossenen Panzern, allein
bisher 11 Feindpanzer vernichtet.

Am 11.6.1944 mußte er, weil zum vierten Male abgeschossen, bei dem Gegenangriff ostwärts T i l l y weit vor den eigenen Linien ausbooten
und brachte dabei noch Gefangene ein.

Am 27.6.1944 brach der Engländer mit Panzern und SPW. von C h e u x
auf G r a i n v i l l e und auf M o u e n durch. S. wurde aus
schwersten Abwehrkämpfen, wobei Feindpanzer auf 30 m Entfernung abgeschossen wurden, herausgelöst und dem neuen Feind entgegengeworfen.
Es gelang S. im Nachtangriff nach Norden Raum zu gewinnen und den Durchbruch der Feindpanzer über G r a i n v i l l e nach Süden zu ver-
hindern. S. hielt seine Stellungen ohne jeden infantristischen Schutz
und trotz schwersten Trommelfeuers.

Beim Ansetzen und Einweisen seiner Männer wurde er im Dunkel der Nacht
von einem Feindspähtrupp überrascht und erlitt im Handgemenge einen
Stich in die rechte Seite. Dennoch gelang es ihm, sich seiner Gegner
zu erwehren und seine Stellung zu halten.

Am nächsten Morgen griff der Feind erneut an. S. kämpfte bis zum
letzten seiner Panzer, wodurch er das Heranführen neuer Kräfte er-
möglichte und einen entscheidenden Durchbruch des Engländers abermals verhinderte. S. wurde dabei zum fünften Male selbst abgeschossen
und erlitt schwerste Verbrennungen.

SS - Obersturmbannführer
und Rgt.-Kommandeur

Ich halte SS-Hstuf. S i e g e l aufgrund seiner besonderen
Tapferkeitstaten für die hohe Auszeichnung mit dem

Ritterkreuz des Eisernen Kreuzes

für würdig.

SS - Standartenführer
und Div.-Kommandeur.

Lettre de recommandation pour le *SS-Hauptsturmführer* **Hans Siegel**, *Kompanie-Chef, 8./SS-Panzer-Regiment 12*, en vue de l'attribution de la Croix de chevalier. Document publié avec l'autorisation de Mark C.Yerger.

vier 1944 à la *12.SS-Panzer-Division «Hitlerjugend»* comme *Chef* de la *8./SS-Panzer-Regiment 12*. Blessé le 27 juin 1944. Succède à Karl-Heinz Prinz à la tête de la *II./SS-Panzer-Regiment 12* après la mort de Prinz le 14 août. Herbert Kuhlmann malade, Siegel le remplace provisoirement à la tête de la *II./SS-Panzer-Regiment 12*. Lorsque Martin Gross prend le commandement du régiment en 1945, Siegel repart commander la *II.Abteilung*. Il est grièvement blessé le 24 mars 1945, il s'agit de sa neuvième blessure en temps de guerre. Fait prisonnier le 8 mai 1945, il doit être amputé d'un bras suite à ses blessures. Nommé *SS-Untersturmführer* le 1er août 1940, *SS-Obersturmführer* le 9 novembre 1942 et *SS-Hauptsturmführer* le 21 juin 1944. Croix de fer de 2e classe le 18 février 1943, Croix de fer de 1re classe le 14 juin 1944, médaille du front de l'Est le 6 février 1943, insigne des blessés en argent le 30 mars 1943, insigne de combat des blindés en argent le 30 mars 1943. Devenu architecte après la guerre, Siegel est mort le 18 avril 2002 à Andernach.

SS-Hauptsturmführer et *Kompanie-Chef* de la *8./SS-Panzer-Regiment 12*, Siegel est proposé pour la Croix de chevalier le 1er juillet 1944. Le commandant de régiment blindé *SS-Obersturmbannführer* Max Wünsche a écrit et soumis pour approbation le document suivant (7) :

Le SS-Hauptsturmführer *Hans Siegel incarne tout l'esprit offensif de son bataillon. Lors des combats mouvementés autour de Caen, il a en tant que chef de compagnie à lui seul détruit onze11 des 37 chars ennemis mis hors de combat par la compagnie.*

Le 11 juin, lors de la contre-attaque à l'est de Tilly alors que son quatrième char est mis hors de combat pour la quatrième fois, Siegel doit évacuer ce dernier loin de nos lignes qu'il est parvenu à rejoindre après avoir fait quatre prisonniers.

Le 27 juin, les Britanniques font une percée de Cheux vers Grainville et Mouen. Siegel est extrait des lourds combats défensifs au cours desquels des chars ennemis sont détruits à une distance de 30 mètres, avant de repartir à l'attaque. Lors d'une attaque nocturne, Siegel parvient à gagner du terrain vers le nord et à empêcher l'avancée ennemie vers le sud par Grainville. Siegel parvient à tenir sa position sans soutien d'infanterie et face à d'intenses tirs d'artillerie.

Alors qu'il positionne ses hommes et leur donne des directives, il est surpris en pleine nuit par une patrouille ennemie. Lors des combats au corps à corps qui s'ensuivent il est attaqué sur le côté droit, mais parvient néanmoins à repousser l'ennemi et à tenir sa position.

Le lendemain, l'ennemi reprend l'offensive. Siegel combat avec son char jusqu'au bout, permettant l'arrivée de renforts et d'empêcher une percée britannique décisive. C'est alors que, pour la cinquième fois, son char est touché et qu'il est grièvement brûlé.

(signé) (Max) Wünsche
SS-Obersturmführer *et* Rgts.-Kommandeur

En raison de ses actes de bravoure je recommande le SS-Hauptsturmführer *Hans Siegel pour la Croix de chevalier de la Croix de fer.*

(signé) (Kurt) Meyer
SS-Standartenführer *et commandant de division*

Les officiers décorés de la croix allemande en or au sein du *SS-Panzer-Regiment 12*

Ullrich Ahrens : 25 août 1944, *SS-Standartenoberjunker, 2./SS-Panzer-Regiment 12*

Kurt-Anton Berlin : décoration confirmée avec date, *SS-Panzer-Regiment 12*

Heinz Lehmann : 25 août 1944, *SS-Hauptscharführer, 4./SS-Panzer-Regiment 12*

Kurt Mühlhaus : 19 août 1944, *SS-Standartenoberjunker, 6./SS-Panzer-Regiment 12*

Erich Pohl : 30 décembre 1944, *SS-Obersturmführer, 4./SS-Panzer-Regiment 12*

Rudolf von Ribbentrop : 25 août 1944, *SS-Obersturmführer, 3./SS-Panzer-Regiment 12*

Ullrich Ahrens : combat en Pologne comme *SS-Unterscharführer* au sein de la *4./V./LSSAH* en 1941. Elève de la *Junkerschule* pour les aspirants officiers de réserve, tué au combat avec le grade de SS- *Standartenoberjunker d.R.* et *Zugführer* au sein de la *2./SS-Panzer-Regiment 12* le 14 août 1944 à La Cambe. Croix de fer de 2e classe le 10 octobre 1941, Croix de fer de 1re classe le 24 décembre 1941, insigne des blessés en noir le 24 décembre 1941, insigne de combat des blindés en argent le 1er mars 1943.

(7) *Vorschlag Nr 4 für die Verleihung des Ritterkreuzes des Eisernen Kreuzes* avec la signature manuscrite en date du 23 août 1944. D'autres données biographiques ainsi que des références et photos relatives à Max Wünsche se trouvent dans l'annexe et dans d'autres passages du texte principal.

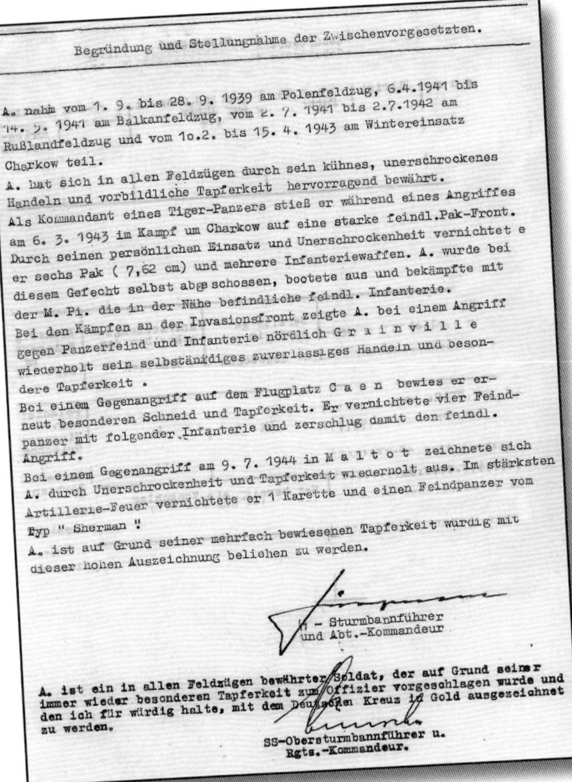

Begründung und Stellungnahme der Zwischenvorgesetzten.

A. nahm vom 1. 9. bis 28. 9. 1939 am Polenfeldzug, 6.4.1941 bis
14. 5. 1941 am Balkanfeldzug, vom 2. 7. 1941 bis 2.7.1942 am
Rußlandfeldzug und vom 1o.2. bis 15. 4. 1943 am Wintereinsatz
Charkow teil.
A. hat sich in allen Feldzügen durch sein kühnes, unerschrockenes
Handeln und vorbildliche Tapferkeit hervorragend bewährt.
Als Kommandant eines Tiger-Panzers stieß er während eines Angriffes
am 6. 3. 1943 im Kampf um Charkow auf eine starke feindl.Pak-Front.
Durch seinen persönlichen Einsatz und Unerschrockenheit vernichtet e
er sechs Pak (7,62 cm) und mehrere Infanteriewaffen. A. wurde bei
diesem Gefecht selbst abgeschossen, bootete aus und bekämpfte mit
der M. Pi. die in der Nähe befindliche feindl. Infanterie.
Bei den Kämpfen an der Invasionsfront zeigte A. bei einem Angriff
gegen Panzerfeind und Infanterie nördlich G r a i n v i l l e
wiederholt sein selbständiges zuverlässiges Handeln und beson-
dere Tapferkeit .
Bei einem Gegenangriff auf dem Flugplatz C a e n bewies er erneut besonderen Schneid und Tapferkeit. Er vernichtete vier Feindpanzer mit folgender Infanterie und zerschlug damit den feindl.
Angriff.
Bei einem Gegenangriff am 9. 7. 1944 in M a l t o t zeichnete sich
A. durch Unerschrockenheit und Tapferkeit wiederholt aus. Im stärksten
Artillerie-Feuer vernichtete er 1 Karette und einen Feindpanzer vom
Typ " Sherman ".
A. ist auf Grund seiner mehrfach bewiesenen Tapferkeit würdig mit
dieser hohen Auszeichnung beliehen zu werden.

SS - Sturmbannführer
und Abt.-Kommandeur

A. ist ein in allen Feldzügen bewährter Soldat, der auf Grund seiner
immer wieder besonderen Tapferkeit zum Offizier vorgeschlagen wurde und
den ich für würdig halte, mit dem Deutschen Kreuz in Gold ausgezeichnet
zu werden.

SS-Obersturmbannführer u.
Rgts.-Kommandeur.

Lettre de recommandation du *SS-Standartenoberjunker* **Ulllrich Ahrens**, *2./SS-Panzer-Regiment 12*, pour la Croix allemande en or. Document publié avec l'autorisation de Mark C.Yerger.

SS-Standartenoberjunker d.R. et *Zugführer* au sein de la *2./SS-Panzer-Regiment 12,* Ullrich Ahrens est proposé pour la Croix de chevalier par le *SS-Sturmbannführer* Arnold Jürgensen. Après avoir été soutenue par le commandant du régiment Max Wünsche, la proposition suivante est transmise le 25 juillet 1944 (8) :

Ahrens a participé à la campagne de Pologne du 1er au 28 septembre 1939, à la campagne des Balkans du 26 avril au 14 mai 1941, à la campagne de Russie du 2 juillet 1941 au 2 juillet 1942, et aux combats devant Kharkov du 10 février au 15 avril 1943.

Ahrens a lors de toutes ces campagnes manifesté par son comportement courageux et intrépide une bravoure exemplaire. En tant que chef de char d'un Tiger *lors de l'offensive sur Kharkov le 6/3/1943 il s'est heurté à une puissante position de canons antichars. Par son engagement personnel et son intrépidité, il a détruit six canons antichars (76,2 mm) et plusieurs armes d'infanterie. Son char a lui-même été mis hors de combat et, après s'en être extrait, il a poursuivi le combat à l'aide d'un pistolet-mitrailleur contre l'infanterie qui se trouvait à proximité.*

Au cours des combats qui ont suivi le Débarquement en Normandie, Ahrens a à nouveau fait preuve d'une capacité d'action autonome et fiable et d'un courage particulier lors d'une attaque contre des formations blindées et l'infanterie ennemies au nord de Grainville.

Lors d'une contre-attaque sur l'aérodrome de Caen, il a une nouvelle fois prouvé qu'il avait du cran et du courage. Il met alors hors de combat quatre chars ennemis et leur infanterie de soutien et brise ainsi l'offensive ennemie.

Lors d'une contre-attaque le 9/7/1944 à Maltot, Ahrens s'est à nouveau illustré par son intrépidité et sa témérité. Sous les plus violents tirs d'artillerie, il a détruit une chenillette et un char Sherman.

Ahrens est donc digne en raison du courage dont il a été capable à plusieurs reprises de recevoir cette haute distinction.

Signé Jürgensen
SS-Sturmbannführer *et* Abt.-Kommandeur

Ahrens est un soldat qui s'est illustré dans toutes les campagnes. En raison de la particulière bravoure dont il a fait preuve à plusieurs reprises, je recommande qu'il soit promu officier et décoré de la Croix allemande en or.

(signé) (Max) Wünsche
SS-Sturmbannführer *et* Rgts.-Kommandeur

(8) *Vorschlag Nr 16 für die Verleihung des Deutschen Kreuzes in Gold*, avec l'approbation signée du bureau du personnel de l'armée en date du 25 août 1944.

Kurt-Anton Berlin : né le 16 février 1914 à Krefeld. Intègre la SS au début de 1932 et la *« Leibstandarte »* en juillet 1933. Elève à la *Junkerschule* de Bad Tölz puis affecté dans les *Totenkopfverbände* au sein de la *3./Thüringen* comme *Zugführer* en septembre 1938. Affecté en mai 1939 dans la *SS-Heimwehr Danzig*. En juillet 1939, affecté dans l'armée de terre à la *13./Infanterie-Regiment 101* et participe dans cette unité à la campagne de Pologne. Affecté à la *« Totenkopf »-Division* en novembre 1939, puis comme *Zugführer* dans la *14./SS-Totenkopf-Infanterie-Regiment 3*, en mai 1940 il devient *Chef* de la *14.Kompanie*, en août 1940, *Adjutant* du *SS-Totenkopf-Regiment 2*. A la mi-novembre 1940, il est transféré dans le *Einsatzstab « Wegner »* au sein du *Reichskommissariat « Norwegen »*. Fin mars 1942, transféré à la *« Das Reich »* comme *Stabskompanie Chef* du *Panzer-Regiment*. Mi-novembre 1942, transfert dans la *Panzer-Abteilung* de la *« Leibstandarte »* jusqu'au début de 1944. Affecté au *SS-Panzer-Regiment « Hitlerjugend »* le 1er janvier 1944 et s'entraîne dans l'armée de terre sur Panther en février 1944. *Kompanie-Chef 1./SS-Panzer-Regiment 12* jusqu'à la mi-janvier 1945. Transféré au sein de la *« Totenkopf »-Division* comme commandant de la *I./Abteilung SS-Panzer-Regiment 3*. Récipiendaire de l'Ordre du sang et de la Croix allemande en or sans date. Croix de fer de 1re et 2e classe, insigne de combat des blindés en argent. *SS-Untersturmführer* le 9 novembre 1938, *SS-Obersturmführer* le 30 janvier 1940, *SS-Hauptsturmführer* le 30 janvier 1942, *SS-Sturmbannführer* le 30 janvier 1945. Survit à la guerre et meurt le 1er juillet 1969.

Helmut Gaede : né le 24 janvier 1920 à Brauchichtsdorf (Silésie). Il intègre la SS en 1938 et la Waffen-SS le 22 septembre 1939. Elève de la *Junkerschule* de Bad Tölz de mai à septembre 1941, affecté à la *« Leibstandarte »*. Sert dans la *Kampfgruppe « Schuldt »* (commandée par Heinrich Schuldt décoré des feuilles de chêne) dans le Don jusqu'en mars 1943, date à laquelle il est blessé. *SS-Panzer-Grenadier-Ausbildungs-und Ersatz-Bataillon I* de mars à octobre 1943. Affecté à la

Helmut Gaede.
(Coll. G.B.)

« *Hitlerjugend* » en octobre 1943 dont il commande la *2.* Puis la *1. Kompanie* du *SS-Panzer-Regiment 12*. *SS-Untersturmführer* le 30 janvier 1942, *SS-Obersturmführer* le 9 novembre 1943. Croix de fer de 2e classe le 29 octobre 1941, Croix de fer de 1re classe le 21 mars 1942, médaille du front de l'Est le 1er août 1942, insigne des blessés en noir le 5 mars 1943. Il survit à la guerre mais son sort après la guerre reste inconnu.

Helmut Gaede est *SS-Obersturmführer* quand il commande la *2./ SS-Panzer-Regiment 12* et qu'il est proposé pour recevoir la Croix allemande en or par Arnold Jürgensen. Le texte de cette proposition soutenue par le commandant du *Panzer-Regiment* Max Wünsche, est présenté le 25 juillet 1944 de la manière suivante (9) :

Gaede prend part à la campagne de Pologne du 1er au 16 septembre 1939 : du 18 septembre 1941 à juillet 1942, il participe à la campagne de Russie comme chef de peloton de mitrailleuses et il y fait preuve à plusieurs reprises de sang-froid et d'engagement personnel. Le 28 octobre 1941 il anéantit complètement un bataillon russe avec son peloton de mitrailleurs et est cité à l'ordre de la division le 29 octobre pour son courage personnel.

Au cours de l'hiver 1942/43, il fait à nouveau preuve de sang-froid et de courage lors des combats défensifs acharnés sur le Don.

Depuis de début des combats qui ont fait suite au Débarquement, il s'est remarquablement illustré par son engagement personnel et son intrépidité.

Le 29/6, il repousse plusieurs attaques ennemies avec sa compagnie grâce à son engagement personnel. Lors d'une contre-attaque sur la cote 112 au nord d'Esquay, il détruit 6 chars ennemis.

Du 2 au 8 juillet, il a repoussé plusieurs attaques ennemies tout en mettant hors de combat sept chars ennemis du type Sherman *sur les hauteurs de l'aérodrome de Caen. Il fait alors preuve d'un courage personnel dans les pires conditions. En raison du courage qu'il n'a cessé de manifester je propose qu'il soit décoré de cette haute distinction.*

(signé) (Arnold) Jürgensen
SS-Sturmbannführer *et* Abt.-Kommandeur

En plus des missions en Pologne et en Russie, au cours des combats sur le front du Débarquement qui ont duré six semaines sans interruption, il s'est quotidiennement battu presque exclusivement sur la ligne de front principale avec sa compagnie et sous les plus intenses tirs d'artillerie. En raison de son courage personnel, je le considère comme digne de recevoir cette haute distinction.

(signé) (Max) Wünsche
SS-Obersturmbannführer *et* Rgts.-Kommandeur

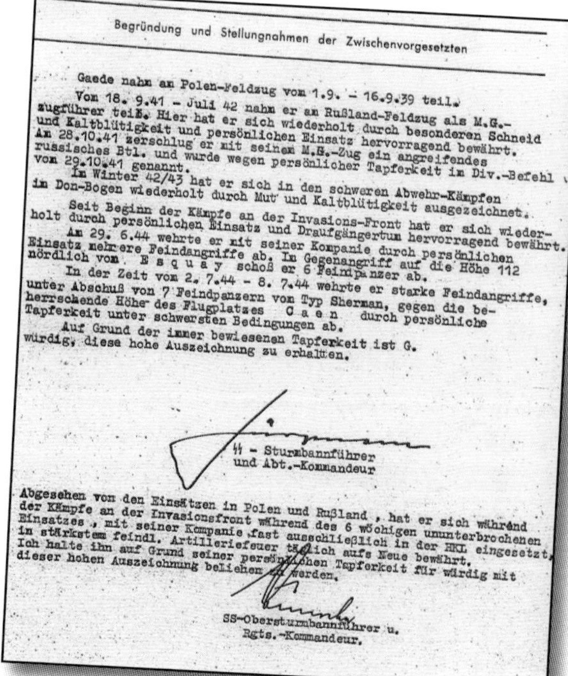

Begründung und Stellungnahmen der Zwischenvorgesetzten

Gaede nahm am Polen-Feldzug vom 1.9. – 16.9.39 teil.
Vom 18. 9.41 – Juli 42 nahm er am Rußland-Feldzug als M.G.-Zugführer teil. Hier hat er sich wiederholt durch besonderen Schneid und Kaltblütigkeit und persönlichen Einsatz hervorragend bewährt. Am 28.10.41 zerschlug er mit seinem M.G.-Zug ein angreifendes russisches Btl. und wurde wegen persönlicher Tapferkeit im Div.-Befehl vom 29.10.41 genannt.
Im Winter 42/43 hat er sich in den schweren Abwehr-Kämpfen im Don-Bogen wiederholt durch Mut und Kaltblütigkeit ausgezeichnet.
Seit Beginn der Kämpfe an der Invasions-Front hat er sich wiederholt durch persönlichen Einsatz und Draufgängertum hervorragend bewährt.
Am 29. 6.44 wehrte er mit seiner Kompanie durch persönlichen Einsatz mehrere Feindangriffe ab. Im Gegenangriff auf die Höhe 112 nördlich vom Esquay schoß er 6 Feindpanzer ab.
In der Zeit vom 2. 7.44 – 8. 7.44 wehrte er starke Feindangriffe, unter Abschuß von 7 Feindpanzern vom Typ Sherman, gegen die beherrschende Höhe des Flugplatzes Caen durch persönliche Tapferkeit unter schwersten Bedingungen ab.
Auf Grund der immer bewiesenen Tapferkeit ist G. würdig, diese hohe Auszeichnung zu erhalten.

SS-Sturmbannführer
und Abt.-Kommandeur

Abgesehen von den Einsätzen in Polen und Rußland, hat er sich während der Kämpfe an der Invasionsfront während des 6 wöchigen ununterbrochenen Einsatzes, mit seiner Kompanie fast ausschließlich in der HKL eingesetzt, in stärkstem feindl. Artilleriefeuer täglich aufs Neue bewährt.
Ich halte ihn auf Grund seiner persönlichen Tapferkeit für würdig mit dieser hohen Auszeichnung beliehen zu werden.

SS-Obersturmbannführer u.
Rgts.-Kommandeur.

Lettre de recommandation pour le *SS-Obersturmbannführer* Helmut Gaede, *2./SS-Panzer-Regiment 12*, en vue de l'attribution de la Croix allemande en or. Document publié avec l'autorisation de Mark C.Yerger.

Heinz Lehmann : né le 17 janvier 1908, il intègre la *SS-Verfügungstruppe* le 1er novembre 1938 au sein de la *5./Leibstandarte*. S'entraîne avec la « *Das Reich* » et devient sous-officier chef de char en février 1942 au sein de la *Panzer-Abteilung* « *Leibstandarte* » lorsque celle-ci est constituée (*SS-Oberscharführer* le 20 avril 1942). Transféré à la « *Hitlerjugend* », *Zugführer* au sein de la *4./SS-Panzer- Regiment 12* comme *SS-Hauptscharführer* en juillet 1944. Croix de fer de 2e classe le 3 octobre 1940, Croix de fer de 1re classe le 3 mars 1943, insigne de combat des blindés en argent le 1er avril 1943, insigne des blessés en noir le 20 septembre 1941, insigne des blessés en argent. *SS-Untersturmführer* le 1er août 1944. Blessé le 14 juillet 1941 (à l'hôpital jusqu'en octobre 1941), le 15 février 1943 et le 20 mars 1943. Tué le 23 août 1944 à Champigny-Saint-André.

SS-Hauptscharführer et *Zugführer* au sein de la *4./SS-Panzer-Regiment 12*, Heinz Lehmann est recommandé pour la Croix allemande en or le 25 juillet 1944. Proposé par le *SS-Sturmbannführer* Arnold Jürgensen, commandant de la *I.Abteilung*, voici le texte de sa lettre de recommandation :

Au cours des durs combats pour Kharkov de l'hiver 1943, Lehmann a su s'illustrer par son courage (10) comme chef de char. Le 16/02/43 il a réalisé quelque chose d'exceptionnel en mettant en échec une division russe grâce à sa témérité. Avec son char, il est monté sans aucune hésitation à l'assaut d'un bataillon attaquant et a anéanti des centaines de Russes grâce à sa froide témérité.

Formant la pointe d'une attaque au cours de laquelle il a agi de manière réfléchie, il a détruit deux canons antichars sur une position antichar.

Depuis le début des combats du Débarquement il a dirigé son peloton avec un courage exemplaire.

Lors d'une attaque nocturne sur Rots-Bretteville à l'ouest de Caen, Lehmann a fait ses preuves comme chef de char en manifestant une capacité de commandement faite de circonspection et de courage exemplaire. Il a brisé des positions antichars ennemies et atteint son objectif après avoir détruit deux canons antichars et cinq chenillettes ennemis.

De la même manière, le 11 juin 1944, il entraîne ses hommes dans un assaut contre des chars ennemis qui avaient percé et, le 25/06, face à une forte pénétration ennemie à l'est de Tilly, malgré des tirs nourris d'artillerie, il détruit alors quatre chars ennemis.

Lehmann s'est illustré lors de toutes ses missions par un courage personnel exceptionnel et par un commandement réfléchi de son peloton. Je considère que Lehmann est digne de recevoir cette haute décoration.

(signé) (Arnold) Jürgensen
SS-Sturmbannführer *et* Abt.-Kommandeur

Lehmann est l'un des sous-officiers les plus compétents de la Leibstandarte et l'un des meilleurs chefs de char du régiment. Il s'est à plusieurs reprises illustré dans toutes les campagnes par son courage et son cran, et il est proposé pour la promotion au rang d'officier. Je le considère donc comme digne d'être distingué par cette haute décoration.

(signé) (Max) Wünsche
SS-Obersturmbannführer *et* Rgts.-Kommandeur

Lehmann hat sich während der harten Kämpfe im Winter 1943 um
Charkow hervorragend als Panzerkommandant durch besondere Tapferkeit
aufs Höchste bewährt. Am 16. 2.43 leistete er bei der Zerschlagung
einer russischen Division durch sein Draufgängertum Hervorragendes.
Er fuhr als Panzerkommandant mit seinem Panzer ohne zu zögern in ein
angreifendes russisches Btl. und vernichtete durch sein kühnes Draufgängertum Hunderte von Russen.
Bei einem Einbruch fuhr er Spitze und vernichtete durch umsich-
tiges Handeln an einer Panzersperre 2 Pak-Geschütze.
Seit Beginn des Kampfes an der Invasions-Front hat er als Panzer-
zugführer durch beispielhafte Tapferkeit seinen Zug geführt.
Bei einem Nachtangriff gegen R o t s - B r e t t e v i l l e
westlich C a e n hat sich L. durch umsichtige Führung und beispielhafte Tapferkeit als Zugführer hervorragend bewährt. Er durchbrach
die feindliche Pak-Sperre und erreichte unter Vernichtung von
2 feindlichen Pak-Geschützen und 5 Kareten sein Angriffsziel.
In der gleichen Weise riss er seine Männer am 11. 6.44 im Gegenstoß gegen durchgebrochene Feindpanzer und am 25. 6.44 gegen einen
starken feindlichen Einbruch ostwärts T i l l y trotz stärksten
Artillerie-Feuers mit sich nach vorn und vernichtete 4 Feindpanzer.
L. hat sich in allen angeführten Einsätzen durch hervorragende
persönliche Tapferkeit und umsichtige Führung seines Zuges besonders
hervorgetan. - Ich halte L. für würdig, mit dieser hohen Auszeichnung
beliehen zu werden.

ϟϟ = Sturmbannführer
und Abt.-Kommandeur

L. gehört zu den bewährtesten Unteroffizieren der Leibstandarte und zu
den hervorragendsten Zugführern des Regiments, der sich in allen Feldzügen
durch Tapferkeit und Schneid immer wieder bewährte und zur Beförderung
zum Offizier vorgeschlagen ist. Ich halte ihn für würdig diese hohe Auszeichnung zu erhalten.

SS-Oberstrumbannführer u.
Rgts.-Kommandeur.

Lettre de recommandation pour le *SS-Hauptscharführer* **Heinz Lehmann**, *4./SS-Panzer-Regiment 12* en vue de l'attribution de la Croix allemande en or. Document publié avec l'autorisation de Mark C.Yerger.

Kurt Mühlhaus : intègre la SS début 1938 et la *Leibstandarte* en avril 1938. Il est agent de liaison motocycliste pour une compagnie d'infanterie de la *Leibstandarte* et devient *SS-Unterscharführer* le 1er septembre 1940. Chef de char et *Truppführer* au sein de la *1./SS-Panzer-Regiment « Leibstandarte »* le 23 octobre 1942, *SS-Oberscharführer* le 9 novembre 1942. Elève à la *Junkerschule* des aspirants officiers de réserve, *SS-Standartenoberjunker d.R.* et *Zugführer* dans le *SS-Panzer-Regiment 12*. Croix de fer de 2e classe le 1er novembre 1941, Croix de fer de 1re classe le 3 mars 1943, médaille du front de l'Est le 25 août 1942, insigne de combat d'infanterie en bronze le 22 septembre 1943. Sort final inconnu.

Erich Pohl : promu directement *Leutnant*, alors qu'il était *Gefreiter*, après avoir détruit quatorze T-34 le 18 août 1941. Transféré à la « *Hitlerjugend* » en 1944 comme *Kompanie-Chef* de la *4./SS-Panzer-Regiment 12* avec un rang égal SS à partir du 14 août, puis promu *SS-Obersturmführer* le 1er septembre 1944. Croix de fer de 2e et de 1re classe le 18 août 1941, insigne de combat des blindés en argent le 24 août 1941, insigne des blessés en noir le 15 septembre 1941, insigne des blessés en argent le 15 septembre 1944, cité dans le rapport quotidien de la Wehrmacht le 21 août 1941 (pour ses faits d'arme du 18 août), agrafe de la liste d'honneur le 5 février 1945. Sort final inconnu.

Erich Pohl a été proposé pour la Croix allemande en or comme *SS-Hauptsturmführer* et *Kompanie Chef 4./SS-Panzer-Regiment 12*. Cette lettre de recommandation écrite par le *SS-Sturmbannführer* Arnold Jürgensen alors commandant de la *I./SS-Panzer-Regiment 12* est présentée le 8 novembre 1944 de la manière suivante (11) :

Pohl a participé à la campagne de Russie du 22 juin au 19 août 1941 puis du 20 août 1942 au 1er mai 1943.

Il a à plusieurs reprises prouvé son courage et son cran. Le 18 août 1941 il a détruit quatorze T-34 et a reçu la Croix de fer de 1re classe (12). Pohl a été

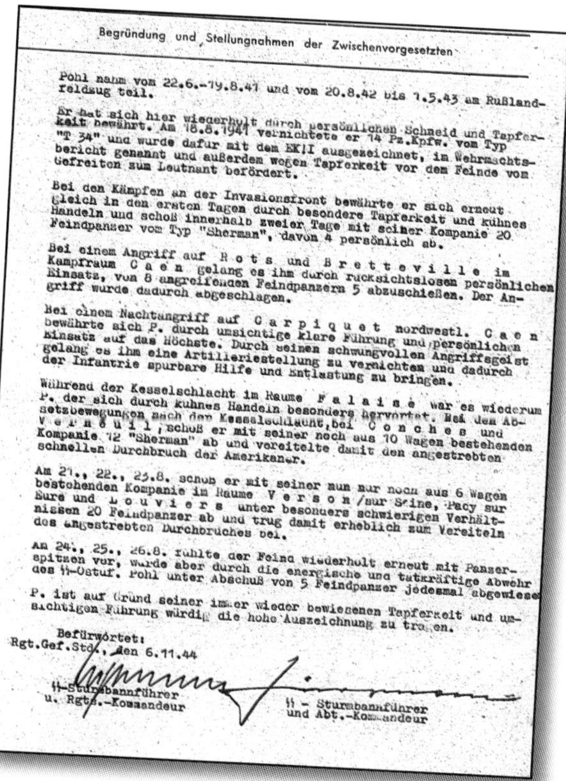

Begründung und Stellungnahmen der Zwischenvorgesetzten

Pohl nahm vom 22.6.-19.8.41 und vom 20.8.42 bis 1.5.43 am Rußland-
feldzug teil.

Er hat sich hier wiederholt durch persönlichen Schneid und Tapferkeit bewährt. Am 18.8.1941 vernichtete er 14 Pz.Kpfw. vom Typ
"T 34" und wurde dafür mit dem EK I ausgezeichnet, im Wehrmachts-
bericht genannt und außerdem wegen Tapferkeit vor dem Feinde vom
Gefreiten zum Leutnant befördert.

Bei den Kämpfen an der Invasionsfront bewährte er sich erneut
gleich in den ersten Tagen durch besondere Tapferkeit und kühnes
Handeln und schoß innerhalb zweier Tage mit seiner Kompanie 20
Feindpanzer vom Typ "Sherman", davon 4 persönlich ab.

Bei einem Angriff auf R o t s und B r e t t e v i l l e im
Kampfraum C a e n gelang es ihm durch rücksichtslosen persönlichen
Einsatz, von 8 angreifenden Feindpanzern 5 abzuschießen. Der An-
griff wurde dadurch abgeschlagen.

Bei einem Nachtangriff auf C a r p i q u e t nordwestl. C a e n
bewährte sich P. durch umsichtige klare Führung und persönlichen
Einsatz auf das Höchste. Durch seinen schwungvollen Angriffsgeist
gelang es ihm eine Artilleriestellung zu vernichten und dadurch
der Infantrie spürbare Hilfe und Entlastung zu bringen.

Während der Kesselschlacht im Raume F a l a i s e war es wiederum
P. der sich durch kühnes Handeln besonders hervortat. Bei den Ab-
setzbewegungen nach dem Kesselschlauch, bei C o n c h e s und
V e r n e u i l , schoß er mit seiner noch aus 10 Wagen bestehenden
Kompanie 12 "Sherman" ab und vereitelte damit den angestrebten
schnellen Durchbruch der Amerikaner.

Am 21., 22., 23.8. schoß er mit seiner nun nur noch aus 6 Wagen
bestehenden Kompanie im Raume V e r s o n /sur Seine, Pacy sur
Eure und L o u v i e r s unter besonders schwierigen Verhältnissen 20 Feindpanzer ab und trug damit erheblich zum Vereiteln
des angestrebten Durchbruches bei.

Am 24., 25., 26.8. fühlte der Feind wiederholt erneut mit Panzer-
spitzen vor, wurde aber durch die energische und tatkräftige Abwehr
des ϟϟ-Ostuf. Pohl unter Abschuß von 5 Feindpanzer jedesmal abgewiesen.

P. ist auf Grund seiner immer wieder bewiesenen Tapferkeit und um-
sichtigen Führung würdig die hohe Auszeichnung zu tragen.

Befürwortet:
Rgt.Gef.Std., den 6.11.44

ϟϟ-Sturmbannführer
u. Rgts.-Kommandeur

ϟϟ - Sturmbannführer
und Abt.-Kommandeur

Lettre de recommandation pour le *SS-Obersturmbannführer* **Erich Pohl**, *4./SS-Panzer-Regiment 12*, en vue de l'attribution de la Croix allemande en or. Document publié avec l'autorisation de Mark C.Yerger.

(9) *Vorschlag Nr 13 für die Verleihung des Deutschen Kreuzes in Gold*, daté du 25 juillet 1944 avec la signature manuscrite en date du 25 août 1944.

(10) *Cf.* les données personnelles de Lehmann. Lehmann a servi au sein de la « *Leibstandarte* », avant d'être recommandé pour sa décoration alors qu'il était dans la « *Hitlerjugend* », comme ce fut le cas de plusieurs autres récipiendaires de décorations.

(11) *Vorschlag Nr 31 für die Verleihung des Deutschen Kreuzes in Gold*, daté du 8 novembre 1944 avec la signature manuscrite en date du 30 décembre 1944.

(12) Pohl fut décoré simultanément des deux classes de la Croix de fer le 18 août 1941.

cité dans le rapport quotidien de la Wehrmacht pour sa bravoure et a été promu de Gefreiter *à* Leutnant.

Dans les tous premiers jours des combats en Normandie, il a à nouveau fait preuve d'un courage et d'un sang-froid exceptionnel et détruit avec sa compagnie vingt chars Sherman *en deux jours.*

Lors de son attaque sur Rots et Bretteville dans le secteur de Caen, il parvient par son engagement personnel sans réserve à détruire cinq des huit chars ennemis attaquants. Leur attaque est ainsi repoussée.

Lors d'une attaque nocturne sur Carpiquet au nord-ouest de Caen, Pohl s'est tout particulièrement illustré par son commandement clair et réfléchi et son engagement personnel. Par son esprit offensif plein d'élan, il réussit à détruire une position d'artillerie, et à procurer ainsi une aide sensible à l'infanterie et à la soulager.

Pendant la bataille de la Poche de Falaise, Pohl s'est à nouveau illustré par son sang-froid. Au cours du mouvement de repli après la bataille de Falaise, à Conches et Verneuil, il détruit 12 Sherman avec sa compagnie qui ne compte plus que dix véhicules et empêche ainsi la percée rapide des Américains.

Les 21, 22 et 23 août dans le secteur de Verson/Seine, Pacy/Eure et Louviers, il détruit vingt chars ennemis avec sa compagnie, qui ne compte alors plus que six véhicules, dans des conditions particulièrement difficiles et contribue ainsi largement à empêcher la percée ennemie.

Les 24, 25 et 26 août, l'ennemi a perdu cinq chars d'une avant-garde blindée et a dû après chaque action de reconnaissance rebrousser chemin grâce à la défense énergique et efficace organisée par le SS-Obersturmführer *Pohl.*

En raison du courage qu'il a manifesté à plusieurs reprises et de son commandement réfléchi, Pohl est proposé pour cette haute distinction.

Poste de commandement du régiment,
6 novembre 1944

(signé) (Willi) Hardieck	*(signé) (Arnold) Jürgensen*
SS-Sturmbannführer	SS-Sturmbannführer
et Rgts-Kommandeur	*et* Rgts-Kommandeur

Rudolf von Ribbentrop : né à Wiesbaden le 11 mai 1921. Elève à la NPEA à Ilfeld. Intègre la *Waffen-SS* le 1er septembre 1939 au sein de la *11./Deutschland*. Elève à la *Junkerschule* de Braunschweig puis affecté au *Befehlshaber* der *Waffen-SS « Nord »*. Affecté en juin 1941 à la *1./Aufklärungsabteilung SS-Kampfgruppe « Nord »* comme *Zugführer*. Blessé en septembre 1941 et affecté en février 1942 à la *Panzer-Abteilung « Leibstandarte »*. *Kompanie-Chef* à la *6.* Puis *7.Kompanie* du *Panzer-Regiment « Leibstandarte »*. Affecté à la « *Hitlerjugend* » comme *3.Kompanie Chef*, *SS-Panzer-Regiment 12*. Blessé le 3 juin 1944. Après que Jürgensen a été blessé, prend le commandement de la *I./SS-Panzer-Regiment 12* pendant l'offensive des Ardennes. *SS-Untersturmführer* le 20 avril 1941, *SS-Obersturmführer* le 20 avril 1943, *SS-Hauptsturmführer* le 30 janvier 1945. Croix de chevalier le 15 juillet 1943 comme *6.Kompanieführer SS-Panzer-Regiment « Leibstandarte »*. Croix de fer de 2e classe le 19 juin 1940, Croix de fer de 1re classe le 20 mars 1943, insigne de combat d'infanterie en bronze le 1er avril 1941, insigne des blessés en noir, insigne des blessés en argent avril 1943. Survit à la guerre et consacre sa retraite à l'écriture.

Arnold Jürgensen recommande Rudolf von Ribbentrop pour l'attribution de la Croix allemande en or comme commandant de la *3./SS-Panzer-Regiment 12*. Cette recommandation est soutenue par le commandant du régiment Max Wünsche. Le 25 juillet 1944, elle est transmise par le commandant de la *« Hitlerjugend »* Kurt Meyer :

Von Ribbentrop participe à la campagne de l'Ouest du 10 au 31 mai 1940 comme motocycliste. Il est également envoyé en Norvège du 23 avril au 6 juin 1941 ainsi qu'en Finlande du 7 au 30 juin 1941.

En Russie, à Kharkov, pendant l'hiver 1942/43, il s'est illustré pour son remarquable courage et son sang-froid comme Panzerzug-Führer.

Le 12 juillet 1943, il fait preuve d'un courage, d'un zèle et d'un sang-froid particuliers lors de l'attaque sur Koursk. En une seule journée il détruit quatorze chars T-34. En outre, il détruit 40 chars ennemis en quelques jours avec sa Kompanie.

Bien que grièvement blessé par une attaque aérienne à basse altitude quelques jours avant le Débarquement, au mépris de ses propres souffrances, von Ribbentrop s'est fait remarquer après l'offensive alliée par son courage, son cran et son sang-froid.

Le *SS-Obersturmführer* Rudolf von Ribbentrop (*cf.* annexe II). (Mark C. Yerger)

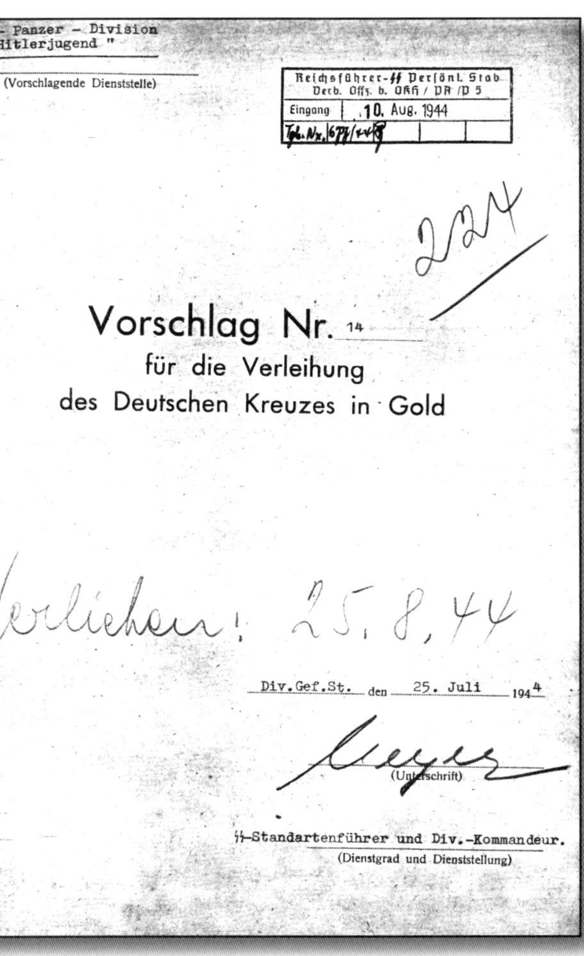

- Panzer - Division
Hitlerjugend "

(Vorschlagende Dienststelle)

Reichsführer-SS Persönl. Stab
Verb. Offz. b. OKH / DR /D 5
Eingang 10. Aug. 1944

2214

Vorschlag Nr. 14
für die Verleihung
des Deutschen Kreuzes in Gold

verliehen: 25.8.44

Div.Gef.St. den 25. Juli 1944

(Unterschrift)

SS-Standartenführer und Div.-Kommandeur.
(Dienstgrad und Dienststellung)

Chemise de la proposition d'attribution de la Croix allemande en or au *SS-Obersturmführer* **Rudolf von Ribbentrop**, signé par Kurt «*Panzer*» Meyer. Document publié avec l'autorisation de Mark C.Yerger.

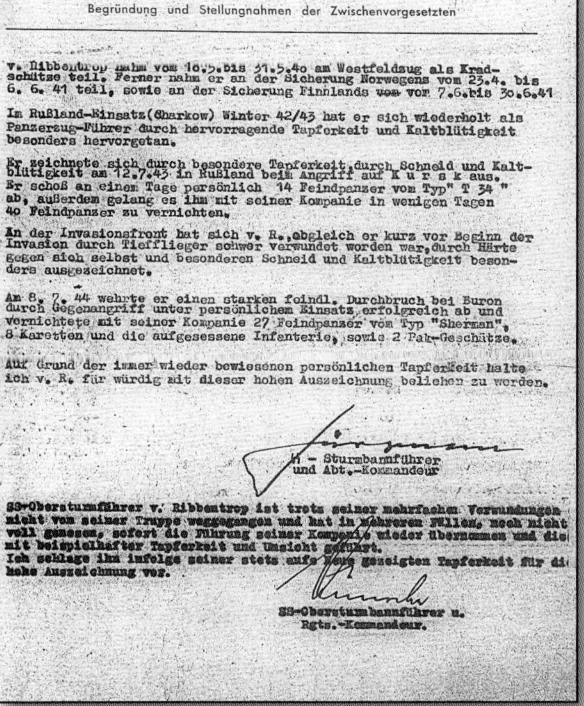

Begründung und Stellungnahmen der Zwischenvorgesetzten

v. Ribbentrop nahm vom 10.5.bis 31.5.40 am Westfeldzug als Kradschütze teil. Ferner nahm er an der Sicherung Norwegens vom 23.4. bis 6. 6. 41 teil, sowie an der Sicherung Finnlands vom 7.6.bis 30.6.41

Im Rußland-Einsatz(Charkow) Winter 42/43 hat er sich wiederholt als Panzerzug-Führer durch hervorragende Tapferkeit und Kaltblütigkeit besonders hervorgetan.

Er zeichnete sich durch besondere Tapferkeit,durch Schneid und Kaltblütigkeit am 12.7.43 in Rußland beim Angriff auf K u r s k aus. Er schoß an einem Tage persönlich 14 Feindpanzer vom Typ" T 34 " ab, außerdem gelang es ihm mit seiner Kompanie in wenigen Tagen 40 Feindpanzer zu vernichten.

An der Invasionsfront hat sich v. R.,obgleich er kurz vor Beginn der Invasion durch Tiefflieger schwer verwundet worden war,durch Härte gegen sich selbst und besonderen Schneid und Kaltblütigkeit besonders ausgezeichnet.

Am 8. 7. 44 wehrte er einen starken feindl. Durchbruch bei Buron durch Gegenangriff unter persönlichem Einsatz erfolgreich ab und vernichtete mit seiner Kompanie 27 Feindpanzer vom Typ "Sherman", 8 Karetten und die aufgesessene Infanterie, sowie 2 Pak-Geschütze.

Auf Grund der immer wieder bewiesenen persönlichen Tapferkeit halte ich v. R. für würdig mit dieser hohen Auszeichnung beliehen zu werden.

SS - Sturmbannführer
und Abt.-Kommandeur

SS-Obersturmführer v. Ribbentrop ist trotz seiner mehrfachen Verwundungen nicht von seiner Truppe weggegangen und hat in mehreren Fällen, noch nicht voll genesen, sofort die Führung seiner Kompanie wieder übernommen und die mit beispielhafter Tapferkeit und Umsicht geführt.
Ich schlage ihn infolge seiner stets aufs Neue gezeigten Tapferkeit für die hohe Auszeichnung vor.

SS-Obersturmbannführer u.
Rgts.-Kommandeur.

Lettre de recommandation pour le *SS-Obersturmführer* **Rudolf von Ribbentrop** *3./SS-Panzer-Regiment 12*, en vue de l'attribution de la Croix allemande en or. Document publié avec l'autorisation de Mark C.Yerger.

Le 8 juillet, il repousse avec succès une puissante percée ennemie dans le secteur de Buron et s'engage personnellement dans une contre-attaque. Il détruit alors 27 chars Sherman*, huit chenillettes* Bren Gun *avec leurs fantassins, et deux canons antichars avec sa Kompanie.*

En raison du courage dont il n'a cessé de faire preuve je le crois digne de recevoir cette haute distinction.

(signé) : (Arnold) Jürgensen
SS-Sturmbannführer *et* Abt.-Kommandeur

Malgré des blessures répétées, le SS-Obersturmführer *von Ribbentrop est resté parmi ses hommes. A plusieurs occasions et bien que non complètement remis de ses blessures, il a repris le commandement de sa compagnie et l'a commandé avec un courage et une circonspection exemplaires.*

Pour son courage toujours manifesté je propose pour cette haute distinction.

(signé) (Max) Wünsche
SS-Obersturmbannführer *et* Rgts.-Kommandeur

Ludwig Ruckdeschel : d'octobre 1928 à septembre 1932 *Gau Geschätsführer* et *Gau Propagandaleiter* pour le *Gau d'Oberfranken*. A partir de septembre 1932, *Gauleiter* adjoint pour la Bayerische Ostmark. Intègre la SS le 1er octobre 1934, rétroactivement au 1er septembre 1934. Intègre la *41.SS-Standarte* le 1er novembre 1935, puis l'*Abschnitt XXVIII* en avril 1936. Officier d'état-major pour le même *Abschnitt* jusqu'au 9 novembre 1941. Fonction reprise ensuite au sein de l'état-major de Himmler, à partir de novembre 1941, *Abteilung* des correspondants de guerre jusqu'à son affectation comme personnel en disponibilité à l'*Oberabschnitt «Main»*. Affecté en mai 1942 à la *Panzer-Abteilung «Leibstandarte»*. D'octobre à décembre 1942, formation de chef de peloton à la *Panzertruppenschule* de Wünsdorf, puis *Zugführer* au sein de la *2./SS-Panzer-Regiment «Leibstandarte»*. Affecté le 1er mai 1943 au *SS-Panzer-Regiment 12* d'abord comme *Chef* de la *6.Kompanie* jusqu'à ce qu'il soit grièvement blessé le 26 juin 1944. Affecté ensuite au *SS-Panzer-Ausbildungs-und Ersatz-Regiment*. Sort final inconnu. *Allgemeine SS* : *SS-Sturmbannführer* le 9 novembre 1934, *SS-Standartenführer* le 1er janvier 1936, *SS-Oberführer* le 9 novembre 1938, *SS-Brigadeführer* le 9 novembre 1941. *Waffen-SS* : *SS-Untersturmführer d.R.* le 9 novembre 1941, *SS-Obersturmführer d.R.* le 20 avril 1943, *SS-Hauptsturmführer d.R.* le 21 juin 1944, *SS-Sturmbannführer d.R.* le 30 janvier 1945. Croix de fer de 2e classe le 9 mars 1943, Croix de fer de 1re classe le 17 mars 1943, insigne de combat des blindés en argent le 1er avril 1943, insigne des blessés en noir le 1er avril 1943, insigne en or du parti.

Ludwig Ruckdeschel est *SS-Hauptsturmführer d.R.* commandant le *6./SS-Panzer-Regiment* lorsque Max Wünsche le recommande pour être décoré de la Croix allemande en or. C'est

(13) *Vorschlag Nr 5 für die Verleihung des Deutschen Kreuzes in Gold*, avec la signature manuscrite en date du 19 août 1944.

Ludwig Ruckdeschel. (DR.)

Wünsche lui-même qui présente cette proposition selon la procédure et dont voici le texte (13) :

Le SS-Hauptsturmführer *Ruckdeschel a intégré la division* « Totenkopf » *le 1er avril 1940 comme SS-Mann. Après avoir suivi la formation d'aspirant sous-officier (*Unterführeranwärter *Lehrgang), il est promu* SS-Gruppenführer *et participe à la campagne sur le front de l'Ouest avec ce grade au sein du* 3.Regiment, SS « Totenkopf » Division.

Le 28 juin 1941, il est transféré au sein de la Heeresgruppe « Süd » *comme chef du département de propagande. Suite à sa nomination comme* SS-Untersturmführer *le 1er décembre 1941, il demande à nouveau à rejoindre le* Panzer-Regiment *de la* Leibstandarte SS « Adolf Hitler ». *Il participe alors aux combats devant Kharkov et, pour ses faits d'armes, il est décoré de la Croix de fer de 2e classe le 9 mars 1943, de la Croix de fer de 1re classe le 17 mars 1943, de l'insigne des blessés en noir le 1er avril 1943 pour des blessures de schrapnel à la tête et à l'avant-bras. Le 1er avril 1943 il reçoit l'insigne de combat des blindés en argent.*

Depuis le 7 juin 1944 il a participé avec sa Panzer-Kompanie *à la bataille de Caen où il a fait preuve d'une bravoure inhabituelle à la tête de sa* Kompanie. *Au nord de Caen, il repousse efficacement les premiers chars ennemis anglais à se présenter, et détruit dès le premier jour quatorze véhicules ennemis, trois transports de troupe blindés et plusieurs canons antichars. Les jours suivants, au cours de violents combats autour de la cote 102 à l'est de Tilly, sous d'intenses tirs d'artillerie, il inflige à l'ennemi d'importantes pertes. Il détruit alors huit chars et plusieurs canons antichars. Il s'est à plusieurs reprises illustré par son intrépidité et sa détermination comme combattant de première ligne au sein de sa* Kompanie.

Le char de Ruckdeschel est mis hors de combat à trois reprises sur le front de l'Est, puis à nouveau le 7 juin ainsi que le 17 juin 1944. Il a à chaque fois eu une attitude remarquable pour sauver les autres hommes de l'équipage et s'est illustré de manière exemplaire sous de violents tirs d'artillerie et face à l'action des blindés ennemis.

Lors de la percée effectuée par de nombreux chars ennemis dans la région de Cheux, son char venant de Tilly a de nouveau été détruit après d'intenses combats contre les blindés ennemis au cours desquels il a perdu son bras.

Je le crois digne d'être décoré de la Croix allemande en or.

(signé) (Max) Wünsche
SS-Obersturmführer *et* Rgts-Kommandeur

Max Wünsche

Georg Isecke

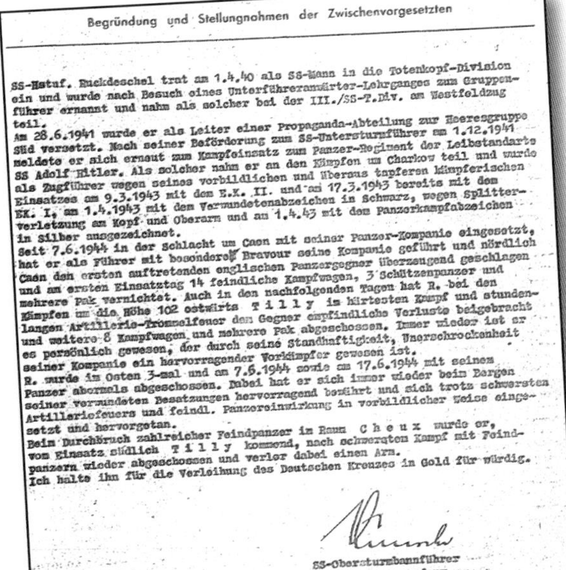

Begründung und Stellungnahmen der Zwischenvorgesetzten

SS-Hstuf. Ruckdeschel trat am 1.4.40 als SS-Mann in die Totenkopf-Division
ein und wurde nach Besuch eines Unterführeranwärter-Lehrganges zum Gruppenführer ernannt und nahm als solcher bei der III./SS-T.Div. am Westfeldzug
teil.
Am 28.6.1941 wurde er als Leiter einer Propaganda-Abteilung zur Heeresgruppe
Süd versetzt. Nach seiner Beförderung zum SS-Untersturmführer am 1.12.1941
meldete er sich erneut zum Kampfeinsatz zum Panzer-Regiment der Leibstandarte
SS Adolf Hitler. Als solcher nahm er an den Kämpfen um Charkow teil und wurde
als Zugführer wegen seines vorbildlichen und überaus tapferen kämpferischen
Einsatzes am 9.3.1943 mit dem E.K. II. und am 17.3.1943 bereits mit dem
EK. I, am 1.4.1943 mit dem Verwundetenabzeichen in Schwarz, wegen Splitter-
verletzung am Kopf und Oberarm und am 1.4.43 mit dem Panzerkampfabzeichen
in Silber ausgezeichnet.
Seit 7.6.1944 in der Schlacht um Caen mit seiner Panzer-Kompanie eingesetzt,
hat er als Führer mit besonderer Bravour seine Kompanie geführt und nördlich
Caen den ersten auftretenden englischen Panzergegner überzeugend geschlagen
und am ersten Einsatztag 14 feindliche Kampfwagen, 3 Schützenpanzer und
mehrere Pak vernichtet. Auch in den nachfolgenden Tagen hat R. bei den
Kämpfen um die Höhe 102 ostwärts T i l l y im härtesten Kampf und stunden-
langen Artillerie-Trommelfeuer dem Gegner empfindliche Verluste beigebracht
und weitere 8 Kampfwagen und mehrere Pak abgeschossen. Immer wieder ist er
es persönlich gewesen, der durch seine Standhaftigkeit, Unerschrockenheit
seiner Kompanie ein hervorragender Vorkämpfer gewesen ist.
R. wurde im Osten 3-mal und am 7.6.1944 sowie am 17.6.1944 mit seinem
Panzer abermals abgeschossen. Dabei hat er sich immer wieder beim Bergen
seiner verwundeten Besatzungen hervorragend bewährt und sich trotz schwersten
Artilleriefeuers und feindl. Panzereinwirkung in vorbildlicher Weise eingesetzt und hervorgetan.
Beim Durchbruch zahlreicher Feindpanzer im Raum C h e u x wurde er,
vom Einsatz südlich T i l l y kommend, nach schwersten Kampf mit Feind-
panzern wieder abgeschossen und verlor dabei einen Arm.
Ich halte ihn für die Verleihung des Deutschen Kreuzes in Gold für würdig.

SS-Obersturmbannführer
und Rgts.-Kommandeur

Lettre de recommandation pour le *SS-Hauptsturmführer* **Ludwig Ruckdeschel**, *6./SS-Panzer-Regiment 12*, en vue de l'attribution de la Croix allemande en or. Document publié avec l'autorisation de Mark C.Yerger.

Hans Siegel

Rudolf von Ribbentrop

Bernd Jungbluth

Arnold Jürgensen

SS-Panzer-Regiment 12 1944-1945

Pour des raisons évoquées ailleurs dans l'annexe, il est impossible de dresser des listes complètes de tous les officiers de chaque unité de la phase tardive de la guerre, telles que celles de la « *Hitlerjugend* », sur le front de l'Ouest, en particulier pour les derniers mois de la guerre. Beaucoup ayant servi au sein de la « *Leibstandarte* », les officiers qui ont encadré les deux formations évoquées dans le présent ouvrage ont cruellement souffert au cours du laps de temps qui sépare le Débarquement en Normandie de la fin de la guerre. Les noms qui suivent correspondent à ceux qui ont occupé les fonctions indiquées et sont présentés par ordre hiérarchique.

SS-Panzer-Regiment 12

Max Wünsche (14) :
Obersturmbannführer : Kommandeur

Willi Hardieck (15) :
Obersturmbannführer : Kommandeur

Hebert Kuhlmann (16) :
Obersturmbannführer : Kommandeur

Hans Siegel (17) :
Sturmbannführer : Kommandeur

Martin Gross :
Obersturmbannführer : Kommandeur

Georg Isecke (18) : *Hauptsturmführer : Adjutant*

Dr Wolfgang Rabe (19) :
Hauptsturmführer : Regimentsarzt (IVb)

Dr Rudolf Stiawa (20) :
Hauptsturmführer : Regimentsarzt (IVb)

Heinrich Neinhardt (21) :
Hauptsturmführer : Zahnarzt

Eduard Donaubauer :
Obersturmführer : Verwaltungsführer (IVa)

Hermann Lüttgert (22) :
Hauptsturmführer : Verwaltungsführer (IVa)

Claus Müller :
Obersturmführer : Verwaltungsoffizier (IVa)

Josef Breitenberger (23) : *Obersturmführer : TFK* (officier technique, véhicules)

Wilhelm Sammann (24) : *Hauptsturmführer : TFK* (officier technique, véhicules)

Josef Langreiter : *Obersturmführer : TFK* (officier technique, véhicules)

Anton Stark : *Obersturmführer : TFW* (officier technique, armes)

Rudolf Nerlich (25) :
Untersturmführer : Ordonnanz Offizier

Bernd Jungbluth (26) :
Obersturmführer : Ordonnanz Offizier

Helmut Schlauss (27) :
Hauptsturmführer : Ordonnanz Offizier

Walter Scheffert (28) :
Untersturmführer : Flak Zugführer

Helmut Post :
Untersturmführer : Versorgungskompanie Chef

Paul Kändler (29) :
Untersturmführer : Kraderkundungs Zugführer

Konrad Wörz :
Untersturmführer : Werkstattskompanie (30)

I./SS-Panzer-Regiment 12

Thilo Beck (31) :
Hauptsturmführer : Kommandeur (formation)

Arnold Jürgensen (32) :
Sturmbannführer : Kommandeur

Rudolf von Ribbentrop (33) :
Hauptsturmführer : Kommandeur

Heinz Kling (34) : *Sturmbannführer : Kommandeur*

Dietrich Minow (35) :
Hauptsturmführer : Kommandeur

Hubertus Schröder (36) :
Untersturmführer : Adjutant

(14) Fait prisonnier dans la Poche de Falaise le 19 août 1944, cf. la partie de l'annexe consacrée aux récipiendaires de la Croix de chevalier.

(15) Tué le 17 décembre 1944.

(16) Croix de chevalier le 13 février 1944 et Croix allemande en or le 8 novembre 1944, comme commandant de la *I./Panzer-Regiment « Leibstandarte » :* tombé malade il est remplacé par Siegel. Diplômé de la promotion 1935 de la *Führerschule Braunschweig*, Kuhlmann a aussi commandé la *I./Panzer-Regiment « Das Reich »*. Promu SS-*Obersturmbannführer* le 30 janvier 1945. Il a survécu à la guerre et il est mort en Amérique du Sud le 9 novembre 1995.

(17) *Cf.* la partie de l'annexe consacrée aux récipiendaires de la Croix de chevalier.

(18) Né à Mangwitz le 12 mai 1919, Isecke a servi comme SS-*Unterscharführer* dans la *4./V/LSSAH* en 1941. Promu SS-*Obersturmführer* sur le terrain, il devient *Abteilungsadjutant* de la I./*SS-Panzer-Regiment 1 « Leibstandarte »* avant d'être affecté à la « *Hitlerjugend* ». Fait prisonnier le 24 août 1944. Sera directeur commercial chez Mercedes après guerre.

(19) Mort le 2 mars 1992

(20) Initialement *IVb* de la *I./Abteilung* du *SS-Panzer-Regiment 1 « Leibstandarte »,* Stiawa est tué au combat le 18 août 1944 à Brieux.

(21) Initialement dans la *Sanitätsabteilung de la « Leibstandarte ».*

(22) Initialement *IVa* de la *Freiwilligen Legion « Niederlande ».*

(23) Mort le 2 mai 1998.

(24) Initialement *TFK* de la *I.Abteilung, Panzer-Regiment « Leibstandarte ».*

(25) Né à Breslau le 13 janvier 1920, SS-*Unterscharführer dans la 7.Kompanie* du *SS-Panzer-Regiment « Leibstandarte »* avant de devenir officier, tué le 9 juin 1944.

(26) Mort le 14 janvier 1966.

(27) Né à Vienne le 7 avril 1919. Schlauß rejoint la SS au sein du *Nachrichtenzug* de la « *Leibstandarte* » en 1937. Diplômé de la seconde promotion de cadets de la guerre de la *Junkerschule* de Bad Tölz. *SS-Untersturmführer* le 1er août 1940, SS-*Obersturmführer* le 9 novembre 1942, SS-*Hauptsturmführer* le 21 juin 1941. En 1941, Adjutant de la « *Leibstandarte* » *Nachrichtenabteilung,* puis *Nachrichtenoffizier de la I./Panzer-Regiment « Leibstandarte ».* Survit à la guerre et meurt à Giesshübl le 18 mai 2000.

(28) Sert d'abord dans le *Panzer-Regiment* de la « *Leibstandarte* », il est tué le 10 juin 1944 alors qu'il est *Flak-Zugführer* du *SS-Panzer-Regiment 12.*

(29) Tué le 21 décembre 1944.

(30) Dans une *Waffen-SS Panzer-Division*, le *Kompanie-Chef* était affecté à l'état-major de chaque *Abteilung* disposant en principe d'un *Werkstattzug*. Il coordonnait les deux pelotons de concert avec le *TFW*. Son titre était théorique dans le cas de la « *Hitlerjugend* » dans la mesure où il n'y avait pas de *Werkstattskompanie* en tant que telle.

(31) Mort en 1984.

(32) Blessé le 9 août 1944, *cf.* la partie de l'annexe consacrée aux récipiendaires de la Croix de chevalier.

(33) *Cf.* la partie consacrée aux récipiendaires de la Croix allemande en or dans la présente annexe. Blessé dans les Ardennes après avoir succédé à Jürgensen lui-même blessé dans un accident.

(34) Futur commandant de la *SS-Panzer-Abteilung 501.* Mort le 30 septembre 1951.

(35) Tué le 25 avril 1945.

(36) Tué le 25 juin 1944 près de Fontenay.

Rolf Jauch

Wilhelm Beck

Helmut Gaede

Karl-Heinz Prinz

Friedrich Hartmann

Fritz Fiala (37) : *Obersturmführer : Adjutant*

Siegfried Nadler : *Untersturmführer : Adjutant*

Dr Wilhelm Daniel (38) :
Obersturmführer : Abteilungsarzt (IVb)

Fritz Berger **:**
Obersturmführer : Verwaltungsführer (IVa)

Hans Hogrefe (39) :
Untersturmführer : Ordonnanz Offizier

Rudolf Walter :
Untersturmführer : Nachrichten Zugführer

Rolf Jauch :
Obersturmführer : Nachrichten Zugführer

Helmut Kloos (40) : *Untersturmführer : TFK*

Hugo Surkow : *Obersturmführer : TFK*

Robert Maier (41) : *Obersturmführer : TFK*

Anton Stark (42) : *Obersturmführer : TFK*

Waldemar Schütz (43) :
Hauptsturmführer : Versorgungskompanie (44)

Walter Schmidt (45) :
Untersturmführer : Werkstattzugführer (46)

1.Kompanie

Kurt-Anton Berlin (47) :
Hauptsturmführer : 1.Kompanie Chef

Bormuth Walter :
Hauptsturmführer : 1.Kompanie Chef

Helmut Gaede (48) :
Obersturmführer : 1.Kompanie Chef

2.Kompanie

Wilhelm Beck (49) :
Hauptsturmführer : 2.Kompanie Chef

Helmut Gaede (50) :
Obersturmführer : 2.Kompanie Chef

3.Kompanie

Rudolf von Ribbentrop (51) :
Hauptsturmführer 3.Kompanie Chef

Kurt Brödel (52) :
Hauptsturmführer : 3.Kompanie Chef

Walter Hils (53) :
Hauptmann (Heer) : 3.Kompanie Chef

Dietrich Minow (54) :
Hauptsturmführer : 3.Kompanie Chef

Joachim-Karl Nölck :
Untersturmführer : 3.Kompanie Chef

4.Kompanie

Hans Pfeifer (55) :
Hauptsturmführer : 4.Kompanie Chef

Erich Pohl (56) :
Obersturmführer : 4.Kompanie Chef

II./SS-Panzer-Regiment 12

Karl-Heinz Prinz (57) :
Sturmbannführer : Kommandeur

Hermann Tirschler (58) :
Hauptsturmführer : Kommandeur

Hans Siegel (59) :
Hauptsturmführer : Kommandeur

Friedrich Hartmann (60) :
Obersturmführer : Adjutant

Herbert Walther (61) :
Obersturmführer : Ordonnanz Offizier

(37) Tué le 12 octobre 1944.

(38) Daniel est médecin dans le *SS-Artillerie-Ausbildungs-und Ersatz-Regiment* alors qu'il était SS-*Untersturmführer* en 1942. Il est transféré dans la *I./Abteilung* après avoir servi comme *IVb* pour le *III./SS-Panzer-Grenadier-Regiment 9 «Germania»*. Daniel survit à la guerre, il est mort le 28 août 2002.

(39) Survit à la bataille de Normandie 1945 et est transféré au sein du *SS-Panzer-Ausbildungs-und Ersatz-Regiment.*

(40) Avait déjà ce poste avant la bataille de Normandie, en 1945 il est transféré dans la *SS-Panzerjäger-Ausbildungs-und Ersatz Abteilung 2.*

(41) Combats postérieurs à la bataille de Normandie.

(42) Initialement TFW du *SS-Panzer-Regiment 1 «Leibstandarte»*.

(43) Mort le 9 septembre 1999.

(44) Une *Versorgungskompanie* transportait jusqu'à la ligne de front tout ce dont les troupes et les véhicules du régiment avaient besoin. Bien que ne soit confirmé que le fait de son appartenance à cette unité, compte tenu de son grade il ne pouvait probablement qu'être *Kompanie Chef.*

(45) Tué le 1er septembre 1944.

(46) Chef de peloton de réparation subordonné au *Werkstattkompanie-Chef,* lui-même dépendant de l'état-major du régiment. Il ne s'agissait pas d'une *Kompanie* unitaire, ses pelotons étaient chacun rattachés à une *Abteilung.*

(47) Cf. la partie de l'annexe consacrée aux récipiendaires de la Croix de chevalier.

(48) Cf. la partie consacrée aux récipiendaires de la Croix allemande en or dans cette annexe. A partir de décembre 1944 et auparavant *2.Kompanie-pChef.*

(49) Tué le 10 juin 1944.

(50) Cf. la partie de l'annexe consacrée aux récipiendaires de la Croix de chevalier.

(51) Blessé le 9 août 1944, cf. la partie de l'annexe consacrée aux récipiendaires de la Croix de chevalier.

(52) Tué le 18 décembre 1944.

(53) Tué le 21 décembre 1944.

(54) *I./Abteilungs-Kommandeur* en 1945.

(55) Intègre la SS au sein du *Regiment «Germania»* en avril 1935. Diplômé de la promotion 1936 de la *Junkerschule* de Braunschweig. SS-*Untersturmführer* le 20 avril 1937, SS-*Obersturmführer* le 30 janvier 1939, SS-*Hauptsturmführer* le 30 janvier 1942. Commande en 1938 le *Panzerspäh-Zug «Leibstandarte»*, devient 6.*Kompanie-Chef* du *Panzer-Regiment. 1 «Leibstandarte»*. Tué au combat le 11 juin 1944 à Bretteville comme *4. Kompanie-Chef, SS-Panzer-Regiment 12.*

(56) Cf. la partie de l'annexe consacrée aux récipiendaires de la Croix de chevalier dans cette annexe.

(57) Tué le 14 août 1944. Cf. la partie de l'annexe consacrée aux récipiendaires de la Croix de chevalier dans cette annexe.

(58) Provisoirement, jusqu'à ce que Siegel prenne le commandement puis reprenne son poste comme 6.*Kompanie Chef.* Diplômé de la 5e promotion de guerre de la *Junkerschule Braunschweig*, avant d'intégrer la *«Hitlerjugend»* il sert comme *Kompanie-Chef* de la *2./Panzerjäger Abteilung «Leibstandarte»*.

(59) Auparavant *8.Kompanie-Chef,* cf. dans la présente annexe la partie consacrée aux récipiendaires de la Croix de chevalier.

(60) Mort en septembre 1995.

(61) Blessé le 11 juillet 1944. Sert en 1943 au sein de la *4./SS Panzerjäger-Abteilung I «Leibstandarte»* puis dans la *SS-Panzer-Abteilung 101.* Survit à la bataille de Normandie. Il est mort le 24 février 2003.

(62) Blessé (jambe cassée) le 20 juin 1944, et tué au combat en février 1945 au sein de la *«Hitlerjugend»*.

(63) Il est à ce poste avant et au début de la bataille de Normandie.

(64) Il est à ce poste en juillet 1944 et il est tué en août.

(65) Normalement répertorié comme chef de la *9.Kompanie* du régiment, le SS-*Hauptsturmfiihrer* Wolf Buettner commande cette *Kompanie* dans les Ardennes. Tous les commandants de *Stabskompanie* ne sont pas connus mais tous ont commandé les mêmes unités. Ces unités comprenaient le *Pionier-Zug* de chaque *Abteilung* après que la *Panzer-Pionier-Kompanie* d'origine a été divisée. Le *Flak-Zug* en faisait partie de même que les pelotons de signalisation, de reconnaissance et d'agents de liaison.

(66) Mort le 6 mai 2001.

(67) Occupe ce poste en juillet 1944 avant de partir dans la *8.Kompanie, SS-Panzer Regiment 12.*

(68) Tué alors qu'il est dans la *5.Kompanie-Chef, SS-Panzer-Regiment 12,* le 27 juin 1944, à Cheux.

(69) Il était toujours à ce poste pendant la bataille des Ardennes.

Dr Oskar Jordan (62) :
Hauptsturmführer : Abteilungsarzt (IVb)

Dr Claus Müller :
Obersturmführer : Abteilungsarzt adjoint

Benno Hofner : *Untersturmführer : Zahnarzt*

Sebastian Schweiger :
Untersturmführer : Verwaltungsführer (IVa)

Bruno Bierhold (63) : *Untersturmführer : TFK*

Dieter Müller (64) : *Obersturmführer : TFK*

Karl Pucher : *Untersturmführer : TFKII*

Herbert Walther :
Untersturmführer : Stabskompanie Chef

Götz Grossjohann :
Hauptsturmführer : Stabskompanie Chef (65)

Götz Grossjohann :
Hauptsturmführer : Versorgungskompanie Chef

Karl-Wilhelm Krause (66) :
Untersturmführer : Flak Zugführer

Hermann Komadina :
Untersturmführer : Nachrichten Zugführer

Gunnar Johnson (67) :
Untersturmführer : Nachrichten Zugführer

5.Kompanie

Helmut Bando (68) :
Obersturmführer : 5.Kompanie Chef

Karl-Heinz Porsch :
Obersturmführer : 5.Kompanie Chef

Wolf Buettner (69) :
Hauptsturmführer : 5.Kompanie Chef

Eberhard Jeran (70) :
Untersturmführer 5.Kompanie Chef

6.Kompanie

Ludwig Ruckdeschel (71) :
Hauptsturmführer : 6.Kompanie Chef

Helmut Buchwald (72) :
Untersturmführer : 6.Kompanie Chef

Hermann Tirschler (73) :
Hauptsturmführer : 6.Kompanie Chef

Götz Grossjohann (74) :
Hauptsturmführer : 6.Kompanie Chef

7.Kompanie

Heinz John (75) :
Obersturmführer : 7.Kompanie Chef

Heinrich Bräcker (76) :
Hauptsturmführer : 7.Kompanie Chef

Albert Gasch (77) :
Obersturmführer : 7.Kompanie Chef

8.Kompanie

Hans Siegel (78) :
Hauptsturmführer : 8.Kompanie Chef

Herbert Höfler (79) :
Obersturmführer : 8.Kompanie Chef

Herbert Walther

Hermann Komadina

Karl-Heinz Porsch

Ludwig Ruckdeschel

(70) Tué le 11 mars 1945.

(71) Grièvement blessé le 26 juin 1944, *cf.* la partie de l'annexe consacrée aux récipiendaires de la Croix allemande en or.

(72) Tué le 28 juin 1944.

(73) Blessé le 10 juillet 1944.

(74) Auparavant *Stabskompanie-Chef,* il commande la *Kompanie* dans les Ardennes. Il est mort le 6 novembre 1998.

(75) Tué le 9 juin 1944.

(76) Bräcker a passé l'essentiel de sa carrière au sein de la *1.SS-Infanterie Brigade (mot.).* Après avoir été *Adjutant* de la *I./SS-Infanterie-Regiment 8, il est Adjutant* pour la *Brigade*. En 1943 il devient *3.Kompanie, Chef* du *SS-Infanterie-Regiment 10.* Bräcker succède au *SS-Obersturmführer* Heinz John comme *7.Kompanie-Chef.* Heinrich Bräcker est tué alors qu'il est au sein de la *« Hitlerjugend » le 17 juillet* 1944, comme *7.Kompanie-Chef, SS-Panzer-Regiment 12.*

(77) Mort le 1er novembre 1983.

(78) Blessé le 27 juin 1944, cf. les récipiendaires de la Croix de chevalier dans cette annexe.

(79) Succède à Siegel lorsque ce dernier prend le commandement de la *II.Abteilung.*

Char *Panther* ***415*** de la *4./SS-Pz.Rgt.12* en Normandie. (Photo Manfred Stephan/Coll. G.B.)

Annexe III (1)
Attribution des numéros tactiques au *SS-Panzer-Regiment 12* janvier 1944

Annexe 11/4 au rapport d'activité,
SS-Panzer Regiment 12

Duplicata

12. SS-Panzer-Division « Hitlerjugend »
SS-Panzer-Regiment 12
la Is /Schm. Br.Tgb.Nr.14/44 geh.

Réf.: Attribution des numéros tactiques

Ci-dessous les numéros tactiques destinés aux chars de l'état-major du régiment, les *I.* et *II.Abteilungen.*

Après avoir peint les chars avec les nouvelles couleurs de camouflage les numéros doivent y être appliqués en respectant les spécifications suivantes :

35cm, largeur 22cm

Numéros avec des marges peintes. Largeur de la marge 1cm, centre du numéro ouvert 4cm. (2)

Couleur : Noir

Centre de chaque côté de la tourelle et arrière de la tourelle.

(1) Traduction du Dr Frederik P.Steinhardt.

(2) Autrement dit, les contours des numéros avec un contour d'1 cm de large et l'intérieur (espace non-peint) de 4 cm (largeur totale du numéro : 6 cm : bord, espace, bord).

Numéros tactiques :

a) ***Rgt.-Stab***	*Rgt.-Kommandeur*	***055***
	Rgt.-Adjutant	***054***
	Ordonnanz-Offz.	***053***
	Aufklärungszug	***056-060***
b) ***I.Abteilung***		
Rgt.-Stab	*Kommandeur*	***155***
	Adjutant	***154***
Nachr.Offz.	153	
Aufklärungszug	156-160	

1.Kp.

Kp.-Führer	***105***
Kp.-Truppfhr	***104***
1.Zug/Zugf	***115***
	116-119
2.Zug/Zugf.	***125***
	126-129
3.Zug/Zugf.	***135***
	136-139
4.Zug/Zugf.	***145***
	146-149

2.Kp.

Kp.-Führer	***205***
Kp.-Truppfhr	***204***
I.Zug/Zugf.	***215***
	216-219
2.Zug/Zugf	***225***
	226-229
3.Zug/Zugf	***235***
	236-239
4.Zug/Zugf	***245***
	246-249

3.Kp.

Kp.-Führer	***305***
Kp.-Truppfhr	***304***
I.Zug/Zugf	***315***
	316-319
2.ZuglZugf	***325***
	326-329
3.ZuglZugf	***335***
	336-339
4.Zug/Zugf	***345***
	346-349

4.Kp.

Kp.-Führer	***405***
Kp.-Truppfhr	***404***
I.ZuglZugf	***415***
	416-419
2.ZuglZugf	***425***
	426-429
3.ZuglZugf	***435***
	436-439
4.ZuglZugf	***445***
	446-449

II.Abteilung

Rgt-Stab	*Kommandeur*	***555***
	Adjutant	***554***
	Nachr.Offiz.	***553***
	Aufklärungszug	***556-560***

5.Kp.

Kp.-Führer	***505***
Kp-Truppfhr	***504***
1.Zug/Zugf.	***515***
	516-519
2.Zug/Zugf.	***525***
	526-529
3.Zug/Zugf.	***535***
	536-539
4.Zug/Zugf	***545***
	546-549

6.Kp.

Kp.-Führer	***605***
Kp.-Truppfhr	***604***
1.Zug/Zugf	***615***
	616-619
2.Zug/Zugf	***625***
	626-629
3.Zug/Zugf	***635***
	636-639

4.Zug/Zugf	***645***
	646-649

7.Kp.

Kp.-Führer	***705***
Kp.-Truppfhr	***704***
1.Zug/Zugf	***715***
	716-719
2.Zug/Zugf	***725***
	726-729
3.Zug/Zugl	***735***
	736-739
4.Zug/Zugf	***745***
	746-749

8.Kp.

K.p.-Führer	***805***
Kp.-Truppfhr	***804***
l.ZuglZugf:	***815***
	816-819
2.ZuglZugf:	***825***
	826-829
3.ZuglZugf:	***835***
	836-839
4.ZuglZugf	***845***
	846-849

signé Prinz
SS-Sturmbannführer et
Rgt.-Kommandeur adjoint

Anlage II/4 zum Tätigkeitsbericht SS-Panzer-Regiment 12

Abschrift

12. SS-Panzer-Div. "Hitlerjugend"
SS-Panzer-Regiment 12
Ia Is/Schm. Br.Tgb.Nr. 14/44 geh.

O.U., den 4. Januar 1944

Verteiler: siehe Entwurf
20. Ausfertigungen
17. Ausfertigung

Betr.: Zuteilung von taktischen Nummern

Nachstehend werden dem Rgt.-Stab, I. und II. Abteilung die takt. Nummern für die Pz.Kpfw. zugeteilt.
Die Beschriftung ist, nachdem die Pz. mit neuer Tarnfarbe versehen sind, nach den folgenden Massen durchzuführen:

Masse: Höhe 35 cm Breite 22 cm
Art der Beschriftung: Zahlen nur mit Rand ausgeführt, Breite des Randes 1 cm, Mitte der Zahl frei 4 cm.
Farbe: schwarz
Anbringung: Mitte jeder Turmseite und Turmrückseite.

Taktische Nummern:

a) Rgt.-Stab:

Rgt.-Kommandeur	055
Rgt.-Adjutant	054
Ordonanz-Offz.	053
Aufklärungszug	056 - 060

b) I. Abteilung:
Abt.-Stab

Kommandeur	155
Adjutant	154
Nachr.Offz.	153
Aufklärungszug	156 - 160

1.Kp.:

Kp.-Führer	105
Kp.-Truppfhr	104
1.Zug/Zugf.	115
	116 - 119
2.Zug/Zugf.	125
	126 - 129
3.Zug/Zugf.	135
	136 - 139
4.Zug/Zugf.	145
	146 - 149

2.Kp.:

Kp.Fhr.	205
Kp.Truppfhr	204
1.Zug/Zugf.	215
	216 - 219
2.Zug/Zgf.	225
	226 - 229
3.Zug/Zgf.	235
	236 - 239
4.Zug/Zgf.	245
	246 - 249

3. Kp.:

Kp.-Führer	305
Kp.-Truppf.	304
1.Zug/zugf.	315
	316 - 319
2.Zug/Zugf.	325
	326 - 329
3.Zug/Zugf.	335
	336 - 339
4.Zug/Zugf.	345
	346 - 349

4. Kp.:

Kp.-Führer	405
Kp.-Truppf.	404
1.Zug/Zugf.	415
	416 - 419
2.Zug/Zugf.	425
	426 - 429
3.Zug/Zugf.	435
	436 - 439
4.Zug/Zugf.	445
	446 - 449

II. Abteilung:

Abt.-Stab:

Kommandeur	555
Adjutant	554
Nachr.-Offz.	553
Aufklärungszug	556 - 560

5. Kp.:

Kp.-Führer	505
Kp.-Truppf.	504
1.Zug/Zugf.	515
	516 - 519
2.Zug/Zugf.	525
	526 - 529
3.Zug/Zugf.	535
	536 - 539
4.Zug/Zugf.	545
	546 - 549

6. Kp.:

Kp.-Führer	605
Kp.-Truppf.	604
1.Zug/Zugf.	615
	616 - 619
2.Zug/Zugf.	625
	626 - 629
3.Zug/Zugf.	635
	636 - 639
4. Zg/Zugf.	645
	646 - 649

7. Kp.:

Kp.-Führer	705
Kp.-Truppf.	704
1.Zug/Zugf.	715
	716 - 719
2.Zug/Zugf.	725
	726 - 729
3.Zug/Zugf.	735
	736 - 739
4.Zug/Zugf.	745
	746 - 749

8. Kp.:

Kp.-Führer	805
Kp.-Truppf.	804
1.Zug/Zugf.	815
	816 - 819
2.Zug/Zugf.	825
	826 - 829
3.Zug/Zugf.	835
	836 - 839
4.Zug/Zugf.	845
	846 - 849

gez. Prinz
SS-Sturmbannführer und
stellv. Rgt.-~~Adjutant~~ Kommandeur

Annexe IV
Chars affectés au *SS-Panzer-Regiment 12* 1er janvier-30 avril 1944

Annexe au rapport d'activité du *SS-Panzer-Regiment 12*

Liste des chars affectés au régiment du 1.1.1944 au 30.4.1944

	Type	canon	Quantité
4.1.44	*Pz.Kpfw.V Panther* (com.)	L 70	1
13.1.44	*Pz.Kpfw. IV* version canon long	L 48	20
19.1.44	*Pz.Kpfw. IV* version canon long	L 48	13
24.1.44	Pz.Kpfw. IV version canon long	L 48	15
25.1.44	*Pz.Kpfw. IV* version canon long	L 48	1
3.2.44	*Pz.Kpfw. IV* version canon long	L 48	1
7.2.44	*Pz.Kpfw.V Panther*	L 70	16
8.3.44	*Pz.Kpfw.V Panther* (com.)	L 70	2
2.4.44	*Pz.Kpfw.38t* (auto-propulsé)	2cm *Flak* 38	12

Annexe V
Inventaire des armes du *S S-Panzer-Regiment 12* 30 avril 1944

Annexe au rapport d'activité du *SS-Panzer-Regiment 12*

Inventaire du régiment au 30.4.1944

Le 30.4.44 le régiment disposait de l'inventaire d'armes suivant :

Type	Quantité
KwK 30 (*Pz.Kpfw. II*)	6
KwK L/24 (*Pz.Kpfw. IV* version canon court	1
KwK L/43 (*Pz.Kpfw. IV* version canon long)	3
KwK L/48 (*Pz.Kpfw. IV* version canon long)	90
KwK L/70 (*Pz.Kpfw. V Panther*)	26
Flak Vierling 2 cm	3
Flak 38	18
Mitrailleuses	326
Pistolets mitrailleurs	249
Fusils	1650
Pistolets 08 et 38	1496
Baïonnettes	919

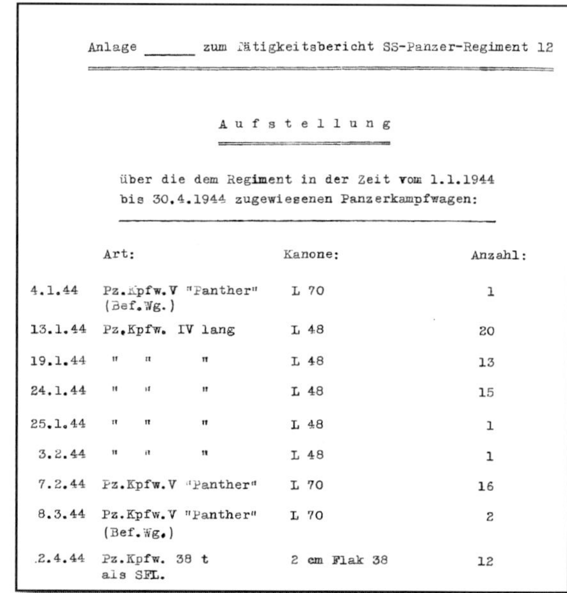

Anlage ______ zum Tätigkeitsbericht SS-Panzer-Regiment 12

Aufstellung

über die dem Regiment in der Zeit vom 1.1.1944 bis 30.4.1944 zugewiesenen Panzerkampfwagen:

	Art:	Kanone:	Anzahl:
4.1.44	Pz.Kpfw.V "Panther" (Bef.Wg.)	L 70	1
13.1.44	Pz.Kpfw. IV lang	L 48	20
19.1.44	" " "	L 48	13
24.1.44	" " "	L 48	15
25.1.44	" " "	L 48	1
3.2.44	" " "	L 48	1
7.2.44	Pz.Kpfw.V "Panther"	L 70	16
8.3.44	Pz.Kpfw.V "Panther" (Bef.Wg.)	L 70	2
2.4.44	Pz.Kpfw. 38 t als SFL.	2 cm Flak 38	12

Anlage ______ zum Tätigkeitsbericht SS-Panzer-Regiment 12

Waffenbestand des Regiments

Stand: 30.4.1944

Mit Stand vom 30.4.44 verfügte das Rgt. über folgenden Waffenbestand:

Art:			Anzahl:
KwK	30	(Pz.Kpfw. II)	6
"	L/24	(Pz.Kpfw.IV kurz)	1
"	L/43	(Pz.Kpfw.IV lang)	3
"	L/48	(Pz.Kpfw.IV lang)	90
"	L/70	(Pz.Kpfw.V"Panther")	26
Vierl.Flak	2 cm		3
Flak	38		18
M.G.			326
M.Pi.			249
Gewehre			1650
Pistolen 08 u. 38			1496
Seitengewehre			919

Annexe VI
Appareils alliés abattus par les canons antiaériens de 20 mm du *SS-Panzer-Regiment 12*, 10 mai-3 août 1944

Date	*Flak-Zug/SS-Panzer Regiment 12*	*Flak-Zug* de la *I./SS-Panzer Regiment 12*	*Flak-Zug* de la *II./SS-Panzer Regiment 12*	Total
10.05.1944	-	-	1 *Thunderbolt*	1
13.05.1944	1 *Thunderbolt*	-		1
25.05.1944	1 *Thunderbolt*	-	2 *Thunderbolt*	3
30.05.1944			3 *Thunderbolt*	3
Total av. Jour-J	**2**	**-**	**6**	**8**
07.06.1944	_	_	5 chasseurs- bombardiers	5
13.06.1944	-	_	1 *Hurricane* 2 *Thunderbolt*	3
14.06.1944		1 *Thunderbolt*	-	1
16.06.1944	-	1 *Thunderbolt*	1 *Typhoon*	2
17.06.1944	-	1 *Typhoon*	1 *Typhoon*	2
18.06.1944	-	-	1 *Auster IV*	1
03.08.1944	1 *Thunderbolt*	-	-	1
Total ap. Jour-J	**1**	**3**	**11**	**15**
Total général	**3**	**3**	**17**	**23**

Annexe VII
Effectifs blindés du *SS-Panzer-Regiment 12* 1er juin-11 août 1944 (1)

Date	*Panther* opérationnels	*Panther* réparables en 2 semaines	*Panther* réparables en plus de 2 semaines	Total	*Panzer IV* opérationnels en 2 semaines	*Panzer IV* réparables	*Panzer IV* réparables en plus de 2 semaines	Total
01.06.1944	48	2	6	56 (2)	91	7		98
16.06.1944	38	Aucune donnée	Aucune donnée	38	52	Aucune donnée	Aucune donnée	52
17.06.1944	38	Aucune donnée	Aucune donnée	38	46	Aucune donnée	Aucune donnée	46
18.06.1944	33	Aucune donnée	Aucune donnée	33	45	Aucune donnée	Aucune donnée	45
20.06.1944	42	Aucune donnée	Aucune donnée	42	59	Aucune donnée	Aucune donnée	59
22.06.1944	42	Aucune donnée	Aucune donnée	42	59	Aucune donnée	Aucune donnée	59
23.06.1944	43	Aucune donnée	Aucune donnée	43	55	Aucune donnée	Aucune donnée	55
24.06.1944	44	Aucune donnée	Aucune donnée	44	58	Aucune donnée	Aucune donnée	58
26.06.1944	37 (3)	27	64	60	12	72		
27.06.1944	24	16	Aucune donnée	40	32	22	Aucune donnée	54
02.07.1944	24	Aucune donnée	Aucune donnée	24	32	Aucune donnée	Aucune donnée	32
04.07.1944	24	Aucune donnée	Aucune donnée	24	37	Aucune donnée	Aucune donnée	37
05.07.1944	28	30	58	30	24	54		
06.07.1944	28	10	Aucune donnée	38	32	Aucune donnée	Aucune donnée	32
07.07.1944	39	Aucune donnée	Aucune donnée	39	40	Aucune donnée	Aucune donnée	40
09.07.1944	18	24	5	47	10	27	5	42
10.07.1944	18	24	Aucune donnée	42	19	Aucune donnée	Aucune donnée	19
11.07.1944 (4)	18	24	Aucune donnée	42	19	27	Aucune donnée	46
16.07.1944	18	Aucune donnée	Aucune donnée	18	21	Aucune donnée	Aucune donnée	21
23.07.1944	21	Aucune donnée	Aucune donnée	21	37	Aucune donnée	Aucune donnée	37
24.07.1944	21	Aucune donnée	Aucune donnée	21	37	Aucune donnée	Aucune donnée	37

(1) Zetterding, pp.360-361.

(2) Le *SS-Panzer-Regiment 12* disposait de 26 *Panther* le 20 avril 1944, 30 autres arrivent le 31 mai. *Cf.* aussi Vojensky Historicky Archiv, Praha (Military History Archives, Prague) Tätigkeitsbericht des *SS-Panzer Regiments 12*, 1. Januar-4 Juni 1944, et Nevenkin, p.905. 10 Panther supplémentaires étaient arrivés le 10 juin 1944.

(3) Cette nuit-là 17 *Panther* seulement étaient opérationnels. *Cf.* Meyer, p.198.

(4) Meyer, p.270.

25.07.1944	21	Aucune donnée	Aucune donnée	21	37	Aucune donnée	Aucune donnée	37
27.07.1944	22	Aucune donnée	Aucune donnée	22	39	Aucune donnée	Aucune donnée	39
28.07.1944	22	11	Aucune donnée	33	39	12	Aucune donnée	51
29.07.1944	22	11	Aucune donnée	33	39	12	Aucune donnée	51
30.07.1944	22	11	Aucune donnée	33	39	12	Aucune donnée	51
01.08.1944 (5)	22	15		37	39	15	Aucune donnée	54
5.08.1944	9	Aucune donnée	Aucune donnée	9	37	Aucune donnée	Aucune donnée	37
6.08.1944	9	Aucune donnée	Aucune donnée	9	37	Aucune donnée	Aucune donnée	37
9.08.1944	5	Aucune donnée	Aucune donnée	5	10	Aucune donnée	Aucune donnée	10
10.08.1944	9	Aucune donnée	Aucune donnée	9	18	Aucune donnée	Aucune donnée	18
11.08.1944	7	Aucune donnée	Aucune donnée	7	17	Aucune donnée	Aucune donnée	17

(5) Nevenkin, p.917.

Annexe VIII
Pertes Totales de la *I./SS-Panzer-Regiment 12* en chars *Panther* 7 juin-4 septembre 1944

	Cause des pertes totales						
Date	**char**	**canon antichar**	**artillerie**	**chasseur-bombardier**	**détruit par l'équipage**	**inconnu**	**Total**
07.06.1944	—	—	—	1 (1)	—	—	1
08. 06.1944	—	3	—	—	—	—	3
09.06.1944	—	I6	—	—	—	—	6
25.06.1944	—	1	—	—	1	—	2
26. 06.1944	—	2	—	—	3	—	5
27.06.1944	_	—	—	—	—	3	3
28.06.1944	—	—	—	—	1	1	
05.07.1944	—	1	—	—	1	2	
08.07.1944	—	5	2	—	—	2	9
11.07.1944	—	2	1	—	—	—	3
05.08.1944	1		—	—	—	—	1
08.08.1944	1	1	—	1	—	—	3
14.08.1944	—	—	—	2	1	—	3
19.08.1944	—	—	—	—	1	—	1
22.08.1944	—	—	2	—	—	4	6
23.08.1944	1	—	—	—	—	—	1
24.08.1944	—	1	—	—	—	—	1
01.09.1944	1	—	—		1	4	6
04.09.1944	—	—	—	—	1	—	1
Total	**5**	**22**	**5**	**4**	**8**	**21**	**65**

(1) Ce n'était pas un char *Panther* mais un canon antiaérien automoteur *Flakpanzer* 38(t).

Annexe IX
Chars alliés détruits par la *II./SS-Panzer-Regiment 12*, 7 juin-9 août 1944

Date	*5.Kompanie*	*6.Kompanie*	*7. Kompanie*	*8.Kompanie*	*9.Kompanie*	Total
07.06.1944	9	14	5	1	—	29
09.06.1944	5	—	—	—	3	8
11.06.1944	—	—	—	14	7	21
17.06.1944	—	4	—	2	—	6
18.06.1944	—	4	—	—	—	4
28.06.1944	Pas de spécification par *Kompanie*					14
08.07.1944	22		14		5	43 (1)
10.07.1944	Pas de spécification par *Kompanie*					34
09.08.1944			24			24 (2)
Total	**36**	**22**	**5**	**17**	**15**	**183**

(1) Parmi eux deux blindés alliés ont été détruits par les *Panzer IV* de l'*Aufklärungszug/II./SS-Panzer Regiment 12.*

(2) Ce jour-là, la *II./SS-Panzer-Regiment 12* fait état de 78 blindés alliés détruits dans son secteur. Ils ont été mis hors de combat par les *Panzer IV* du régiment conjointement avec les trois *Tiger* de la *schwere SS-Panzer-Abteilung 102* et sept *Panther* de la *3./SS-Panzer-Regiment 12.* Les premiers en ont détruit 44, les seconds en ont détruit cinq.

Annexe X
Pertes du *Stab* - du *SS-Panzer-Regiment 12*, 7 juin-27 septembre 1944 (1)

tués
Officiers : 3
Sous-officiers : 5
Simples soldats : 20
blessés
Officiers : 9
Sous-officiers : 44
Simples soldats : 112
Portés disparus ou faits prisonniers
Officiers : 5
Sous-officiers : 8
Simples soldats : 36
Total : 242

(1) *Cf.* Meyer p. 386.

Annexe XI
Pertes humaines de la *I./SS-Panzer Regiment 12*, 7 juin-31 octobre 1944 (1)

tués
Officiers : 11
Sous-officiers : 12
Soldats simples : 60
morts
Officiers : -
Sous-officiers : 2
Soldats simples : 3
blessés ou faits prisonniers
Officiers : 16
Sous-officiers : 75
Soldats simples : 242
Portés disparus
Officiers : 3
Sous-officiers : 16
Soldats simples : 141
Total : 581

(1) *Cf.* Meyer p. 386

Annexe XII
Pertes de la *II./SS-Panzer Regiment 12*, 7 juin-20 octobre 1944 (1)

tués
Officiers : 9
Sous-officiers : 30
Soldats simples : 115

morts
Officiers : -
Sous-officiers : 1
Soldats simples : 1

blessés ou faits prisonniers
Officiers : 28
Sous-officiers : 68
Soldats simples : 269

Portés disparus
Officiers : 6
Sous-officiers : 6
Soldats simples : 144

Total : 704

(1) Cf. Meyer p. 386.

Annexe XIII
L'efficacité des blindés de la *12.SS Panzer Division* lors des opérations alliées 7 juin-16 août 1944

Opération alliée	***I./SS-Panzer Regiment 12***		***II./SS-Panzer Regiment 12***		***SS-.Panzerjäger Abteilung 12***	
	Blindés alliés détruits	**Propres pertes**	**Blindés alliés détruits**	**Propres pertes**	**Blindés alliés détruits**	**Propres pertes**
Batailles de la tête de pont (07-24.06.1944)	27	10	68	23		
Epsom (25-30.06.1944)	53	11	14	12		
Charnwood et *Jupiter* (08-11.07.1944)	42	12	78	8	-	
Goodwood (18-20.07.1944)	1	-			1	
Totalize (08-11.08.1944)	8	3	24	11	70	4
Tractable (14-16.08.1944)	5	3			23	2
Total (07.06.-16.08.1944)	136	39	184	54	94	6

Chars Cromwell britanniques détruits près de la cote 112. Photo prise fin juin 1944. (Coll. H. Wontorra/Heimdal.)

Annexe XIV
Rapport synthétique sur les chars et les armes détruits par le *SS-Panzer Regiment 12* 7 juin-1er septembre 1944 (rapport en date du 17 octobre 1944)

12.SS-Panzer Division « Hitlerjugend »
Poste de commandement du régiment, 17.10.1944

SS-Panzer Regiment 12

1a Br.Tgb.Nr. /44

Sujet : Nombre de victoires

Référence : *12.SS-Pz.Div. « HJ »* – instructions spéciales pour le service *Ic* (renseignement) Nr 14 du 14.10.1944. Fig. 1

date 18.10.1944

à la

12.SS-Pz.Div. Hitlerjugend

Abt. k

Note de l'éditeur : pour en faciliter l'utilisation la liste tapée à la machine est reproduite sous forme de tableau et les totaux additionnés pour calculer les montants quotidiens par type de véhicule et d'arme.

Date	Sherman	Churchill	Cromwell	General Lee	Canon automoteur	Blindés non identifiés	Véhicules blindés	Carriers	Blindés (Carrier) transport de troupes/half-tracks	Automoteurs	Camions	Canons antichars	Pièces d'artillerie	Total
24.8.1944	1	-	-	-	-	-	-	-	-	-	-	-	-	1
25.8.1944	2	-	-	-	-	-	-	-	-	-	-	-	-	2
28.8.1944	4	-	-	-	-	-	-	-	-	-	-	-	-	4
29.8.1944	3	-	-	-	-	-	-	-	-	-	3	-	-	6
1.9.1944	3	-	-	-	-	-	-	-	-	-	3	-	-	6
Totals	479	32	8	13	1	70	15	21	53	8	13	82	8	803
17.6.1944	5	-	1	-	-	-	-	-	-	-	-	-	-	6
18.6.1944	4	-	-	-	-	-	-	-	-	-	-	-	-	4
22.6.1944	-	-	-	-	-	2	-	-	-	-	-	-	-	2
25.6.1944	2	-	-	-	-	1	-	-	-	-	-	8	-	11
26.6.1944	54	1	4	-	-	13+1[3]	-	3	3	2	-	14	-	95
27.6.1944	35	5	-	3	-	-	-	-	1	2	2	2	-	50
28.6.1944	14	-	-	-	-	5	-	-	-	1	-	-	-	20
29.6.1944	9	-	-	-	-	-	2	2	-	2	-	4	-	19
30.6.1944	-	-	-	-	-	-	-	3	-	-	-	2	-	5
2.7.1944	-	-	-	3	-	-	-	-	-	-	-	-	-	3
4.7.1944	6	-	-	-	-	2	-	-	-	-	-	-	-	8
5.7.1944	4	1	-	3	-	-	-	-	-	-	-	7	6	21
6.7.1944	-	-	-	-	-	6	-	-	-	-	-	-	-	6
8.7.1944	81	-	-	-	-	-	-	-	6	-		6	-	93
9.7.1944	-	-	-	-	-	7	-	-	6	-	-	-	-	13
10.7.1944	12	19	1	-	1	1 + 1[4]	-	-	15	-	-	3	-	53
27.7.1944	-	-	-	-	-	1	-	-	-	-	-	-	-	1
28.7.1944	-	-	-	-	-	1	-	-	-	-	-	-	-	1
3.8.1944	-	-	-	-	-	5	-	-	-	-	-	-	-	5
4.8.1944	-	-	-	-	-	2	-	-	-	-	-	-	-	2
5.8.1944	-	-	-	-	-	5	3	-	-	-	-	-	-	8
6.8.1944	-	-	-	-	-	-	-	-	-	-	-	2	-	2
8.8.1944	40	1	1	-	-	-	-	-	-	-	-	1	-	43
9.8.1944	26	-	-	-	-	3	-	-	-	-	1	-	-	30

Date	Sherman	Churchill	Cromwell	General Lee	Canon automoteur	Blindés non identifiés	Véhicules blindés	Carriers	Blindés (Carrier) transport de troupes/half-tracks	Automoteurs	Camions	Canons antichars	Pièces d'artillerie	Total
10.8.1944	-	-	-	-	-	1	-	-	-	-	-	-	-	1
11.8.1944	2	-	-	-	-	-	-	-	-	-	-	-	-	2
12.8.1944	8	-	-	-	-	-	-	1	-	-	-	-	-	9
13.8.1944	26	-	-	-	-	-	-	1	5	1	1	1	1	36
14.8.1944	10	1	-	-	-	3	1	1	-	-	-	2	-	18
15.8.1944	6	1	-	-	-	2	-	-	-	-	-	1	-	10
16.8.1944	1	-	-	-	-	-	-	-	-	-	-	1	1	3
17.8.1944	4	1	-	-	-	1	1	-	-	-	-	-	-	7
19.8.1944	-	-	-	-	-	-	5	-	-	-	1	1	-	7
20.8.1944	12	-	-	-	-	-	-	-	-	-	-	2	-	14
21.8.1944	1	-	-	-	-	-	-	-	-	-	-	-	-	1
22.8.1944	15	-	-	-	-	1[5]	3	-	5	-	2	-	-	26
23.8.1944	2	-	-	-	-	-	-	1	-	-	-	5	-	8

(1) dont un immobile.

(2) Capturé.

(3) La liste évoque un *Dreadnought* à cette date, en fait certainement un Churchill à canon d'un plus gros calibre.

(4) dont un char lance-flammes.

(5) La liste évoque un *Dreadnought* à cette date, en fait certainement un *Churchill* à canon d'un plus gros calibre.

Annexe XVI
Livraisons de nouveaux chars pour le *SS-Panzer Regiment 12* pendant la bataille de Normandie 6 juillet-29 août 1944 (1)

Date d'introduction opérationnelle	Unité	Nombre de chars reçus
06.07.1944	*3./SS-Panzer-Regiment 12*	13 + 1 *Panther* (2)
16.07.1944	*7./SS-Panzer-Regiment 12*	17 *Panzer IV*
19.08.1944	*4./SS-Panzer-Regiment 12*	14 *Panther*
29.08.1944	*1./SS-Panzer-Regiment 12*	7 *Panther*
	Total	52 chars

(1) D'après le propre *KTB* du *SS-Panzer-Regiment 12*.

(2) Seul un des treize *Panther* était neuf. Le quatorzième char « d'occasion » a été cédé par la *4.Kompanie/SS-Panzer-Regiment 12*.

12. SS-Pz.Div. "Hitlerjugend" Rgts.-Gef.Std. 17.10.1944
SS-Panzer-Regiment 12
Ia Br.Tgb.Nr. /44

Betr.: Erfolgszahlen
Bezug: 12. SS-Pz.Div. "HJ" - Besondere Anordnungen für den Ic-Dienst Nr. 14 v. 14.10.1944. Ziff. 1.)
Term.: 18.10.1944

An die
12. SS-Pz.Div. "Hitlerjugend"
Abt. Ic

Das Panzer-Regiment meldet zu o.a. Bezug:

Datum	Anzahl	Art
7.6.1944	39	Sherman
	1	Churchill
	7	Pak
	6	Karetten
	3	SPW
8.6.1944	1	Panzer
	2	Sherman
	1	Sherman bewegungsunfähig
	1	Karette
9.6.1944	2	Kampfwagen
	12	Sherman
	11	Pak
10.6.1944	1	Kampfwagen
	2	Sherman
11.6.1944	1	Kampfwagen
	29	Sherman
	1	Churchill
	4	General Lee
	2	Pak
12.6.1944	2	Sherman
	4	SPW.
13.6.1944	1	Cromwell erbeutet
14.6.1944	1	Kampfwagen
	2	Karetten
	5	SPW.
17.6.1944	5	Sherman
	1	Churchill
18.6.1944	4	Sherman
22.6.1944	2	Kampfwagen

- 2 -

Datum	Anzahl	Art
25.6.1944	1	Kampfwagen
	2	Sherman
	8	Pak
26.6.1944	13	Kampfwagen
	54	Sherman
	1	Churchill
	4	Cromwell
	1	Dreadnought
	14	Pak
	3	Karetten
	3	SPW.
	2	Zgkw.
27.6.1944	35	Sherman
	3	Churchill
	3	General Lee
	2	Pak
	1	SPW
	2	Zgkw.
	2	Lkw.
28.6.1944	5	Panzerkampfwagen
	14	Sherman
	1	Zgkw.
29.6.1944	9	Sherman
	4	Pak
	2	Panzerspähwagen
	2	Karetten
	2	Zgkw.
30.6.1944	2	Pak
	3	Karetten
2.7.1944	3	General Lee
4.7.1944	2	Panzerkampfwagen
	6	Sherman
5.7.1944	4	Sherman
	1	Churchill
	3	General Lee
	7	Pak
	6	Geschütze
6.7.1944	6	Panzerkampfwagen

- 3 -

Datum	Anzahl	Art
8.7.1944	81	Sherman
	6	Pak
	6	SPW
9.7.1944	7	Panzerkampfwagen
	6	SPW
10.7.1944	1	Panzerkampfwagen
	12	Sherman
	19	Churchill
	1	Flammenwerferpanzer
	1	Cromwell
	3	Pak
	1	SFL
	15	SPW.
27.7.1944	1	Panzerkampfwagen
28.7.1944	1	Panzerkampfwagen
3.8.1944	5	Panzerkampfwagen
4.8.1944	2	Panzerkampfwagen
5.8.1944	5	Panzerkampfwagen
	3	Panzerspähwagen
6.8.1944	2	Pak
8.8.1944	40	Sherman
	1	Churchill
	1	Cromwell
	1	Pak
9.8.1944	3	Panzerkampfwagen
	26	Sherman
	1	Lkw.
10.8.1944	1	Panzerkampfwagen
11.8.1944	2	Sherman
12.8.1944	8	Sherman
	1	Karette
13.8.1944	26	Sherman
	1	Pak
	1	Geschütz
	5	SPW
	1	Zgkw.
	1	Karette
	1	Lkw.

- 4 -

Datum	Anzahl	Art
14.8.1944	3	Panzerkampfwagen
	10	Sherman
	1	Cromwell
	1	Panzerspähwagen
	2	Pak
	1	Karette
15.8.1944	2	Panzerkampfwagen
	6	Sherman
	1	Cromwell
	1	Pak
16.8.1944	1	Sherman
	1	Pak
	1	Geschütz
17.8.1944	1	Panzerkampfwagen
	4	Sherman
	1	Churchill
	1	Panzerspähwagen
19.8.1944	5	Panzerspähwagen
	1	Pak
	6	Lkw
20.8.1944	12	Sherman
	2	Pak
21.8.1944	1	Sherman
22.8.1944	15	Sherman
	1	Dreadnought
	3	Panzerspähwagen
	2	Lkw.
	5	Spw.
23.8.1944	2	Sherman
	5	Pak
	1	Karette
24.8.1944	1	Sherman
25.8.1944	2	Sherman
28.8.1944	4	Sherman
29.8.1944	3	Sherman
	3	Lkw.
1.9.1944	3	Sherman
	3	Lkw.

Annexe XVI
Chars alliés détruits par les *Panther* de la *I./SS-Panzer-Regiment 12* 8 juin-1er septembre 1944

Date	*1.Kompanie*	*2.Kompanie*	*3.Kompanie*	*4. Kompanie*	**Total**
08.06.1944	-	-	-	1	1
09.06.1944	-	3	1	1	5
10.06.1944	-	1	1		2
11.06.1944	1	1	-	16[1]	18
15.06.1944	-	1	-	-	1
25.06.1944	-	1	-	-	1
26.06.1944	Pas de spécification par *Kompanie*		7		
27.06.1944	Pas de spécification par *Kompanie*		28[2]		
28.06.1944	-	-	-	6	6
29.06.1944	2	1	-	3	7[3]
30.06.1944	-	1	-	3	4
04.07.1944	8	4	-		12
05.07.1944	5	-	-	1	6
8.07.1944	4	1	27	-	37[4]
9.07.1944		4		-	4
11.07.1944	Pas de spécification par *Kompanie*		1		
20.07.1944	-	1	-	-	1
22.07.1944	-	1	-	-	1
03.08.1944	-	5	-	-	5
05.08.1944	-	4	-	-	4
07.08.1944	-	-	1	-	1
08.08.1944	-	-	3	-	3
09.08.1944	-	-	5	-	5
14.08.1944	-	-	2	-	2
20.08.1944	-		1	12	13
22.08.1944	-			16	16
23.08.1944	-	-	-	4	4
30.08.1944	1	-	-	-	1
01.09.1944	9	-	-	-	9
Total	30	29	47	63	211

(1) Trois d'entre eux ont été touchés sans prendre feu.

(2) Au moins deux d'entre eux par la *2.Kompanie* et cinq par la *4.Kompanie.*

(3) Un autre char a été détruit par le char du *Nachrichtenoffizier* du *Regimentsstab*.

(4) Cinq des 37 chars alliés ont été détruits par les *Panther* de l'*Aufklärungszug* de la *I./SS-Panzer-Regiment 12*.

Annexe XVII (1)
Ordres de mouvement adressés à la *12.SS-Panzer-Division* « *Hitlerjugend* » et au *SS-Panzer-Regiment 12*, 26 août 1944

Annexe n°19 au journal de guerre n°3

12.SS-Pz.Div. « *Hitlerjugend* »

SS-Panzer-Regiment 12

Récapitulatif de l'ordre de la division

Du 26 août 1944 : journal de guerre n°1/44, secret, document militaire confidentiel

1) La division, moins la *Kampfgruppe* « *Mohnke* » et la *Kampfgruppe* « *Waldmüller* », doit être transférée pour repos dans le secteur de :

Montcornet (à l'extérieur) – Vervins (à l'extérieur) -La Capelle- Forêt de Saint-Michel (nord-est de Hirson) - Aubenton – Bay – (10 km au nord-est de Rozoy)

2) Les unités sont affectées sur les lieux de cantonnement suivants :

SS-Panzer-Regiment 12 et *SS-Panzerjäger-Abteilung 12* :

Courteval-le long de la route vers le nord jusqu'à Landouzy-la-Ville – La Herie (à l'inclus) Origny (à l'exclus) – La Bouteille (à l'indus) – Themailles (à l'exclus) – Marigny (à l'indus) – Jeantes (à l'exclus).

3) Au soir du 26 août 1944, la division doit atteindre un nouveau lieu de rassemblement au bout de deux jours de marche. D'ici au matin du 27 août 1944, elle doit avoir traversé la ligne Guiscard – Ham – Perones à l'est. Si le temps est clair, tout mouvement devra s'effectuer de nuit. Les véhicules qui ne sont pas en état de rouler ou qui ne sont pas incorporés dans la troupe et ne pouvant pas être emmenés, doivent être placés progressivement dans les nouveaux cantonnements.

4) Le repère et l'axe principal de mouvement sont la route Breteuil – Montdidier – Nesle Ham – Saint-Quentin – Vervins – Landouzy-la-ville. Il est recommandé d'emprunter des voies annexes.

Il convient d'effectuer la reconnaissance des routes et des aires de repos.

Ordre de marche :

Eléments logistiques, *III.Bataillon/SS-Panzergrenadier-Regiment 26*, *I.Bataillon/SS-Panzergrenadier-Regiment 26*, *Panzer-Aufklärungs-Abteilung 12*, *SS-Flak-Abteilung 12* sur la route sud qui fera l'objet d'une reconnaissance séparée.

Eléments logistiques, *SS-Panzer-Regiment 12*, *SS-Panzer-Artillerie-Regiment 12*, *SS-Panzergrenadier-Regiment 25*, *SS-Panzer-Pionier-Bataillon 12*, sur la route nord qui fera l'objet d'une reconnaissance séparée.

Signalisation par *SS-Panzer-Regiment 12* (Wünsche)

A partir de : Vervins

Etat-major de division, *SS-Panzer-Nachrichten-Abteilung 12*, *Divisionbegleitkompanie* sur la route susmentionnée. Pendant le trajet les unités doivent rester en contact les unes avec les autres.

5) La destination et le trajet sont à communiquer aux chauffeurs. Le centre de transmission des messages de la division sera installé à Ham près de la Ortskommandantur par le *Ia*. Signaux à installer : *Meldekopf* Buchsein.

6) La compagnie de *Feldgendarmerie* règle le trafic à travers Montdidier – Roye – Ham – Saint-Quentin – et Origny.

7) Le quartier général de la division sera à Sargus jusqu'à 05h00 le 27 août 1944. A partir du 27.08.44 20h00 à Hirson. Rendre compte immédiatement de l'arrivée de l'unité.

Signé Meyer
SS-Oberführer

Certifié exact par :

Signé Jürgensen

SS-Sturmbannführer et commandant

Addendum *SS-Panzer-Regiment 12* :

1. Les unités veillent à rechercher toutes les unités dispersées et à les ramener au plus vite vers leur unité d'origine.

2. Les chefs d'unité en répondent personnellement.

3. Transfert : le trajet doit être communiqué à chaque chauffeur par écrit comme cela est précisé dans l'ordre ci-dessus.

Les chefs de colonne doivent veiller à ce qu'aucune unité ne soit à nouveau dispersée pendant le trajet.

Il convient pendant le trajet de maintenir la discipline et de porter des uniformes corrects.

19. Anlage zum KTB Nr.: 3

12.SS-Pz.Div."Hitlerjugend" Rgt.Gef.Std.,den 26. 8.1944
SS-Panzer-Regiment 12

A b s c h r i f t v. Div. Befehl
v. 26. 8.1944 ;Tgb.Nr.: 1/44 g.Kdos. v.26.8.44

1.) Die Division ohne Kampfgruppe Mohnke und Kampfgruppe Waldmüller, verlegt zur Auffrischung in den Raum :
MoNTCORNEL(ausschl.-VERVINS (ausschl.) – La CAPELLE(ausschl. FORET DE ST.MICHEL (nordostw.HIRSON) – Aubenton – BAY (10 km nordostw. ROZOY)
2.) Den Verbänden werden folgende Unterkunfträume zugewiesen:
SS-Panzer-Regiment 12 und SS-Panzer-Jäger-Abteilung 12:
COUTENVAL – Verlauf der Straße nach Norden bis Landouzi la VILLE (einschl.) – LA HERIE(einschl.) ORIGNY(ausschl.) – LA BOUTEILLE (einschl.) – THENAILLES(ausschl.)-HAROIGNY (einschl.) – JEANTES (ausschl.)
3.) Die Division erreicht am 26. 8.44 abends antretend in zwei Tagesmärschen den neuen Unterkunftsraum. Bis zum 27.August 1944 früh ist die Linie GUISCARD – HAM – PERONNE nach Osten zu überschreiten Bei sonniger Wetterlage ist nur bei Nacht zu marschieren.
Nicht fahrbereite Kfz. oder ausgelagertes Gerät , das nicht mitgeführt werden kann, sind staffelweise in den neuen Unterkunftsraum zu überführen.
4.) Anhalt und Hauptbewegungslinie ist die Strasse Breteuel – MONTDIDIER – NESLE – HAM – ST.QUENTIN – VERVINS – LANDOUZY LA VILL Marsch auf Nebenwegen ist Zweckmässig.
Es ist sofort Erkundung von Strassen und Rasträumen durchzuführen.
Reihenfolge des Abmarsches:
Teile Versorgungstruppen, III./26, I/26, Pz.AA.12, SS-Flak. Abt.12 auf selbstständig zu erkundender Südstrasse.
Teile Versorgungstruppen, SS-Pz.Rgt.12, SS-Pz.Art.Rgt. 12, SS-Pz.Gren.Rgt. 25 , SS-Pz.Pi.Btl.12 auf selbstständig zu erkundender Nordstrasse.
Beschilderung Pz.Rgt. 12 (Wünsche)
ab : V E R V I N S
Div.Stab, SS-Pz.Nachr.Abt.12,Div.Begleitkompanie auf o.a. Hauptstrasse. Wegen des Ablaufes haben die Verbände direkt miteinander Verbindung aufzunehmen.
5.) Jedem Fahrer sind Marschziel und Marschweg bekanntzugeben.Meldekop: der Division wird in HAM bei der Ortskommandantur durch Ib eingerichtet. Beschilderung: Meldekopf Buchsein.
6.) Feldgendarmerie-Kp. führt Verkehrsreglung in Montdidier – Roye – Ham – St.Quentin –und Origny durch.
7.) Div.Stabsquartier bis 27.8.1944 –05.00 Uhr – SARGUS – , ab 27.8.44 –20.00 Uhr – HIRSON. Eintreffen der Verbände ist dorthin umgehend zu melden.

gez. M e y e r
SS-Oberführer

F.d.R.d.A.:
gez. J ü r g e n s e n
SS-Sturmbannführer u. Kdr.

Zusatz Panzer-Regiment 12:

1. Die Einheiten tragen dafür Sorge, daß sämtliche Versprengten schnellstens zusammengesucht werden und den Einheiten zugeführt werden.

2. Die Chefs haben sich persönlich hierfür einzusetzen.

3.) Verlegung:

Der Marschweg ist, wie im umstehenden Befehl angegeben, jedem Fahrer schriftlich mitzugeben.

Die Kolonnenführer haben dafür Sorge zu tragen, daß während der Verlegung nicht erneut Versprengte entstehen.

Auf Disziplin und Anzugsordnung während des Marsches ist besonderer Wert zu legen.

4. Sämtliche Einheitsführer sind mir für reibungslosen Ablauf der Verlegung persönlich verantwortlich. Das Eintreffen im neuen Raum ist von den Abteilungen und Regimentseinheiten sofort zu melden.

Der Kommandeur SS-Panzer-Regiment 12

gez.: J ü r g e n s e n
SS-Sturmbannführer

4. Tous les commandants d'unité sont personnellement responsables devant moi du déroulement impeccable du trajet. Il convient de signaler immédiatement l'arrivée des *Abteilungen* et des éléments du régiment dans leurs nouveaux cantonnements.

Le commandant *SS-Panzer-Regiment 12*
Signé Jürgensen
SS-Sturmbannführer

(1) Traduction du Dr. Frederik P. Steinhardt.

Annexe XVIII (1)
Les officiers de la *SS-Panzerjäger-Abteilung 12*

Voici la liste des officiers du *SS-Panzerjäger-Abteilung 12* telle qu'elle se présente juste avant la bataille de Normandie. Ces listes sont nécessairement incomplètes compte tenu du mode de gestion de ces listes au quotidien et des changements de postes. Les personnes de rang inférieur n'étaient souvent pas enregistrées et le *Regiment* avait d'autres hommes commandant au niveau du peloton. Toutes les personnes portées disparues et dont le sort reste inconnu ainsi que celles qui ont été tuées mais jamais identifiées rendent ces listes encore moins exhaustives. On trouvera ailleurs dans la présente annexe une autre liste couvrant la même période jusqu'à la fin de la guerre et comportant les pertes de la bataille des Ardennes et des derniers combats jusqu'à la capitulation de la « *Hitlerjugend* » en 1945.

SS-Panzerjäger-Abteilung 12

Abteilungskommandeur :
SS-Sturmbannführer Hans-Jakob Hanreich

Eckstein Fritz Schwaich-heim/Wttg. SS-Rttf. SS-Pz.Jg.Abt.12

1.1.1941
8.8.1944

Richtschtz.
Soldat

SS-Pz.Jg.Abt. 12 Abt.Gef.St., den 8.11.1944

SS-Rottenführer E c k s t e i n wurde am 8.8.44 das EK.1.Kl. für seine hervorragende Tapferkeit bei dem Angriff auf einen feindlichen Panzer-Verband bei St. Aignan verliehen, wo er allein acht feindliche Panzer-Kampfwagen vernichtete.

Am Morgen des 9.8.44 waren feindliche Panzer-Kampfwagen durch stützpunktartige HKL bei Soignolles in den Rücken der Kampfgruppe Waldmüller eingedrungen und beherrschten von der Höhe E 111 alle Nachschubwege.

Ein Panzerjäger 39 mit SS-Rottenführer Eckstein als Richtschütze nahm den Kampf mit den zahlenmässig überlegenen Panzern des Feindes auf. Trotz schwierigster Umstände schoss SS-Rttf. Eckstein innerhalb kurzer Zeit neun englische Panzer-Kampfwagen ab. Dadurch war es möglich, dass der Nachschubverkehr für die Kampfgruppe wieder durchgeführt werden konnte.

Als in der Abenddämmerung ein feindlicher Panzerverband überraschend in die sich absetzende Kampfgruppe stiess, vernichtete

Lettre de recommandation pour le *SS-Rottenführer* Fritz Eckstein, *1./SS-Panzerjäger-Abteilung 12*, en vue de l'obtention de la Croix allemande en or. Document publié avec l'autorisation de Mark C.Yerger.

Adjutant : SS-Obersturmführer Heinrich Winkler

Nachrichtenoffizier :
SS-Obersturmführer Gerd Siegert

1.Kompanie Chef :
SS-Obersturmführer Georg Hurdelbrink

2.Kompanie Chef :
SS-Obersturmführer Günther Gornik

3.Kompanie Chef :
SS-Hauptsturmführer Günther Wöst

Récipiendaires de la Croix de chevalier de la *SS-Panzerjäger-Abteilung 12*

Fritz Eckstein : 18 novembre 1944, *SS-Rottenführer, Richtschütze, 1./SS-Panzerjäger-Abteilung 12*

Georg Hurdelbrink : 16 octobre 1944, *SS-Obersturmführer, Kompanieführer, 1./SS-Panzerjäger-Abteilung 12*

Rudolf Roy : 16 octobre 1944, *SS-Oberscharführer, Zugführer, 1./SS-Panzerjäger-Abteilung 12*

Fritz Eckstein : né à Schwaikhaim le 27 janvier 1923. Intègre la Jeunesse Hitlérienne en mai 1933. Volontaire pour la *Waffen-SS* au printemps 1940, il est affecté à la *2./Der Führer* le 6 juin 1940. Transféré à la « *Leibstandarte* », devient *SS-Sturmmann* le 1er août 1940, puis *SS-Rottenführer* le 1er juin 1942. Après avoir été blessé, il est affecté à la *SS-Panzerjäger-Abteilung 1* de la « *Leibstandarte* ». Affecté à la « *Hitlerjugend* » au sein de la *1./SS-Panzerjäger-Abteilung* lourde. Eckstein sert comme tireur dans le char de Rudolf Roy, décoré de la Croix de chevalier, et détruit un total de 26 blindés ennemis en cinq jours. Promu *SS-Unterscharführer* le 1er novembre 1944, Eckstein est proposé pour la Croix allemande en or par le commandant, à ce moment-là, de la *SS-Panzerjäger-Abteilung 12, le SS-Hauptsturmführer* Günther Wöst, le 8 novembre 1944. Eckstein est mort le 4 avril 1979 dans sa ville natale.

Le commandant de la *SS-Panzerjäger-Abteilung 12* à ce moment-là, le *SS-Hauptsturmführer* Günther Wöst, a écrit la lettre de recommandation proposant de décorer Eckstein (2) de la Croix allemande en or. Alors que Eckstein sert comme tireur, la lettre de recommandation de Wöst se présente ainsi :

SS-Panzerjäger-Abteilung 12 *: poste de commandement de l'*Abteilung*, 8 novembre 1944*

Le SS-Rottenführer *Eckstein a été décoré de la Croix de fer de 1re classe pour son remarquable courage lors de l'attaque contre une unité blindée ennemie près de Saint-Aignan où il a détruit huit chars ennemis à lui tout seul.*

Au matin du 9 août 1944, des chars ennemis percent la ligne de défense principale tenue comme une chaîne de points forts, à l'arrière de la Kampfgruppe « Waldmüller » *(3) près de Soignolles. De la cote E 111, ils contrôlent l'ensemble des routes d'approvisionnement.*

Un Panzerjäger *39 avec le* SS-Rottenführer *Eckstein comme pointeur engage le combat contre les chars ennemis en supériorité numérique. En dépit de ces circonstances extrêmement difficiles, Eckstein parvient à détruire neuf chars ennemis en un laps de temps très court. La* Kampfgruppe *a ainsi pu être de nouveau réapprovisionnée.*

Une unité blindée ennemie a attaqué par surprise la Kampfgruppe *en train de se replier juste avant la tombée de la nuit. Eckstein détruit alors quatre des chars attaquants et la* Kampfgruppe *a ainsi pu poursuivre sa retraite sans subir de pertes.*

Ce jour-là, le SS-Rottenführer *Eckstein a mis hors de combat treize chars ennemis à lui tout seul. En cinq jours, il a donc détruit 26 chars anglais.*

Signé (Günther) Wöst SS-Hauptsturmführer *et* Abt.Kdr.

12.SS-Pz.Div. « Hitlerjugend »

Cette recommandation est approuvée par le commandant de division absent.

(Signé) (Hubert) Meyer

SS-Sturmbannführer

et officier d'état-major général

SS-Panzerarmeeoberkommando 6 *: quartier général de l'armée*

8 novembre 1944

Cette recommandation est transmise

Signé Josef Dietrich

SS-Oberstgruppenführer *et* Panzergeneraloberst der Waffen-SS

Georg Hurdelbrink : né à Altenmelle le 6 octobre 1919, et membre de la Jeunesse Hitlérienne de mai 1933 à mi-novembre 1936. Intègre la SS le 15 novembre 1936 au sein de la *SS-Totenkopfstandarte « Ostfriesland »*. Elève de la *SS-Schule Wewelsburg* en avril 1939. Transféré en octobre 1939 à la *« Totenkopf » Division* au sein d'un régiment d'infanterie puis en août 1940 dans la *« Leibstandarte »* où il intègre la *3./IV /I SSAH* et intègre la cinquième promotion de temps de guerre d'aspirant officier de réserve à la *Junkerschule* de Bad Tölz de novembre 1941 au 30 janvier 1942. Affecté dans la *SS-Panzerjäger-Abteilung 1* de la *« Leibstandarte »* et promu *SS-Untersturmführer d.R.* le 20 avril 1942. Promu *SS-Obersturmführer d.R.* le 9 novembre 1943, puis intègre la *« Hitlerjugend »* comme *Kompanie Chef* au sein de la *1./SS-Panzerjäger-Abteilung* lourde.

A partir de janvier 1945, commandant de la *SS-Panzerjäger-Abteilung 12* comme *SS-Obersturmführer*. Proposé pour la Croix allemande en or par le *SS-Hauptsturmführer* Günther Wöst, puis commandant de la *SS-Panzerjäger-Abteilung 12*. Croix de fer de 2e classe le 8 mars 1943, Croix de fer de 1re classe le 11 août 1944, insigne de combat des blindés le 23 mars 1943, Croix du mérite de guerre de 2e classe avec glaives le 14 décembre 1940. Survit à la guerre, mort le 26 août 2002.

Le commandant de la *SS-Panzerjäger-Abteilung 12, SS-Hauptsturmführer* Günther Wöst, a proposé Hurdelbrink pour la Croix allemande en or. Cette recommandation, soutenue par le commandant provisoire de la division, Hubert Meyer, ainsi que par Josef *« Sepp »* Dietrich, est transmise le 2 septembre 1944 et se présente ainsi (4) :

Le 8 août 1944 à 11h30, la 1.(schwere) Kompanie *de la* Panzerjäger-Abteilung *sous le commandement du* SS-Obersturmführer *Georg Hurdelbrink est rattachée par le commandant de la* Panzerjäger-Abteilung 12 *à la* Kampfgruppe « Prinz » *avec la mission d'avancer ensemble avec les chars de la* Kampfgruppe.

1er objectif : Saint-Aignan.

2e objectif : Garcelles-Secqueville.

(1) La traduction des lettres de recommandation (vers l'anglais) a été effectuée par le Dr. Frederik P.Reinhardt. Cette annexe comprend aussi des données biographiques concernant des récipiendaires de décorations qui n'étaient pas officiers.

(2) Cette proposition est un document improvisé sur le terrain, l'état-major n'ayant pas de forme pré-imprimée et donc pas de couverture. Il est approuvé par Hubert Meyer (*1.Generalstabsoffizier*) et contresigné par le commandant du *SS-Panzerarmeeoberkommando 6,* Sepp Dietrich (également le 8 novembre 1944) avant d'être transmis au département du personnel de l'armée. Le nom de Wöst peut aussi s'écrire Woest, avec l'absence du tréma.

(3) *Cf.* chapitre 8 note 10 et la photo pour les données concernant Hans Waldmüller, le commandant de cette *Kampfgruppe*, décoré de la Croix de chevalier.

(4) *Vorschlag für die Verleihung des Ritterkreuzes des Eisernen Kreuzes*, signé pour transmission par Meyer et approuvé en date du 16 octobre 1944. Meyer, qui est aussi *1.Generalstabsoffizier* de la division, avait été décoré de la Croix allemande en or au sein de la *« Leibstandarte »* le 6 mai 1943.

Begründung und Stellungnahme der Zwischenvorgesetzten

Am 8.8.1944 um 11,30 Uhr wurde die 1.(schw.) /Pz.Jg.Abt.12 "HJ" unter Führung von SS-Ostuf. Hurdelbrink durch den Kommandeur Pz.Jg.Abt.12 "HJ" der Kampfgruppe Prinz unterstellt, mit dem Auftrag, zugleich mit den Panzern der Kampfgruppe vorzustoßen.
1.Angriffsziel: ST. AIGNAN ,
2.Angriffsziel: GARCELLES .
Der Angriff begann 11,50 Uhr . Die Kompanie kam, das Gehöft ROBERTS MESNIL rechts umfassend, rasch vorwärts und stieß von Osten in das Dorf ST.AIGNAN. Dabei wurden 6 feindliche Panzer abgeschossen. Während dieser Zeit stellten sich im Grund 1 1/2 km ostwärts ST.AIGNAN fdl. Panzer bereit, die sofort nach Erkennen auf Befehl von SS-Ostuf.Hurdelbrink von der Höhe und aus der Senke erfolgreich unter Feuer genommen wurden. Dabei wurden 18 Panzer vernichtet. Die restlichen Panzer entzogen sich durch die Flucht. SS-Ostuf. Hurdelbrink und noch 1 Panzerjäger stießen an dem Dorf vorbei, dabei schoß SS-Ostuf. Hurdelbrink am Nordrand des Dorfes weiter 5 Panzer ab. Die nun erreichten Stellungen wurden bis 22,00 Uhr gehalten, dann wurde das fdl. Pak- und Infanteriefeuer aus der linken Flanke so stark, daß sich die Kompanie unter Mitnahme aller Verwundeten, gleichzeitig mit dem Inf.Btl.Waldmüller über SYLVAIN-le-BUI nach SOIGNOLLES absetzen mußte. Die Kompanie Hurdelbrink schoß an diesem Tage 29 Pz.Kpfwg. ab. Davon der Kompanie-Führer SS-Ostuf.Hurdelbrink allein 11 Pz.Kpfwg.

9.8.1944:

Das Btl. Waldmüller, dem die 1.(schw.)/Pz.Jg.Abt.12 "HJ" unterstellt war, hatte den Auftrag, gegen 05,30 Uhr Stellungen auf den Höhen südlich RENEMESNIL zu beziehen. Bereits vor Erreichen der Stellungen wurde das Btl. von fdl. Pz.Kpfwg. angegriffen. Die 1.Kompanie griff sofort in die Abwehr ein und übernahm anschließend die Sicherung für das weitere Vorgehen des Btl. . Während des ganzen Tages war heftiges Artillerie - Granatwerfer- und Infanteriefeuer auf den eigenen Stellungen. Gegen 2.,00 Uhr beabsichtigte das Btl. Waldmüller sich vom Gegner abzusetzen. Mitten in diese Absetzbewegung hinein, stießen überraschend fdl.Pz.Kpfwg. in Richtung auf das Dorf SOIGNOLLES. Die Gefährdung des Btl. wurde von SS-Ostuf.Hurdelbrink sofort erkannt. Er konnte mit noch einem Panzerjäger den Feind in der Flanke fassen und ihn bis auf 2 Pz.Kpfwg., die sich durch die Flucht entziehen konnten, vernichten. An diesem Tage vernichtete die Kompanie 22 Pz.Kpfwg. .

10.8.1944:

Die 1.(schw.)/Pz.Jg.Abt.12 "HJ" war dem Pz.Rgt.12 "HJ" unterstellt. Sie erhielt den Auftrag, in den Morgenstunden bei MAIZIERES über POITGNY nach Straßengabel 1,5 km ostwärts von FONTAINE zu verlegen. Von dort aus erhielt sie den Befehl, auf der Höhe 195 zur Sicherung nach Norden in Stellung zu gehen. Der Kompanie Hurdelbrink wurden dazu 6 Sturmgesch. und 6 "P 4" Fernlenkpanzer unterstellt. Nach Erreichen der Straßengabel wird ~~bereits~~ festgestellt, daß die Höhe 195 bereits von fdl.Pz.Kpfwg. besetzt ist. SS-Ostubaf. Wünsche, Kdr.Pz.Rgt.12 "HJ", befiehlt danach den sofortigen Angriff auf die Höhe. Die Kampfgruppe kommt zuerst ohne fdl.Beschuß gut vorwärts. Plötzlich auftretendes, starkes Artilleriesperrfeuer verhindert dann jegliches weitere frontale Vorgehen. SS-Obersturmführer Hurdelbrink kommt zu dem Entschluß: Die 6 Sturmgesch. binden weiter frontal, 2 Panzerjäger 39, darunter SS-Ostuf.Hurdelbrink,

stoßen

Lettre de recommandation du *SS-Obersturmführer* Georg Hurdelbrink, *Kompanieführer, 1./SS-Panzerjäger-Abteilung 12*, en vue de l'attribution de la Croix de chevalier. Document publié avec l'autorisation de Mark C.Yerger.

L'attaque commence à 11h50. La compagnie avance rapidement contournant la ferme de Le Mesnil-Robert par la droite avant de pénétrer dans le village de Saint-Aignan par l'est. Six chars ennemis sont alors détruits. Pendant ce temps des blindés ennemis se rassemblent à 1,5 km à l'est de Saint-Aignan. Dès qu'ils sont repérés, le SS-Obersturmführer *Georg Hurdelbrink donne l'ordre d'ouvrir le feu à partir de la colline et d'une dépression de terrain, éliminant ainsi 18 chars ennemis. Les autres chars ont pris la fuite. Le* SS-Obersturmführer *Georg Hurdelbrink et un autre* Panzerjäger *ont alors dépassé le village, Hurdelbrink détruisant au passage cinq autres chars au niveau de la lisière nord du village. Les positions ainsi atteintes sont tenues jusqu'à 22h00, puis les tirs antichars et d'infanterie s'intensifient tellement sur le flanc gauche que la Kompanie doit se replier sur Soignolles via Sylvain-le Bû, en ramenant tous ses blessés, accompagnée de l'*Infanterie-Bataillon « Waldmüller »*. Ce jour-là la* Kompanie *a mis hors de combat 29 chars dont 11 détruits par le* SS-Obersturmführer *Georg Hurdelbrink.*

9 août 1944 :

Le Bataillon « Waldmüller » *auquel est rattachée la* 1. schwere Kompanie *de la* Panzerjäger-Abteilung 12 « Hitlerjugend »*, reçoit pour mission de prendre position à 05h50 sur les hauteurs au sud de Renemesnil. Avant même d'avoir atteint la position, le bataillon est attaqué par des blindés ennemis. La* 1.Kompanie *riposte et protège la progression du reste du bataillon. Toute la journée, les positions sont soumises à des tirs d'artillerie lourde, de mortiers et d'infanterie. Vers 22h00 le* Bataillon « Waldmüller » *tente de se soustraire à l'ennemi. Pendant sa retraite, les blindés ennemis surgissent en direction de Soignolles. Le* SS-Obersturmführer *Hurdelbrink prend conscience de la menace. Avec un autre* Panzerjäger*, il attaque l'ennemi par les flancs et les met tous hors de combat sauf deux d'entre eux qui parviennent à fuir. Ce jour-là la compagnie a mis 22 chars ennemis hors de combat.*

10 août 1944 :

La 1.schwere Kompanie *de la* SS-Panzerjäger-Abteilung 12 « Hitlerjugend » *est rattachée au* Panzer-Regiment 12 « Hitlerjugend »*. le matin à Maizières, elle reçoit pour mission de faire mouvement via Potigny à 1,5 km à l'est après l'embranchement de Fontaine. De là, l'unité reçoit l'ordre de prendre position sur la cote 195 pour protéger le nord. Six* Sturmgeschütze *et six chars téléguidés sont mis à la disposition de la* Kompanie Hurdelbrink*. Après avoir atteint l'embranchement, le constat est fait que la cote 195 est déjà tenue par les blindés ennemis. Le* SS-Obersturmbannführer *Wünsche, commandant du* Panzer-Regiment 12 « Hitlerjugend » *ordonne alors d'attaquer immédiatement la colline. La* Kampfgruppe *progresse d'abord très bien sans essuyer de tirs ennemis. Puis le déclenchement de tirs de barrage nourris de l'artillerie ennemie empêche l'unité de poursuivre sa progression. Le* SS-Obersturmführer *Georg Hurdelbrink prend alors la décision de fixer l'ennemi avec six* Sturmgeschütze *tandis que deux* Panzerjäger 39*, dont celui du* SS-Obersturmführer *Georg Hurdelbrink, débordent l'ennemi par la droite. Après une rapide progression, les deux* Panzerjäger *attaquent par le flanc l'ennemi qui se replie lentement et détruisent la totalité des chars ennemis. La* Kampfgruppe *prend ensuite position de manière à tenir la cote 195. Ce jour-là la compagnie a mis treize chars hors de combat, dont dix détruits par le seul* SS-Obersturmführer *Georg Hurdelbrink.*

Grâce au commandement exceptionnel de la compagnie par le SS-Obersturmführer *Georg Hurdelbrink, la compagnie a réussi à détruire 86 chars entre le 8 et le 16 août 1944. Le* SS-Obersturmführer *Georg Hurdelbrink en a détruit 36 à lui tout seul.*

Signé Günther Wöst
SS-Hauptsturmführer *et* Abt.Kdr

Compte tenu de son courage et du grand nombre de chars qu'il a détruits, je propose que le SS-Obersturmführer *Georg Hurdelbrink soit décoré de la Croix de chevalier de la Croix de fer.*

(Signé) (Hubert) Meyer
Pour le commandant de la division absent
Le premier officier d'état-major
SS-Sturmbannführer

Le commandant en chef

Panzerarmeeoberkommando 6

stoßen rechts umfassend weiter vor. Nach schnellem Vorstoß kommen die beiden Panzerjäger dem sich langsam absetzenden Feind in die Flanke und können alle fdl. Pz.Kpfwg. vernichten. Die Kampfgruppe geht anschließend so in Stellung, daß die Höhe 195 gehalten werden kann. Abschußergebnis der Kompanie an diesem Tage 13 Panzer. Davon SS-Ostuf. Hurdelbrink 10 Panzer.

Durch die hervorragende Führung der Kompanie durch SS-Ostuf.Hurdelbrink konnte die Kompanie vom 8.8.-16.8.1944 86 Panzerabschüsse erreichen. An diesem Abschußergebnis war der SS-Ostuf. Hurdelbrink mit 36 Abschüssen beteiligt.

Wöst
SS-Hauptsturmführer
u.Abt.Kdr.

Ich halte den SS-Obersturmführer H u r d e l b r i n k aufgrund seiner besonders tapferen Haltung und seiner hohen Abschußzahl an Panzern für würdig, mit dem Ritterkreuz des Eisernen Kreuzes ausgezeichnet zu werden.

Für den vermißten Div.-Kommandeur
Der erste Generalstabsoffizier
Meyer
SS-Sturmbannführer

Der Oberbefehlshaber
Pz.A.O.K.6

Befürwortet:

O.U., den 28.September 1944

SS-Oberstgruppenführer und
Panzergeneraloberst der W.-SS

Lettre de recommandation du *SS-Obersturmführer* **Georg Hurdelbrink**, *Kompanieführer, 1./SS-Panzerjäger-Abteilung 12*, en vue de l'attribution de la Croix de chevalier. Document publié avec l'autorisation de Mark C.Yerger.

Pour accord :

O.U 28 septembre 1944

(Signé) (Josef) Dietrich

Oberstgruppenführer *et*

Panzergeneraloberst der Waffen-SS.

Rudolf Roy : né à Berlin le 15 août 1920, intègre la SS en novembre 1938 : *1./Ersatz-Bataillon « LSSAH »* puis *Panzerjägerkompanie* et finalement *Panzerjäger-Abteilung 1 « LSSAH »*. Promu *SS-Unterscharführer* le 30 janvier 1943, *SS-Oberscharführer* le 1er juillet 1944. Passe dans la *« Hitlerjugend »* comme commandant des canons antichars automoteurs au sein de la *I./SS-Panzerjäger-Abteilung 12*. Promu sur le terrain *SS-Untersturmführer d.R.* le 9 novembre 1944 et *Zugführer* de la *1./SS-Panzerjäger-Abteilung 12*. Croix de fer de 2e classe le 21 août 1941, Croix de fer de 1re classe le 16 septembre 1943, insigne de combat des blindés en argent le 21 février 1942 et médaille du front de l'Est le 30 août 1942. Tué à Hollerath le 17 décembre 1944.

SS-Oberscharführer et chef de char au sein de la *1./SS-Panzerjäger-Abteilung 12*, Rudolf Roy est proposé pour la Croix de chevalier par le *SS-Hauptsturmführer* Günther Wöst. Hubert Meyer, *Ia* de la division et commandant provisoire de la division, soutient et transmet la décoration le 2 septembre. Sa lettre de recommandation est la suivante (5) :

A l'aube du 9.8.1944 des blindés ennemis pénètrent les positions fortifiées de la ligne de front principale au niveau de Soignolles sur les arrières de la Kampfgruppe « Waldmüller » *et prennent le contrôle de toutes les routes d'approvisionnement à partir de la cote 111.*

Le SS-Oberscharführer *Roy reçoit l'ordre d'attaquer et de détruire les blindés ennemis avec son* Panzerjäger 39. *Roy a alors su s'en rapprocher avec beaucoup de cran et d'adresse et a détruit 9 chars anglais en un court laps de temps, créant ainsi les conditions d'un mouvement de repli ordonné pour le soir même.*

Lorsque la Kampfgruppe *commence son repli vers 21h30 face aux tirs ennemis s'intensifiant, des chars ennemis font irruption au beau milieu de la Kampfgruppe dans le village de Soignolles. Sur sa propre initiative, Roy attaque alors les chars sur leurs flancs. Seuls deux des quinze chars attaquants parviennent à prendre la fuite.*

Le SS-Oberscharführer *Roy a détruit ce jour-là 13 chars, 26 en cinq jours et a ainsi augmenté son score global à 36 chars anglais et russes.*

(signé) (Günther) Wöst

SS-Hauptsturmführer *et* Abt.Kdr.

En raison de son action inhabituellement courageuse et du grand nombre de chars qu'il a détruits, je recommande le SS-Oberscharführer *Roy pour la Croix de chevalier de la Croix de fer.*

Pour le commandant de la division absent

Le premier officier d'état-major

(signé) (Hubert) Meyer

SS-Sturmbannführer

Les récipiendaires de la Croix allemande en or de la *SS-Panzerjäger-Abteilung 12*

Georg Mack : le 18 novembre 1944, *SS-Hauptscharführer, SS-Panzerjäger-Abteilung 12*

Intègre la *SS-Verfügungstruppe* le 1er octobre 1938 à l'âge de 19 ans au sein des *« Totenkopfverbände »*, unité *« Oberbayern »*. Transféré avant la guerre dans la *« Leibstandarte »*, ensuite dans la *Panzerjäger-Kompanie* puis dans la *Panzerjäger-Abteilung*. Transféré au sein de la *« Hitlerjugend »* comme chef de chasseur de chars dans la *SS-Panzerjäger-Abteilung 12*. Plus de 20 victoires au moment de sa proposition pour la Croix allemande en or. Croix de fer de 2e et de 1re classe. Sort final inconnu.

Le commandant de la *1./SS-Panzerjäger-Abteilung 12, SS-Obersturmführer* Georg Hurdelbrink, propose Georg Mack pour la Croix allemande en or. Transmise le 15 septembre 1944, en voici le texte (6) :

Le SS-Hauptscharführer *Mack a été décoré de la Croix de fer de 1re classe le 8 mars 1943 pour son extraordinaire bravoure lors des combats défensifs et offensifs dans la région de Kharkov de janvier à avril 1943.*

Begründung und Stellungnahme der Zwischenvorgesetzten

In der Morgendämmerung des 9.8.1944 waren feindliche Panzer-Kampfwagen durch die stützpunktartige H.K.L. bei SOIGNOLLES in den Rücken der Kampfgruppe Waldmüller eingedrungen und beherschten von der Höhe 111 alle Nachschubwege.

Der ϟϟ-Oberscharführer R o y erhielt den Befehl mit seinem Panzerjäger 39 die Feindpanzer anzugreifen und zu vernichten. Mit Schneid und Wendigkeit pirschte sich R. an die Panzer heran und schoss innerhalb kurzer Zeit 9 englische Panzer-Kampfwagen ab. Dadurch wurde die Voraussetzung für die für den Abend befohlene Absetzbewegung geschaffen.

Als sich die Kampfgruppe um 21,30 Uhr infolge des ständig anwachsenden feindlichen Feuers befehlsgemäss abzusetzen begann, stiessen überraschend feindliche Panzerkampfwagen mitte in die Kampfgruppe auf das Dorf SOIGNOLLES vor. Aus selbstständ gem Entschluss fasste ϟϟ-Oberscharführer Roy die Panzer in der Flanke. Von den 15 angreifenden Feindpanzern konnten nur 2 durch die Flucht entkommen.

ϟϟ-Oberscharführer R o y vernichtete an diesem Tage 13, innerhalb von 5 Tagen 26 und erhöhte so seine Gesamtabschusszahl auf 36 englische und russische Panzer-Kampfwagen.

ϟϟ-Hauptsturmführer
u.Abt.Kdr.

Ich halte ϟϟ-Oberscharführer R o y aufgrund seiner besonders tapferen Haltung und seiner hohen Abschußzahl an Panzern für würdig, mit dem Ritterkreuz des Eisernen Kreuzes ausgezeichnet zu werden.

Für den vermißten Div.-Kommandeur
Der erste Generalstabsoffizier

ϟϟ-Sturmbannführer

Lettre de recommandation du *SS-Oberscharführer* Rudolf Roy, *1./SS-Panzerjäger-Abteilung 12*, en vue de l'attribution de la Croix de chevalier. Document publié avec l'autorisation de Mark C.Yerger.

Lors des combats devant Belgorod du 6 au 16 juillet 1943, Mack soutient, avec son peloton de canons antichars de 75 mm, l'infanterie en train de réaliser une percée à travers les défenses russes organisées en profondeur. Son commandement souple aboutit à la destruction de six chars russes T-34 au nord de Lutschki. Mack en détruit lui-même deux. Malgré ses blessures (éclats d'obus dans le dos), Mack choisit de rester dans sa compagnie tout au long des combats.

Lorsque la Leibstandarte SS « Adolf Hitler » *est en action en Italie en 1943, Mack est employé dans la lutte anti-partisans en Istrie. Commandant d'une petite* Kampfgruppe, *il joue un rôle important dans la destruction de nombreuses bandes de partisans et de leur équipement. Il effectue, souvent seul, les missions qui lui sont confiées. Lorsque la* Kampfgruppe *a été attaquée par des partisans sur des chemins creux, c'est grâce à l'attitude courageuse et inébranlable de Mack qu'il a été possible de repousser et d'anéantir la plus grande partie de ces bandes.*

Lors des combats autour de Shitomir de novembre à décembre 1943, Mack et son peloton sont aux côtés du SS-Panzergrenadier-Regiment 1 *de la* Leibstandarte SS « Adolf Hitler ». *Au sein de la pointe avancée de l'attaque, Mack joue un rôle majeur en réussissant à atteindre la route Kiev-Zhitomir à Kotscherovo, permettant ainsi d'interrompre l'approvisionnement des Russes. Au cours de cette action, Mack a détruit un T-34.*

Lors de l'attaque de Korosten, Mack détruit deux T-34 dans des conditions très difficiles le 21 décembre 1943 à Peremoga. Roulant sur les tranchées ennemies, il détruit deux fusils antichars se trouvant à proximité immédiate.

Le 24 décembre 1943, à la faveur d'un nuage de poussière, une avant-garde blindée ennemie pénètre dans la localité où Mack et son peloton ont pris leurs quartiers. Mack rassemble immédiatement ses hommes, élimine l'infanterie montée sur les chars dans un combat au corps à corps et pose une charge creuse magnétique sur un T-34, mais celle-ci n'explose malheureusement pas. Deux des chars ennemis sont mis hors de combat.

Lors des combats défensifs dans la région de Berditschew, Mack était souvent l'un des derniers à être au contact avec l'ennemi. Lorsque les Russes attaquent sans cesse Ossykova avec un régiment soutenu par des blindés le 1er et 2 janvier 1944, ils sont sans cesse repoussés grâce à la ténacité dont le peloton de Mack fait preuve. Quatre T-34 sont alors détruits.

Pendant la bataille de Normandie dans la région de Caen, Mack s'illustre par son courage, sa bravoure et son caractère réfléchi. Le 8 août 1944, précédant sa compagnie avec un Panzerjäger 39, il tombe sur une formation blindée d'une trentaine de chars après avoir traversé les lignes ennemies tenues par l'infanterie. Mack signale la présence des chars ennemis et ouvre le feu malgré leur supériorité numérique. Il est alors touché par l'un des chars ennemis se trouvant sur son flanc. Malgré ses graves blessures il parvient à sauver son tireur du Panzerjäger en flammes.

Mack a été au total mis quatre fois hors de combat à bord d'un Panzerjäger. Il a alors toujours sauté à bord d'un autre véhicule pour continuer à commander son peloton dans la bataille. Grâce à son attitude exemplairement altruiste, il a toujours su entraîner son peloton à l'assaut, traversé des situations de crise et donné à ses subordonnés et à ses hommes un brillant exemple de son inébranlable témérité et de son esprit combatif exceptionnel.

Avec son peloton de canons antichars de 75 mm autopropulsés, le SS-Hauptscharführer *Mack a à ce jour détruit 21 chars ennemis.*

(Signé) (Georg) Hurdelbrink
SS-Obersturmführer *et* Kompanie-Führer

SS-Panzerjäger-Abteilung 12, 1944-1945

Pour des raisons évoquées ailleurs dans l'annexe, il est impossible de dresser des listes complètes de tous les officiers de chaque unité de la phase tardive de la guerre, telles que celles de la *« Hitlerjugend »*, sur le front de l'Ouest, en particulier pour les derniers mois de la guerre. Beaucoup ayant servi au sein de la *« Leibstandarte »*, les officiers qui ont encadré les deux formations évoquées dans le présent ouvrage ont cruellement souffert au cours du laps de temps qui sépare la

Begründung und Stellungnahme der Zwischenvorgesetzten

Das E. K. I. Kl. wurde dem SS-Hscha. Mack am 8.3. 1943 fuer seine hervor=
ragende Tapferkeit in Abwehr-u.-Angriffkaempfen im Raum um CHARKOW im
Januar bis April 1943 verliehen.

Jn den Kaempfen noerdl. BJELGOROD in der Zeit vom 6.bis 16.7.43 unter =
stuetzte M. mit seinem Zug 7,5 cm Pak Sf. die sich durch die tiefgeglie=
derten Stellungen der Russen schlagende Jnfaterie. Jnfolge der wendigen
Fuehrung konnte der Zug noerdl. LUTSCHKI 6 T 34 vernichten. Hiervon
schoss M. selbst 2 fdl. Pz.-Kpfwg. ab. Trotz Verwundung (Gr.-Spl.Ruecken)
verblieb M. waehrend der Dauer der Kaempfe auf eigenen Wunsch bei der Kom=
panie.
Jm Jtalieneinsatz der L.SS-A.H. 1943 wurde der Zug Mack in JSTRIEN zur
Bandenbekaempfung eingesetzt. Als Fuehrer einer kleineren Kampfgruppe be=
teiligte er sich hervorragend an der Vernichtung zahlreicher Banden und Ge=
raet. Sehr oft auf sich allein gestellt, fuehrte er seine Auftraege stets
befehlsgemaess durch. Als die Kampfgruppe einmal auf dem Vormarsch in ei=
nem Hohlweg von Banden angefallen wurde, war es nur der mutigen und stand=
haften Haltung von Mack zu danken, dass die Banden zurueckgeschlagen und
zum groessten Teil aufgerieben werden konnten.

Bei den Kaempfen im Raum um SHITOMIR im November bis Dezember 1943 befand
sich M. mit seinem Zug beim 1.Pz.Gren.Rgt., LSS-A.H.. Jmmer mit den Angriffs-
spitzen vorstossend, trug M. wesentlich dazu bei, dass die Rollbahn KIEW-
SHITOMIR bei KOTSCHEROWO erreicht werden konnte, und dadurch der Versor=
gungsverkehr der Russen unterbrochen wurde. Hierbei vernichtete M. 1 T 34.

Beim Angriff ostw. KOROSTEN schoss M. am 21.12.43 bei PEREMOGA 2 T 34
unter schwierigsten Bedingungen ab. Waehrend des Aufrollens eines fdl. Gra=
bens setzte er 2 Pz.-Buechsen auf naechste Entfernung ausser Gefecht.
Am 24.12.43 stiessen fdl. Pz.-Spitzen im Schutz der Daemmerung in einen Ort,
in dem M. mit seinem Zug untergezogen war. Schnellstens fasste M. seine
Maenner zusammen, vernichtete im Nahkampf die aufsitzende Jnf. und brachte

Lettre de recommandation du *SS-Hauptscharführer* Georg Mack, *SS-Panzerjäger-Abteilung 12*, en vue de l'attribution de la Croix allemande en or. Document publié avec l'autorisation de Mark C.Yerger.

bataille de Normandie de la fin de la guerre. Les noms qui suivent correspondent à ceux qui ont occupé les fonctions indiquées et sont présentés par ordre hiérarchique.

Hans-Jakob Hanreich (7) :
Sturmbannführer : Kommandeur

Günther Wöst (8) :
Hauptsturmführer : Kommandeur

Karl Brockschmidt (9) :
Hauptsturmführer : Kommandeur

Georg Hurdelbrink (10) :
Obersturmführer : Kommandeur

Heinrich Winkler (11) : *Obersturmführer : Adjutant*

Hans-Egon Schmid (12) :
Untersturmführer : Adjutant

Theo Rabe : *Obersturmführer : Adjutant*

Karl-Heinz Probst : *Untersturmführer : Adjutant*

Karl Roeseler (13) :
Obersturmführer : Verwaltungsführer (IVa)

Dr. Karl Wotke :
Hauptsturmführer : Abteilungsarzt (IVb)

Karl aus der Wiesche : *Obersturmführer : TFK*

Bruno Gill : *Untersturmführer :TFW*

Heinrich Winkler (14) :
Obersturmführer : Stabskompanie Chef

Gert Siegert :
Hauptsturmführer : Nachrichten Zugführer

Kuno Huber (15) :
Untersturmführer : Nachrichten Zugführer

1.Kompanie

Georg Hurdelbrink (16) :
Obersturmführer : 1.Kompanie Chef

Helmut Zeiner :
Obersturmführer : 1.Kompanie Chef

2.Kompanie

Georg Gornik : *Obersturmführer : 2.Kompanie Chef*

Johann Wachter (17) :
Obersturmführer : 2.Kompanie Chef

3.Kompanie

Günther Wöst (18) :
Hauptsturmführer : 3.Kompanie Chef.

BDC * THIS COPY HAS BEEN MADE AT BERLIN DOCUMENT CENTER * BDC

an einem T 34 eine Haftladung an, die leider nicht detonierte. 2 der fdl. Pz.-Kpfwg. wurden vernichtet.

Jn den Abwehrkaempfen im Raum um BERDITSCHEW gehoerte M. meist zu den Letzten, die am Feind waren. Als am 1. u. 2. Januar 44, die Russen wiederholt bei OSSYKOWA in Rgt.-Staerke mit Pz.-Unterstuetzung angriffen, wurden diese durch die Standhaftigkeit des Zuges Mack immer wieder zurueckgeschlagen. 4 T 34 wurden vernichtet.

An der Jnvasionsfront zeichnete sich Mack bei CAEN durch Mut, Tapferkeit u. Umsicht hervorragend aus. Am 8.8.44 fuhr er als Spitzengeschuetz der Kp. voraus und stiess als Erster, nachdem er durch die fdl. Jnfanteriestellungen durchgestossen war, auf einen marschierenden fdl. Pz.-Verband in Staerke von etwa 30 Pz.-Kpfwg. M. meldete sofort die Feindpanzer und nahm den Kampf gegen die vielfache Uebermacht auf. Von einem in der Flanke stehenden fdl. Pz.-Kpfw wurde M. abgeschossen. Trotz eigener schwerster Verwundung rettete er seinem verwundeten Richtschuetzen aus dem sofort brennenden Pz.-Jaeger 39.

SS-Hscha. Mack ist bisher viermal mit seinem Pz.-Jaeger abgeschossen worden. Jmmer wieder ist er sofort auf ein anderes Geschuetz umgestiegen, um den Kampf seines Zuges weiter fuehren zu koennen. Durch seine beispielhafte selbstlose Haltung hat er seinen Zug immer wieder nach vorn gerissen, Krisenlagen ueberwunden und allen Unterfuehrern und Maennern ein leuchtendes Vorbild seines immerwaehrenden Draufgaengertums und seiner aussergewoehnlichen Einsatzbereitschaft gegeben.

Der SS-Hscha. Mack vernichtete bisher mit seinem Zug 7,5 Pak Sf.
21 fdl. Pz.-Kampfwagen.

Hurdelbrink
SS - Obersturmführer
und Kompanie-Führer.

Lettre de recommandation du *SS-Hauptscharführer* **Georg Mack**, *SS-Panzerjäger-Abteilung 12*, en vue de l'attribution de la Croix allemande en or. Document publié avec l'autorisation de Mark C.Yerger.

(5) *Vorschlag für die Verleihung des Ritterkreuzes des Eisernen Kreuzes*, avec l'approbation signée en date du 16 octobre 1944.

(6) *Vorschlag Nr 27 für die Verleihung des Deutschen Kreuzes in Gold*, signée pour transmission par Hubert Meyer et comportant la signature manuscrite en date du 28 novembre 1944.

(7) Fait prisonnier en août 1944, mort le 29 septembre 1987.

(8) Il a été le rédacteur pour Georg Hurdelbrink de sa lettre de recommandation pour la Croix allemande.

(9) Transféré de l'*Oberkommando des Heeres* et de nouveau à un poste de commandement au moment de la bataille des Ardennes.

(10) Cf. la partie consacrée aux récipiendaires de la Croix de chevalier, auparavant *1.Kompanie Chef*.

(11) Auparavant *Adjutant* de la *SS-Panzerjäger-Abteilung 1 « Leibstandarte »*. *Adjutant* jusqu'en août 1944, puis *Stabskompanie Chef*.

(12) Confirmé comme *Adjutant* en août 1944 comme successeur de Winkler.

(13) Tué le 26 mai 1944.

(14) Auparavant *Adjutant* de la *SS-Panzerjäger-Abteilung 1 « Leibstandarte »*, puis *Stabskompanie Chef* de la *SS-Panzerjäger-Abteilung 12 « Hitlerjugend »*. La *Stabskompanie* contrôlait les pelotons de reconnaissance, d'agents de liaison, de défense antiaérienne, du génie et des transmissions, bien qu'un *Zugführer* n'ait été trouvé que pour ce dernier peloton.

(15) En septembre 1944.

(16) Transféré au commandement de la *SS-Panzerjäger-Abteilung 12*.

(17) Blessé le 11 août 1944 et tué le 19 décembre 1944.

(18) Promu *Kommandeur* de la *SS-Panzerjäger-Abteilung 12* en août 1944, sans que l'on sache qui lui a succédé juste après.

Annexe XIX
Blindés alliés détruits par les *Jagdpanzer IV* de la *SS-Panzerjäger-Abteilung 12* (1)

Unité	19/07-07/08 1944	08-14/08 1944	15-21/08 1944	22-28/08 1944	Total
1. Kompanie	2	76	8	-	86
2. Kompanie	-	12	1	-	13
3. Kompanie	-	-	3	-	3
Total	2	88	12	-	102

(1) Archives d'histoire militaire, Prague, *Anlagen zum KTB der SS-Panzerjäger-Abteilung 12 « Hitlerjugend »*, Panzer-Abschuss-listen.

Annexe XX
Pertes au combat de la *SS-Panzerjäger-Abteilung 12*, août 1944

Unité	1.–7. 08. 1944			8.–14. 08. 1944			15.–21. 08. 1944			22.–28. 08. 1944			Total		
	Mort	Blessé	Disparu	Mort	Blessé	Disparu	Mort	Blessé	Disparu	Mort	Blessé	Disparu	Mort	Blessé	Disparu
Stabskompanie	–	–	–	–	–	–	2	4	3	–	–	–	2	4	3
1.Kompanie	–	4	–	3	15	3	–	7	9	–	3	6	3	29	18
2.Kompanie	–	1	–	6	2	1	–	1	2	–	2	3	6	6	6
3.Kompanie	–	3	–	5	8	3	1	6	5	–	–	1	6	17	9
Total	–	8	–	14	25	7	3	18	19	–	5	10	17	56	36

Bibliographie

Sources non publiées

Vojenský Historický Archiv, Praha (Archives d'histoire militaire, Prague) :

Kriegstagebuch Nr.1 der *I./SS-Panzer-Regiment 12*

Kriegstagebuch Nr.3 der *I./SS-Panzer-Regiment 12*

Kriegstagebuch Nr.1 der *SS-Panzerjäger-Abteilung 12*

Tätigkeitsbericht der *SS-Panzer-Jäger-Abteilung 12 « HJ »*

Sources publiées

Agte Patrick, *Michael Wittmann und die Tiger der Leibstandarte SS Adolf Hitler,* Rosenheim : Deutsche Verlagsgesellschaft, 1995.

Barbarski Krzysztof, *Polish Amour, 1939-1945*, London, Osprey, 1982.

Buckley John, *British Armour in the Normandy Campaign.* London : Frank Cass, 2004.

Chamberlain Peter and Doyle, Hilary, *Encyclopedia of German Tanks of World War Two.* London : Arms & Armour Press, 1999.

Fellgiebel, Walther-Peer, *Die Träger des Ritterkreuzes des Eisernen Kreuzes 1939-1945*, Friedberg : Podzun-Pallas, 1993.

Hart Russell A., *Clash of Arms : How the Allies won in Normandy,* Boulder CO : Lynne Riener, 2001.

Hart Stephen A., *Sherman Firefly vs. Tiger, Normandy 1944.* Oxford : Osprey, 2007.

Hart Stephen et Russel Hart, *A Waffen-SS fegyverei és harceljárásai* (Weapons and Fighting Tactics of the Waffen-SS), Debrecen : Hajja és Fiai Könyvkiadó, 1999.

Jentz Thomas L., *Die deutsche Panzertruppe,* Band 2, Wölfersheim-Berstadt : Podzun-Pallas Verlag, 1999.

Kortenhaus Werner, *21. Panzerdivision, 1943-1945.* Uelzen : Schneider Armour Research, 2007.

Lehmann Rudolf, *Die Leibstandarte*, Band 1, Osnabrück : Munin Verlag, 1977.

Meyer Hubert, *Kriegsgeschichte der 12.SS-Panzer-Division «Hitlerjugend»*, 2 Bände, Osnabrück : Biblio Verlag, 1999, 4e édition (édition française, Heimdal, 1991).

Nevenkin Kamen, *Fire Brigades - The Panzer Divisions 1943-1945,* Winnipeg : J.J. Fedorowicz, 2008.

Reynolds Michael, *Steel Inferno : I SS Panzer Corps in Normandy. The story of the 1st and 12th SS Panzer Division in the 1944 Normandy Campaign*, Staplehurst : Spellmount, 1999. L'auteur a utilisé la traduction hongroise - *Acélpokol. Az. I. SS-pánceloshadtest Normandiaban*, Debrecen : Hajja ès Fiai Könyvkiadó, 1999.

Schneider Wolfgang, *Panzertaktik. German Small-Unit Armor Tactics,* Winnipeg, J.J. Fedorowicz, 2000.

Schneider Wolfgang, *Tiger im Kampf,* Band II. Uelzen : Schneider Armour Research, 2001.

Strauss Franz Josef, *Geschichte der 2 (Wiener). Panzer-Division*. Eggolsheim : Dörfler, 2005.

Wiking Ruf/Der Freiwillige, Osnabrück : Munin Verlag, 1951-1990.

Yerger, Mark C. : *Waffen-SS Commanders, The Army, Corps, and Divisional Leaders of a* Legend, Atglen, PA : Schiffer, 1998-1999, 2 volumes.

Yerger Mark C. : *German Cross in Gold Holders of the SS and Police Volume 1 : « Das Reich » -* de *Heinz Lorenz à Herbert Zimmermann,* San José, CA : James Bender Publishing, 2005.

Yerger Mark C., *German Cross in Gold Holders of the SS and Police Volume 2 : « Das Reich » -* de *Kurt Almacher à Heinz Lorenz,* San José, CA : James Bender Publishing, 2004.

Zetterling Niklas, *Normandy 1944: German military Organization, Combat Power and Organizational Effectiveness,* Winnipeg : J.J. Fedorowicz, 2000.

Index

Noms de lieux

Noms de personnes

Trois photos provenant de l'album d'un vétéran autrichien de la *Hitlerjugend*

Ci-dessus à gauche : un tankiste autrichien du *SS-Pz.-Rgt. 12* devant son *Panzer IV* en Normandie. (Coll. P. Tiquet.)

Ci-dessus à droite : ce chef de char, manches retroussées, à la tourelle de son *Panzer IV*, camouflée par de la paille, illustre bien les combats du *SS-Panzer-Regiment 12* dans la bataille de Normandie. (Coll. P. Tiquet.)

Ci-dessous : équipage d'un *Panzer IV* du *SS-Pz.Rgt.12* en Normandie. Tous portent des combinaisons camouflées. (Coll. P. Tiquet.)

Index

Quelques photos de la *3. Kompanie*, le 20 juillet 1944

Ci-contre : l'*Uscha.* Hermani avec son équipage, après les remises de décorations. Il a reçu l'*EK II*, ainsi que H.H. Lammers après le combat de Buron (voir pp. 148-149).

En dessous : trois « vieux renards » *(alte Hasen)* de la *Dritte*. De gauche à droite : Fischer, Pitsch et Jüchter.

En bas à droite : Heinz Freiberg décoré avec trois membres de son équipage. (3.Kp./G. Bernage.)

Trois tankistes de la *3./SS-Pz.Rgt. 12* (« compagnie Ribbentrop ») au repos entre les combats, en Normandie. De gauche à droite : Heinz-Hermann Lammers, Heinz Korte, Gerd Krieger. (Coll. H. Lammers/G. Bernage.)

Ci-dessus : trois tankistes de la *Dritte* se repliant sur Rouen. De gauche à droite : Graupner, Gross et Gundlach. (3.Kp./GB.)

La *3./12* franchit la Seine à Rouen. (3.Kp/G.B.)

De gauche à droite : Hans Siegel et Herbert Walther, chez ce dernier, à Coblence, en 1990. (Coll. G. Bernage.)

Achevé d'imprimer le 10 juillet 2015
sur les presses de l'imprimerie Jelgavas Tipografija (Lettonie)
pour le compte des Editions Heimdal
Georges Bernage, éditeur.